C33

Studien zur Zeitgeschichte

Herausgegeben vom Institut für Zeitgeschichte

Band 34

R. Oldenbourg Verlag München 1987

Kai-Uwe Merz

Kalter Krieg als antikommunistischer Widerstand

Die Kampfgruppe gegen Unmenschlichkeit
1948 – 1959

R. Oldenbourg Verlag München 1987

CIP-Kurztitelaufnahme der Deutschen Bibliothek

Merz, Kai-Uwe:
Kalter Krieg als antikommunistischer Widerstand :
d. Kampfgruppe gegen Unmenschlichkeit 1948-1959 /
Kai-Uwe Merz. – München : Oldenbourg, 1987. –
   (Studien zur Zeitgeschichte ; Bd. 34)
   ISBN 3-486-54371-7
NE: GT

© 1987 R. Oldenbourg Verlag GmbH, München

Das Werk einschließlich aller Abbildungen ist urheberrechtlich geschützt. Jede Verwertung außerhalb der Grenzen des Urheberrechtsgesetzes ist ohne Zustimmung des Verlages unzulässig und strafbar. Das gilt insbesondere für Vervielfältigungen, Übersetzungen, Mikroverfilmungen und die Einspeicherung und Bearbeitung in elektronischen Systemen.

Umschlaggestaltung: Dieter Vollendorf, München
Satz: Falkner GmbH, 8084 Inning/A.
Druck und Bindung: R. Oldenbourg Graphische Betriebe GmbH, München

ISBN 3-486-54371-7

Inhalt

Vorwort 7

Einleitung 9

I. Biographie als Vorgeschichte 13
   1. Ernst Tillich: Paul Tillich und religiöser Sozialismus 13
   2. Rainer Hildebrandt: Der Kreis um Hans Hildebrandt 16
   3. Ernst Tillich: Dietrich Bonhoeffer und Bekennende Kirche 19
   4. Rainer Hildebrandt: Im Kreis Albrecht Haushofers 22
   5. Ernst Tillich als sozialdemokratischer Politiker 26
   6. Rainer Hildebrandt: „Wir sind die Letzten" und „Berlin bleibt helle" 31

II. Blockadezeit und Frontstadtgeist: Die improvisierte Gründung 38
   1. „Schweigen ist Selbstmord" 38
   2. „Nichtstun ist Mord" 43
   3. „Vorsicht bei Gesprächen" 48
   4. Öffentliche Anerkennung 54

III. Widerstand in Theorie und Praxis: Die Kampfgruppe im Konsens des Kalten Krieges 60
   1. „Keine Kompromisse in Fragen der Menschenrechte" 60
   2. „Aufstand des Gewissens" 64
   3. F–Kampagne 68
   4. Kogon, Gehlen und das amerikanische Interesse an der Kampfgruppe 71
   5. Kommunistische Gegenoffensive 76
   6. „Wir rufen den Bundestag" 81
   7. Kampfbund gegen Unmenschlichkeit 85
   8. Kontroverse mit Propst Grüber 89
   9. Auflösung von Buchenwald und Sachsenhausen 94
   10. „Sowjetunion gegen Rußland" 98
   11. Ernst Tillich wird „ständiger Stellvertreter des Leiters" 104
   12. Mahatma Gandhi, der Kalte Krieg und die Frage der Gewalt . . . 107
   13. Kongress für kulturelle Freiheit 111
   14. „Freie Wahl durch Schweigen" 116
   15. Rainer Hildebrandts Amerikareise 120
   16. „Offensive Demokratie" und Wiederbewaffnung 124
   17. Innere Krise 129
   18. Der Fall Flade 134

19. Weltjugendfestspiele 139
20. Die Kampfgruppe im Apparat des Kalten Krieges 143

IV. Der kälteste Kalte Krieg: Die Kampfgruppe zwischen Sabotage und Schauprozessen 150

1. „Pastor oder Politiker" 151
2. Kampfgruppe, CIA und ‚covert activities' 156
3. Der Fall Burianek 159
4. Schauprozesse in der DDR 164
5. Kommunistische Propagandaoffensive 169
6. „Aufklärung im Westen" 174
7. „Zur Strategie der Befreiung" 179
8. Notenkrieg auf alliierter Ebene 181
9. SPD gegen KgU und Ausscheiden Rainer Hildebrandts 185
10. Kampfgruppe und 17. Juni 189

V. Der Konsens zerbricht: Das langwierige Ende der Kampfgruppe 195

1. Adenauer sendet Glückwünsche 195
2. Anfang vom Ende 198
3. „Widerstandsorganisation oder Nachrichtendienst?" 201
4. Die Kampfgruppe im Zwielicht 204
5. Der Fall Wagner 209
6. „Kalte Krieger gehen unter" 213
7. Ernst Tillich in Washington 216
8. Die Kampfgruppe vor dem Bundestag 220
9. Stephan-Prozeß und Tillichs Rücktritt 225
10. Politische Propaganda – Auflösung 229

Schlußbetrachtung 236

1. Die Kampfgruppe zwischen Widerstand und ‚nationaler Befreiung': Ihre Strategie und ihre Zielsetzung 236
2. ‚Kältester Kalter Krieg' und ‚Konsens des Kalten Krieges': Die bezeichnende Außenseiterrolle der Kampfgruppe 240
3. Die Kampfgruppe in Publizistik und Forschung: ‚Verdrängt und verkannt' oder ‚verzerrt und verfemt' 242

Anhang 250

Die Quellen, ihre Auswahl und die Frage der Verwendbarkeit amerikanischer Akten 250

Quellen- und Literaturverzeichnis 255

Abkürzungen 259

Personenregister 261

Vorwort

Mein Dank gilt an erster Stelle Herrn Professor Dr. Ernst Nolte. Er hat im Dezember 1984 die Beschäftigung mit dem Thema Kampfgruppe angeregt, die Bearbeitung auf vorbildliche Weise betreut und die Arbeit schließlich dem Institut für Zeitgeschichte zur Publikation vorgeschlagen. Für die Aufnahme in die „Studien zur Zeitgeschichte" danke ich besonders Herrn Dr. Wolfgang Benz und Herrn Hermann Graml. Nicht unerwähnt bleiben darf auch die Mühe, die Herr Dr. Norbert Frei mit dem Manuskript hatte.

Die erste Fassung dieser Arbeit war im Juli 1985 abgeschlossen. Die endgültige – gekürzte und überarbeitete – Fassung lag im Januar 1986 vor. Im Sommer 1986 ermöglichte mir die Fritz-Thyssen-Stiftung durch einen großzügigen Reisekostenzuschuß dankenswerterweise weitere Nachforschungen in Washington. Stellvertretend für alle Bibliothekare und Archivare, die ich im Zuge der Materialbeschaffung bemühen mußte, möchte ich ganz besonders Mrs. Sally Marks und Mr. David Pfeiffer von den National Archives meinen Dank aussprechen, denn für sie war es besonders schwierig, sich in die ungewöhnliche Thematik hineinzufinden.

Herr Dr. Rainer Hildebrandt hat mir in großzügiger Weise Einblick in seine Unterlagen gewährt. Die Manuskripte der Reden, die er als Leiter der Kampfgruppe gehalten hat, waren von allergrößtem Wert. Ihm wie auch Herrn Günther Buch, dem Leiter des Gesamtdeutschen Instituts in Berlin, danke ich außerdem für ihre Geduld und für ihr Interesse im Gespräch.

Ernst Tillich kannte von dieser Arbeit nur eine erste Skizze. Im Februar 1985 erklärte er sich bereit, mir trotz seiner schweren Krankheit einen Besuch zu gestatten. Er schrieb: „(...) Und aus der Formulierung Ihres Arbeitsthemas sehe ich, daß Sie der europäisch politischen Konzeption auf der Spur sind, in die ich die Arbeit der KgU stellen wollte." Ich bedaure es, daß ich Ernst Tillich nicht mehr kennenlernen durfte. Um so mehr danke ich Frau Ulrike Tillich für ihr Verständnis und ihre Hilfe.

Berlin, im Juni 1987   Kai-Uwe Merz

Meinen Eltern

Einleitung

> Man bezeichnet es als Kalten Krieg, was seit Jahren stattfindet. Das ist eine negative, eine unglückliche Bezeichnung, die das Wesentliche verkennt, sie visiert den Krieg, die Katastrophe – anstatt das Problem.
>
> Max Frisch 1954
> (achtung: Die Schweiz)

„Kampfgruppe gegen Unmenschlichkeit" (KgU) – der Name klingt heute seltsam pathetisch, zumindest befremdlich. Ernst Tillich erklärte dazu als Leiter der Organisation im Jahre 1953: „Vielfach ist die Meinung vertreten worden, dieser Name müsse positiver gefaßt werden; er sei zu verschwommen und zu allgemein. Aber gerade die Allgemeinheit dieses Ausdruckes ist eines der positiven Merkmale, die wir ins Feld führen konnten. Es ist tatsächlich so, daß wir mit dieser Bezeichnung zugleich dem Kämpferischen Ausdruck gegeben und die Erfahrungen mit dem System auf einen einfachen und unmißverständlichen Nenner ‚Die Unmenschlichkeit' gebracht haben"[1].

„Unmenschlich" war für die KgU das sowjetkommunistische Regime im sowjetisch besetzten Teil Deutschlands und Europas. Ihm galt der Kampf der „Kampfgruppe". Dies ist die kürzeste Formel, mit der die KgU zu beschreiben ist. Den Hintergrund für die Geschichte der „Kampfgruppe gegen Unmenschlichkeit" zwischen Dezember 1948 und März 1959 bildet der Kalte Krieg. Die KgU war eingebunden in ein Geflecht staatlicher, halbstaatlicher und privater Organisationen, das als „Apparat des Kalten Krieges in der Bundesrepublik" bezeichnet werden kann[2]. Sie nahm im westlichen Apparat des Kalten Krieges eine gewisse Extremposition ein: Die KgU führte nicht nur einen „Kalten Krieg", ihre Strategie lief tendenziell auf den „kältesten Krieg"[3] hinaus, der – vielleicht – vor dem Umschlagen in einen „heißen Krieg" denkbar ist. Sie vertrat eine Strategie der ‚nationalen Befreiung', und sie scheute auch für gewisse Zeit vor einer unmittelbaren Umsetzung dieser Strategie nicht zurück.

Man mag die Kampfgruppe deshalb als „Extremisten-Vereinigung"[4] bezeichnen. Eine genauere Betrachtung ihrer Entstehung zeigt, daß sie zunächst in einem Konsens des Kalten Krieges agierte. Ein Attribut wie ‚extremistisch' verdiente sie für

---

[1] Ernst Tillich, Psychologische Kriegsführung, in: KgU (Hg.), Der Weg der Kampfgruppe gegen Unmenschlichkeit, Berlin 1953, S. 57.
[2] Ernst Nolte, Deutschland und der Kalte Krieg, Stuttgart (2. Aufl.) 1985, S. 358ff.
[3] Clive Freemann/Gwynne Roberts, Der kälteste Krieg. Frankfurt-Berlin-Wien 1982. – Die Metaphorik hat hier allerdings eine andere Bedeutung, denn die Autoren schildern den Fall des Professors Adolf-Henning Frucht, der als Leiter des Instituts für Angewandte Physiologie in Ost-Berlin Anfang der sechziger Jahre einen neuartigen Kältekampfstoff an die CIA verraten hat.
[4] Hermann Zolling/Heinz Höhne, Pullach intern. General Gehlen und die Geschichte des Bundesnachrichtendienstes, Hamburg 1971, S.254.

Teile der westdeutschen Öffentlichkeit frühestens gegen Ende 1952. Jener Konsens des Kalten Krieges war – vor allem im Berlin der Blockadezeit – wesentlich ein Konsens des Widerstandes gegen den Kommunismus und die Erscheinungsformen seiner sich in der SBZ etablierenden Herrschaft. Eben dieser Begriff des Widerstandes charakterisiert neben dem Begriff der nationalen Befreiung das Wesen des Kalten Krieges, den die KgU führen wollte und führte.

Die Kampfgruppe gegen Unmenschlichkeit war zeitweise durchaus ein politischer Faktor. In der zweiten Hälfte der fünfziger Jahre verfügte sie über einen Apparat von etwa 80 Angestellten. Ihr Name wie auch der ihrer Protagonisten – Rainer Hildebrandt und Ernst Tillich – einer ganzen Reihe von Berlinern, die die Zeit des Kalten Krieges bewußt miterlebt haben, durchaus geläufig. Ferner kann keineswegs von einer „spärlichen" Berücksichtigung der KgU durch die Presse gesprochen werden[5]. Ganz zu schweigen ist in diesem Zusammenhang von den Kampagnen der kommunistischen Zeitungen. Die zeitgeschichtliche Forschung hat die KgU allerdings bislang noch nicht hinreichend gewürdigt[6]. Die inneren Konflikte der KgU sind, wie auch organisatorische Details, hier nur von geringem Interesse. Der Hauptaspekt der Betrachtung ist der Kalte Krieg – nicht etwa die Entwicklung östlicher wie westlicher Geheimdienste während des Kalten Krieges[7]. Das Hauptaugenmerk liegt auf den Konzeptionen der KgU bzw. ihrer beiden führenden Persönlichkeiten und auf dem Verhältnis der westlichen Öffentlichkeit zu ihr. Der hohe Grad der Identifikation von Organisation und jeweiliger Führungspersönlichkeit fällt auf. Die KgU wurde von ihren beiden, einander nachfolgenden Leitern stark geprägt. Dieser Tatsache wird Rechnung getragen, indem die Darstellung auch auf die Persönlichkeit und das Denken Rainer Hildebrandts und Ernst Tillichs eingeht. Somit drückt sich nicht unbedingt ein „personalistisches" Geschichtsbild darin aus, daß der erste Teil mit dem Ausdruck „Biographie als Vorgeschichte" überschrieben ist.

Die Arbeit insgesamt ist als Beitrag zum Thema „Deutschland und der Kalte Krieg"[8] zu verstehen. Da die Kampfgruppe ihren Hauptsitz in Berlin-Nikolassee hatte und vor allem in und von West-Berlin aus arbeitete, stellt ihre Geschichte auch ein Stück Berliner Nachkriegsgeschichte dar. Doch die Ereignisse bleiben nicht auf Berlin beschränkt: „The center of the cold war is Europe. The center of Europe is Germany. The center of Germany is Berlin"[9]. Diese Formulierung John Lukacs' beschreibt prägnant die Geographie des Kalten Krieges. Die verschiedenartigen Verbindungen, die die Berliner KgU zum Senat von Berlin, zur Bonner Bundesregierung und insbesondere zum amerikanischen Alliierten in Berlin und den USA selbst hatte, illustrieren, daß der Kalte Krieg ein „Weltkonflikt"[10] gewesen ist.

---

[5] So Margret Boveri, Der Verrat im 20. Jahrhundert, Reinbek 1976, S. 277.
[6] Zur Auseinandersetzung mit bisher vorliegenden Bewertungen der Kampfgruppe in Publizistik und Forschung vgl. S. 242ff.; ferner Nolte, Deutschland, S. 367, Anm. 130.
[7] Wie etwa Bernd Ruland, Krieg auf leisen Sohlen. Spione in Deutschland, Stuttgart 1971.
[8] Vgl. Nolte, Deutschland; Josef Foschepoth (Hg.), Kalter Krieg und Deutsche Frage. Deutschland im Widerstreit der Mächte 1945-1952, Göttingen-Zürich 1985.
[9] John Lukacs, A History of the Cold War, Garden City 1961, S. 153.
[10] Ernst Nolte, Der Weltkonflikt in Deutschland. Die Bundesrepublik und die DDR im Brennpunkt des Kalten Krieges, München 1981.

Um der Gefahr eines einseitigen Bildes sowohl der Kampfgruppe im besonderen als auch des Kalten Krieges im allgemeinen entgegenzuwirken, war es erforderlich, auch den Kalten Krieg der DDR gegen Westdeutschland zumindest insoweit zum Thema zu machen, als er sich gegen die KgU richtete. Die vorliegende Arbeit zeigt damit scheinbar Parallelen zum Kapitel über „Die ‚Kampfgruppe gegen Unmenschlichkeit, e.V.'" in Hans Tellers in Ost-Berlin erschienener Schrift „Der kalte Krieg gegen die DDR"[11]. Die Parallele wird jedoch zum Gegensatz, sofern diese Arbeit den Kalten Krieg der – sozusagen – eigenen Seite zum Thema macht und machen kann, darüber aber den Kalten Krieg der anderen Seite nicht vergessen lassen will.

---

[11] Hans Teller, Der kalte Krieg gegen die DDR. Von seinen Anfängen bis 1961, Berlin (Ost) 1979; zur KgU S. 131-140. – Über das Verhältnis zwischen Nolte, Deutschland, und Tellers Schrift vgl. Nolte, Weltkonflikt, S. 15.

I. Biographie als Vorgeschichte

1. Ernst Tillich: Paul Tillich und religiöser Sozialismus

Ernst Tillich wurde am 27. Juni 1910 in Marienwerder/Westpreußen geboren. Seine Eltern stammten aus Pommern und Schlesien[1]. Bald nach der Geburt des Sohnes ging die Familie – der Vater war Amtsgerichtsrat[2] – nach Berlin. Tillich wuchs in Zehlendorf auf, demselben Vorort der Reichshauptstadt, in dem er später für geraume Zeit wohnte und arbeitete[3].

Nach dem Abitur entschied sich Tillich – Ende der zwanziger Jahre – für ein Theologiestudium. Dieser Entschluß beruhte auf alter Familientradition[4]. Unmittelbaren Einfluß übte aber vor allem Ernsts Onkel Paul aus – gewisse biographische Parallelen fallen ohnehin ins Auge[5].

Paul Tillich zählt zu den bedeutendsten Theologen des 20. Jahrhunderts[6]. Im Zentrum seines Denkens steht die Frage nach dem neu zu bestimmenden Verhältnis zwischen christlicher Offenbarung und menschlicher Lebenswirklichkeit. Der Erste Weltkrieg war der für seine Entwicklung entscheidende Wendepunkt: „Aus dem traditionellen Monarchisten war ein religiöser Sozialist geworden, aus dem christlichen Gläubigen ein Kulturpessimist und aus dem gehemmten puritanischen Knaben ein ‚wilder Mann'"[7]. Bedeutsam ist sicherlich auch das direkte Miterleben der Novemberrevolution in Berlin gewesen; Paul Tillich entdeckte seine Sympathien für die Arbeiter und für den Sozialismus, und ihm schien der Zusammenbruch des Kapitalismus unmittelbar bevorzustehen[8]. Seine Ideen von einer neuen, durch Sozialismus und Christentum bestimmten Gesellschaft[9] verfolgte er im Berliner „Bund religiöser Sozialisten" – dem „Kairos-Kreis". Hauptsprecher dieser Gruppe während der ersten Jahre der Weimarer Republik war der mit Paul Tillich

---

[1] Montags-Echo vom 8.10.1951.
[2] Margret Boveri, Der Verrat im 20. Jahrhundert, Reinbek 1976, S. 276.
[3] Montags-Echo vom 8.10.1951.
[4] Vgl. dazu und zu genealogischen Einzelheiten Wilhelm und Marion Pauck, Paul Tillich. Sein Leben und Denken. Bd. 1: Leben, Stuttgart-Frankfurt/M. 1978, S. 16f.
[5] Ernst Tillich wird mehrfach als Neffe Paul Tillichs bezeichnet (vgl. etwa Munzinger Archiv vom 10.1.1959; Wer ist Wer? Hg. von Walter Habel. Berlin 1955, S. 1192). Ein solches Verhältnis erweist sich als unmöglich, da Paul Tillich als ältestes Kind nur zwei Schwestern hatte (Pauck, ebd., S. 15, 19-21; Gerhard Wehr, Paul Tillich in Selbstzeugnissen und Bilddokumenten, Reinbek 1976, S. 10ff.); Ernst Lewalter (in Die Zeit vom 30.3.1950) spricht Paul Tillich als „seinen älteren Verwandten" an. Frau Ulrike Tillich teilte dem Verfasser am 16.6.1985 mit, Paul Tillich sei ein Vetter 2. Grades vom Vater ihres Mannes gewesen; Ernst Tillich habe Paul Tillich von Kind auf als „Onkel" gekannt.
[6] Es genügt hier der Hinweis auf die deutsche Ausgabe seiner Schriften: Paul Tillich, Gesammelte Werke (in 14 Bänden sowie sechs Ergänzungs- und Nachlaßbänden), hg.v. Renate Albrecht. Stuttgart 1959-1983.
[7] Pauck, Paul Tillich, S. 53f.
[8] Pauck, ebenda, S. 67; Wehr, Paul Tillich, S. 38f.
[9] Pauck, ebenda, S. 80.

gleichaltrige Karl Barth. Bald aber wurde Tillich zur bestimmenden Figur der Berliner religiösen Sozialisten[10].

Ernst Tillich hatte 1930 in Bonn sein Studium begonnen, wohin soeben auch Karl Barth berufen worden war. Tillich galt als begabt und plante eine Universitätslaufbahn mit dem Ziel, Professor für Systematische Theologie zu werden[11]. Über sein politisches Denken während der Jahre des Studiums schreibt er im Rückblick: „Ich selbst zum Beispiel, eine Zeitlang sogar Vorsitzender des SDS an der Bonner Universität und jedenfalls mit dem Bewußtsein eines ‚religiösen Sozialisten‘, landete 1931/32 eher bei einer Imperialismuskritik von Sternberg einerseits und dem ‚Arbeiter‘ von Ernst Jünger andererseits, einer Art von Kombination von Soldaten und Arbeitern, von Neokonservativismus und Sozialismus (was immer das sein mochte), also eigentlich bei ganz elitären Vorstellungen, aber gewiß nicht von parlamentarischer repräsentativer Demokratie. Für einen Theologen vielleicht eine sonderbare Entwicklung. Aber ganz abwegig war das offenbar nicht, wenn man nachträglich von den politischen Überlegungen hört, die im Kreisauer Kreis für eine Neuordnung nach Hitler angestellt wurden"[12].

Früh wandte sich Tillich der praktischen Seelsorge zu. Schon seit 1933 arbeitete er als Freiwilliger beim evangelischen Wohlfahrtsamt und späterhin bei Professor Siegmund Schultze in der „Sozialen Arbeitsgemeinschaft Berlin-Ost" – erst als Leiter eines Arbeitermusikclubs, dann in der Alkoholikerberatung[13]. So bemühten sich der jüngere wie der ältere Tillich – jeder auf seine Weise, aber aus ähnlichem Antrieb –, die traditionelle Überlieferung des Evangeliums mit einer radikal veränderten Welt in einen neuen Einklang zu bringen.

Der Aufstieg der NSDAP veranlaßte Paul Tillich zum Eintritt in die SPD, wo August Rathmann ihn zur Mitarbeit an den „Neuen Blättern für den Sozialismus" gewinnen konnte[14]. Im gleichen Jahr wurde er Professor für Philosophie an der Universität Frankfurt, wo er ein „in säkularer Umgebung Philosophie lehrender christlicher Gelehrter" war[15]. Dort spielte er eine wichtige Rolle in der Entwicklung der „Frankfurter Schule": Theodor W. Adorno habilitierte sich bei ihm, und Max Horkheimer verdankte ihm die Berufung zum Ordinarius, wodurch dieser das Direktorat des Instituts für Sozialforschung übernehmen konnte[16]. Im Juli 1932 störten dann aber SA und nationalsozialistische Studenten auch Tillichs Vorlesung und provozierten Schlägereien. Daraufhin verlangte er in einer Rede unter anderem den Ausschluß nationalsozialistischer Studenten von der Universität[17].

---

[10] Ebenda, S. 84f.
[11] Boveri, Verrat, S. 276; Montags-Echo vom 8.10.1951.
[12] Ernst Tillich, Zur Moral der Friedensbewegung in Deutschland (masch., vervielf. Ms.). (Düsseldorf) 1983, S. 30f. – Daß Tillich „sich sehr früh den Gedanken einer ursprünglichen Identität von Christentum und Sozialismus zu eigen gemacht" habe, betont auch Lewalter (in Die Zeit, vom 30.3.1950). – Zu Tillichs SDS-Vorsitz auch Boveri, ebenda.
[13] Tillich ebenda, S. 57.
[14] Pauck, Paul Tillich, S. 132.
[15] Ebenda, S. 127.
[16] Werk und Wirken Paul Tillichs. Ein Gedenkbuch, Stuttgart 1967, S. 16, 24.
[17] Pauck, Paul Tillich, S. 135.

1. Paul Tillich und religiöser Sozialismus

Ende 1932 erschien in der Reihe „Die sozialistische Aktion" jene Schrift[18], aufgrund derer Paul Tillich für die Nationalsozialisten endgültig untragbar wurde: „Die sozialistische Entscheidung" ist eine Analyse des Nationalsozialismus, die aus der Entwicklung des eigenen Sozialismusbegriffs heraus zu einem tiefergehenden Verständnis des nationalsozialistischen Phänomens vordringt. Die letzten Sätze fassen Tillichs Deutung zusammen: „Die Herrschaft des Ursprungsmythos bedeutet Herrschaft der Gewalt und des Todes. *Nur die Erwartung kann den Tod überwinden, mit dem das neue Aufbrechen des Ursprungsmythos das Abendland bedroht. Erwartung aber ist das Symbol des Sozialismus*"[19]. Zur Abwendung der Katastrophe forderte er „eine Neuentscheidung der Sozialisten für den Sozialismus", und er verlangte zugleich, indem er die innere Widersprüchlichkeit der nationalsozialistischen Bewegung hervorhob: „Diejenigen Gruppen, die heute schon das Wort Sozialismus in ihrem Namen führen, sollen zu einer wirklichen sozialistischen Entscheidung gebracht werden"[20].

Allein an der SPD entscheide sich das „Schicksal des deutschen Sozialismus"; vom Kommunismus erwartete Tillich aufgrund seiner „dogmatischen Gebundenheit" dazu kaum einen Beitrag[21]. Die Sowjetunion stellte kein Modell dar, denn: „Der russische Sozialismus steht am Ende des russischen Absolutismus"[22]. Demgegenüber gelte es, den Marxismus „*wieder in die Breite zu stellen, die er bei dem jungen Marx hatte*", die dieser im Kapital „nur um der Arbeitsbeschränkung willen verlassen" habe und die „die Voraussetzung für jede einzelne Behauptung des ökonomischen Marxismus" darstelle[23]. Für das Marxverständnis des religiösen Sozialisten kam es vor allem auf „den bei Marx so entscheidenden humanen Sinn des Sozialismus" an[24]. Deshalb könne es nicht zulässig sein, „ungerechte Herrschaft durch Ideologien zu rechtfertigen, in denen die Situation des Armen und des Proletariats verklärt wird"[25].

Das „Bewußtsein eines ‚religiösen Sozialisten'", wie es Ernst Tillich für sich in Anspruch nahm[26], führte zu einer grundsätzlichen Ablehnung des Nationalsozialismus. Aus dem Bekenntnis zum religiösen Sozialismus resultierte aber schon hier – genauso zwingend – eine kritische Haltung gegenüber dem Sowjetkommunismus. Der kurze Blick auf Paul Tillich läßt jedoch auch den positiven Kern im Denken Ernst Tillichs erkennen: Eine nationale, konservativ geprägte Grundstimmung mischt sich mit deutlich sozialkritischen Tendenzen, die aufgrund einer christlichen Orientierung am Individuum ein starkes Bedürfnis zum Handeln mit dem Ziel, die tatsächliche Befindlichkeit der Menschen zu verbessern, erzeugen.

---

[18] Hier zitiert nach der neuesten Einzelausgabe: Paul Tillich, Die sozialistische Entscheidung, Berlin 1980.
[19] Ebenda, S. 131.
[20] Ebenda, S. 11.
[21] Ebenda, S. 13.
[22] Ebenda, S. 13. (Zitat S. 14).
[23] Ebenda, S. 103.
[24] Ebenda, S. 90 (Anm. 1 zu S. 89).
[25] Ebenda, S. 89.
[26] Vgl. hier S. 14.

2. Rainer Hildebrandt: Der Kreis um Hans Hildebrandt

Rainer Hildebrandt entstammte einer süddeutschen Familie[27]. Der berufliche Werdegang seines Vaters war ungewöhnlich: Hans Hildebrandt nahm nach dem zweiten juristischen Staatsexamen noch ein Kunststudium in München auf, das er 1908 mit einer Dissertation über „Die Architektur bei Albrecht Altdorfer" abschloß. Im gleichen Jahr heiratete er die Malerin Lily Uhlmann, die er drei Jahre zuvor als Schülerin des Berliner Malers Adolf Meyer kennengelernt hatte. In den folgenden Jahren schrieb der Privatgelehrte an einer Arbeit über „Elemente der Wandmalerei", mit der er sich 1912 an der Technischen Hochschule in Stuttgart habilitierte. Lily Hildebrandt setzte währenddessen ihre künstlerische Ausbildung bei Adolf Hölzel in Dachau fort.

Hans Hildebrandt gelang es, als Privatdozent an der TH Stuttgart unterzukommen. Am 14. Dezember 1914 wurde Rainer, der einzige Sohn, geboren. Der Weltkrieg war bereits in vollem Gang, doch der Vater wurde als kunstwissenschaftlicher Gutachter freigestellt und unterrichtete weiter an der TH. Im Wintersemester 1914/15 hielt er unter dem Eindruck der Kriegsereignisse eine Vorlesung, die zur Grundlage des im März 1916 abgeschlossenen Buches „Krieg und Kunst" wurde[28].

In diesem Buch bemühte sich Hans Hildebrandt um Antwort auf die Frage: „Wie stellt sich der Künstler zu jener Vielheit von Tatsachen, die man unter der Bezeichnung ‚Krieg' zusammenzufassen pflegt?"[29] Grundsätzlich bejahte er die Konzentration sämtlicher Energien auf den Krieg: „So hat jeder deutsche Mann, ob er ein Krieger ist oder nicht, so hat jede deutsche Frau heute die *Pflicht*, ‚*Chauvinist*' zu sein. Chauvinist im Handeln. Wohlgemerkt: *Nur* im Handeln"[30]. Diese Einschränkung war dem Verfasser wichtig, weil es für ihn ein „Wissen um eine große unverlierbare europäische Kulturgemeinschaft" gab, das es insbesondere für die Zeit nach dem Weltkrieg zu bewahren galt[31]. Gegenwärtig aber könne sich dieses Wissen nicht auswirken, denn: „Weltbürger dürfen wir heute nur im Denken sein."

Es fehlt in „Krieg und Kunst" – eigentlich eine Kunstbetrachtung – auch nicht an kritischen Fragestellungen, aus denen ein – zumindest – freisinniges Denken spricht: „Freuen wir uns der echten, reinen vaterländischen Begeisterung, die so viele Wunder auf allen Gebieten des politischen, wirtschaftlichen und sozialen Lebens gewirkt hat – aber verkennen wir auch nicht, daß ein gedankenloser und irregeleiteter Patriotismus demselben Deutschtum, dem er allein zu dienen vorgibt, schwerste Schädigung zufügen muß"[32]. Durchaus kritisch gemeint ist auch seine Behauptung, „daß die Kunst selbst als eine selbständige, mit eigener Hoheit ausgestattete Kraft des Kulturlebens um ein Bedeutendes unterschätzt wird"[33]. Kunst

---

[27] Rainer Hildebrandt, Biographisches, in: Hans Hildebrandt und sein Kreis, Bremen o.J. (Ausstellungskatalog).
[28] Hans Hildebrandt, Krieg und Kunst, München 1916, S. 7.
[29] Ebenda, S. 15.
[30] Ebenda, S. 12.
[31] Ebenda, S. 13.
[32] Ebenda, S. 262.
[33] Ebenda, S. 14.

und Kultur haben für Hans Hildebrandt jedoch nicht nur auf dieser Ebene einen hohen Stellenwert. Durchaus als Ausdruck seiner eigenen Lebensphilosophie ist folgende Aussage über den Künstler im allgemeinen anzusehen: „Ihm ist die Kunst, wenn anders er zu den Berufenen oder gar zu den Auserwählten zählt, wirklich eine Notwendigkeit. Und zwar sein ganzes Leben lang wie Nahrung, Schlaf und Atem. Keine äußere Macht vermag ihn zu zwingen, sein Künstlertum dahinzugeben".

Dem Krieg folgte die Revolution, und damit die Zeit des emphatischen Neuaufbruchs der Kunst in Deutschland. Hans Hildebrandt schrieb für Will Stephans ‚Gelbes Blatt', das seit März 1919 – nur in wenigen Nummern – in Stuttgart erschien[34]. Hildebrandts Wohnung in der Gerokstraße entwickelte sich – neben der Behausung Helena Tuteins, der späteren Frau Oskar Schlemmers – zum Treffpunkt der Stuttgarter Künstlerschaft[35]. Zu Hildebrandts Kreis hatten schon vor dem Kriege vor allem Hölzel-Schüler gehört: Neben Schlemmer auch Itten, Kerkovius, Meyer-Amden, Pellegrini, Stenner und als engere Freunde Theodor Fischer und Willi Baumeister[36]. Kontakte bestanden auch zu Hannah Höch und Kurt Schwitters, der in der Gerokstraße seine Lautgedichte vortrug. Rainer Hildebrandt erinnert sich auch an folgende Episode aus seinem Elternhaus: „Eines Tages ruft Ringelnatz an, er finde keinen Einlaß. Es stellte sich heraus, daß die Haushälterin, die treue Berta, ihn für einen Landstreicher hielt". Des öfteren reiste Hans Hildebrandt nach Frankreich, wo er sich die Freundschaft Fernand Legers und Le Corbusiers erwarb[37].

Als Walter Gropius Anfang 1922 Geld für seine von der Inflation besonders hart getroffenen Bauhaus-Studenten beschaffen mußte, half ihm Hildebrandt beim Verkauf eines Familienerbstückes – Gropius trennte sich von Dürers Melancholia[38]. Hier wird deutlich, daß die Weimarer Jahre für Künstler nicht eben günstig waren. Der junge Rainer Hildebrandt lernte gewiß auch, was Geldsorgen für eine Familie bedeuten.

In ihrer Persönlichkeit bei weitem stärker als der Vater war aber wohl Lily Hildebrandt[39]. Sie malte und gestaltete für den Sohn ein Bilderbuch mit dem Titel „Klein Rainers Weltreise"[40]. Während der ersten Hälfte der zwanziger Jahre hatte sie ein Verhältnis mit Walter Gropius[41]. Zwischen den beiden Männern ergab sich

---

[34] Karin von Maur, Oskar Schlemmer, München 1979, S. 83.
[35] Ebenda, S. 107f.
[36] Hildebrandt, Biographisches; vgl. auch Jürgen Weichhardt, Der Stuttgarter Kreis um Hans Hildebrandt (1878-1957), in: Weltkunst 49 (1979), S. 21.
[37] Hans Hildebrandt übersetzte zwei Bücher Le Corbusiers (d.i. Charles Edouard Jeanneret): Kommende Baukunst, Stuttgart-Berlin-Leipzig (2. Aufl.) 1926; Städtebau, Berlin-Leipzig 1929.
[38] Reginald R. Isaacs, Walter Gropius. Der Mensch und sein Werk (2 Bände), Berlin 1983/84, Bd. 1, S. 278, 467 (Anm.).
[39] Beurteilung von Isaacs, ebenda, S. 278.
[40] Lily Hildebrandt, „Das Dorf", „Hafen bei Nacht" und „Flötender Hirte" als Abbildungen 210, 211 und 213 sowie Abbildung 297 aus dem Bilderbuch in: Hans Hildebrandt, Die Frau als Künstlerin, Berlin 1928, S. 128 bzw. 170.
[41] Isaacs, Walter Gropius, S. 16, 229, 245. – Isaacs untersucht das Verhältnis hauptsächlich im Hinblick auf Gropius, besonders S. 229ff.

jedoch allem Anschein nach eine Art Modus vivendi[42]. Vermutlich im Dezember 1920 forderte Gropius Lily Hildebrandt auf, darauf zu achten, „daß Du ihn nicht verlierst, er macht einen freien, unbürgerlichen Eindruck, ich habe ihn gern"[43]. Beide Hildebrandts bemühten sich in den folgenden Jahren nach Kräften um Unterstützung für das Bauhaus[44]. Wohl im September 1923 gelang es so auch, Edwin Redslob für das „Garantie-Komité" der Berliner Bauhaus-Ausstellung desselben Jahres zu gewinnen[45].

Erklärtermaßen frei und unbürgerlich ist die Umgebung, in der Rainer Hildebrandt aufwächst. Die gewiß anregende Unruhe wirkte sich auf den Schüler nicht nur positiv aus: Es gab Probleme mit der Konzentration, und in der Untersekunda ist Hildebrandt zweimal sitzengeblieben; wurde in ihm aber Interesse geweckt – wie später auf der Waldorfschule –, gelangen die Dinge besser[46].

Rainer Hildebrandts Elternhaus war kosmopolitisch und in manchen Zügen wohl auch durchaus gesellschaftskritisch orientiert. Das Leben war bestimmt durch die völlige Hinwendung der Eltern zu ihrem künstlerischen Beruf. Darüber hinaus fällt eine große Offenheit für die menschlichen Belange der Künstlerkollegen auf; wiederholte und gegenseitige Hilfe war angesichts der wirtschaftlichen Verhältnisse so nötig wie üblich. Will man diese Welt auf einen sozialgeschichtlichen Nenner bringen, ist wohl am ehesten von „Boheme"[47] zu sprechen – auch wenn es sich auf den ersten Blick um einen bildungsbürgerlichen Hintergrund zu handeln scheint. Für Karl Heinz Roth ist Hildebrandt demgegenüber schlicht „der kleinbürgerliche Idealist"[48]. So unzureichend das von Roth ohnehin eher disqualifizierend gemeinte Attribut der Kleinbürgerlichkeit erscheint, so berechtigt ist es, von Idealismus zu sprechen, sofern als Idealist derjenige gemeint ist, der sich ausschließlich und mit ganzer Kraft einer einzigen Sache zu widmen vermag[49].

---

[42] Ebenda, S. 278.
[43] Walter Gropius, Weimar, an Lily Hildebrandt, undatiert, vermutlich Dezember 1920; zitiert nach Isaacs, ebenda, S. 281.
[44] Isaacs, ebenda, S. 279, 297. – Gemeinsam unterstützten sie auch die Uraufführung von Schlemmers „Triadischem Ballett" (Ebenda, S. 290).
[45] Walter Gropius, Weimar, an Lily Hildebrandt, undatiert, vermutlich März 1923; zitiert nach Isaacs, ebenda, S. 302, 475.
[46] ARH, Hildebrandt an L. vom 30.10.1954. – Sofern der Adressat eines Briefes ohne weiteren Belang ist, erscheint nur der Anfangsbuchstabe des Nachnamens. Die Briefe Hildebrandts lagen dem Verfasser in der Regel als Durchschlagdoppel und in Maschinenschrift vor.
[47] Zum Begriff der Boheme vgl. Helmut Kreuzer, Die Boheme. Beiträge zu ihrer Beschreibung, Stuttgart 1968.
[48] Karl Heinz Roth/Nicolaus Neumann/Hajo Leib, Psychologische Kampfführung. Invasionsziel: DDR. Vom Kalten Krieg zur Neuen Ostpolitik, Hamburg 1971, S. 88.
[49] Auch Boveri, Verrat, S. 276, nennt Hildebrandt einen „Idealisten".

3. Ernst Tillich: Dietrich Bonhoeffer und Bekennende Kirche

Ernst Tillich war 1933 nach dem ersten theologischen Examen als Assistent an die Berliner Universität gekommen[50]. Auf Druck der nationalsozialistischen „Deutschen Studentenschaft" wurde er jedoch schon ein Jahr später entlassen[51]. Der Verwandte Paul Tillichs, der selbst zu den ersten Gelehrten gehört hatte, die bereits am 13. April 1933 von den Universitäten gewiesen worden waren[52], war für die Nationalsozialisten nicht mehr tolerierbar. Zudem bewies das junge Mitglied der Bekennenden Kirche seinen Widerstandsgeist auch öffentlich: „Als z.B. im Winter 33/34 die ‚NS-Dozentenschaft' gegründet wurde, in der man, ohne gefragt zu sein, Zwangsmitglied wurde, scharrte ich, als der Vertreter des preußischen Kultusministers uns auseinandersetzte, das Regime habe die deutschen Universitäten vor der Gefahr des Bolschewismus errettet, was wir als Bedingung unserer universitären Existenz anerkennen sollten – die Herren Ministerialräte (im Braunhemd) waren konsterniert und beleidigt, aber ich wurde nicht verhaftet, vielmehr von manchen Teilnehmern unbekannterweise auf einmal auf der Straße gegrüßt"[53].

Nach seiner Entlassung übernahm Tillich eine Vikariatsstelle in Klein-Machnow bei Berlin[54]. Im August 1934 nahm er an der ökumenischen Jugendkonferenz auf Fanö teil, die wesentlich durch Dietrich Bonhoeffer bestimmt war[55]. Tillich hatte schon seit 1932 an dessen Lehrveranstaltungen und Freizeiten teilgenommen, und es war Bonhoeffer gewesen, der ihn als Nachfolger auf die Assistentenstelle am systematisch-theologischen Seminar vorgeschlagen hatte[56].

Wichtigstes Ergebnis der Konferenz von Fanö war die Zustimmung zu der Ende Mai 1934 in Barmen beschlossenen „Theologischen Erklärung" der Bekennenden Kirche, die hauptsächlich von Karl Barth formuliert worden war[57]. Tillich stimmte „auch selbst mit Überzeugung" zwei Resolutionen zu, die das „antinationalistische" Element des gemeinsamen Kirchenverständnisses betonten und „jegliche Unterstützung jeden Krieges" ablehnten[58]. Hier hatte Bonhoeffer die Vorbehalte ungarischer und polnischer Teilnehmer überwinden müssen, die einem Verteidigungskrieg nicht gänzlich die moralische Berechtigung hatten absprechen wollen.

---

50 Montags-Echo vom 8.10.1951.
51 Tillich, Friedensbewegung, S. 55 (Anm.).
52 Pauck, Paul Tillich, S. 138.
53 Tillich, Friedensbewegung, S. 55 (Anm.). – In „Unmenschlichkeit als System" (Berlin [Ost] 1957, S. 70) ist ein Faksimile eines von Tillich am 6. September 1935 ausgefüllten Fragebogens der Deutschen Studentenschaft abgedruckt. Die dortige Bildunterschrift („Hinter der Maske des Theologiestudenten und unter der Kutte des Vikars verbarg sich der Lüstling Ernst Tillich.") hat mit der Abbildung keinen inhaltlichen Zusammenhang. Aus dem Fragebogen ergibt sich, daß sich Tillich im Dritten Reich nicht mehr als unbedingt erforderlich engagierte: Als Student war er Mitglied des Nationalsozialistischen Deutschen Studentenbundes gewesen – nicht aber Mitglied der NSDAP.
54 Boveri, Verrat, S. 276.
55 Tillich, Friedensbewegung, S. 91.
56 Ebenda, S. 89.
57 Ebenda, S. 90.
58 Ebenda, S. 92.

Nach Fanö brach der enge Kontakt zwischen Tillich und Bonhoeffer ab[59]. Auch im Theologischen entfernte sich Tillich bald von den auf Fanö vertretenen Anschauungen. Bonhoeffers Kirchenverständnis, das orientiert war an dem Leitsatz „extra ecclesiam nulla salus", erschien ihm gerade angesichts „der tatsächlichen Existenz der Kirchen" immer mehr „als absolutistischer Klerikalismus"[60]. Im Politischen widersetzte er sich bald auch Bonhoeffers „romantischer Vorstellung eines ‚Friedenskonzils‘"[61], „da Hitler immer und immer wieder bewies, wie wenig er sich aus der Meinung der Weltöffentlichkeit machte und daß er keinerlei Achtung vor internationalen Verträgen oder Rechtsordnungen besaß". Der Gedanke, die deutsche Armee durch Kriegsdienstverweigerung derart zu schwächen, daß Hitler von seiner „imperialistischen Kriegspolitik" lassen würde, „erschien mir als eitel Schwärmerei".

Mit Bonhoeffer war er der Meinung, „daß Nationalsozialismus totalitär und also mit Christentum wesensmäßig unvereinbar war wie Feuer und Wasser". Tillich entschloß sich zum Handeln: „Ich persönlich habe damals aus dieser Situation die Konsequenz gezogen, mich am ‚Widerstand‘ zu beteiligen, indem ich die (durchaus politische) Denkschrift der Leitung der Bekennenden Kirche (zur Judenfrage, zum Gewaltregime der Gestapo, zur Indoktrination der Jugend und der rassistischen ‚Weltanschauung‘ der Nazis überhaupt) in der ausländischen Presse veröffentlichte – ohne kirchlichen Segen, aber in der Meinung, damit auch meiner Kirche den besten Dienst zu tun".

Bei der hier erwähnten Denkschrift handelt es sich um die im Juni 1936 von Wilhelm Jannasch der Reichskanzlei eingereichte Denkschrift, die unter der Verantwortung der zweiten Vorläufigen Leitung und des Reichsbruderrates – für den auch Martin Niemöller unterzeichnet hatte – unter strenger Geheimhaltung erarbeitet worden war[62]. Nach dem Willen der Leitung der Bekennenden Kirche sollte sie nicht veröffentlicht werden; für den 23. August war lediglich eine knappe Kanzelerklärung vorgesehen.

Diese Erklärung wurde jedoch nur noch von Bekenntnispfarrern innerhalb der altpreußischen Union verlesen, nachdem die Denkschrift bereits am 23. Juli in ganzer Länge in den Basler Nachrichten veröffentlicht worden war[63]. Der Termin war günstig gewählt, weil Hitler am 1. August die Olympischen Spiele eröffnen wollte. Für die Publizierung war hauptsächlich Ernst Tillich verantwortlich. Der Leiter der Kanzlei der Vorläufigen Leitung Friedrich Weißler – getaufter Jude und deshalb aus dem Justizdienst entlassen[64] – hatte ihm für eine Nacht ein Exemplar des Textes überlassen. Wie Werner Koch, der dritte Beteiligte, 1948 in einer Niederschrift feststellte, habe Tillich den gesamten Text abgeschrieben, weil es „Weißlers unausgesprochene und meine ausgesprochene Absicht war", daß Tillich eine kurze

---

[59] Ebenda, S. 89.
[60] Ebenda, S. 93.
[61] Ebenda, S. 94f.
[62] Kurt Meier, Der Evangelische Kirchenkampf, Bd. 3: Im Zeichen des zweiten Weltkrieges, Göttingen 1984, S. 606f.; Armin Boyens: Kirchenkampf und Ökumene 1933-1939. Darstellung und Dokumentation, München 1969, S. 172.
[63] Meier, ebenda; Boyens, ebenda, S. 174.
[64] Meier, ebenda, S. 607; Boyens, ebenda, S. 177.

3. Dietrich Bonhoeffer und Bekennende Kirche

Erklärung für die Auslandspresse verfassen solle; als „aber Hitler hartnäckig zu der Denkschrift schwieg, und nachdem auch die Bekennende Kirche trotz ihrer vorher anderslautenden Ankündigung es beim Schweigen bewenden lassen zu wollen schien, sah sich Ernst Tillich veranlaßt, durch Veröffentlichung des vollen Wortlautes dieser Denkschrift erst ihr ganzes Gewicht zu verleihen"[65].

Am 6. Oktober verhaftete die Gestapo Weißler und Tillich und am 13. November Koch[66]. Weißler kam am 13. Februar nach Sachsenhausen, wo er Tage später an den Folgen der erlittenen Torturen starb[67]. Die Haltung der Bekennenden Kirche blieb distanziert; Weißler wurde ebenso wie im Jahre 1943 Bonhoeffer nicht auf die Fürbittliste gesetzt[68].

Armin Boyens stellt zu Friedrich Weißler fest, „daß in Weißlers Martyrium das Politische vom Kirchlichen nicht so zu trennen ist, wie mancher Theologe es vielleicht gern getrennt sehen möchte, ebenso wie bei dem anderen Märtyrer der B(ekennenden) K(irche) – Dietrich Bonhoeffer (Anm. des Verf.)". Eben diese Haltung, die zur Entscheidung für konsequentere Formen von Widerstand führte, war auch für Ernst Tillichs späteres Handeln grundlegend. Es liegt schon hier dieselbe Problematik vor, die Mitte der fünfziger Jahre zum Hauptkritikpunkt an Tillich und der Kampfgruppe wurde. Daß Martin Niemöller hier wie auch später jeweils auf der anderen Seite stand, belegt diese Behauptung auch in personeller Hinsicht.

Ernst Tillich verbrachte seine Haft im KZ Oranienburg-Sachsenhausen und in Einzelhaft im Gefängnis am Alexanderplatz[69]. Als Tillich im September 1939 wegen des Kriegsausbruchs freigelassen worden war, tauchte er als Sachbearbeiter bei den Siemens-Werken unter; 1942 wurde er zum Sanitätsdienst eingezogen[70]. Der Sanitätsfeldwebel diente als Divisionsarztschreiber[71]. Er kam nach Holland, wo er Freunde in Kreisen der Résistance fand[72].

---

[65] Werner Koch, 12.7.1948; zitiert nach Boyens, ebenda, S. 174. – „Unmenschlichkeit als System" (S. 69) unterstellt Tillich eine Tätigkeit „als Nachrichtenhändler für ausländische Presseagenturen wie ‚United Press', ‚Agence Havas', ‚Reuter' und andere." Zu seinen Motiven heißt es: „Tillich hat diese Tätigkeit nicht aufgenommen, um gegen den Faschismus zu kämpfen, sondern einzig und allein um sich zu bereichern." Ohne Quellenangabe wird als Beleg eine dementsprechende Aussage Tillichs in seinem auf die Verhaftung folgenden Prozeß zitiert.

[66] Boyens, Kirchenkampf und Ökumene, S. 147f., 176; Boveri, Verrat, S. 276.

[67] Boyens, ebenda, S. 177; Boveri, ebenda; Meier, Evangelischer Kirchenkampf, S. 607.

[68] Boyens, ebenda.

[69] Montags-Echo vom 8.10.1951. – Auch Lewalter (in: Die Zeit vom 30.3.1950) erwähnt „mehrere Jahre Haft im Konzentrationslager." Wenn Tillich hier als „Verfasser eines Manifestes, in dem die Fronten radikal bezeichnet waren", angesprochen wird, so ist damit die Denkschrift der Bekennenden Kirche gemeint. – Margret Boveri, Verrat, S. 276 stellt – unrichtig – fest, Tillich sei anders als Hildebrandt „nicht im großstädtischen Gefängnis" gewesen, und ferner sei Tillich „ab 1935 im Konzentrationslager Oranienburg" gewesen. Die Angaben über die Länge der Haftzeiten beider sind – wie auch die Fußnote auf S. 275 – gegenüber früheren Auflagen aufgrund eines Briefwechsels zwischen Hildebrandt und Frau Boveri verbessert worden (ARH, Margaret Boveri an Hildebrandt vom 8.12.1956).

[70] Montags-Echo vom 8.10.1951; Der Spiegel vom 2.7.1958, S. 29.

[71] Tillich, Friedensbewegung, S. 21.

[72] Ebenda, S. 33. – Der Verfasser von „Unmenschlichkeit als System" (S. 69) stellt dies in Abrede: „Erst im Januar 1942 wurde er zur faschistischen Wehrmacht eingezogen und in Holland und in Belgien eingesetzt. Auch hier leistete er keinerlei Widerstandsarbeit gegen den

Als bedeutsam für den späteren Zusammenhang ist festzuhalten, daß Tillich bereits während der nationalsozialistischen Zeit zu dem Ergebnis gekommen war, daß Widerstand nicht aus pazifistischer Gesinnung heraus geleistet werden könne, sofern er etwas bewirken sollte. Im weiteren darf auch nicht unberücksichtigt bleiben, was es nach 1945 für Tillich bedeutet haben muß, zur Kenntnis zu nehmen, daß eben das KZ Sachsenhausen – neben anderen – tatsächlich nicht aufgelöst worden war[73]. Wenn Tillich noch 1983 als „von uns alten KZ-Hasen" spricht[74], mag dies seine Betroffenheit nur illustrieren; diese Betroffenheit muß jedoch als Motiv einer aufrichtig empfundenen Solidarität immer mitgesehen werden.

Auch in der DDR kannte man Tillichs Vergangenheit vor 1945. Die Schrift „Unmenschlichkeit. Tatsachen über Verbrecher der ‚Kampfgruppe gegen Unmenschlichkeit'" bestätigt, daß er als Vikar in einer Gemeinde der Bekennenden Kirche predigte, daß er nach 1939 zum Sanitätsdienst eingezogen worden war und sich als „sozialer Christ und manchmal auch christlicher Sozialist" verstand[75]. All dies findet auf kommunistischer Seite allerdings eine vollkommen andere Darstellung. Es heißt, Tillich habe in wilder Ehe gelebt, habe zwei uneheliche Kinder, habe bei Siemens mit Fremdarbeitern zu tun gehabt und sei schließlich „im rückwärtigen Frontgebiet eingesetzt" worden. Auf Verlangen der Gemeinde habe er vom Priesteramt relegiert werden müssen, denn: „Unter dem humanistischen Mantel der Nächstenliebe verbarg sich der Giftmörder, unter der Kette des bigotten Frömmlers ein Lüstling, hinter einer scheinbaren Jovialität ein gewissenloser Streber. Geld und Macht sind seine Götter. Immer tiefer gerät er in den Sumpf der Verworfenheit und des Verbrechens".

4. Rainer Hildebrandt: Im Kreis Albrecht Haushofers

„Ich stand im ersten Semester und hatte auch keine politischen Vorkenntnisse. Mein Vater war Kunsthistoriker, meine Mutter Malerin, und in meinem geistig sehr vielseitigen Elternhaus kreiste das Leben vor allem um Schicksalsfragen der Kunst, – dies erst recht, als die modernen Richtungen verfemt und meinem Vater, ihrem Interpreten und Verfechter, die Hochschullehrbefugnis entzogen worden war. Ich selbst wollte technischer Physiker werden, und da ich alles, womit ich mich beschäftigte, besonders total und mit gefährlicher Leidenschaft anzupacken pflegte, hatte ich schon in der Schule mich fast nur mit den Dingen befaßt, die später irgend-

---

Faschismus. Für seine Dienstbeflissenheit wurde er sogar zum Feldwebel befördert und schließlich mit dem ‚Kriegsverdienstkreuz I. und II. Klasse' ausgezeichnet."
[73] Boveri (Verrat, S. 274) weist in bezug auf die KgU-Gründung durch Hildebrandt auf einen solchen Zusammenhang hin. Im Falle Tillichs gibt sie dessen KZ-Erfahrung zwar zur Kenntnis (S. 276), interpretiert dies aber nicht im Hinblick auf sein späteres Verhalten, sondern bezeichnet ihn dann als „Dynamiker".
[74] Tillich, Friedensbewegung, S. 14.
[75] Unmenschlichkeit. Tatsachen über Verbrecher der „Kampfgruppe gegen Unmenschlichkeit", o.O., o.J. (Berlin [Ost] 1955), S. 4ff.

wie in meinen technischen Beruf hineinpassen würden"[76]. In der Tat hatte Hitlers Machtergreifung für die Hildebrandts einschneidende Folgen. Nachdem der Vater 1937 seinen Lehrstuhl verloren hatte, erschien sein Name auf der „Schwarzen Tafel" der Münchner Ausstellung „Entartete Kunst"[77]. Rainer Hildebrandts Mutter aber war Jüdin. Mit Hilfe von Freunden im Ausland und einer eidesstattlichen Versicherung des Sohnes gelang es, Lily Hildebrandt zur „Halbarierin" zu machen.[78]

Hildebrandt immatrikulierte sich an der Technischen Hochschule in Berlin und arbeitete nebenher in einer Maschinenfabrik. Die neuen Erfahrungen wie auch die Lektüre der Schriften Spenglers und Rathenaus führten dann aber bald zu einer Umorientierung. Seine Interessen richteten sich auf den sozialpolitischen Bereich aus, und als im September 1939 der Krieg begann „– und damit für mich die Gewißheit eines baldigen Endes der Nazizeit –", schrieb er sich an der Berliner Universität für die Fächer Sozialwissenschaft und Philosophie ein. Er hörte bei Eduard Spranger, Werner Sombart und Emil Dovifat; im Sommersemester 1940 ging er dann das erste Mal in eine Vorlesung Albrecht Haushofers[79].

Rainer Hildebrandt suchte, wohl nicht zuletzt veranlaßt durch das Schicksal seiner Familie, mit der ihm eigenen Totalität und Leidenschaftlichkeit Ansatzpunkte und vor allem Personen, um gegen das nationalsozialistische Regime aktiv werden zu können. In „Wir sind die Letzten" schilderte Hildebrandt 1948 seinen ersten Eindruck von Haushofers Persönlichkeit. Schon nach wenigen Vorlesungsstunden zeigte er sich „tief beeindruckt", denn die Vorträge „waren von so hohem Niveau getragen, wie es nur Gegner des Regimes haben konnten". Geschichtliches und Gegenwärtiges traten in ein Wechselverhältnis, aus dem heraus der Zuhörer die „Gegenwartsbezogenheit" von Haushofers Darlegungen erkennen konnte.

Nachdem das Semester vier oder fünf Wochen alt war, sprach Hildebrandt den Professor auf dem Korridor an, woraufhin Haushofer ihn für einen anderen Tag zu sich einlud; Hildebrandt war durch den Ort verwirrt: Haushofer hatte ihn in die Kurfürstenstraße gebeten, wo in einer Zweigstelle des Auswärtigen Amtes die „Informationsabteilung" residierte[80]. In Haushofers pompösem Büro hing ein Hitlerbild über dem Schreibtisch. Im Gespräch öffnete sich Haushofer dem ihm unbekannten Studenten zwar nicht vollkommen, aber er gab Hildebrandt doch das Empfinden, „daß er bereit war, aus seiner Einstellung die praktische Konsequenz bis zum letzten zu ziehen"[81]. Am nächsten Tag holte er sich von einer Assistentin Haushofers Römerdramen „Scipio", „Sulla" und „Augustus". Nach der Lektüre wußte er, daß seine ersten Empfindungen richtig gewesen waren: „Diese Dramen, die Haushofer zwischen 1934 und 1937 geschrieben hatte, sollten entlarven".

Als Rainer Hildebrandt Tage später erneut Haushofer aufsuchte, sprach man zunächst über die Theaterstücke, und Hildebrandt stellte fest, er habe erkannt, „daß

---

[76] Rainer Hildebrandt, Wir sind die Letzten. Aus dem Leben des Widerstandskämpfers Albrecht Haushofer und seiner Freunde, Neuwied-Berlin o.J. (1948), S. 10.
[77] Hildebrandt, Biographisches; Isaacs, Walter Gropius, Bd. 2, S. 784.
[78] Hildebrandt, ebenda.
[79] Hildebrandt, Wir sind die Letzten, S. 7, 10.
[80] Ebenda, S. 10f.
[81] Ebenda, S. 13ff.

es ein Wissen gab, daß eine Verpflichtung zur Tat sei". Der Student schilderte dem Professor, wie er mit Freunden bei dem Architekten Paul Meller saß, wie man diskutierte, ausländische Radioprogramme hörte und sich verzweifelt die Frage stellte, ob es nicht möglich wäre, „mehr tun zu können, als die Wahrheit sorgsam weiterzuverbreiten und denen, die aus wirklicher Überzeugung den Hitlerkrieg haßten, Medikamente zu geben, die sie in den Augen der Musterungskommission frontuntauglich machten".

Als Hildebrandt Haushofer nach einer Seminarsitzung nach Hause begleitete, forderte er den Professor auf: „Wenn das Ihre Auffassung ist, dann müssen Sie mir eine Aufgabe geben. Ein Mensch wie Sie will Hitler umbringen. Sie müssen es, sonst wären Sie nicht Sie"[82]. Als er eine Woche später von neuem meinte, „daß es leicht sein müßte, Hitler umzubringen", entgegnete ihm Haushofer, „ob ich mir der Konsequenzen solcher Gedanken, selbst wenn ich von einem solchen Plan nur wüßte, auch ganz bewußt sei"[83]. Haushofer versuchte, Hildebrandts Enthusiasmus zu steuern und wies ihn darauf hin, daß vor allem junge Menschen unter den herrschenden Bedingungen den Tod gleichsam suchten und sich im Grunde der Tragweite ihrer Entscheidung gar nicht bewußt seien. Schließlich sagte er: „Den ersten Griff zum Steuer, den müßt ihr uns Alten überlassen. Wir haben den größeren Anteil an der Schuld, die gekommen ist. Wir allein sind nahe genug am Steuer, um den Griff wagen zu können".

Albrecht Haushofer war einer der führenden Köpfe der Widerstandskreise, die sich in den Verwaltungen des Dritten Reiches gebildet hatten und die auch Beziehungen zu Gruppen in der Wehrmacht unterhielten. Die Position der Haushofers war infolge ihrer Kontakte zu Rudolf Heß in gewisser Weise herausgehoben. Die Inanspruchnahme der von Karl Haushofer entwickelten Geopolitik durch die Nationalsozialisten nannte Albrecht Haushofer allerdings einen „Mißbrauch"[84]. Die Haltung des Vaters faßte der Sohn so zusammen: „Der Grundakkord des Vaters gegenüber den Nazis war der englische Leitspruch: let us educate our masters"[85]. Diese Maxime galt jedoch genauso für den Sohn, insbesondere als er in den ersten Jahren des Regimes als Berater für Heß und Ribbentrop tätig war[86]. Dennoch stand er dem Nationalsozialismus von Beginn an kritisch gegenüber; schon Anfang März 1933 schrieb er seinen Eltern: „... und der einzige Trost ist ein negativer – nämlich die Überzeugung, daß wir einer so großen allgemeinen Katastrophe entgegengehen, daß es auf die persönliche bald nicht mehr ankommen wird"[87]. Sein Versuch, das Regime von innen her zu beeinflussen, scheiterte. Seit Frühjahr 1938 war Haushofer ohne jeden politischen Einfluß[88].

---

[82] Ebenda, S. 20.
[83] Ebenda, S. 26f.
[84] Ebenda, S. 33.
[85] Ebenda, S. 37; Ursula Laack-Michel, Albrecht Haushofer und der Nationalsozialismus. Ein Beitrag zur Zeitgeschichte, Stuttgart 1974, S. 117.
[86] Hildebrandt, ebenda, S. 51f.; Laack-Michel, ebenda, S. 107, 117, 140ff.
[87] Albrecht Haushofer, Berlin, an seine Eltern vom 3./5.3.1933; zitiert nach Laack-Michel, ebenda, S. 107.
[88] Hildebrandt, Wir sind die Letzten, S. 58f.

4. Im Kreis Albrecht Haushofers

So berichtete Haushofer Hildebrandt von den Attentatsplänen der Militäropposition vom September 1938 und November 1939, und Hildebrandt hatte auch im Herbst 1940 den Eindruck, „daß Dinge ,im Gange' waren"[89]. Im Februar 1941 eröffnete ihm Haushofer, er befürchte, von der Gestapo beschattet zu werden, und er sei sicher, sein Telephon werde abgehört; schließlich fragte er Hildebrandt, ob dieser für ihn gelegentlich Botengänge erledigen könnte[90]. Rainer Hildebrandt übernahm die Aufgabe: „Allein schon weil ich mir nichts Sinnvolleres vorstellen konnte, als meinem Freunde in Gefahr helfen zu dürfen. Noch am selben Tage gab mir Haushofer einen Brief, den ich in die Brentanostraße 50 tragen und dort abgeben sollte. Auf dem Umschlag stand: Herrn Minister Dr. Popitz". Auf diese Weise wurde Hildebrandt zum Mitverschworenen des „20. Juli".

Unterdessen arbeitete er an seiner Dissertation, die er bei Franz Rupp über Probleme der Arbeitsmotivlage in industriellen Großbetrieben schrieb[91]. Die Promotionsarbeit las damals auch Theodor Heuss; Hildebrandt gab sie ihm, als er Heuss anläßlich eines Besuchs bei Poelzigs, der Berliner Architektenfamilie, bei der er als Student wohnte, kennenlernte[92]. Im Jahre 1942 wurde Hildebrandt zu einer Nachrichten-Dolmetscherabteilung eingezogen und bereits als Verdächtiger beobachtet[93].

Im Frühjahr 1943 verhaftete ihn die Gestapo – „infolge einer unverzeihlichen Unvorsichtigkeit". Nach einer Woche harter Verhöre wurde er in ein Wehrmachtsgefängnis überstellt; seine Eltern wie auch die Haushofers bemühten sich nach Kräften, ihn „vor einem lebensbedrohenden Verfahren" zu bewahren. Albrecht Haushofer hatte die Hildebrandts als erster unterrichten müssen: „Einer seiner Freunde durfte ihn sehen, fand ihn gefaßt und guter Haltung. Er übermittelte mir die Bitte, daß ich Ihnen schreiben möge – mit der weiteren Bitte, Sie möchten mir bald Antwort geben, damit er noch von Ihnen erfahre...."[94].

Nach einem Jahr Haft im Juni 1944 entlassen, wurde Hildebrandt nach dem 20. Juli 1944 erneut für sechs Wochen inhaftiert[95]. Vor und nach seiner zweiten Haftzeit diente er als Wachmann mit dem Dienstgrad „Schütze" in einem vornehmlich mit polnischen Soldaten belegten Wehrmachts-Gefangenenlager bei Reederitz. Dort unterstützte er eine Gruppe polnischer Offiziere; für den Fall, daß es durch die SS zu einem Massaker käme, spielte er ihnen eine Pistole zu.

Deutlicher noch als bei Tillich ist bei Rainer Hildebrandt der Wille erkennbar, den letzten entscheidenden Schritt gegen Hitler zu tun. Von vornherein war ihm deutlich, daß Resistenz im Sinne individuellen Widerstehens nicht genügte, wollte man Entscheidendes verändern. Hier trifft sich Hildebrandts Denken mit dem Tillichs.

---

[89] Ebenda, S. 76f.
[90] Ebenda, S. 79.
[91] Gespräch mit R. Hildebrandt am 25.1.1985.
[92] ARH, Hildebrandt an Theodor Heuss vom 6.5.1960. – Heuss verfaßte eine Biographie Poelzigs: Hans Poelzig. Lebensbild eines Baumeisters. Tübingen (Neuausgabe) 1948.
[93] Hildebrandt, Wir sind die Letzten, S. 179.
[94] Albrecht Haushofer, Berlin, an Hans und Lily Hildebrandt, (Frühjahr 1943); zitiert nach Hildebrandt, ebenda.
[95] ARH, R. Hildebrandt, OFLAG II D. Offener Brief, vermutlich 1971, S. 17f., 20f.

Die Publizistik der DDR stellt dies vollkommen anders dar: „Niemand wird behaupten, daß der ehemalige SS-Sturmbannführer Rainer Hildebrandt kein Verbrecher ist, auch wenn er noch so hochtrabend von Humanität, idealen Menschheitszielen und sozialer Fürsorge sprach"[96]. Der „SS-Sturmbannführer" ist vollkommen aus der Luft gegriffen, doch auch diese ‚Faschisierung' des Gegners gehörte zur propagandistischen Strategie der SED. Durfte Tillich aus Sicht der DDR kein Priester sein, so konnte Hildebrandt keinen Doktortitel haben: „Hildebrandt ist ein Hochstapler. Das beweist schon das unberechtigte Führen eines Doktortitels"[97]. Ansatzpunkt für diese Behauptung ist der Umstand, daß aus politischen Gründen Hildebrandt die Urkunde 1942 nicht ausgehändigt worden war und sie ihm auch später nicht übergeben wurde[98].

5. Ernst Tillich als sozialdemokratischer Politiker

Nach Kriegsende war Ernst Tillich in einer Vielzahl von Positionen beschäftigt. In seinen Aktivitäten wie auch in seinen Äußerungen aus diesen Jahren zeigt sich eine klare Linie, die deutlich seine Interessen und Zielsetzungen aus der Weimarer Zeit fortsetzt. Einen anderen Eindruck wollte offenbar der Spiegel im Juli 1958 erwecken: „Die ersten turbulenten Nachkriegsmonate verbrachte Tillich auf einer Anzahl von Posten, wie sie damals bei entlassenen Kriegsgefangenen beliebt waren, die keinen rechten Beruf, aber genügend Ehrgeiz hatten, ins öffentliche Leben zu treten"[99].

Tillich war 1945 in amerikanische Kriegsgefangenschaft gekommen; der Spiegel schrieb: Er hängte „sich ein Kreuz an seine grüne Polizeiuniform und hielt Andachten ab"[100]. Nach der Gefangenschaft leitete er sechs Monate lang das Jugend-

---

[96] Unmenschlichkeit als System, S. 34.
[97] Ebenda, S. 12.
[98] Wer ist Wer? Hg. Habel, S. 470. – Als später ähnliche Behauptungen „in etwas gemilderter Form" auch „von einer westsektoralen Quelle in Umlauf gesetzt" wurden, nahm Hildebrandt gegenüber dem NWDR-Berlin hierzu Stellung (ARH, R. Hildebrandt an die Direktion des NWDR in Berlin vom 30.8.1952): „Ich habe am 12.3.1943 an der Linden-Universität meine Promotionsprüfung bestanden und habe, einschließlich der Abgabe der Pflichtexemplare meiner Doktorarbeit alle Leistungen erfüllt, die zur Führung eines Doktortitels berechtigen. Lediglich die Urkunde konnte mir nicht zugestellt werden, weil ich bald nach Ablegung der Prüfung – aus politischen Gründen – verhaftet worden war. Nach dem Kriege hatte ich im Dezember 1945 – (...) – einen derart heftigen Zusammenstoß mit dem zuständigen NKWD-Offizier des Universitätsbezirks, daß ich es vorzog, mich nicht mehr persönlich um die Aushändigung der Urkunde zu bemühen. Mehrere schriftliche Ersuchen um Aushändigung der Urkunde blieben unerwidert."
[99] Der Spiegel vom 2.7.1958, S. 29f.
[100] Ebenda, S. 29. – Im Anschluß an diese Bemerkung zitiert der Spiegel offenbar Tillich selbst: „(‚Man hat mir bis heute nicht verboten zu predigen')." Das Infragestellen der Ordination Tillichs ist sozusagen ein Topos, der offenbar aus östlicher Quelle stammt. Selbst wenn es mit seiner Ordination nicht seine Ordnung gehabt haben sollte, ist es im lutherischen Sinne wohl kaum verwerflich, auch dann Andachten abzuhalten, wenn eine kirchenrechtliche Berechtigung nicht bestanden haben sollte. Probleme könnten sich dadurch ergeben haben, daß Tillich sein Vikariat in einer Bekenntnisgemeinde ausgeübt hatte.

amt in Fürstenfeldbruck und trat offenbar noch in Bayern der Sozialdemokratischen Partei bei[101]. Vermutlich war er auch hier für einige Monate Vorsitzender eines Entnazifizierungsausschusses; er gab diese Tätigkeit dann aus eigenem Entschluß auf: „(...); zunächst hielt ich das für richtig, dann angesichts des Gros der Mitläufer nicht mehr"[102].

Im Jahre 1946 kehrte Tillich nach Berlin zurück. Etwa drei Monate war er „Sekretär der ‚Volkssolidarität', woraus mich die SED sehr schnell herauswarf"[103]. Daraufhin wechselte er als Geschäftsführer zum „Zentralbüro Ost des Hilfswerks der Evangelischen Kirche in Deutschland"[104]. In diesem Amt, so darf geschlossen werden, trat er in intensiven Kontakt mit amerikanischen Stellen, denn für zwei Jahre war Tillich hier für die Verteilung der CARE-Pakete und der Hilfssendungen der amerikanischen Kirchen innerhalb Berlins und der sowjetischen Zone verantwortlich[105]. Im Frühjahr 1947 wurde er für fast ein Jahr zum stellvertretenden Leiter des Hauptsozialamtes des Magistrats von Berlin bestellt, für den er schon zuvor als Vertrauensmann in Sachen Paketverteilung tätig gewesen war[106]. Eine gewisse Rolle bei Tillichs Aufstieg mag vielleicht auch die Protektion der sozialdemokratischen Bürgermeisterin und Sozialpolitikerin Louise Schroeder gespielt haben.

Sie war es auch, die gemeinsam mit Otto Suhr Lizenzträgerin der Zeitschrift „Das Sozialistische Jahrhundert" war, in der Tillich von Beginn an in Aufsätzen – zunächst vor allem zu sozialpolitischen Fragen – in die innerparteiliche Debatte eingriff. Das Sozialistische Jahrhundert war im November 1946 mit einem ersten Doppelheft erschienen, und Suhr hatte in einem mit „Die große Linie" betitelten programmatischen Aufsatz eine Standortbestimmung gegeben[107]. „Das 20. Jahrhundert ist der *Vollstrecker des sozialistischen Testaments* des 19. Jahrhunderts – jetzt muß der Schritt von der Idee zur Wirklichkeit vollzogen werden", hatte er zum im Namen der Zeitschrift widergespiegelten Leitmotiv geschrieben. An der Verwirklichung der „Sehnsucht nach Freiheit und Sicherheit" teilzunehmen, „ist auch der *Sinn dieser Zeitschrift*", in der „bewußt die verschiedenen Strömungen und Auffassungen des demokratischen und freiheitlichen Sozialismus zu Worte

---

[101] Ebenda, S. 30.
[102] Tillich, Friedensbewegung, S. 33. – In „Unmenschlichkeit als System" (S. 69f.) wird dies so dargestellt: „Nachdem Tillich im Juni 1945 aus amerikanischer Gefangenschaft entlassen war, spielte er sich als ‚antifaschistischer Widerstandskämpfer' auf, so daß es ihm gelang, in Fürstenfeldbruck bei München Leiter des Jugendamtes, Stellvertreter des Landrats und schließlich sogar Vorsitzender des Politischen Überprüfungsausschusses des Landkreises zu werden."
[103] Tillich, ebenda, S. 24. – Boveri, Verrat, S. 276. – „Unmenschlichkeit als System" (S. 71) geht darauf an entsprechender Stelle nicht ein.
[104] Montags-Echo vom 8.10.1951; Der Spiegel vom 2.7.1958, S. 30; Boveri, Tillich, ebenda.
[105] Tillich, ebenda.
[106] Lewalter in Die Zeit vom 30.3.1950; Montags-Echo vom 8.10.1951; Spiegel vom 2.7.1958, S. 30; Boveri, Verrat, S. 276; Tillich, ebenda. – Zur Rolle Louise Schroeders heißt es in „Unmenschlichkeit als System" (S. 71): „Trotz Widerspruchs des Betriebsrats beim Magistrat von Groß-Berlin wurde er durch Protektion der damaligen Bürgermeisterin Luise Schröder (SPD) als Referent des Fürsorgeamtes eingestellt."
[107] Otto Suhr, Die große Linie, in: Das Sozialistische Jahrhundert, 1. Jg. (November 1946), S. 1f.

kommen" sollen und die – wie Suhr betonte – „keine offizielle oder offiziöse Meinung instruieren oder propagieren" will[108].

Zur thematischen Orientierung schrieb Louise Schroeder: „Unsere neue Zeitschrift soll in erster Linie der Klärung politischer, demokratischer und sozialistischer Probleme dienen. Daneben wollen wir allen Tagesfragen Raum geben, und hiervon dürfte die Wohlfahrtspflege wohl nicht *die* wichtigste, aber eine der wichtigsten sein. Sie ist eine der Voraussetzungen für den Aufbau eines gesunden Staates und Volkslebens"[109]. Ernst Tillichs erster Aufsatz in dieser Zeitschrift war überschrieben mit der Frage „Sozialismus durch Sozialpolitik?"[110].

Er begann seine Ausführungen mit einem Postulat: „Sozialistische Bewegung und Sozialpolitik waren immer eng miteinander verbunden, stammen sie doch aus einer Quelle: aus dem Lebensrecht des arbeitenden Menschen". Wenn der Kapitalismus Sozialpolitik betrieben habe, dann habe dieser dabei immer nur das Ziel im Auge gehabt, „sich selbst zu erhalten und eine Revolution zu verhüten". Zum Faschismus stellte Tillich fest, daß dieser in der „Sozialpolitik in fürsorgerischer Beziehung teilweise durchaus großzügiger auftrat, als der liberale Kapitalismus, aber in arbeits- und betriebsrechtlicher Hinsicht jede Freiheit des arbeitenden Menschen erdrosselte". Die Schlußfolgerung kann wohl durchaus auf den Sowjetkommunismus hin gedeutet werden: „Dies überhaupt ist das Kennzeichen des modernen *Staatskapitalismus*, wie immer er sich nennen möge".

Tillichs Auffassungen schlossen sich der von Suhr formulierten und in der Schumacherschen SPD grundlegenden Forderung nach der Freiheitlichkeit des zu verwirklichenden Sozialismus an. Dies bedeutete auch für Tillich keine grundsätzliche Abkehr vom Marxismus, mindestens nicht als einem Instrument der Analyse: „Dieser *Klassencharakter des Kapitalismus* und Imperialismus widerspricht jeder aktiven Sozialpolitik. Er gestattet nur eine Teilfürsorge, die einige Schichten bevorzugt, den überwiegenden anderen aber nur das Existenzminimum läßt".

Im Zentrum stand für Tillich ein ganzheitliches Bild des arbeitenden Menschen. Damit stand er voll und ganz in der Tradition des religiösen Sozialismus. Seine Darlegungen zeigen, daß er sich in diesen ersten Nachkriegsjahren durchaus mit Überzeugung der praktischen Sozialarbeit gewidmet hatte. Wenn er sich darüber hinaus in seiner Lagebeurteilung als dezidierter Sozialist erweist, so ist dies mehr als nur Teilhabe am Zeitgeist, der ja den Sozialismus-Begriff in starkem Maße strapazierte.

Das Sozialistische Jahrhundert entwickelte sich in der Folgezeit zu einem auf hohem Niveau stehenden intellektuellen Diskussionsforum, in dem es vor allem um eine positive Formulierung des sozialdemokratischen Standpunktes ging. In erster Linie – aber nicht ausschließlich – publizierten Sozialdemokraten wie zunächst noch der Berliner Oberbürgermeister Otto Ostrowski, dann auch Ernst Reuter, Hermann L. Brill, Walter May, Hildegard Wegscheider, Otto Bach, der „Behemoth"-Autor und US-Emigrant Franz L. Neumann sowie Kurt Mattick, Joachim

---

[108] Ebenda, S. 2.
[109] Louise Schroeder, Aufgaben der Wohlfahrtspflege, in: Das Sozialistische Jahrhundert, 1. Jg. (November 1946), S. 14f.
[110] Ernst Tillich, Sozialismus durch Sozialpolitik? In: Das Sozialistische Jahrhundert, 1. Jg. (November 1946), S. 11f.

Lipschitz, Heinz Westphal, späterhin mit Willy Brandt, Helmut Schmidt und vielen anderen Männer, die in der Sozialdemokratie noch eine führende Rolle spielen sollten. Dem Neuen Deutschland war ein derartiges Forum als solches genausowenig geheuer wie die dort vertretenen Meinungen. Sepp Schwab schrieb – sichtlich noch in der Euphorie der Einheitskampagne – zur zweiten Ausgabe: „Eine marxistisch-theoretische Zeitschrift, für die der Sozialismus und der neue Weg zum Sozialismus, wie er von den Völkern Osteuropas begangen wird, nicht existiert, dient nicht unserem sozialistischen Ziel, sondern Interessen, die unserer Klasse fremd, wenn nicht feindlich sind"[111].

Ernst Tillich kümmerte sich in den nächsten Heften vorrangig um die Rubrik „Sozialpolitik". Der Theologe Tillich äußerte sich dann aber auch zum Verhältnis zwischen der SPD und den Kirchen. In dem Aufsatz „Gespräch mit den Kirchen?" sprach er zunächst die trotz gemeinsamer Widerstands- und KZ-Erfahrungen nach wie vor bestehenden Berührungsängste zwischen beiden Gruppen an[112]. Das Christentum sei aber doch neben dem Sozialismus die einzige Kraft, die den Zusammenbruch überdauert habe, und Tillich verlangte: „(...) – ihre Spannung wird fruchtbar, ihr Gespräch aufrichtig, ihre gegenseitige Kritik voller Achtung sein müssen, oder der äußere Riß im Herzen Europas wird ein unheilbarer innerer werden". Im weiteren bezeichnete er es als Voraussetzung anzustrebender Gemeinsamkeit, Kirche und Staat in ihren jeweiligen Sphären klar zu trennen – nicht ohne in diesem Zusammenhang seinen Lehrer Karl Barth zu erwähnen[113].

Ein knappes halbes Jahr später – im Juli 1947 – konnte Tillich der Leserschaft dann jedoch von einem Gespräch zwischen Evangelischer Kirche und Sozialdemokratie berichten, bei dem es zu gegenseitiger Übereinstimmung gekommen war[114]. Am 17. Juli hatte in Detmold eine Unterredung stattgefunden; auf seiten der SPD hatten unter anderem Kurt Schumacher und Adolf Grimme, für die Kirche vor allem Hans Iwand und Martin Niemöller teilgenommen.

Unter der Zwischenüberschrift „Politische Pastoren" griff Tillich dann jedoch heftig Niemöllers politische Stellungnahmen nach dessen USA-Reise an; Tillich zufolge dürfe der einzelne Kirchenmann eigene politische Auffassungen nämlich nicht „zum Inhalt der Belehrung an seine Gemeindemitglieder" machen. Er fuhr fort: „Das eklatanteste Beispiel in letzter Zeit war hierfür *Pfarrer Martin Niemöller*, der, von einer Amerikareise zurückgekehrt, nun sich als Politiker betätigte und in Pressekonferenzen, durch offene Briefe und Vorträge seine Ansichten über Mrs. Roosevelt, die Stärke der russischen Armee und die von den USA einzuschlagende Politik verbreitet hatte".

In dieser Stellungnahme wird sichtbar, daß sich Tillichs Haltung angesichts der verschärften Weltlage – Truman hatte am 12. März vor dem Kongreß die „Truman-Doktrin" verkündet – ernüchterte; die Hoffnungen und Illusionen der allerersten

---

[111] Sepp Schwab, Ideologisches Kunterbunt in der SPD, in: Neues Deutschland vom 3.1.1947.
[112] Ernst Tillich, Gespräch mit den Kirchen? In: Das Sozialistische Jahrhundert, 1. Jg. (Februar 1947), S. 109ff.
[113] Ebenda, S. 111.
[114] Ernst Tillich, Religiöse Bewegung, in: Das Sozialistische Jahrhundert, 1. Jg. (Juli 1947), S. 284f.

Nachkriegszeit waren im Schwinden begriffen. In Niemöller kritisierte er den Mann, der zu einem der frühesten und entschiedensten Gegner der Kampfgruppe wie auch der Politik des Kalten Krieges des Westens überhaupt werden sollte. Allerdings darf keineswegs übersehen werden, daß Tillich seine Kritik als sozialdemokratischer Politiker äußerte – als Mitglied einer SPD, die sich bereits im Frühjahr 1946 der Vereinigung mit der KPD hatte erwehren müssen. Er dürfte mit seiner Meinung also durchaus nicht allein gestanden haben.

Als Beleg dafür kann auch gelten, daß Tillich zum April 1948 für acht Monate die Schriftleitung des Sozialistischen Jahrhunderts übertragen wurde[115]. In dieser Aprilausgabe veröffentlichte Tillich auch seine Überlegungen zum Thema „Die Pflicht zum Widerstand"[116]. Die Thematik verweist ebenso wie die Verwendung des Begriffs „Widerstand" unmittelbar auf die Kampfgruppe. Er hatte diesen Aufsatz unter dem unmittelbaren Eindruck der beginnenden Blockade verfaßt – am 20. März hatte Marschall Sokolowski den Alliierten Kontrollrat verlassen, während dann im April die Behinderungen des Verkehrs nach West-Berlin zunahmen. Die weitere Entwicklung führte Tillich schließlich zu immer deutlicheren Stellungnahmen gegen den Sowjetkommunismus. Im Dezember 1948 verwendete er in „Europäischer Widerstand" den Terminus „kalter Krieg" im Zusammenhang mit einer Betrachtung über „Sowjetische Strategie und kommunistische Taktik": „Das Ausmaß des tatsächlichen Kampfes aber, die Eröffnung eines langdauernden und bisher noch unabsehbaren *kalten Krieges* um Berlin, scheint sogar von seinen Anstiftern nicht vorhergesehen worden zu sein"[117]. Tillich übernahm damit frühzeitig diesen erst im Vorjahr von Walter Lippmann in Gebrauch gebrachten Begriff; interessant ist, daß er von einem „kalten Krieg um Berlin" spricht, aber bereits hier die Einsicht unter Beweis stellt, daß das „Ausmaß des tatsächlichen Kampfes" diesen Rahmen sprengt.

Im September 1948 druckte das Sozialistische Jahrhundert den „Aufruf der Deutschen Hochschule für Politik", den Louise Schroeder, Jakob Kaiser, Paul Löbe, Marie Elisabeth Lüders, Walter May, Friedrich Meinecke, Hans Reif, Walter Schreiber, Otto Suhr und andere unterzeichnet hatten[118]. Genauso wie die Freie Universität war auch sie eine Kampfgründung[119]. Gemeinsam mit Suhr, Reuter und May hatte Ernst Tillich die SPD am 7. Juli bei der konstituierenden Sitzung des Vorbereitungsausschusses vertreten[120]. Tillich wurde Abteilungsleiter „Philosophie und Soziologie" unter Suhrs Direktorat und lehrte als Dozent für politische Ideologien und politische Ethik[121]. Wie der Spiegel später schrieb, war es dort an

---

[115] Impressum in: Das Sozialistische Jahrhundert, 2. Jg. (April 1948), S. 186; Montags-Echo vom 8.10.1951; Der Spiegel vom 2.7.1958, S. 30.
[116] Ernst Tillich, Die Pflicht zum Widerstand, in: Das Sozialistische Jahrhundert, 2. Jg. (April 1948), S. 158ff.
[117] Ernst Tillich, Europäischer Widerstand, in: Das Sozialistische Jahrhundert, 2. Jg. (Dezember 1948), S. 365ff.
[118] Aufruf der Deutschen Hochschule für Politik, in: Das Sozialistische Jahrhundert, 2. Jg. (15. September 1948), S. 316.
[119] Gründungsaufruf zur FU in Der Tagesspiegel, Neue Zeitung vom 24.7.1948.
[120] Kurier vom 8.7.1948.
[121] Deutsche Hochschule für Politik, in: Das Sozialistische Jahrhundert, 2. Jg. (Dezember 1948), S. 380; Die Zeit vom 30.3.1950; Montags-Echo vom 8.10.1951; Der Spiegel vom

der Hochschule für Politik, „wo ihn Rainer Hildebrandts Ruf zur ‚Kampfgruppe gegen Unmenschlichkeit' erreichte"[122]. In der Tat tritt Tillich kein halbes Jahr später das erste Mal öffentlich als KgU-Vertreter in Erscheinung[123].

Die biographische Skizze hat ihr Ziel nunmehr insoweit erreicht, als die Motive und Überzeugungen anschaulich geworden sind, die Tillich für die folgenden elf Jahre seines Lebens zu einem engagierten ‚Kalten Krieger' werden ließen. Margret Boveri meint, der Name der Kampfgruppe sei *„Tillich* wie auf den Leib geschnitten", denn „Kampf ist sein Element"[124].

6. Rainer Hildebrandt: „Wir sind die Letzten" und „Berlin bleibt helle"

Das Kriegsgefangenenlager, in dem Rainer Hildebrandt während der letzten Kriegsmonate als Bewachungssoldat Dienst tat, wurde im Januar 1945 vor der herannahenden Roten Armee nach Westen verlagert[125]. Zumindest für die eigene Person beendete Hildebrandt den Krieg, indem er auf dem Marsch eine Gallenkolik vortäuschte und sich von der Kolonne trennte. Nach manchen Umwegen traf er in den ersten Nachkriegsmonaten in Berlin ein. Während und vor dem Kriege geknüpfte Beziehungen wurden neu belebt. So nahm er offenbar noch 1945 Kontakt zu Edwin Redslob auf, dessen Namen er von zu Hause kannte[126]. Hildebrandt ließ sich als freier Schriftsteller nieder, und 1948 war ihm Redslob bei der Publikation seines ersten Buches behilflich[127].

„Wir sind die Letzten" berichtet „Aus dem Leben des Widerstandskämpfers Albrecht Haushofer und seiner Freunde"[128]. Das Buch gehört in die Sparte der „Literatur des Zusammenbruchs", die im besonderen bemüht ist, jenes „andere Deutschland" des Widerstandes gegen Hitler wie auch die Menschen, die in ihm eine Rolle spielten, einer breiten Öffentlichkeit bekannt zu machen[129]. Hildebrandt

---

2.7.1958, S.30; „Unmenschlichkeit als System" (S. 71) bietet zu Tillichs Motiven, an die Hochschule für Politik zu gehen, diese Version: „Offenbar befürchtete Tillich, durch den Betriebsrat entlarvt zu werden, und schied so noch vor Spaltung Berlins aus dieser Funktion aus, indem er gesundheitliche Gründe vorschützte. Kurze Zeit nach der Spaltung Berlins wurde Tillich Dozent an der ‚Hochschule für Politik' in Westberlin und führte zeitweise auch den Titel eines Professors."

122 Der Spiegel vom 2.7.1958, S. 30.
123 Montagszeitung vom 23.5.1949; Der Tagesspiegel vom 24.5.1949.
124 Boveri, Verrat, S. 276.
125 ARH, R. Hildebrandt, OFLAG II D, S. 21f.
126 ARH, R. Hildebrandt an Edwin Redslob, 27.9.1954. – Es handelt sich um ein Gratulationsschreiben zu Redslobs 70. Geburtstag.
127 Ebenda.
128 Hildebrandt, Wir sind die Letzten.
129 Vgl. z.B.: Ulrich von Hassell, Vom anderen Deutschland. Aus den nachgelassenen Tagebüchern 1938-1944, Zürich-Freiburg/i.Br. (2.Aufl.) 1946; Franz Reuter, Der 20. Juli und seine Vorgeschichte, Berlin 1946; Rudolf Pechel, Deutscher Widerstand, Erlenbach-Zürich 1947. – In gewisser Parallele zu Hildebrandt: Rolf Italiaander, Besiegeltes Leben. Begegnungen auf unvollendeten Wegen, Goslar 1949. – Entsprechend auch: Das heimliche

zeichnet in diesem Buch das lebensvolle Bild eines Freundes, das persönliche Kenntnis wie auch die Verehrung für Haushofer durchwegs spüren läßt[130]. Im Titel nahm er ein Wort Haushofers auf, das er im Zusammenhang einer Reflexion über dessen Gemeinsamkeiten mit Popitz auch zitiert: „Sie fühlten, sahen und verstanden, daß die reifen und in vielen Zügen auch überreifen Formen der europäischen Altkultur nicht mehr bleiben würden. ‚Wir sind die Letzten‘, sagte Haushofer. Aber es sind Worte, die auch Popitz einmal sagte"[131].

Hildebrandt schrieb sein Buch unter dem Eindruck der Nachkriegsereignisse bis 1948. Angesichts seiner starken Beeinflussung durch Albrecht Haushofer erscheint es daher lohnend, die Rolle der Sowjetunion im Denken dieses Mannes wie auch sein Verhältnis zum Kommunismus so, wie es sich Hildebrandt im Rückblick darstellte, in die Betrachtung einzubeziehen.

In jenem Gespräch, in dem Haushofer Hildebrandt über die bisher fehlgeschlagenen Aktionen der Militäropposition unterrichtete, waren auch die Befürchtungen der Verschwörer hinsichtlich eines drohenden Zweifrontenkrieges zur Sprache gekommen[132]. Haushofer habe gemeint, erst Stalin habe den Offizieren „die bleischwere Angst vor dem Zweifrontenkrieg abgenommen". Der Kreml habe seinen Entschluß bewußt lange Zeit nicht bekanntgegeben: „‚Der intellektuelle Urheber des zweiten Weltkrieges ist Herr Josef Stalin‘, sagte Haushofer und schilderte den Geheimvertrag über die Aufteilung Polens". Daß Haushofer die Nachkriegskon-

---

Deutschland. Blätter der Widerstandsbewegung. Zur Jahreskundgebung der Opfer des Faschismus am 22. September 1946, Hg. vom Hauptausschuß Opfer des Faschismus, Berlin 1946. – Zeithistoriker wie Haushofer-Forscher nutzten Buch und Autor als Informationsquelle. Gerhard Ritter richtete 1952 zwei diesbezügliche Fragen an Hildebrandt (ARH, Ritter an Hildebrandt vom 28.8.1952). Wie sich aus Hildebrandts Korrespondenz ergibt, unterstützte er auch Eva Preiss bei ihrer Dissertation: Albrecht Haushofer. Versuch einer Monographie, Wien (Diss.masch.) 1957. Auch Ursula Laack-Michel (Albrecht Haushofer) greift an einzelnen Stellen auf Hildebrandts Buch zurück – bisweilen allerdings durchaus kritisch. Heinz Höhne (Kennwort Direktor. Die Geschichte der Roten Kapelle, Frankfurt 1970) zitiert Hildebrandts Buch.ebenfalls.

[130] Hildebrandt setzte sich immer wieder für ein Gedenken an Haushofer ein. Er verfaßte ein Nachwort zu Albrecht Haushofer, Moabiter Sonette, Berlin 1948. ARH, Hildebrandt an Boleslaw Barlog vom 10.1.1955: „(...), ich wende mich an Sie als ein Freund des Politikers, Dichters und Wissenschaftlers Albrecht Haushofer, der am 23. April 1945 – in Bälde werden es also zehn Jahre – von den Nazis ermordet wurde. (...) Er ist *der* Dichter des deutschen Widerstandes, und seine historischen Dramen haben zugleich eine starke Zeitbezogenheit." Im selben Brief schreibt er, daß er auch den damaligen Senator Tiburtius auf Haushofers Stücke, deren Aufführungen er erreichen wollte, angesprochen habe. Ein Jahr später ließ Theodor Heuss Hildebrandt über Renate Gräfin Hardenberg antworten, ihm – Heuss – sei „der Zugang zu Haushofers Dramen mit antiken Stoffen versagt" geblieben, außerdem sei er als Bundespräsident „weder Bundes-Dramaturg noch Bundes-Lektor" (Zitiert nach der Abschrift des Schreibens des Persönlichen Referenten des Bundespräsidenten Hans Bott an Gräfin Hardenberg, Stiftung Hilfswerk 20. Juli, Anlage zum Brief der Gräfin Hardenberg an Hildebrandt vom 15.2.1956 [ARH]). – Im übrigen pflegte Hildebrandt intensive Beziehungen zur Familie Haushofer, insbesondere mit Heinz Haushofer, dem Bruder Albrecht Haushofers (dafür eine Reihe von Briefen [ARH]). – Vgl. auch R. Hildebrandt: Es drängte die Militärs zum Handeln gegen Hitler. Vor 40 Jahren wurde Albrecht Haushofer erschossen, in: Der Tagesspiegel vom 23.4.1985.

[131] Hildebrandt, Wir sind die Letzten, S. 101.
[132] Ebenda, S. 77f.

stellation in Europa im Falle eines deutschen Angriffs auf die Sowjetunion klar vorausgesehen hatte, zeigt die Wiedergabe folgender Beurteilung: „Jede Aktion, die geschieht, wenn deutsche Heere in den russischen Tiefen stecken, wird nur noch mit der totalen deutschen Kapitulation und dem Eindringen Sowjetrußlands in Europa enden können"[133]. Im Haushofer-Kreis hielt man die Kriegspolitik Stalins für nicht minder ‚imperialistisch' als die Hitlers.

Trotz seiner deutlich erkennbaren außenpolitischen „West-Orientierung"[134] lehnte Haushofer den Kontakt mit auf Moskau ausgerichteten Widerstandskreisen nicht rundweg ab. Hildebrandt schildert eine Unterredung mit Harro Schulze-Boysen, der Hauptfigur der „Roten Kapelle"[135]. Dennoch ist auch in diesem Gespräch Haushofers Verurteilung des Stalinismus strikt und kompromißlos.

Haushofer wies so zum Beispiel darauf hin, daß Europas Lebensstandard notwendigerweise höher sein müsse als der sowjetische, die Sowjetunion diesen aber nicht tolerieren würde: „‚Eher geht ein Kamel durch ein Nadelöhr, als daß die Sowjets gegenüber dem, was ihnen in Europa als übersatter Reichtum erscheinen muß, beherrscht bleiben könnten'"[136]. Auf Schulze-Boysens Einwand, es gäbe in der Sowjetunion keine „Gleichmacherei", belegte Haushofer seine Prognose anhand der stalinschen Agrarpolitik und stellte dann fest: „‚Die herrschende Gruppe geht den Weg der Konsequenz mit einer Starrheit, die nicht mehr von Europa, nur mehr von Timur her verstanden werden kann. Da bis jetzt nicht verhindert werden kann, daß die Menschen verschieden schnell wachsen und verschieden groß werden, schlage man ihnen so lange die Köpfe ab, bis ein geringes Durchschnittsmaß erreicht ist. Das ist, übertragen, die sowjetrussische Bauernpolitik'"[137]. Insgesamt überwiegt bei Haushofer der Aspekt der Kontinuität zum vorrevolutionären Rußland der Zaren: „‚Von ‚Freiheit' ist so wenig die Rede, daß man mit historischen Vergleichen jedenfalls über die Mitte des vorigen Jahrhunderts, wahrscheinlich bis zu Iwan dem Schrecklichen, zurückgreifen muß'". Anschließend unterstrich er die Tatsache, daß sich jeder zwölfte Russe als Häftling in Strafanstalten oder Arbeitslagern befinde, und kam zu dem Schluß, daß Europa dadurch stets gefährdet sein werde, „daß in seinem Osten ein Volk lebt, das bei all seinen großen menschlichen Eigenschaften Europa niemals begreifen, höchstens verwüsten könnte, und eine Macht herrscht, die asiatischer ist als die asiatischsten Asiaten"[138]. Dieser Sowjetunion müßten „kluge Politik" und der „Selbstbehauptungswille Europas" entgegengestellt werden.

Am Ende des Kapitels über die Rote Kapelle zitiert Hildebrandt eine Haushofer-Äußerung aus der Zeit, als bereits eine Anzahl von Mitgliedern der Gruppe Schulze-Boysen hingerichtet waren: „‚Mir scheint es, als sollten alle, die nicht mehr in die spätere Welt gehören, geholt werden'"[139]. Die Interpretation, die Hildebrandt

---

[133] Haushofer zitiert nach Hildebrandt, ebenda, S. 104.
[134] Laack-Michel, Albrecht Haushofer, S. 232.
[135] Dieses Gespräch in: Hildebrandt, Wir sind die Letzten, S. 142ff. – Laack-Michel (ebenda, Anm. 92) weist darauf hin, daß diese Kontakte „sonst nirgends nachweisbar" sind.
[136] Hildebrandt, ebenda, S. 150.
[137] Haushofer nach Hildebrandt, ebenda, S. 151ff.
[138] Haushofer nach Hildebrandt, ebenda, S. 152f.
[139] Ebenda, S. 160.

diesem Ausspruch im Nachhinein gibt, zeigt, daß er Haushofers Prophezeiungen durch die Ereignisse nach 1945 bestätigt sah: „Erst heute weiß ich ganz, warum er auch die innerlich so jungen Menschen der Schulze-Boysen-Gruppe dazu rechnete. Ich kann sie mir nicht mehr als Lebende vorstellen. Entweder der Kommunismus müßte anders sein oder – ein Oder gab es für diese Menschen nicht ..."

Festzuhalten bleibt, daß Hildebrandt aufgrund seines intensiven Austauschs mit Albrecht Haushofer sehr wohl ahnte, was Europa infolge der Einbeziehung weiter Teile des Kontinents in den sowjetischen Machtbereich zu erwarten hatte. Zu Haushofers Bild der Sowjetunion gehören aber auch Säuberungen, Massenmord und Arbeitslager, und damit eben jene Elemente, die in vergleichbarer Weise auch im nationalsozialistischen Deutschland zum Alltag gehörten und die schließlich auf das verweisen, was die Kampfgruppe zunächst als die von ihr zu bekämpfende „Unmenschlichkeit" begriff. Deshalb ist wohl auch jene Ambivalenz, die in der „Literatur des Nullpunkts" diagnostiziert werden kann und die – so Ernst Nolte – im Hinblick auf den Kalten Krieg „für einen neuen Kampf untauglich machen" mußte[140], jedenfalls bei Hildebrandt nicht derart tiefgehend ausgeprägt. Aber auch für ihn waren – wie für Tillich – erst die Ereignisse des Jahres 1948 der Anstoß zum konkreten politischen Handeln. Er tat diesen Schritt in einer Reihe mit Literaten und Künstlern.

„Der ,Kalte Krieg' begann auf den Brettern", zitiert der Schauspieler Ernst Schröder in seinen Memoiren den Theaterkritiker Friedrich Luft[141]. Aber nicht nur Theaterleute wurden in einem Kundgebungsaufruf als Redner angekündigt, der am 17. Juli 1948 in den West-Berliner Zeitungen zu lesen war; hier hieß es: „Berlin ist die ,Stadt der deutschen Aufklärung'. Hier hat Humboldt, ahnungsvoll, die ,Grenzen der Wirksamkeit des Staates' beschrieben. Die Verfinsterung der Politik, damals eine ferne Drohung, ist uns heute nahegerückt wie nie. Berlin soll ein zweites Mal der Aufklärung helfen"[142].

Am Morgen des 18. Juli – dieser Sonntag war der 24. Tag der Blockade – waren über 20 000 Menschen vor dem Schöneberger Rathaus versammelt, als der Verleger Lothar Blanvalet die Versammlung eröffnete und feststellte, schon 1933 hätten sich die Intellektuellen durch ihr Schweigen schuldig gemacht: „Jetzt können und dürfen wir nicht mehr stumm bleiben zu dem, was an Unmenschlichkeit um uns geschieht"[143]. Der Anklang an die spätere KgU ist deutlich, und in der Tat betonte Blanvalet die Notwendigkeit, mehr zu tun: „Um diese Freiheit werden wir heute nicht nur in Protestkundgebungen kämpfen, wir werden auch, wenn es nötig ist, mit dem Volk zusammen auf die Straße gehen, bis das Banner der Freiheit wieder über unserer Stadt weht".

Das Hauptreferat hielt Edwin Redslob, und eingangs rief er aus: „Berlin bleibt helle", womit er auf die Stromsperrungen anspielte. Der Protest gegen die Blockade

---

[140] Nolte, Deutschland, S. 148.
[141] Friedrich Luft zitiert nach Ernst Schröder, Das Leben – verspielt, Frankfurt 1978, S. 114; Schröder trat auf der nachfolgend geschilderten Kundgebung gemeinsam mit Hans Söhnker als Rezitator auf.
[142] Zitiert nach Kurier vom 17.7.1948; Neue Zeitung vom 17.7.1948; Der Tagesspiegel vom 18.7.1948.
[143] Kurier vom 19.7.1948; Neue Zeitung vom 20.7.1948; Der Tagesspiegel vom 20.7.1948.

der Westsektoren Berlins war auf dieser Versammlung eng verbunden mit herber Kritik am Kommunismus und der sowjetischen Politik insgesamt. Der Schriftsteller Gert H. Theunissen sagte zur Situation Berlins: „Berliner, denkt europäisch, auch wenn es heute schon an Asien grenzt. Nieder mit der Volksdemokratie, es lebe die Demokratie!" Günther Birkenfeld, im Dezember 1948 Mitbegründer der Kampfgruppe, griff den „Kulturbund" an: „Ein Gespräch wird zum Geschwätz, wenn der eine die Verständigung sucht, der andere aber nur als Sklave einer Parteidoktrin antwortet"; tatsächlich handele es sich um einen „Kulturbund zur kommunistischen Verschleierung Deutschlands", der im übrigen zu Verhaftungen, Relegierungen von Studenten und zu Menschenraub ebenso geschwiegen habe wie zur Blockade, der „Offensive der Unmenschlichkeit".

Wie überall im blockierten Berlin wurde auch auf dieser Veranstaltung improvisiert: Als Birkenfeld am Mikrophon stand und sprach, teilte man ihm mit, daß die amtierende Oberbürgermeisterin Louise Schroeder unten – offenbar am Rande der Menge – an der Kundgebung teilnähme; Birkenfeld bat sie daraufhin zu sprechen, sie bahnte sich einen Weg zum Podium, mußte unter den Ehrengästen Platz nehmen und bestieg dann unter Beifall das Rednerpult. Nach der Oberbürgermeisterin sprach Rainer Hildebrandt – „als Vertreter der deutschen Widerstandsbewegung", wie ihn die Neue Zeitung vorstellte[144]. Er stellte fest, man müsse der Mehrzahl der führenden Personen in der Ostzone vor allem ihre Unterlassungen vorwerfen und weniger das, was sie tatsächlich getan hätten[145]. „Wer heute nicht um seine Freiheit ringe, werde morgen um seine Sicherheit kämpfen müssen", zitierte ihn die Neue Zeitung. Zur Blockade erklärte Hildebrandt: „Die Verteidigung Berlins ist eine Aufgabe; wir können sie nur erfüllen oder schuldig werden"[146].

Einige Tage nach der Kundgebung kündigte Redslob auf einer Pressekonferenz die Gründung eines „Freiheitsbundes für deutsche Kultur" an[147]. Am 25. Juli folgte dann der Gründungsaufruf des „Freien Kulturbundes"[148]. Zu den unterzeichnenden Mitgliedern des Vorbereitenden Ausschusses gehörte auch Rainer Hildebrandt[149].

Erik Regers Tagesspiegel lobte den Freien Kulturbund und die Freie Universität gleichermaßen emphatisch unter der Überschrift „Moralische Konsequenzen"[150]. Ernst Tillich betrachtete die Gründungseuphorie dieser ersten Blockadezeit skeptischer. In bezug auf die FU fragte er im Sozialistischen Jahrhundert nach der „gestaltenden Idee", die die Antwort sein müsse auf die Frage nach der „Freiheit wozu"[151]. Ähnlich zog er die kulturelle Substanz des Freien Kulturbundes in Zweifel

---

[144] Neue Zeitung vom 20.7.1948. – Der Tagesspiegel vom 20.7.1948. Im Kurier vom 19.7.1948 wird Hildebrandt nicht erwähnt.
[145] Neue Zeitung vom 20.7.1948.
[146] Der Tagesspiegel vom 20.7.1948.
[147] Neue Zeitung vom 24.7.1948. – In dieser Ausgabe der Neuen Zeitung und im Tagesspiegel vom gleichen Tag auch der Gründungsaufruf „zur freien Universität für Berlin" (Neue Zeitung).
[148] Neue Zeitung vom 27.7.1948; Der Tagesspiegel vom 25.7.1948.
[149] Neue Zeitung vom 27.7.1948; Neues Deutschland vom 28.7.1948.
[150] Der Tagesspiegel vom 25.7.1948.
[151] Ernst Tillich, Kulturpolitik, in: Das Sozialistische Jahrhundert, 2. Jg. (August 1948), S. 280.

und stellte ausdrücklich fest: „Antikommunismus ist *keine* Grundlage, sondern nur eine selbstverständliche Voraussetzung".

Das Neue Deutschland stellte demgegenüber den Freien Kulturbund in eine Reihe mit „UGO, Freie Berliner Universität, Unabhängiger Bühnenverband, Deutscher Kulturbund" und prophezeite „noch weitere Sprößlinge"[152]. Im übrigen seien alle diese Organisationen vor allem gegen Gruppierungen gerichtet, die sich um die deutsche Einheit bemühten, und im weiteren müsse der jeweils fehlende Daseinsgrund durch Demagogie ersetzt werden, „die lebhaft an die Inszenierungen des nazistischen Propagandaministeriums erinnert". Die Blockade als auslösendes Moment kommt im Neuen Deutschland nicht vor. –

Infolge der Blockade war West-Berlin endgültig zur ‚Frontstadt' des Kalten Krieges geworden. Der Widerstand der Berliner Bevölkerung drückte sich unter anderem in einer Reihe von Initiativen aus, an denen auch die späteren Gründer der Kampfgruppe gegen Unmenschlichkeit ihren Anteil hatten. Sie war ebenso wie Freie Universität, Hochschule für Politik oder Freier Kulturbund Produkt dieses Widerstands. Der moralische Impetus war bei alledem, zumal aus heutiger Sicht, außerordentlich. Nicht zufällig ergriffen auch Vertreter des Berliner Kulturlebens die Initiative, war doch Berlin, wie sich Ernst Benda erinnerte, „solange es in Trümmern lag und die Menschen in kalten und unbeleuchteten Räumen saßen, ein Mittelpunkt höchst erregender kultureller Darbietungen, die die Menschen wirklich packten"[153].

So war Rainer Hildebrandt als Schriftsteller, aber auch als Repräsentant des „anderen Deutschland" in doppelter Hinsicht ein Mann des Zeitgeistes. Was er auf der Kundgebung gesagt hatte, hob sich so auch um keinen Deut von dem ab, was andere Redner dort geäußert hatten. Mit Tillich verband ihn das Ziel der Freiheitlichkeit, auch wenn es sich bei ihm wohl eher auf die Kultur bezog. Beiden war aufgrund ihrer Widerstandserfahrungen im Dritten Reich – beide waren nach 1945 „Opfer des Faschismus" – sozusagen eine Disposition zur Fortsetzung dieses Widerstandes zueigen. Zu einem gewissen Grade belangvoll ist auch die einfache Tatsache, daß beide 1948 noch relativ junge Männer waren – Angehörige einer Altersgruppe, die infolge der Kriegsumstände in diesen Jahren selten vertreten war.

Ein nicht zu unterschätzendes Moment für die persönliche Betroffenheit durch die Folgen der kommunistischen Machtübernahme in den sowjetisch besetzten Gebieten dürfte ferner darin liegen, daß Hildebrandt wie Tillich am eigenen Leib

---

[152] Neues Deutschland vom 28.7.1948. – Der mit „Doppelt oder nichts/Brauchen wir einen neuen Kulturbund?" überschriebene Artikel beginnt mit der im Text geschilderten Episode von Louise Schroeders Auftritt auf der Kundgebung vom 18. Juli. Das Neue Deutschland leitete unter Anspielung auf Louise Schroeders Ehelosigkeit wie folgt ein: „‚Sie muß sprechen, und wenn sie ein Kind kriegt!' rief in hysterischer Stimmungsmache der Reporter ins Mikrofon, als man die amtierende Oberbürgermeisterin von Berlin, Frau Louise Schroeder, als Zaungast jener Kundgebung ‚entdeckt' hatte, die unter dem Motto ‚Freiheit des Geistes – Freiheit der Persönlichkeit' ihre eigene Abhängigkeit und Unfähigkeit eindrucksvoll demonstrierte. Nun, Frau Louise Schroeder hat kein Kind bekommen, die Versammlung aber brachte gleich mehrere Kinder zur Welt. (...)"

[153] Ernst Benda, Mut zu Unbequemlichkeit, in: Blätter für Junge Politik, H. 7 (1953); zitiert nach Junge Union Berlin. 20 Jahre, hg. vom Förderkreis für Junge Politik e.V., Red.: Gerhard Kunz, Berlin (1967), S. 14.

die Erfahrungen der Haft in Konzentrationslager, Gestapo-Gefängnis und Wehrmachtsgefangenenlager – bis hin zur unmittelbaren Lebensbedrohung – teilten. Angesichts der Gegebenheiten in der sowjetischen Zone mußte dies fast zwangsläufig zu spontaner Solidarität mit den dort Inhaftierten führen – weil ja auch beide Männer dem Kommunismus so ferne standen wie noch wenige Jahre zuvor dem Nationalsozialismus.

Ihrem Wesen nach unterschieden sie sich allerdings stark: Der Theologe und Sozialist Tillich hatte einen eher vernunftbestimmten, klarer politischen, damit kühleren Zugang zu politischen Fragen. Anders Rainer Hildebrandt, der – man darf wohl sagen – nach wie vor mit heißem Herzen auf die Geschehnisse um ihn her reagierte und dessen Begabung darin lag, Menschen anzusprechen, zu aktivieren und mit sich zu ziehen.

II. Blockadezeit und Frontstadtgeist: Die improvisierte Gründung

1. „Schweigen ist Selbstmord"

Zu den Personen, mit denen Rainer Hildebrandt bald nach Kriegsende Kontakt aufgenommen hatte, gehörte auch Dr. Heinrich von zur Mühlen[1]. Anlaß der Kontaktaufnahme war wohl zunächst die gemeinsame Zugehörigkeit zum Kreis um Albrecht Haushofer bzw. zum „20. Juli", denn von zur Mühlen war einer der Assistenten Haushofers gewesen und hatte ebenfalls in dessen Widerstandskreis mitgearbeitet[2]. Möglicherweise hatte er Hildebrandt auch bei den Recherchen für sein Buch behilflich sein können. Noch während der Abfassung des Buches aber mußte Hildebrandt, wie Margret Boveri schreibt, zur Kenntnis nehmen, „daß willkürliche Verhaftungen immer noch an der Tagesordnung und die Konzentrationslager wieder in Betrieb waren, wenn auch unter neuen Vorzeichen"[3]. Diesen Begleitumständen der Sowjetisierungspolitik in der SBZ wandte er nun mehr und mehr seine Aufmerksamkeit zu und opferte diesen Dingen so viel Zeit, daß sich die Fertigstellung des Manuskriptes von „Wir sind die Letzten" dadurch verzögerte[4].

Heinrich von zur Mühlen war bereits in jenem Arbeitsbereich tätig geworden, dem sich dann auch die von ihm mitbegründete Kampfgruppe gegen Unmenschlichkeit zuwenden sollte. Unter dem Decknamen Dr. Hoffmann leitete er ein „Büro Hoffmann", das 1948 offenbar schon seit einiger Zeit mit Hilfe einer Kartei und einer Anzahl von Kontaktleuten in der sowjetischen Zone – wie die KgU – Informationen vor allem über politische Häftlinge sammelte[5]. Dieses Büro ist deshalb – mindestens was die organisatorische Struktur und das Personal angeht – als unmittelbarer Vorläufer der KgU anzusehen. Augenfällig ist, daß seine Existenz – etwa in der Presse – lange Zeit unerwähnt blieb. Es findet als solches erst in der Titelgeschichte des Spiegel von 1958 Erwähnung[6]. In der Tat schien der Balte von zur

---

[1] Der Spiegel vom 2.7.1958, S. 28.
[2] Wir sind die Letzten, S. 18. – Von zur Mühlen taucht ferner im Zusammenhang mit einem Plan Haushofers zur Neugliederung des deutschen Territoriums nach einem ggf. herbeigeführten Kriegsende auf (Werner Münchheimer, Die Verfassungs- und Verwaltungsreformpläne der deutschen Opposition gegen Hitler zum 20. Juli 1944, in: E-A, 5. Jg. [20. Juli 1950], S. 3187ff.; von zur Mühlen, S. 3190, 3193).
[3] Boveri, Verrat, S. 274; ähnlich Georg Schneider in: Rheinischer Merkur, 4. Jg. (1949), Nr. 32.
[4] Curt Riess, Ein Mann kämpft gegen die Unmenschlichkeit, in: Welt am Sonntag, 17.4.1949.
[5] Der Spiegel vom 2.7.1958, S. 28. – Daß „Hoffmann" der Deckname von zur Mühlens ist, steht explizit bei Heinz Höhne (Der Krieg im Dunkeln, München 1985, S. 490) sowie in „Unmenschlichkeit als System"; wohl von dort übernommen auch bei Roth, Kampfführung, S. 90.
[6] Der Spiegel vom 2.7.1958, S. 28. – Zolling/Höhne (Pullach intern, S. 254) wissen ebenfalls vom „Büro Hoffmann"; sie verweisen dabei auf Material des Spiegel-Archivs (Anm. 16, S. 360), so daß ihre Information wohl dieselbe ist, wie die des Spiegel selbst. Entsprechendes gilt vermutlich auch für Höhne, ebenda.

Mühlen eine, so der Spiegel, „stille Sucharbeit, die er, der gelernte Abwehrmann, ohne jede Publizität führte", für dieses diffizile Arbeitsgebiet als am ehesten hilfreich zu erachten[7]. Allem Anschein nach war er ein Spionagefachmann[8]. Die von Karl Heinz Roth aufgestellte Behauptung, das Büro Hoffmann sei vom amerikanischen CIC kontrolliert worden, ist vermutlich richtig[9]; ohnehin erscheint es undenkbar, daß eine derartige Tätigkeit seinerzeit ohne alliierte Beteiligung – mindestens aber Billigung – hätte ausgeübt werden können[10].

„Am meisten bewegte uns die Not derer, die nicht nur innerlich, sondern auch äußerlich zu den Gefangenen des Systems geworden sind, die Not der *politischen Häftlinge*. Die Öffentlichkeit wurde zum ersten Mal authentisch über diese Not unterrichtet, als im Sommer 1948 ein Teil der politischen Gefangenen aus den sowjetischen Konzentrationslagern auf deutschem Boden entlassen wurde. Aus Kreisen dieser Entlassenen kamen die ersten Mitarbeiter der Kampfgruppe gegen Unmenschlichkeit"[11]. Dies berichtete 1953 Hasso Graf – damals Pressereferent der KgU – über die Anfangszeit der Gruppe. In Zusammenhang mit der erwähnten Entlassungswelle steht auch das erste greifbare Dokument, das der in Gründung befindlichen Kampfgruppe zuzuordnen ist; es handelt sich um einen Fragebogen, der als Hilfsmittel bei der Befragung entlassener und nach West-Berlin gelangter Häftlinge diente[12].

Zunächst wollte man von den Entlassenen erfahren, wann und wie lange sie in welchen Lagern gewesen waren. Ferner wurde nach der Gesamtzahl der in dem betreffenden Lager Inhaftierten gefragt, nach dem Anteil der Frauen und Jugendlichen, der Zahl der Zugänge sowie der Zahl derer, die „deportiert oder sonstwie verschickt" worden waren. Eine Ahnung von der Situation in den Haftanstalten und Lagern in der SBZ vermitteln Fragen wie diese: „Während Ihrer Anwesenheit im Lager starben wieviel Häftlinge?", „Wieviele Sterbefälle am Tag?" oder „Wieviele Jugendliche waren unter den Toten?" Der Entlassene mußte auch Angaben zu sei-

---

[7] Der Spiegel vom 2.7.1958, S. 28.
[8] Höhne (Krieg, S. 490) schreibt, von zur Mühlen sei „ein ehemaliger Geheimdienstler".
[9] Roth, Kampfführung, S. 87; auch von Höhne (ebenda) wird eine solche Beziehung hergestellt.
[10] Unwahrscheinlich ist demgegenüber Roths (ebenda) Behauptung, der dem Büro Hoffmann zur Verfügung stehende „Informationsapparat" habe „zur Keimzelle einer Propagandaorganisation" ausgebaut werden sollen, die gegen den kommunistischen ‚Kulturbund' habe agitieren sollen, sofern nicht betont wird, daß es sich um einen „Vorschlag" gehandelt habe, der „gegen Ende des Jahres 1948" vermutlich von amerikanischer Seite kam; wenigstens in West-Berlin gab es – wie oben dargestellt – eine derartige Organisation schon im Sommer 1948.
[11] Hasso Graf, Der Weg der Kampfgruppe, in: Der Weg der Kampfgruppe gegen Unmenschlichkeit, hg. von der KgU, (Berlin) 1953, S. 10.
[12] Fragebogen (LAZ 11.774). – Der Fragebogen, Din-A-4-Format, ist gedruckt; beiliegend ein hektographiertes Blatt. Der Bogen trägt auf der Vorderseite den Vermerk „Sen.f.Soz." für ‚Senator für Soziales', der den Herkunftsort bezeichnet, von anderer Hand den Vermerk „Kampfgruppe" und darunter – wie der erste Vermerk – von einem Mitarbeiter des Archivs die Datumsangabe „(1.8.1948)". Diese Angaben erlauben den Schluß, daß Exemplare dieses Formulars während des Sommers 1948 von der KgU bzw. ihrer Vorgängerorganisation bei der Befragung der ersten – seit Juni 1948 – entlassenen Häftlinge aus der SBZ verwendet wurden.

ner Verhaftung machen – wann, wo, von wem und aus welchem Grund er festgenommen worden war. Er mußte angeben, ob er NSDAP-Mitglied gewesen war oder einer anderen Partei angehört hatte bzw. angehörte und ob er bereits Insasse eines nationalsozialistischen KZ gewesen war. Die das Lager als ganzes betreffenden Angaben konnten selbstverständlich nur geschätzt werden, aber dennoch war der Befragte verpflichtet, mit seiner Unterschrift zu bestätigen, „die umstehenden Fragen nach bestem Wissen und Gewissen beantwortet" zu haben. Auf einem hektographierten Beiblatt mußte er dann noch Namen von Mithäftlingen aufführen, „die im KZ-Lager oder Gefängnis verstorben" waren. Für eventuelle Rückfragen war eine Anschrift zu nennen, über die der entlassene Häftling erreichbar war.

Die Einzelinformationen waren vielleicht nicht immer aussagekräftig und genau, dennoch ergab die Auswertung einer Vielzahl solcher Daten insgesamt ein umfassendes Bild. Zuverlässiger waren naturgemäß Angaben über Einzelne, die noch in Haft oder bereits verstorben waren. Mit derartigen Befragungen hatte das Büro Hoffmann wohl den Grundstock der Kartei der Kampfgruppe geschaffen.

Margret Boveri berichtet über Rainer Hildebrandts Aktivitäten während der Sommermonate 1948, seine Devise sei nun „Schweigen ist Selbstmord" gewesen, und er habe – „Er verkehrte in Westberliner Villen, wo viele Jugendliche sich trafen und über die neu anbrechende demokratische Zeit diskutierten" – begonnen, einen Kreis aktivistischer junger Leute um sich zu scharen[13]. Heinz Höhne spricht von einem „Kreis Berliner Intellektueller um Rainer Hildebrandt"[14]. Bei der Organisation der ersten Veranstaltung, die tatsächlich unter dem Leitwort „Schweigen ist Selbstmord" stand, unterstützten ihn dann auch die Jugendorganisationen der demokratischen Parteien[15]. Doch wohl erst am 6. August fand die Kundgebung statt, und hier kam es zum ersten Mal dazu, daß einer breiten Öffentlichkeit von ehemaligen Insassen kommunistischer Lager und Gefängnisse über die Lage dort berichtet wurde[16]. Die Jugendorganisationen traten als Veranstalter auf, aber zunächst hatte das Zustandekommen durchaus noch in Frage gestanden „– so schwierig war es, Häftlinge zu finden, die zu sprechen bereit waren", schrieb der Sozialdemokrat[17]. Die Zurückhaltung der entlassenen Häftlinge beruhte nicht zuletzt auf der ihnen von östlicher Seite auferlegten Schweigeverpflichtung, die durch die Androhung

---

[13] Boveri, Verrat, S. 274.
[14] Höhne, Krieg, S. 490.
[15] Sozialdemokrat vom 23.1.1949.
[16] Sozialdemokrat vom 23.1.1949; Der Tagesspiegel vom 13.2.1949. – Zur Datierung ist zu sagen, daß die erste KgU-Sendung im RIAS am 6. August 1948 stattfand (O. K. Armstrong, Schweigen ist Selbstmord, in: Das Beste aus Reader's Digest, April 1950, S. 15). – Das im Hildebrandts Archiv befindliche (masch.) Manuskript bietet lediglich die Angabe „August 1948". Offensichtlich auf Grundlage dieses Manuskripts druckte die KgU die Rede ab in: Berichte aus Mitteldeutschland von der Kampfgruppe gegen Unmenschlichkeit. KgU (Hg.), (Berlin, um 1950), S. 19-24 (BA-K ZSg. 1-64/3 [1]).
[17] Sozialdemokrat, 23.1.1949. – Riess (in: Welt am Sonntag vom 17.4.1949) schrieb über diese zunächst vergeblichen Bemühungen: „Immer wieder müssen sie sie (d.i. die Kundgebung; Anm. d. Verf.) verschieben, weil diejenigen, die sprechen wollen, der Ansicht sind, gerade dies, das Reden nämlich, sei Selbstmord."

1. „Schweigen ist Selbstmord"

eventueller Repressalien noch untermauert worden war[18]. Doch schließlich konnte der Tagesspiegel melden: „Diese Veranstaltung brach das Schweigen, das wie eine Mauer die kommunistischen Lager umgeben hatte"[19].

Nachdem auf dieser Veranstaltung in der Taberna Academica die angekündigten ehemaligen Häftlinge berichtet hatten, war Rainer Hildebrandt zu Wort gekommen[20]. Er gab eine Einschätzung der politischen Situation. Zu Beginn blickte er auf den Nationalsozialismus zurück und stellte fest: „Wer nach dem November 1938 noch das System unterstützte, billigte die Methoden. Jetzt ging es nicht mehr um politische, sondern allein um Fragen der Menschlichkeit"[21]. Mit derselben moralischen Konsequenz, mit der er schon am 18. Juli vor dem Schöneberger Rathaus gesprochen hatte, kam er dann zu folgender Schlußfolgerung: „Wer damals über die wahren Methoden des Regimes etwas erfahren *wollte*, der *konnte* es erfahren. Viele Deutsche wurden damit schuldig, ohne daß sie irgendetwas taten"[22]. Im folgenden zog Hildebrandt die Parallele zur Lage der Gegenwart, denn wer von dem, was die Entlassenen berichtet hätten, auch nur höre, habe „die verdammte Pflicht, den Dingen nachzugehen"[23]. Dann formulierte er in bewußter Anlehnung an das eben Gesagte: „Wer die Wahrheit erfahren *will, kann* sie erfahren. Wer sie dann nicht sucht, macht sich schuldig".

Eben dies – Mitschuld – warf er den SED-Funktionären vor. „Wir sind ein sozialistisches Volk", hob er dann jedoch hervor, das der Sowjetunion durchaus erwartungsvoll gegenübergestanden habe und stillschweigend Vergewaltigungen und Plünderungen von seiten der Roten Armee hingenommen habe, weil: „Wir wußten, wie die SS in Rußland gehaust hatte und wir nahmen alles hin wie eine Logik des Schicksals"[24]. Mittlerweile aber sei der Punkt erreicht, „wo selbst die größte Schuld nicht durch fortgesetzte Schaffung neuer Todesnot beglichen werden kann".

Neue Erfordernisse im Politischen, fuhr Hildebrandt fort, resultierten aus der hochgradigen Technisierung: „Die Welt ist eine einzige Maschine geworden". Der „neue, zusammengepreßte Zustand des Planeten" sei noch kaum verstanden und infolgedessen setze man „immer noch auf die alten politischen Formen"; das bedeutete: „Wir glauben immer noch, was gestern ging, gehe auch heute noch, während wir vor ganz neuen Verhältnissen stehen"[25]. Die „völlig neue Verantwortlichkeit", die sich für ihn aus dieser Analyse ergab, könne nur den Schluß erlauben, „daß jedes stillschweigende Hinnehmen eines Übels mitschuldig macht an den gro-

---

[18] Hoffmann (d.i. von zur Mühlen): Die Kampfgruppe gegen Unmenschlichkeit, in: Berichte, a.a.O. (Anm. 16), S. 9.
[19] Der Tagesspiegel vom 13.2.1949.
[20] Den Veranstaltungsort nennt Riess (in: Welt am Sonntag vom 17.4.1949).
[21] Rainer Hildebrandt: Schweigen ist Selbstmord (masch.Ms.), S. 1 (ARH); vgl. oben Anm. 16.
[22] Ebenda, S. 1f.
[23] Ebenda, S. 2.
[24] Ebenda, S. 3f.
[25] Ebenda, S. 4. – Hier zitiert sich Hildebrandt selbst bzw. Albrecht Haushofer. Haushofer führte nach Hildebrandts Darstellung in der Unterredung mit Schulze-Boysen (Hildebrandt, Wir sind die Letzten, S. 147) folgendes aus: „Dieser zusammengepreßte Zustand

ßen Weltkatastrophen"²⁶. Hildebrandt betrachtete beide Totalitarismen – Nationalsozialismus wie Stalinismus – als gleichartig. Da beide gleichermaßen menschenverachtende Regimes seien, dürfe dem Stalinismus gegenüber eben nicht derselbe Fehler gemacht werden wie vor 1945 gegenüber dem Nationalsozialismus. Anhand des Moralismus, der Sicht der verhängnisvollen Folgen der Technisierung oder auch der kritischen Beurteilung der ‚alten Politik' wird deutlich, wie sehr Hildebrandt noch im August 1948 in den Bahnen des „Geistes von 1945" dachte²⁷.

So interpretierte er auch die Berlin-Krise als „Ausbruch aller tiefen Übel, welche den vorangegangenen Totalitarismus herbeiführten und welche die europäische Welt nicht mehr wahrhaben wollte", und er bezeichnete die Blockade als „die letzte Krise, um das Weltgewissen zu wecken"²⁸. Sie sei Folge einer grundlegend falschen, das ökonomische Fundament der sowjetischen Zone zerstörenden Politik, und einen „Wahn" nennt er die ideologische Fixierung des Kommunismus, die zu solchen Ergebnissen führe.

Zum Schluß folgte ein emphatischer Appell. Gerade weil die Deutschen keine Möglichkeit zu eigenständiger Politik hätten, müßten sie, indem sie „die Wahrheit sagen", ihr einziges verbliebenes Mittel einsetzen und aussprechen, „was die Sittlichkeit und Menschlichkeit fordert"²⁹. Hildebrandt war sich über die Schwierigkeit dieses Weges im klaren, dennoch hielt er es für geboten, „wieder einmal zu prüfen, ob Gott nicht seine Welt doch so eingerichtet hat, daß er moralische Kräfte eine Macht sein läßt". In diesen Äußerungen werden eher pazifistische Tendenzen sichtbar als kriegerische, doch er strebte weder nach Frieden – noch nach Einheit – um jeden Preis, denn als Voraussetzung jeglichen Friedens sah er „Freiheit und Menschlichkeit" an. Der abschließende Ausblick war düster: „Wird dies nicht zuende gedacht, so fällt ein noch schwererer Vorhang als der Eiserne und das dunkelste Wort der Weltgeschichte ist gesprochen. Es heißt: Zu spät".

Der Tonfall und die Kompromißlosigkeit, mit der diese – auch rhetorisch ausgefeilte – Rede formuliert ist, läßt ahnen, wie Margret Boveri von Rainer Hildebrandt als „dem dreißigjährigen jungen Mann mit den fanatischen Augen" sprechen kann³⁰. Dennoch – oder gerade deshalb – fand sein Appell Gehör; es scheint, daß er geradezu ein Tabu durchbrochen hatte.

Schon im Vorfeld der Veranstaltung hatte Hildebrandt um Unterstützung amerikanischer Stellen nachgesucht³¹. Er hatte – mit Birkenfelds Hilfe – den amerikanischen Sender RIAS gewinnen können, denn am Abend desselben 6. August sendete

---

des Planeten und die daraus sich ganz neu ergebenden Verantwortlichkeiten für den einzelnen sind noch kaum begriffen. Wäre es dies wirklich, so würden wir uns wahrscheinlich alle anders verhalten. Aber wir bauen noch auf dieselben halben Lösungen für den Tag, wir versuchen es mit denselben politischen Schachzügen. Wir erwarten, daß dasselbe, das früher ging, auch heute noch geht. (...)"
[26] Ebenda, S. 5.
[27] Nolte (Deutschland, S. 363f.) stellt zur KgU fest: „Kaum eine andere Organisation im Nachkriegsdeutschland ging so konsequent aus dem Geist von 1945 hervor."
[28] Hildebrandt, Schweigen ist Selbstmord, S. 5f.
[29] Ebenda, S. 7.
[30] Boveri, Verrat, S. 274.
[31] Armstrong, Schweigen ist Selbstmord, S. 15f.

RIAS-Berlin nach folgendem Vorspruch zwei kurze Berichte ehemaliger Internierter: „Deutsche Landsleute in der Sowjetzone! Wir wollen Euch helfen! Wir werden von jetzt an durch den Rundfunk allwöchentlich die Wahrheit über die Zustände unter der kommunistischen Gewaltherrschaft verbreiten. Heute abend stellen wir Ihnen zwei junge Männer vor, die aus einem sowjetischen Konzentrationslager entkommen sind". Der Aufruf am Ende der Sendung schloß mit der bekannten Wendung: „Wir fordern alle auf, sich uns anzuschließen, um die Unmenschlichkeit der sowjetischen Sklaverei ans Licht zu bringen. Schweigen ist Selbstmord!" RIAS und NWDR hatten auch die Kundgebung selbst übertragen und auf Bitten der Hörer dreimal wiederholt[32].

Mit großem organisatorischem – und durchaus auch propagandistischem – Geschick war es Hildebrandt und seinen Mitarbeitern Anfang August 1948 gelungen, eine Bewegung gegen die Zustände in der sowjetischen Zone in Gang zu bringen. Der Beginn im blockierten Berlin und damit unter denkbar schlechten materiellen Bedingungen war gelungen.

Eine erste Konsequenz – insbesondere der RIAS-Sendung – war, daß Vertreter der SMA im amerikanischen Hauptquartier vorstellig wurden und die Bestrafung des Rundfunksprechers verlangten; der Protest wurde zurückgewiesen[33]. Doch bald darauf trafen bei Hildebrandt zustimmende Briefe ein, und viele Menschen suchten ihn auf, um sich als Zeugen für weitere Rundfunksendungen zur Verfügung zu stellen und um Rat und Hilfe zu bitten[34].

2. „Nichtstun ist Mord"

Eine der zahlreichen Zuschriften, die nach „Schweigen ist Selbstmord" bei Rainer Hildebrandt eintrafen, stammte von August Sötebier. Einige Tage nach der Kundgebung in der Taberna Academica – am 16. August 1948 – schrieb der spätere Chef der Ostredaktion des RIAS folgende Zeilen: „Sehr geehrter Herr Dr. Hildebrandt! Nachdem ich Sie auf einer Kundgebung am Schöneberger Rathaus sprechen hörte und nachdem ich Ihre Rede auf der Kundgebung ‚Schweigen ist Selbstmord' gelesen habe, glaube ich Ihnen schreiben zu müssen. Ihre Reden schienen mir – dieses Kompliment möchte ich Ihnen machen – die meiste Substanz zu besitzen. Nach solchen Kundgebungen frage ich immer: Ist das nun alles? Genügen diese einzelnen Aufschreie? Der Gegner aus dem Osten deckt uns zu mit einem engmaschigen Netz von Organisationen, angefangen von der Geheimpolizei bis zum Kulturbund. Was haben wir ihm gegenüberzustellen?"[35]

Auch wenn es sich hierbei nur um eine einzelne Stimme handelt, darf man davon ausgehen, daß Hildebrandts Appell bei einer ganzen Reihe von Menschen schon allein deshalb Gehör fand, weil sie bereits von sich aus zu der Auffassung gelangt waren, daß es an der Zeit sei, endlich etwas zu unternehmen. Doch die Veranstaltung

---
[32] Hoffmann, Kampfgruppe, S. 9.
[33] Armstrong, Schweigen ist Selbstmord, S. 15.
[34] Ebenda, S. 16. – Hoffmann, Kampfgruppe, S. 9.
[35] ARH, August Sötebier an Hildebrandt vom 16.8.1948.

hatte in weiten Kreisen Reaktionen hervorgerufen; Curt Riess schrieb insbesondere hinsichtlich der Berichte der Häftlinge in der Welt am Sonntag: „Die es hören, sind erschüttert. Die Wirkung geht weit über den Abend hinaus. Es scheint, als sei ein Bann gebrochen. Von überallher melden sich neue Zeugen, die aussagen wollen"[36]. Es sind vor allem Frauen, die etwas über das Schicksal von Verwandten in Erfahrung bringen wollen.

Für die Zeitgenossen erweckte die spätere Kampfgruppe gegen Unmenschlichkeit den Eindruck einer weitgehend improvisierten Organisation. Curt Riess äußerte sich dazu im April 1949 durchaus kritisch, indem er feststellte, „zumindest in den ersten Monaten" sei die KgU „keine sehr geschickt geleitete Organisation" gewesen, was er hauptsächlich darauf zurückführte, daß Hildebrandt „mehr ein Ideenmensch als ein Organisator" sei und daß seine jungen, ehrenamtlichen Helfer „etwas romantische Ideen" darüber hätten, „wie man die Unmenschlichkeit bekämpft". Ähnlich stellte auch Georg Schneider im Rheinischen Merkur zu Hildebrandt fest: „Er ist Idealist"[37]. Doch schon Riess berichtete über „ältere, praktischere und vor allem desillusioniertere Männer", die zwar „lieber im Hintergrund" blieben, aber arbeiteten und binnen kurzem „diese jungen Schwärmer" verdrängt hätten[38].

Die Frage, inwieweit es sich bei der Kampfgruppe um eine improvisierte, eher spontane Gründung handelte, ist nicht ohne Belang, denn hiermit verbunden ist der die KgU späterhin treffende Vorwurf mangelnder Professionalität. Hervorzuheben ist jedoch, daß bereits im Sommer 1948 – mindestens in ersten Ansätzen – ihre organisatorischen Voraussetzungen vorhanden waren. Es gab ein Büro, man verfügte über ein Informantennetz in der sowjetischen Zone, über eine Kartei und – sofern die Beurteilung Heinrich von zur Mühlens zutrifft – auch über Personal, das einigermaßen geschult war, wenigstens aber die in diesem Metier notwendige Zurückhaltung übte.

Diese Überlegungen – wie auch der tatsächliche Erfolg – sprechen doch dafür, daß die Gründung der KgU spätestens seit Sommer 1948 planvoll vorbereitet worden war, jedenfalls soweit Planung bei den unzureichenden praktischen Bedingungen überhaupt möglich war. Zum Erfolg gehörte dann natürlich auch Improvisationstalent, aber daneben war auch intensiver persönlicher Einsatz erforderlich. Das planvolle Element scheint doch – wenigstens von den Zeitgenossen – zugunsten des ja auch offenkundigeren jugendlichen, spontanen Elements unterbewertet worden zu sein. Es trifft zu, wenn Margret Boveri über den KgU-Leiter Hildebrandt sagt: „Seine Ideale wirkten ansteckend"[39].

Während der Sommermonate des Jahres 1948 hatte sich die Situation in Berlin noch weiter verschärft. Am 14. August hatte sich im Studentenhaus am Steinplatz die „Unabhängige Gewerkschaftsorganisation Groß-Berlin" konstituiert; am 6. September tagten die Stadtverordneten erstmals ohne die Vertreter der SED, nachdem kommunistische Demonstranten bereits Ende August sowie am Vormittag

---

[36] Riess in: Welt am Sonntag vom 17.4.1948.
[37] Schneider in: Rheinischer Merkur, 4. Jg. (1949), Nr. 32.
[38] Riess in: Welt am Sonntag vom 17.4.1949.
[39] Boveri, Verrat, S. 274.

des 6. September die parlamentarische Arbeit im Neuen Stadthaus unmöglich gemacht hatten. Am 9. September schließlich versammelten sich etwa 300000 Berliner auf dem Platz der Republik, demonstrierten für die Freiheit der Stadt und protestierten gegen die kommunistischen Übergriffe. Im Anschluß daran war es am Brandenburger Tor zu Ausschreitungen gekommen, in deren Verlauf ein 15jähriger den Tod fand. Die auf dem Tor aufgezogene rote Fahne wurde heruntergeholt und zerrissen. Unter dem Eindruck dieser Ereignisse wurden nun im September die letzten Vorbereitungen zur Gründung der Kampfgruppe gegen Unmenschlichkeit getroffen.

Unter dem Leitwort „Nichtstun ist Mord" wurde dann Mitte Oktober zu einer weiteren Versammlung aufgerufen; als Veranstalter fungierten diesmal die „Antikommunistische Arbeitsgemeinschaft", wiederum die Jugendorganisationen der Parteien sowie Studenten der FU[40]. So wie die neue Devise „Nichtstun ist Mord" eine – wenn auch verschärfte – Abwandlung der Parole vom August war, so verlief auch diese Veranstaltung am 17. Oktober 1948 nach dem Muster der Kundgebung vom Sommer[41].

Das Auditorium im überfüllten Steglitzer Titaniapalast schwieg betroffen, als Entlassene aus sowjetischen KZs, andere von ihrer Verschleppung und ein entflohener Jugendlicher über seine Erfahrungen im Uran-Bergbau berichteten[42]. Es hieß, die Bedingungen in den von den Nationalsozialisten übernommenen Lagern seien jetzt noch schlechter als vor 1945; Krankheiten, unter anderem TBC, breiteten sich seuchenartig aus, und infolge der Halbierung der ohnehin schon knappen Rationen komme es in Sachsenhausen zu 60 bis 80 Todesfällen täglich[43]. Die Berichte wurden durch aus Befragungen ermittelte Zahlen ergänzt: Waren 1945 noch 15000 Häftlinge in Sachsenhausen, so hätten bis 1948 dort noch 6400 überlebt, von denen jedoch etwa 1000 deportiert worden seien[44].

Wie die amerikanische Neue Zeitung zwei Tage später schrieb, waren an diesem Sonntag „weiteste Kreise der Berliner Jugend" in Steglitz zusammengekommen[45]. In derselben Ausgabe druckte die Zeitung auch einen umfangreichen Auszug aus Rainer Hildebrandts Rede.

Die vorangegangenen Schilderungen faßte er dahingehend zusammen, daß „die Ostzone ein einziges KZ" sei, „in dem nur die Aufseher und Essensträger noch gut leben". Natürlich variierte Hildebrandt in dieser Rede manches, was er anders schon im August gesagt hatte. Aber unverkennbar ist, daß die Gegnerschaft zum Kommunismus jetzt ungleich schärfer hervortrat und daß der schwärmerische Idealismus, der noch im August spürbar gewesen war, durch eine viel entschiedener vorgetragene politische Stellungnahme verdrängt worden war. Zieht man den Vergleich zu Ernst Tillich, so zeigt sich, daß die innere Wandlung zum ‚Kalten

---

[40] Der Abend vom 15.10.1948.
[41] Ebenda; Montags-Echo vom 18.10.1948; Neue Zeitung vom 19.10.1948; Der Tagesspiegel vom 19.10.1948.
[42] Montags-Echo vom 18.10.1948.
[43] Ebenda; Der Tagesspiegel vom 19.10.1948 sprach von 60 bis 70 Toten.
[44] Montags-Echo vom 18.10.1948.
[45] Neue Zeitung vom 19.10.1948.

Krieger' bei beiden etwa im selben Zeitraum – während der zweiten Hälfte des Jahres 1948 – stattgefunden haben mußte.

Deshalb kann man in bezug auf die Kampfgruppe nicht ohne weitere Bestimmung sagen, sie sei „so konsequent aus dem Geist von 1945" hervorgegangen wie „kaum eine andere Organisation im Nachkriegsdeutschland"[46]. Natürlich spricht Hildebrandt auch im Oktober 1948 noch immer vom Standpunkt eines – man könnte sagen – moralischen Rigoristen, und dieser Standpunkt verweist fraglos auf den Geist von 1945. Dennoch muß andererseits gerade die Enttäuschung der Hoffnungen, die als solche zum Wesen jenes Geistes gehörten, durch die diesen Erwartungen vollkommen zuwiderlaufenden Realitäten als wesentlicher Handlungsimpuls angesehen werden. Insofern ist die Entstehung der Kampfgruppe nicht geradlinig aus den nach 1945 formulierten Grundüberzeugungen herzuleiten, denn in der Konfrontation mit der Wirklichkeit hatte sich dieser Geist unterdessen schon gewandelt. So war zumindest die illusionäre Hoffnung auf einen völligen Neubeginn verschwunden, und das Bewußtsein der Kraft der Kontinuität nahm zu. Insofern aber die KgU an den Maximen von 1945 entschieden festhielt und sich gegen deren brutale Mißachtung wandte, ist sie andererseits sehr wohl „konsequent" an den Postulaten des Geistes von 1945 orientiert.

So deutete Hildebrandt in seiner Rede vom 17. Oktober den Stalinismus als ein drittes und letztes Ultimatum, das „der europäischen Welt" nach dem Ersten Weltkrieg und dem Nationalsozialismus hinsichtlich ihrer bislang unzureichenden Fähigkeiten, „in grundsätzlichen Dingen eine Einheit zu sein", gestellt worden sei[47]. Nicht zuletzt aufgrund „der zunehmenden Destruktivität Europas" sei gegenwärtig auch „die kommunistische Gefahr größer denn je". Dennoch blieb das Bild der Sowjetunion in gewissem Maße differenziert: „Vieles, was heute als Sowjetbosheit ausgelegt wird, ist es nicht". Das andere aber interpretierte er, indem er von der Fremdheit sprach, mit der die Sowjetunion Europa im allgemeinen gegenüberstünde, so: „Aber manches, das wir als ihr Nicht-Begreifen, als Zögern oder als Unvernunft auslegen, ist das Böse schlechthin. Der doktrinäre Glaube, daß ihnen die Weltgeschichte gehorche, ist nichts anderes als der eiskalte Wille, die Weltgeschichte zu zwingen". Diese Wendungen sind bereits in der Sprache des Kalten Krieges formuliert, und die Verurteilung des sowjetischen Systems könnte schärfer kaum sein. Von den der Sowjetunion gegenüber gehegten Hoffnungen – „Wir sind ein sozialistisches Volk" – ist nun keine Rede mehr.

Im weiteren wies Hildebrandt dann auf das „Liquidieren" der inneren Opposition im Stalinismus hin und bewertete die „Foltermethoden der Nazis" als „ein Kinderspiel" im Vergleich zur „Zermürbungskunst der sowjetischen Geheimpolizei", die den Opponenten in seiner Persönlichkeit so zerstöre, daß er zu einem willfährigen und gehorsamen Instrument werde[48]. Daß „diese Männer des Kreml und der Staatspolizei" in dieser Weise geradezu „böse sein müssen", war nach Hildebrandts Überzeugung systemimmanent: „Denn eine Macht, welche stets das

---

[46] Nolte, Deutschland, S. 363f.
[47] Neue Zeitung vom 19.10.1948.
[48] Montags-Echo vom 18.10.1948; Neue Zeitung vom 19.10.1948.

Zweckmäßige als das Höchste stellt, ist des Teufels, ob sie es will oder nicht"[49]. Aus Zweckmäßigkeitsgründen hätten die Sowjets „in Europa die demokratische Kulisse" der Volksdemokratien errichtet – und schließlich rief er aus: „Zwecke, Zwecke, Zwecke! Wofür, wenn kein einziger Vertrauensbeweis geschaffen ist?"

Auf der anderen Seite unterstrich Hildebrandt, seiner Ansicht nach werde das sowjetische Regime nicht von langem Bestand sein und so hätte die Sowjetunion – man darf wohl einfügen: aus Schwäche – durch den Beginn der Blockade Berlins die übrige Welt vor die Frage gestellt, „ob sie das Anständigere oder das scheinbar taktisch Richtigere tun will". Aus dem Vergleich zum Münchner Abkommen vom Herbst 1938 kam er dann im Hinblick auf die westliche Reaktion zu der Feststellung, daß man weder habe nachgeben wollen, noch sein Recht habe erzwingen wollen, woraufhin es zu einer „Zwischenlösung" in Gestalt der Luftbrücke gekommen sei, die als solche aber „nicht von Dauer sein kann". Für derart schroffe Gegensätze aber könne es „keine Kompromißlösungen" geben; angesichts des Sterbens Hunderttausender in den Lagern müsse sich Europa nicht zuletzt seiner selbst und insbesondere seiner Kultur wegen zur Wehr setzen, wie es dies auch in der Affäre Dreyfuß getan habe, wo es doch nur um einen einzelnen zu Unrecht Verurteilten gegangen sei.

Anderenfalls, und hier nahm Hildebrandt das bekannte Leitmotiv von neuem auf, „geschieht das, was seit einigen Monaten mit Europa geschieht: wir alle sind mitschuldig geworden. Mitschuldig mit den Staatsmännern, welche politische, strategische und taktische Überlegungen höher gestellt haben als menschliche Entscheidungen". Hier zielt seine Kritik eindeutig auf die westlichen Politiker, und in gewisser Weise liegt bereits hier ein Plädoyer für eine Politik des Kalten Krieges vor, obwohl ausdrücklich noch keine Strategie vorgeschlagen wird. Zunächst kann es nur darum gehen, einen moralischen Standpunkt einzunehmen und sich zu den eigenen Überzeugungen zu bekennen: „Wem keine bessere Welt gezeigt wird, findet nie den Weg. Wir müssen schon hintreten und den Verlassenen oder Verblendeten die bessere Welt zeigen".

Mit diesen Worten beendete Rainer Hildebrandt seine Darlegungen und schloß nun die Ankündigung der Gründung der Kampfgruppe an: „Ich habe eine Erklärung abzugeben: Ausgehend von allen Kreisen der Berliner Jugend wurde beschlossen, eine ‚Kampfgruppe gegen Unmenschlichkeit' zu gründen. Diese Kampfgruppe hat sich zum Ziel gesetzt, systematisch den zahllosen Verbrechen gegen die Unmenschlichkeit nachzugehen. Was bisher von verschiedenen Zeitungen und karitativen Verbänden vereinzelt getan wurde, soll und muß in Gemeinschaft mit ihnen systematisch getan werden. Eine Gewißheit sollen wenigstens die Leidenden und Sterbenden haben: Daß die Welt ihre Todesnot erfährt". Auch in dieser Absichtserklärung zeigte er die Parallele zum Nationalsozialismus auf: „Wenn in Nürnberg ein ganzer Staat im Staate nötig ist, um alle die Verbrechen festzuhalten, die begangen wurden, so wollen wir wenigstens ein kleines Büro errichten, um die Dinge in die Welt hinauszutragen, solange sie begangen werden"[50]. Eine Anzahl von Personen – ehemalige sowjetische KZ-Insassen, entflohene Zwangsarbeiter,

---

[49] Neue Zeitung vom 19.10.1948.
[50] Ebenda; Sozialdemokrat vom 23.1.1949.

Vertriebene und Deportierte – hätten sich der Kampfgruppe zur Verfügung gestellt, um die Öffentlichkeit zu informieren, und im weiteren richtete Hildebrandt einen Appell an die Weltöffentlichkeit: „Die Welt kann die Wahrheit hören. Diesmal soll niemand sagen können, er habe nichts gewußt"[51].

Damit war die Kampfgruppe an die Öffentlichkeit getreten. Am Ende der Kundgebung erklärten Sprecher der „Jungen Liberaldemokraten" und der „Jungen Union" ihre Bereitschaft zur Mitarbeit[52]. Entgegen der Ankündigung, und hierin lag der einzige Schönheitsfehler, hatten die „Jungsozialisten" und die „Falken" als Jugendorganisationen der SPD ihre Bereitschaft zur Mitwirkung zwischenzeitlich zurückgenommen[53].

Der Stein war ins Rollen gekommen. Mitte November 1948 veranstaltete die KgU eine weitere Versammlung, diesmal in der Hasenheide[54]. Wieder informierten Betroffene über sowjetische KZs, Uranbergwerke, Haftbedingungen und Verhöre. Nach Hildebrandt und dem KgU-Geschäftsführer Esche sprachen auch Otto Stolz als Vertreter der „Liga für Geistesfreiheit" sowie der UGO-Sprecher Kerbe, der sagte: „Als Gewerkschafter werden wir den Kampf gegen die Unmenschlichkeit zum Wohle der Arbeiterschaft mit allen Mitteln zu Ende führen".

Einen weiteren Monat später richtete die Kampfgruppe einen Aufruf „Gegen Unmenschlichkeit" an die Berliner Bevölkerung[55]. Der Text – er stammte wohl auch aus Rainer Hildebrandts Feder – faßte seine Rede vom Oktober kurz zusammen und spricht sich zugunsten der Menschlichkeit gegen diejenigen aus, die „aus strategischen oder taktischen Erwägungen" erst dann zu kämpfen beginnen wollten, „wenn ein siegessicherer Ausgang festzustehen scheint"; zum Schluß heißt es apodiktisch: „Wir glauben nicht an den Sieg einer Rechnung. Wir wollen den Sieg der Menschlichkeit"[56].

3. „Vorsicht bei Gesprächen"

Der Suchdienst der KgU nahm offiziell im Januar 1949 seine Arbeit auf; da weder der von der sowjetischen Besatzungsmacht zugelassene Suchdienst in der Kanonierstraße noch das „Deutsche Rote Kreuz" in Dahlem Nachforschungen in bezug auf die in der sowjetischen Zone inhaftierten Personen anstellen durften, konnte von zur Mühlen mit Grund feststellen: „Daher erfüllt der Suchdienst der Kampfgruppe eine besondere Aufgabe, die sich mit der anderer Stellen nicht überschneidet"[57].

---

[51] Neue Zeitung, Der Tagesspiegel vom 19.10.1948.
[52] Montags-Echo vom 18.10.1948.
[53] Ebenda; Der Tagesspiegel vom 19.10.1948.
[54] Telegraf vom 14.11.1948.
[55] Neue Zeitung vom 14.12.1948. – Der Aufruf war wohl schon am 8. Dezember herausgegeben worden (Spiegel vom 16.6.1949, S. 6).
[56] Neue Zeitung vom 14.12.1948. – Hier auch eine Beschreibung des „Arbeitsbereichs" der KgU.
[57] Hoffmann, Kampfgruppe, S. 13.

3. „Vorsicht bei Gesprächen" 49

Als Anschrift der KgU war im Aufruf vom Dezember 1948 – ausdrücklich heißt es „vorläufiger Sitz" – angegeben: „Berlin-Grunewald. Höhmannstraße 4 (Nähe Hagenplatz)"[58]. Das Büro war täglich vier Stunden – von 16 bis 20 Uhr – für den Publikumsverkehr geöffnet[59]. Bei diesem ersten Quartier der Kampfgruppe handelte es sich um eine Villa nicht weit entfernt vom Rande des Grunewalds. Im ersten Stock befand sich Hildebrandts Wohnung, im Parterre das KgU-Büro[60].
Die Höhmannstraße war eine ruhige, übersichtliche Wohnstraße. Drei Häuser neben Nr. 4 residierte der britische Stadtkommandant General Robertson; Tag und Nacht schritten die Wachtposten auf und ab, so daß das Haus der KgU von der englischen Militärpolizei sozusagen mitbewacht wurde[61].
Am Nachmittag, wenn die Geschäftsstelle der KgU öffnete, war es mit der Ruhe in der Höhmannstraße vorbei. Es heißt, daß von Dienstag bis Freitag jeweils 100 bis 150 Menschen die Kampfgruppe aufsuchten[62]. Vor allem waren es Frauen, die Tag für Tag in die getäfelte Eingangshalle geführt wurden und auf den bereitstehenden Korbstühlen Platz nahmen[63]. In diesem Vorraum hing ein Schild mit der Aufschrift: „Entlassene Häftlinge und Flüchtlinge werden außer der Reihe abgefertigt!"[64] Suchten die weiblichen Besucher vor allem Aufschluß über den Verbleib von Verwandten, so brachten ehemalige Häftlinge und Flüchtlinge die Informationen, die es der KgU erst ermöglichten, die nachgesuchten Auskünfte zu erteilen. Im Juni 1949 waren laut Spiegel rund 12000 Suchanträge karteimäßig erfaßt, während demgegenüber 8500 Häftlinge hatten ermittelt werden können[65]. Allein im Mai 1949 wurden 1700 Häftlinge namentlich ermittelt, während im selben Monat allein auf dem Postweg 1800 Suchanträge eintrafen. Schon der verwaltungsmäßige Aufwand war beträchtlich, aber im Verhältnis zu den von der KgU ermittelten Gesamtzahlen der Insassen von Lagern und Strafanstalten in der SBZ blieb die Aufklärungsquote niedrig. Nach Angaben der Kampfgruppe befanden sich Mitte 1949 allein in Sachsenhausen zwischen 20000 und 22000 Menschen und in Buchenwald 10000 bis 11000 Personen.
Als „ermittelt" galten im internen Sprachgebrauch solche Personen, über deren Verbleib es gelungen war, etwas ausfindig zu machen; die Namen dieser Menschen wurden in einer Gefundenenkartei erfaßt, anhand derer die von den Besuchern erbetenen Auskünfte erteilt werden konnten[66]. Auf den Karten in dieser Kartei waren anstelle des Namens des jeweiligen Informationsgebers aus Sicherheitsgründen Chiffren vermerkt, die von nur drei KgU-Mitarbeitern entschlüsselt werden konnten[67]. Die eingehenden Anfragen wurden entsprechend in einer Gesuchtenkartei

---
[58] Neue Zeitung vom 14.12.1948.
[59] Ebenda; Anschrift bekanntgegeben auch im Tagesspiegel vom 15.2.1949.
[60] Riess in: Welt am Sonntag vom 17.4.1949; Schneider in: Rheinischer Merkur, 4. Jg. (1949), Nr. 32.
[61] Riess, ebenda; Der Spiegel vom 16.6.1949, S.6.
[62] Riess, ebenda.
[63] Ebenda; Sozialdemokrat vom 23.1.1949.
[64] Sozialdemokrat vom 23.1.1949.
[65] Der Spiegel vom 16.6.1949, S. 6f.
[66] Sozialdemokrat vom 23.1.1949; Der Tagesspiegel vom 13.2.1949.
[67] Der Tagesspiegel vom 13.2.1949.

erfaßt; neben dem Paßphoto des Vermißten befanden sich hier auf jeder Karte die üblichen Personaldaten[68]. Mehrmals in der Woche wurde die Gefundenenkartei mit der Gesuchtenkartei verglichen, so daß die Angehörigen aufgrund neuester Angaben möglichst sofort benachrichtigt werden konnten[69].

Der Begriff „ermittelt" ist angesichts der Sachlage mißverständlich, denn Mitte 1949 trug fast jede zweite Karte der Gefundenenkartei ein Kreuz, das bedeutete: „Im KZ gestorben"[70]. Als Todesursache war des öfteren angegeben: „Verhungert"; „ermittelt" hieß aber auch „verschwunden", „deportiert" oder „verschollen"[71].

Ende Dezember 1948 wies die Gefundenenkartei einen täglichen Zuwachs von rund 50 Namen auf[72]. Dies bedeutete, daß die KgU Tag für Tag etwa 50 Personen namhaft machen konnte, die in irgendeinem Lager oder Gefängnis inhaftiert oder dort verstorben waren. In diesem Zusammenhang war eine Prüfung der Informanten hinsichtlich ihrer Zuverlässigkeit unerläßlich, da den Untersuchungsergebnissen der KgU offenbar schon seit Ende 1948 bei Todeserklärungen besondere Bedeutung zugemessen wurde.

In der Eingangshalle des Hauses hing aber noch ein weiteres Schild: „Vorsicht bei Gesprächen!"[73] Wenn die Besucher und Besucherinnen in zu intensive Gespräche gerieten[74], konnte es auch passieren, daß ein KgU-Angehöriger sie ermahnte: „Ich möchte darauf aufmerksam machen: auch hier Vorsicht bei Gesprächen, wenn man sich nicht kennt!"[75] Diese Ermahnungen führten naturgemäß ein gewisses Mißtrauen – wenn nicht eine gewisse Beklommenheit – unter den Anwesenden herbei.

Solche Warnungen waren durch die Tatsache erforderlich geworden, daß die Kampfgruppe von Beginn an Ziel von Kundschaftern war – „Spitzeln", wie sie abschätzig in der Sprache des Kalten Krieges/West hießen[76]. Hildebrandt erklärte dazu gegenüber einem Journalisten: „Vielen sieht man es gleich an, daß sie Spione sind. Manchmal haben sie zu gute Ausweise, manchmal gehen sie mit ihrem Enthusiasmus, uns mit Informationen zu versehen, ein wenig zu weit. Einer wollte uns sein Auto zur Verfügung stellen. Da wären wir im russischen Sektor gelandet"[77]. Gelegentlich ergab es sich, daß ein Späher sich aus freien Stücken zu erkennen gab, denn oft genug waren diese Menschen nur unter der Bedingung freigelassen worden, daß sie derartige Dienste leisten; ihnen wurde von der KgU dann gelegentlich Spielmaterial zur Weiterleitung an die sowjetische Seite übergeben[78].

---

[68] Neue Zeitung vom 31.12.1948.
[69] Ebenda; Der Tagesspiegel vom 13.2.1949; Sozialdemokrat vom 23.1.1949.
[70] Sozialdemokrat vom 23.1.1949; Der Spiegel vom 16.6.1949, S. 6; Schneider in: Rheinischer Merkur, 4. Jg. (1949), Nr. 32.
[71] Schneider, ebenda.
[72] Neue Zeitung vom 31.12.1948.
[73] Sozialdemokrat vom 23.1.1949; Der Spiegel vom 16.6.1949, S.6.; Der Tagesspiegel vom 13.2.1949.
[74] Riess in: Welt am Sonntag vom 17.4.1949.
[75] Sozialdemokrat vom 23.1.1949.
[76] Riess in: Welt am Sonntag vom 17.4.1949.
[77] R. Hildebrandt nach Riess, ebenda.
[78] Riess, ebenda; Der Tagesspiegel vom 13.2.1949; Sozialdemokrat vom 23.1.1949.

3. „Vorsicht bei Gesprächen"

Für die übrigen Fälle solcher Art hatte die KgU ein Fragensystem entworfen, das geeignet war, etwaige Spione zu überführen. Es ist anzunehmen, daß den diese Befragungen routinemäßig durchführenden Mitarbeitern eine gewisse Sensibilität im Hinblick auf solche suspekten Besucher zueigen war; ein übriges tat vermutlich auch die spezifische Menschenkenntnis, die sich Menschen – auch die gab es ja bei der KgU – aneignen, die selbst eine Zeitlang inhaftiert gewesen waren. Hatte sich also irgendein Verdacht gegenüber einer Person ergeben, so wurde der betreffende beispielsweise aufgefordert, eine Skizze desjenigen Lagers anzufertigen, in dem er angeblich gewesen war[79], oder der Verdächtige wurde nach anderen Details gefragt, die er kennen mußte, wenn seine Angaben tatsächlich der Wahrheit entsprachen.

Die Kampfgruppe verfügte über ein zusehends wachsendes Netz von Mitarbeitern und Zuträgern in der sowjetischen Zone[80]. Insbesondere zum Zwecke der Nachrichtenübermittlung wurden von ihr Nachrichtendienstmethoden angewendet: Informationen wurden von jungen Männern überbracht, die sich nachts über die weithin offene Zonengrenze stahlen, vorgebliche Liebesbriefe enthielten verschlüsselte Nachrichten, und für einige Monate war es sogar gelungen, sich für die Kommunikation mit der sowjetischen Zone des besonderen Telephonnetzes der Reichsbahn zu bedienen; unzweideutig handelte es sich hier nicht mehr um ungefährliche und risikolose Unternehmungen[81]. Schon zur Erfüllung der humanitären Zielsetzung war es gelegentlich erforderlich, nachrichtendienstliche Methoden anzuwenden. Von zur Mühlen versuchte so zum Beispiel im Sommer 1949, das kyrillische Absenderubrum „1825 КОРМNВ" auf den einheitlich mit dem Text „Mir geht es gut" beschriebenen Postkarten, die einige Häftlinge verschicken durften, zu entschlüsseln[82].

Doch bereits im April 1949 schrieb Curt Riess in der Welt am Sonntag, daß es mindestens einigen in der KgU auch auf das Ziel „Praktischer Widerstand!" ankomme[83]. Sie strebten – Riess zitiert hier offenbar einen dieser KgU-Mitarbeiter – eine „überparteiliche Untergrundbewegung im deutschen Interesse" an, und der Verfasser selbst führte diese Überlegungen summarisch so fort: „Vielleicht auch im Interesse Europas; denn nur, wenn jetzt, da es noch Zeit ist, der Widerstand im Osten organisiert wird, kann man darauf hoffen, in späterer Zukunft den Raum östlich der Elbe in das Vereinte Europa einzugliedern". Hier wird erkennbar, daß es in der Kampfgruppe – im Grunde schon von Beginn an – Männer gab, die eine ‚Strategie des Widerstands bis hin zur Befreiung' wenigstens theoretisch vertraten. Es handelte sich hier um Personen, die schon bevor sie zur KgU gestoßen waren, in der sowjetischen Zone Widerstand geleistet hatten und infolgedessen nach West-Berlin hatten fliehen müssen. Nicht zuletzt ihrer Initiative war es wohl zu verdanken, daß die KgU sich bald auch um Sammlung von Daten bemühte, die geeignet waren, „den ganzen Mechanismus des Terrorregimes zu erfassen"; von besonde-

---

[79] Riess, ebenda.
[80] Zolling/Höhne, Pullach intern, S. 245f.
[81] Riess in: Welt am Sonntag vom 17.4.1949.
[82] Der Spiegel vom 16.6.1949, S. 7. – Diese Karten wurden vom Ost-Berliner Postamt N 4 am Stettiner Bahnhof zugestellt (Von zur Mühlen ist hier ‚Dr. Hoffmann').
[83] Riess in: Welt am Sonntag vom 17.4.1949.

rem Interesse war in diesem Zusammenhang die Erstellung von Listen von NKWD-Spitzeln.

Welcher Art die Erfahrungen dieser Männer vor ihrem Engagement bei der KgU waren, kann beispielhaft der Fall des ersten KgU-Geschäftsführers Harold Esche[84] zeigen. Esche hatte 1945 zuerst als Pressechef der Landesverwaltung von Sachsen-Anhalt gearbeitet und wurde dann Chefredakteur der mit sowjetischer Lizenz in Halle/Saale herausgegebenen „Liberaldemokratischen Zeitung"[85]. Vermutlich infolge der vielfältigen Beschränkungen, die den bürgerlichen Parteien, aber auch ihren Presseorganen von seiten der Kommunisten auferlegt wurden[86], geriet er in Konflikt mit sowjetischen Kontrolloffizieren und örtlichen SED-Funktionären; daraufhin schloß sich Esche mit einigen Gesinnungsfreunden zusammen, um die Vorbereitungen der SED für die im Spätsommer 1946 anstehenden Gemeindewahlen zu stören[87]. Als „Clou aus Esches Untergrund" bezeichnete es noch 1954 der Spiegel, daß es der Gruppe gelungen war, ein wie die üblichen Plakate der SED aufgemachtes Transparent mit der Aufschrift „Wählt SED – für Angliederung an die Sowjetunion" an einem Waggon der Straßenbahn anzubringen, das erst nach einigen Tagen bemerkt und entfernt wurde – nämlich als West-Berliner Zeitungen Photos dieses Straßenbahnwagens abdruckten[88]. Im SED-Parteiapparat sorgte diese Aktion mindestens für Irritation, und als die Gruppe ihre Störaktionen fortführte, setzte das MWD einige Agenten auf Esche an, so daß er nach West-Berlin flüchten mußte, wo er sich 1948 an der Gründung der KgU beteiligte.

Anhand dieses kurzen Abrisses wird unmittelbar ersichtlich, daß Männer, die ähnlich wie Esche schon in der SBZ Widerstand geleistet hatten, schwerlich allein mit der Absicht zur KgU gekommen waren, bloß humanitäre Hilfe zu leisten. In seinem Falle bleibt die Tatsache festzuhalten, daß es sich bei ihm um einen Anhänger der LDP handelte. Insgesamt scheint in diesem Kreis innerhalb der KgU die politische Motivation stärker gewesen zu sein als die karitative.

Die materielle – insbesondere finanzielle – Ausstattung der Organisation war in ihrer Anfangszeit nicht eben gut. Im Aufruf vom Dezember 1948 bat die Kampfgruppe die Berliner um Geldspenden: „Jeder Beitrag – auch der kleinste – hilft unserer Arbeit weiter"[89]. Ende Dezember schrieb die Neue Zeitung, es würden den KgU-Mitarbeitern „noch Kleinigkeiten, die mancher als selbstverständlich ansehen mag, die aber doch schwer zu beschaffen sind", vor allem „Büromöbel und

---

[84] Telegraf vom 14.11.1948.
[85] Der Spiegel vom 5.5.1954, S. 6.
[86] Karl Wilhelm Fricke, Opposition und Widerstand in der DDR. Ein politischer Report, Köln 1984, S. 48.
[87] Der Spiegel vom 5.5.1954, S. 6f.
[88] Ebenda. – Der Text des Transparents ist im zweiten Teil der Losung nach dem Photo auf S. 8 zitiert. Im Artikel selbst (S. 6) heißt es abweichend: „(...) – für Anschluß (...)" – Wolfgang Leonhard (Die Revolution entläßt ihre Kinder. München [7. Aufl.] 1984, S. 397) erwähnt den Vorfall aus der Sicht eines SED-Funktionärs: „Besondere Aufregung gab es bei uns, als in Halle bestimmte Kreise der LDP an einem Straßenbahnwagen, der am Tage vor der Wahl durch die Stadt fuhr, ein großes Transparent anbringen ließen: *Für Anschluß an die Sowjetunion – wählt SED.*"
[89] Neue Zeitung vom 14.12.1948.

-utensilien" fehlen⁹⁰. „Alle Mitarbeiter sind ehrenamtliche Helfer", erläuterte Hildebrandt im Januar 1949 dem Sozialdemokrat: „Die notwendigsten Ausgaben wurden bisher durch Spenden bestritten"⁹¹. Die Kampfgruppe lebte zu dieser Zeit von den auf ihrem Konto eingehenden Spendenbeiträgen, die weniger aus Westdeutschland als vielmehr aus Berlin und der sowjetischen Zone stammten – „Wir finanzieren uns von den Groschen der Verzweiflung", meinte Rainer Hildebrandt⁹². Desweiteren – so wird aus den damaligen Presseberichten deutlich – habe die Kampfgruppe „alle Angebote ausländischer Nachrichtendienste, für sie zu arbeiten, Angebote, die mit *einem* Schlage alle finanziellen Schwierigkeiten beseitigt hätten, abgelehnt"⁹³.

Demgegenüber war die Zusammenarbeit der KgU mit amerikanischen Institutionen – wie dem RIAS oder der Neuen Zeitung – offenkundig. Darüber hinaus war es angesichts der nach wie vor bestehenden weitreichenden Besatzungskompetenzen eine bare Selbstverständlichkeit, daß die Kampfgruppe ihre Arbeit mit Billigung alliierter Stellen aufnahm. Andererseits vermied die Kampfgruppe, gerade weil es für ihre Arbeit auf das Vertrauen der Menschen ankam, den Eindruck zu enger Beziehungen zu irgendwelchen Nachrichtendiensten. Trotzdem wäre es eher verwunderlich, hätte die KgU wirklich keinerlei Verbindungen zu Geheimdiensten gehabt.

Tatsächlich, enthüllte der Spiegel 1958, sei schon Ende 1948 der amerikanische Oberst Wallach bei Rainer Hildebrandt aufgetaucht und habe vor allem Interesse an der Möglichkeit zur Einsichtnahme in die KgU-Kartei gezeigt⁹⁴. Severin F. Wallach – alias Mr. Smith oder Mr. Thomson, Spitzname „Plumpsbacke" – war damals Chef der Leitstelle des Counter Intelligence Corps (CIC) in Berlin⁹⁵. Diesen „‚Special Agent in Charge'" charakterisiert Heinz Höhne als einen „Mann, auf den es bei der Infiltration der Sowjetzone durch Widerständler und Informanten ankam"⁹⁶. Nach Darstellung des Spiegel habe der Nachrichtenoffizier für amerikanische Regierungsgelder gesorgt, so daß die Kampfgruppe „etwa von Anfang 1949 an nicht mehr klagen" konnte⁹⁷. Die KgU habe sich nun aber „ihren neuen Spendern erkenntlich" gezeigt, „indem sie sich mehr und mehr auf das Spionieren verlegte". Zugleich aber, so muß hinzugefügt werden, weitete sich auch ihre Öffentlichkeitsarbeit aus.

Zweifellos war die Konstruktion der Kampfgruppe auch vom nachrichtendienstlichen Standpunkt aus gesehen vorteilhaft, da es naturgemäß für die deutschen KgU-Mitarbeiter einfacher war, von ihren Landsleuten Informationen zu erhalten, als wenn sich ein radebrechender amerikanischer Geheimdienstmann darum bemüht hätte. Dennoch unterstützten die Amerikaner die KgU wohl nicht nur aus nachrichtendienstlichen Gründen. Ihr legitimes Interesse an dem bei der KgU

---

[90] Neue Zeitung vom 31.12.1948.
[91] Sozialdemokrat vom 23.1.1949.
[92] Der Spiegel vom 16.6.1949, S. 7; Schneider in: Rheinischer Merkur, 4. Jg. (1949), Nr. 32.
[93] Schneider, ebenda; entsprechend auch Riess in: Welt am Sonntag vom 17.4.1949.
[94] Der Spiegel vom 2.7.1958, S. 29.
[95] Zolling/Höhne, Pullach intern, S. 245; Höhne, Krieg, S. 490f.
[96] Höhne, ebenda, S. 491.
[97] Der Spiegel vom 2.7.1958, S. 29.

verfügbaren Wissen kann gar nicht in Abrede gestellt werden, aber allem Anschein nach kam es ihnen dabei sehr wohl auch auf die Förderung der humanitären und politischen Ziele an.

In der Tat entwickelte sich ja, wie der Spiegel selbst schrieb, in den durch die alliierte Luftbrücke versorgten Westsektoren Berlins „eine deutsch-amerikanische Kameradschaft, wie sie Westdeutschland nie gekannt hat". Hinzu trat gewiß auch, daß eine Persönlichkeit wie Hildebrandt im Blick der Amerikaner als geeigneter Partner erscheinen mußte. Darüber hinaus hatte er natürlich auch etwas zu bieten, was in der gegebenen Gesamtlage überaus wichtig war – nämlich Informationen aus der sowjetischen Zone.

Diese Erwägungen lassen wohl insgesamt den Schluß zu, daß Hildebrandt bzw. die Kampfgruppe gegen Unmenschlichkeit sich zugunsten einer Zusammenarbeit gerade mit den Amerikanern entschlossen hatte, was im übrigen eine Zurückweisung aller anderen westlichen Geheimdienste bedeutete, weil die Amerikaner die eigenen – wenn man will: innerdeutschen – Zielsetzungen der KgU respektierten und diese Ziele auch – möglicherweise im Gegensatz zu anderen interessierten Mächten – unterstützen wollten und konnten.

4. Öffentliche Anerkennung

„Wen wollte Hildebrandt eigentlich suchen?", fragte 1957 der Autor der in Ost-Berlin erschienenen Schrift „Unmenschlichkeit als System"[98]. Im Zuge seiner Darlegungen kam er zu dieser Antwort: „Er suchte also Verbrecher und deren Angehörige, um sie für neue Verbrechen gegen die Menschlichkeit und gegen den Frieden einzusetzen". Die Kampfgruppe hätte diesen Sachverhalt späterhin – 1952 – sogar selbst eingestanden, und der Verfasser belegt dies mit einem Satz aus der schon zitierten KgU-Publikation „Der Weg der Kampfgruppe gegen Unmenschlichkeit", nicht ohne allerdings eine sinnwidrige Interpretation in Form einer redaktionellen Erläuterung hinzufügen: „,Aus den Kreisen dieser Entlassenen (gemeint sind die im Sommer 1948 von den sowjetischen Besatzungsbehörden entlassenen ehemaligen aktiven Faschisten; d. Red.) kamen die ersten Mitarbeiter der Kampfgruppe gegen Unmenschlichkeit'".

Seit Ende 1948 publizierten westliche Zeitungen wiederholt Aufstellungen von Personen, die nach Angaben der Kampfgruppe gegen Unmenschlichkeit in der sowjetischen Zone in Haft waren. Die nach diesen Angaben hauptsächlich betroffenen Personengruppen sind in der DDR-Publikation von 1957 jedoch keineswegs zutreffend charakterisiert. Vielmehr handelte es sich bei den von der KgU ermittelten Personen um Menschen, die – sei es z.B. als Intellektuelle, Industrielle oder Sozialdemokraten – tatsächliche oder potentielle Gegner des von der SED verfolgten Kurses waren. Unter Berufung auf die Kampfgruppe berichtete so auch die Welt vom 8. Januar 1949 unter anderem über folgende – hier ausgewählte – Einzelfälle: Professor Dr. Keller, Herzspezialist aus Leipzig, war bei Auflösung des Lagers Mühlberg nach Buchenwald überführt worden; dort befanden sich ferner auch der

---
[98] Unmenschlichkeit als System, S. 12f.

4. Öffentliche Anerkennung

Direktor der Dresdner Bank, Busch, der Präsident der Berliner Börse, Görlitz, sowie ein ehemaliger Staatssekretär des Reichsrechnungshofes Potsdam und der ehemalige Bewag-Direktor Dr.-Ing. Werner Schöning; nach Buchenwald überführt worden waren auch Personen wie der vormalige SPD-Kreisvorsitzende von Berlin-Steglitz Franz Büchel oder der SPD-Funktionär Ondra, der schon vor 1945 im KZ Buchenwald gewesen war und bis zu dessen Hinrichtung mit Ernst Thälmann zusammengelegen hatte[99]. Am 11. Januar 1949 meldete die Neue Zeitung unter Berufung auf die KgU, wegen eines Spottgedichtes auf Wilhelm Pieck und Otto Grotewohl seien elf Angestellte des VEB NAG/Oberschöneweide verhaftet und ins Gefängnis Bernau gebracht worden[100]. Am 10. Februar berichtete dieselbe Zeitung, die KgU habe erfahren, in Sachsenhausen sei der Brotfabrikant August Wittler verhungert, während in Neubrandenburg der ehemalige Rektor der Universität Greifswald, der Archäologe Professor Engel, verstorben sei[101]. Knapp einen Monat später verlautete von seiten der KgU – so die Neue Zeitung –, daß auf Veranlassung der SMA-Dresden in Michalken bei Hoyerswerda ein weiteres Jugend-Zwangsarbeitslager eingerichtet werde[102]. Ende März 1949 hieß es im Tagesspiegel, die Kampfgruppe habe erfahren, in Halle seien Studenten verhaftet worden, weil sie Flugblätter verteilt hätten[103]. Mitte April zitierte die Welt am Sonntag auf KgU-Angaben basierende Meldungen West-Berliner Zeitungen über die Liquidierung von Dr. Werner Pünder – Bruder des derzeitigen Vorsitzenden des Frankfurter Wirtschaftsrates und Verteidiger in den Prozessen, die dem „20. Juli" folgten – in einer luftdicht abgeschlossenen Todeszelle innerhalb der Lagerzone 2 des KZ Sachsenhausen[104].

Veranschaulichen diese einzelnen Fälle und Vorgänge einerseits, welcher Art die „Unmenschlichkeit" war, derer sich die Kampfgruppe angenommen hatte, so wird hier andererseits erkennbar, daß der karitative Aspekt der Arbeit der KgU untrennbar mit dem unmittelbar politischen Aspekt verschmolzen war. Sofern man nämlich den Personenkreis, der in der sowjetischen Zone aus dem täglichen Leben verbannt war, im Hinblick auf die sich ausbildende Konstellation des Kalten Krieges zu klassifizieren versucht, so liegt es nahe, von der Vorform jener späteren „,Partei der Bundesrepublik' in der DDR"[105] zu sprechen, als deren Anwalt und Sprecher im Westen sich die KgU von Beginn an verstand. –

Der zuständige Ausschuß des Magistrats befürwortete – wohl am 9. März 1949 – einstimmig die Lizenzierung der KgU, um die die zukünftigen Lizenzträger offenbar schon geraume Zeit zuvor nachgesucht hatten, und leitete den Antrag an die letztentscheidende Alliierte Kommandatura weiter[106]. Aus der Einstimmigkeit des Magistratsbeschlusses ist zu folgern, daß auch die anwesenden Sozialdemokraten zugestimmt hatten; deshalb ist es um so auffälliger, daß sich unter den Antragstel-

---

[99] Die Welt vom 8.1.1949.
[100] Neue Zeitung vom 11.1.1949.
[101] Neue Zeitung vom 10.2.1949.
[102] Neue Zeitung vom 12.3.1949.
[103] Der Tagesspiegel vom 25.3.1949.
[104] Riess in: Welt am Sonntag vom 17.4.1949.
[105] Nolte, Deutschland, S. 378ff.
[106] Der Tagesspiegel vom 10.3.1949.

lern kein SPD-Mitglied befand. Neben Dr. Rainer Hildebrandt und Dr. Günther Birkenfeld werden die FDP-Mitglieder Herbert Geisler und Winfried von Wedel-Parlow sowie als CDU-Vertreter das damalige Vorstandsmitglied der Jungen Union Berlin Ernst Benda genannt[107].

Hildebrandt wies anläßlich der Zulassung der KgU am 23. April 1949 gegenüber der Neuen Zeitung darauf hin, die Gruppe verfolge „keine parteipolitischen oder gegen eine der Besatzungsmächte gerichteten Ziele"[108]. An demselben Tag hatte die Alliierte Kommandatura Berlin in der BK/O (49) 80 die Genehmigung für die KgU erteilt; in dem an den Berliner Oberbürgermeister gerichteten Befehl hieß es: „Die Alliierte Kommandatura ordnet wie folgt an: (...) 2. Diese politische Organisation ist von der Alliierten Kommandatura gemäß den Bestimmungen der Anordnung BK/O (47) 16 für das Gebiet Groß-Berlin anerkannt, und es ist ihr gestattet, sich als Organisation politischen Charakters zu betätigen"[109].

Nach Darstellung der DDR sei die Kampfgruppe bereits im November 1948 als „e.V." ins Vereinsregister eingetragen worden, nachdem der Antrag „dem Leiter des Westberliner Senats, Prof. Ernst Reuter, zur Stellungnahme" übergeben worden sei, und dieser sich, wie es heißt, beeilt habe, „zu versichern, daß die KgU ,eine humanitäre Einrichtung ist, gegen deren offizielle Bestätigung keinerlei Bedenken bestehen'"[110]. Die Kampfgruppe habe jedoch auf den Zusatz „e.V." in ihrem Namen verzichtet, um dadurch „den Eindruck zu erwecken, die KgU sei eine amtliche Stelle"; demselben Zweck – nämlich „Täuschung der Öffentlichkeit" – habe auch die alliierte Lizenzierung gedient.

Die Annahme, die KgU habe sich bereits zu dieser Zeit als Verein eintragen lassen, ist offenkundig irrig. Richtig ist in der Tat, daß sie nirgendwo als „e.V." bezeichnet wird. Sie brauchte auch kein eingetragener Verein zu sein, denn im Rechtssinn konstitutiv war zu dieser Zeit die alliierte Lizenzierung. Als aus der Luft gegriffen erscheint auch die von seiten der DDR aufgestellte Behauptung, die KgU habe den Anschein erwecken wollen, eine „amtliche Stelle" zu sein. Dafür wäre schon allein der einer solchen Intention völlig zuwiderlaufende Name „Kampfgruppe" – zumal für eine offensichtlich nicht-militärische Einrichtung – falsch gewählt. Aber auch das bisher gewonnene Erscheinungsbild der KgU entspricht schwerlich dieser ihr unterstellten Absicht. Eine Behörde, die die von ihr zu verwaltenden Bürger um Überlassung von Büromaterialien bäte, scheint schwer vorstellbar.

Aufgrund der Tatsache, daß die Kommandatura die KgU ausdrücklich als „Organisation politischen Charakters" genehmigte, bleibt auf die graduelle – von ei-

---

[107] Neue Zeitung vom 24.4.1949. – Zu Bendas Erfahrungen mit den Kommunisten schrieb 1967 Peter Lorenz (Wie es begann, in: Junge Union Berlin. 20 Jahre, hg. vom Förderkreis Junge Politik e.V., Red.: Gerhard Kunz, Berlin [1967], S. 14), damals Landesvorsitzender der Jungen Union: „Die Studentengruppe der Jungen Union – zeitweilig unter der Leitung von Franz Amrehn und Ernst Benda – setzte sich aktiv für die demokratischen Freiheiten an der Universität unter den Linden ein."
[108] Neue Zeitung vom 24.4.1949.
[109] LAZ 10.361. – Es handelt sich um ein hektographiertes Exemplar der BK/O. Unterzeichnender war der Vorsitzführende Stabschef Oberstleutnant G.M. Oborn.
[110] Unmenschlichkeit als System, S. 16; Reuter-Zitat ohne Belegstelle.

nem Etikettenschwindel weit entfernte – Divergenz zu ihrer eigenen Selbstdarstellung als in erster Linie karitativ-humanitärer Organisation hinzuweisen. Auch hierin wird deutlich, wie unmittelbar politische Fragen mit dem allein humanitären ‚Vereinszweck' verwoben waren. Auch wenn Hildebrandt am 23. April betont hatte, die Arbeit der KgU richte sich nicht „gegen eine der Besatzungsmächte", so zeigen nämlich die ersten Reaktionen in den von der SMA lizenzierten Presseorganen, daß man dort sehr wohl der Ansicht war, die Tätigkeit der KgU sei allein gegen die sowjetische Besatzungsmacht und die SED gerichtet.

Für die Tägliche Rundschau vom 9. Februar 1949 war die Kampfgruppe „auf Betreiben der amerikanischen Besatzungsbehörden ins Leben gerufen" worden, ihr Initiator, so wurde behauptet, sei „der berüchtigte Captain Biel" gewesen und ferner sei ihre Gründung bereits 1946 erwogen worden, aber damals habe man den Zeitpunkt noch nicht für geeignet erachtet[111]. Im übrigen hätten sich in der „Spionagezentrale ‚Kampfgruppe gegen Unmenschlichkeit'" – so die Titelzeile – lediglich „Textilschieber" sowie „ehemalige Naziofiziere und andere Elemente, die eine dunkle Vergangenheit haben", versammelt, um ehemalige Kriegsgefangene zu „ködern". Die Grundlinien der kommunistischen Betrachtungsweise sind bereits in diesem Artikel zu erkennen: Die Kampfgruppe sei völlig abhängig von den Amerikanern, eine reine Spionageorganisation und darüber hinaus bestünde sie aus Faschisten und Kriminellen.

Die Berichterstattung in der – bereits hinlänglich zitierten – westlichen Presse ist demgegenüber bis zum Sozialdemokrat und dem Spiegel wohlwollend-sachlich bis nahezu euphorisch zustimmend. Kritische Untertöne finden sich allenfalls bei Curt Riess in der Welt am Sonntag, bleiben aber auf praktische Fragen beschränkt[112]; insgesamt wird an keiner Stelle in irgendeiner Weise das Anliegen oder gar die Berechtigung einer Kampfgruppe gegen Unmenschlichkeit in Frage gestellt.

Doch nicht nur bei der Presse, auch bei den politischen Parteien, beim Magistrat, bei den freien Gewerkschaften und nicht zuletzt bei den westlichen Besatzungsmächten, vorrangig bei den Amerikanern, erfreute sich die Kampfgruppe breiter Zustimmung. Mit der Genehmigung durch die Alliierte Kommandatura war die Kampfgruppe endgültig politisch anerkannt und als Bestandteil des politischen Lebens in Berlins Westsektoren akzeptiert.

Es ist schwerlich purer Zufall, daß die ersten Schritte hin zur KgU nach Beginn der Blockade in Angriff genommen worden waren und die Gruppe sich nun kurz vor dem Ende der Blockade hatte fest etablieren können. Diese zeitliche Kongruenz ist im Gegenteil höchst auffällig. Letztlich aber zeigt diese zeitliche Parallelität nichts anderes, als daß die KgU zu hohen Graden Produkt der Blockadezeit und des in Berlin entstandenen ‚Frontstadtgeistes' war. Es handelt sich um jenes für die Berliner spezifische Selbstverständnis, über das Ferdinand Friedensburg rückschauend und im übrigen auch gegen Ernst Reuter „mit seiner radikalen Westorientierung" gewandt schrieb: „West-Berlin als ‚Frontstadt', als ‚vorderster Schützengraben' des Westens bot nach meiner Überzeugung keine Entwicklungsmöglichkeiten für die Zukunft, so unentbehrlich die in diesen Formulierungen lie-

---

[111] Tägliche Rundschau vom 9.2.1949.
[112] Riess in: Welt am Sonntag vom 17.4.1949.

gende moralische Haltung in den Kampfzeiten gewesen war und so sehr sie noch jahrelang der Stimmung der Bevölkerung entsprechen mochte"[113].

Über Reuters Wandlung infolge des sowjetischen Vetos gegen die Übernahme des Oberbürgermeisteramtes durch ihn, schrieb der CDU-Politiker: „Der vom Gegner aufgezwungene Kampf wurde ihm aber erst jetzt zur leidenschaftlichen Sache des eigenen Herzens, so daß er den ‚Kalten Krieg' kompromißlos und ausweglos führte"[114]. Reuter wollte den Kalten Krieg auch *führen* und nicht nur seine Folgen hinnehmen und bewältigen – wie etwa durch die Überwindung der Blockade durch die Luftbrücke. ‚Frontstadtgeist' bedeutete auch ‚Widerstandsgeist'; bezogen auf die Tatsache, daß die Mehrheit der West-Berliner Bevölkerung das Angebot, sich im Ostteil der Stadt zu versorgen, nicht wahrnahm, kommt Ernst Nolte so auch zu dem Ergebnis, daß „in der Tat weniger eine Blockade als eine Art Selbstblockade" vorgelegen habe[115].

Versteht man ‚Frontstadtgeist' wesentlich als ‚Widerstandsgeist', dann muß der Begriff ‚Widerstand' differenziert verwendet werden: Lag nämlich in der Verweigerungshaltung der West-Berliner gegenüber den östlichen Offerten etwas wie ‚Resistenz' vor, so gab es sehr wohl auch eine gewisse Bereitschaft zu einem ‚Widerstand im engeren Sinne' – d.h. zu aktiver Widerstandstätigkeit gegen die kommunistische Bedrohung durch Gewaltanwendung – wenigstens in Teilen der deutschen Bevölkerung in West-Berlin und der sowjetisch besetzten Zone. Dies bezeugt Frank Howley: „Time and time again, I was approached by Germans who had belonged to wartime underground groups with sabotage plans against the Russians. Never was there any lack of offers; had we so desired, we could have had an underground army working for us"[116]. Hier zeigt sich, daß die Pläne insbesondere der aus den sowjetisch besetzten Gebieten stammenden KgU-Mitarbeiter damals zumindest als legitim betrachtet wurden, und sie mit ihren Überlegungen keineswegs allein standen. Diese Feststellung gilt auch, wenn Howley die an ihn gerichteten Ansinnen strikt zurückwies: „It wasn't the American way. We should have been stooping to the Russian level if we had armed lawless men and condoned murder and destruction. Our way was the open road, not the furtive path of the hired assassin".

Somit zeigt sich, daß die Intentionen der Kampfgruppe in bezug auf die Gesamtstimmung im Berlin dieser Tage in keiner Weise ungewöhnlich waren. Aufschlußreich ist, daß man sich verschiedentlich mit Sabotageplänen ausgerechnet an die amerikanischen Vertreter in Berlin wandte. Die Herausbildung einer Partnerschaft zwischen Deutschen und Amerikanern macht ein weiteres Merkmal des Fronstadtgeistes aus. Die Umorientierung der Amerikaner aber ist wesentlich Ergebnis der von den Berlinern während der Blockade an den Tag gelegten Verhaltensweise; Clay schrieb dazu 1950: „They had earned their right to freedom; they had atoned for their failure to repudiate Hitler when such repudiation on their part might have

---

[113] Ferdinand Friedensburg, Es ging um Deutschlands Einheit, Berlin 1971, S. 343.
[114] Ebenda, S. 314.
[115] Nolte, Deutschland, S. 201.
[116] Frank Howley, Berlin Command, New York 1950, S. 250.

4. Öffentliche Anerkennung

stopped his rise to power"[117]. Bemerkenswert an Clays Einschätzung ist im übrigen, daß auch er eine Analogie zur Zeit vor 1945 zog.

Es erweist sich mithin, daß die Kampfgruppe gegen Unmenschlichkeit als Produkt der Blockadezeit alle typischen Merkmale des Frontstadtgeistes widerspiegelte. Zu dieser Zeit war sie keineswegs eine „Extremisten-Vereinigung"[118]. Insofern die Berliner Blockade die „erste und dramatischste Schlacht des Kalten Krieges"[119] gewesen war, ist zu unterstreichen, daß jener für Berlin spezifische Frontstadtgeist als Bestandteil eines zu dieser Zeit entstehenden ‚Konsenses des Kalten Kriegs' geradezu als geistig-atmosphärische Voraussetzung dieser Kampfgruppe gegen Unmenschlichkeit anzusehen ist.

---

[117] Lucius D. Clay, Decision in Germany, Garden City 1950, S. 388.
[118] Zolling/Höhne, Pullach intern, S. 254.
[119] Nolte, Deutschland, S. 202.

III. Widerstand in Theorie und Praxis: Die Kampfgruppe im Konsens des Kalten Krieges

1. „Keine Kompromisse in Fragen der Menschenrechte"

Am Tage ihrer Zulassung, einem Samstag, wandte sich die Kampfgruppe gegen Unmenschlichkeit in einem Aufruf, in dem sie zu den am 15./16. Mai stattfindenden Volkskongreßwahlen Stellung nahm, an die Bevölkerung der sowjetischen Zone[1]. Wer, so hieß es sinngemäß, den Kandidaten der „Blockparteien" seine Stimme gäbe, stimme damit auch dem gesamten „System der Unmenschlichkeit" zu[2]. Die Ablehnung des Systems könne anläßlich dieser Wahlen nur auf eine Weise zum Ausdruck kommen: „Macht eure Stimmzettel ungültig. Das ist der einzige euch mögliche Protest gegen die Zustände in der Zone". Damit forderte die KgU – soweit ersichtlich ein erstes Mal – offen zu politischer Verweigerung und damit zu ‚politischem Widerstand' auf.

Am folgenden Mittwoch, dem 27. April 1949, gab Hildebrandt aus Anlaß der Lizenzierung eine Pressekonferenz, auf der er die Journalisten eingehend über Arbeit und Ziele der KgU informierte[3]. Er versorgte die Zeitungsleute zunächst mit statistischem Material und wies dann darauf hin, daß der Gruppe zu diesem Zeitpunkt rund 11 000 Suchanträge vorlägen, während demgegenüber bisher etwa 7 000 Häftlingsnamen ermittelt seien. Hauptaufgabe der KgU sei die Aufdeckung und öffentliche Bekanntmachung aller Verbrechen gegen die Menschlichkeit, die in der Sowjetzone begangen worden seien[4]. Doch, so teilte er mit, die Kampfgruppe wolle sich auch gegen antisemitische Tendenzen wenden; eine gemeinsam mit der „Liga für Geistesfreiheit" geplante Protestveranstaltung gegen den Freispruch Veit Harlans, auf der als Beweisstücke Ausschnitte aus dessen Film „Jud Süß" gezeigt werden sollten, habe bisher nicht durchgeführt werden können, da die britische Militärregierung das Filmmaterial bislang nicht zur Verfügung gestellt habe. „Es ist bedauerlich", kritisierte Hildebrandt die Briten, „daß die gleiche Seite, die den Film ‚Oliver Twist' zum Genuß freigibt, die Aufführung des Filmes ‚Jud Süß' nicht gestattet".

Bei weitem dringlicher als der Fall Harlan war jedoch die nach Aufhebung der Blockade von neuem erheblich zugespitzte Lage in Berlin. Die in den Westsektoren wohnhaften Reichsbahner hatten einen Streik begonnen, der – bis zu seinem Ende am 28. Juni – zu heftigsten Konfrontationen führte. „Mit sichtbarem Genuß nahmen sich Kinder und Erwachsene Steine zur Hand", schrieb Hildebrandt am 24. Mai über die Reaktion der Bevölkerung auf die „Besetzung der Westsektoren-Ei-

---

[1] Kurier vom 25.4.1949.
[2] Der Tagesspiegel vom 24.4.1949.
[3] Neue Zeitung, Der Tagesspiegel vom 28.4.1949.
[4] Der Tagesspiegel vom 28.4.1949.

senbahngleise durch Ostzonenpolizei"[5]. Angesichts der – nach seiner Interpretation – 75% Nein-Stimmen bei den Wahlen der vergangenen Woche, so meinte er in diesem Brief, sei nichts wichtiger als die Stärkung des Widerstandswillens der Bevölkerung der SBZ.

Der Aufruf zu den Volkskongreßwahlen hatte also in Hildebrandts Augen starke Resonanz gefunden, und das Ergebnis empfand er als Ermutigung. So hatte etwa auch in Halle die Parole „Wir stimmen mit Nein!" an Hauswänden gestanden[6], und er konnte feststellen, daß „die Bereitschaft des Einzelnen, Flugblätter in der Zone zu verteilen oder anderswie sich aufzulehnen", immer stärker werde[7].

Die Kampfgruppe hatte unterdessen eine weitere Kundgebung vorbereitet, die am Sonntag, den 22. Mai, im Studentenhaus am Steinplatz stattfinden sollte[8]. Am nächsten Tag stellte in Bonn der Parlamentarische Rat, wie es im Grundgesetz hieß, „in öffentlicher Sitzung unter Mitwirkung der Abgeordneten Groß-Berlins die Annahme dieses Grundgesetzes fest, fertigt es aus und verkündet es". Im ersten Artikel dieses am 23. Mai unterzeichneten Verfassungstextes heißt es in Satz 2: „Das deutsche Volk bekennt sich darum zu unverletzlichen und unveräußerlichen Menschenrechten als Grundlage jeder menschlichen Gesellschaft, des Friedens und der Gerechtigkeit in der Welt".

Indem sie den Tag vor diesem 23. Mai für die Veranstaltung ausgewählt hatte, wollte die Kampfgruppe jedoch auf ein anderes und für ihr Anliegen offenbar wichtigeres Ereignis Bezug nehmen, das nicht in Bonn, sondern in Paris stattfand. In der französischen Hauptstadt trat an diesem Tag die Außenministerkonferenz der vier Siegermächte zu ihrer inzwischen sechsten Tagung zusammen.

Im Zentrum der KgU-Kundgebung am 22. Mai stand die Forderung „Keine Kompromisse in Fragen der Menschenrechte!" Vor 600 Zuhörern sprach Rainer Hildebrandt zunächst über die Geschehnisse, die sich vor hundertfünfzig Jahren „in derselben Stadt, in der morgen die Außenministerkonferenz beginnen wird", ereignet hatten[9]. Das wesentlichste Ergebnis der Französischen Revolution seien die Menschenrechte, „die damals in die Hände des Volkes gegangen waren", und Hildebrandt zitierte die Menschenrechtserklärung: „In der feierlichen Deklaration vom 3. September 1791 heißt es: ‚Der Endzweck aller politischen Vereinigung ist die Erhaltung der natürlichen und unverdingbaren Menschenrechte. Diese Rechte sind die Freiheit, das Eigentum, die Sicherheit und das Recht zum Widerstand gegen Unterdrückung'"[10]. Zweifellos hatte Hildebrandt hier nicht zufällig gerade jenen Artikel 2 ausgewählt, der auch das Widerstandsrecht gegen Unterdrückung erwähnte.

---

[5] ARH, Hildebrandt an B. vom 24.5.1949.
[6] Der Spiegel vom 16.6.1949, S. 7.
[7] ARH, Hildebrandt an B. vom 24.5.1949.
[8] Der Tagesspiegel vom 24.5.1949.
[9] R. Hildebrandt, Keine Kompromisse in Fragen der Menschenrechte! Ein Appell an die Außenministerkonferenz (Ms., masch. mit handschriftl. Korrekturen), S.1 (ARH).
[10] Ebenda. – Hildebrandt zitiert Artikel 2 der „Erklärung der Menschen- und Bürgerrechte" vom 26. August 1789, die als solche der „Verfassung von 1791" vorangestellt war (Vgl. Die Französische Revolution. Eine Dokumentation, hg. von Walter Grab, München 1973, S. 37, 60).

Diese Menschenrechte nun hätten „in jeder demokratischen Staatsform" ihren Platz im Text der Verfassung, Hitler aber habe ihre Wirkungskraft erfaßt, weshalb es eine seiner ersten Maßnahmen gewesen sei, „ein Gesetz aufzuheben, welches vorsah, daß jeder Inhaftierte binnen kürzester Frist einem ordentlichen Gerichtsverfahren unterstellt werden muß"[11]. Diese Maßnahme aber sei der Ausgangspunkt „jener großen Lawine" gewesen, „die erst im Mai 1945 zum Stillstand kam". Hieraus folgte die – rhetorische – Frage, warum die Sowjets die am 10. Dezember 1948 von der UN-Vollversammlung verkündete „Universelle Erklärung der Menschenrechte" nicht akzeptiert hätten, „obgleich sie tun, als hätten sie sie für sich gepachtet".

Anhand einiger Artikel der UN-Charta zeigte Hildebrandt im folgenden den eklatanten Widerspruch zwischen den einzelnen Forderungen und den Realitäten im sowjetischen Machtbereich auf[12]. Hier zitierte er beispielsweise den die Freiheit der Meinungsäußerung und die unbeschränkte Informationsfreiheit betreffenden Artikel 20, rief dann den Zuhörern die „Wahlkomödie der letzten Wochen" ins Gedächtnis und fuhr fort: „Aber als Erläuterung des zweiten Teils bedarf es der Erwähnung, daß Tausende in den Konzentrationslagern sich befinden oder zugrundegegangen sind. Warum? Weil sie als Reporter einer westlich lizenzierten Zeitung in der Ostzone waren. Warum? Weil sie den ‚Telegraf' verteilt haben. Warum? Weil sie gegen politischen Terror Stellung genommen haben und deshalb wegen ‚Verächtlichmachung der Roten Armee' mit zehn Jahren bestraft wurden"[13].

Durch die Anerkennung der UN-Charta wären die Sowjets mithin „jederzeit öffentlich anklagbar geworden", aber darüber hinaus enthalte der Menschenrechtskatalog auch „Punkte, welche gegen ihre Doktrin verstoßen: Karl Marx verurteilte die Menschenrechte, weil sie, wie er schreibt, ‚nichts anderes sind als die Rechte des Mitglieds der bürgerlichen Gesellschaft, d.h. des egoistischen Menschen. Der Mensch wurde nicht von der Religion befreit, er erhielt die Religionsfreiheit. Er wurde nicht von dem Eigentum befreit, er erhielt die Eigentumsfreiheit. Er wurde nicht vom Egoismus des Gewerbes befreit, er erhielt die Gewerbefreiheit'". „Die große soziale Idee" des Marxismus, so Hildebrandt, sei in der sowjetischen Praxis verraten worden, denn die Mittel hätten stets im Verhältnis zum Zweck zu stehen: „Man kann darum nicht durch Böses etwas Gutes schaffen. Solange die innersten Kräfte, welche das System zusammenhalten, Zwang oder Bestechung, Denunziation und Bespitzelung, Minderwertigkeitsressentiments und krankhaftes Geltungs- und Machtbedürfnis sind, muß dieses System wachsen nach dem Gesetz dieser innersten Kräfte"[14].

Im Unterschied zu seiner Rede „Nichtstun ist Mord" setzte sich Hildebrandt hier intensiv mit der kommunistischen Ideologie auseinander; nach Marx zitierte er auch Lenin: „Lenin selbst sagt, daß der wissenschaftliche Begriff der Diktatur des Proletariats nichts anderes bedeutet, als die durch nichts, durch keinerlei Gesetze, absolut durch keine Regel sich unmittelbar auf die Gewalt stützende Macht"[15].

---

[11] Hildebrandt, ebenda, S.2.
[12] Ebenda, S. 2ff.
[13] Ebenda, S. 3f.
[14] Ebenda, S. 4.
[15] Ebenda. – Am Fundort ist kein Zitat kenntlich gemacht.

1. „Keine Kompromisse in Fragen der Menschenrechte"

Aufgrund seiner Beurteilung der ideologischen Grundlagen kam Hildebrandt zu der Feststellung, daß der Stalinismus nicht in der Lage sei, sich aus sich heraus zu verändern; die Beendigung der Blockade etwa sei lediglich als taktisch bedingter „äußerer Wandel der Politik" zu bewerten[16]. Ursache der Aufhebung der Blockade sei vielmehr folgendes gewesen: „Die Sowjetmacht sieht, wie durch ihr ständiges ‚Nein' sich eine geschlossene Solidarität der europäischen Welt zu formen anbahnt. Darum wird es notwendig, jetzt ‚Ja' zu sagen, – Ja zu sagen gerade aus dem Geiste, der stets verneint"[17].

Blickt man auf die von Rainer Hildebrandt in dieser Rede entwickelten Gedanken zurück, so zeigt sich, daß er hier im Grunde jene Menschlichkeit, gegen deren Mißachtung die Kampfgruppe sich wandte, positiv definierte, indem er ‚Menschlichkeit' gleichsetzte mit ‚Respektierung der Menschenrechte'. Sein Bekenntnis zur westlichen Menschenrechtstradition – seit der Französischen Revolution – verband sich mit dem Bekenntnis zur westlichen Demokratie und damit zum Westen schlechthin. Hildebrandt hatte dem Kommunismus damit das Gegenmodell der westlichen Gesellschaftsordnung gegenübergestellt.

Damit lag eine ideologisch untermauerte Formulierung einer Politik des Kalten Krieges für die KgU vor, die im übrigen mit dem – zweifellos zutreffenden – Schlagwort „antikommunistisch" nicht hinreichend zu charakterisieren ist. Indem Hildebrandt die KgU in die Menschenrechtsbewegung einordnete, zeigte er, daß es nicht allein um Negation des Kommunismus ging, sondern daß es im Kalten Krieg gleichsam ein positives ‚Kriegsziel' geben sollte. Zu unterstreichen bleibt, daß der Begriff des Kalten Krieges selbst in Hildebrandts Rede nach wie vor nicht verwendet wurde.

Die Ausführungen Hildebrandts dienten aber eigentlich zur Begründung eines konkreten Vorhabens der KgU, das darauf zielte, die Politik der westlichen Siegermächte erst in diesem Sinne zu beeinflussen. Rainer Hildebrandt gab nämlich nun die Erklärung ab, daß am Morgen des 23. Mai – am nächsten Tag also – im Sekretariat des Außenministerrates in Paris ein von dreißig ehemaligen Häftlingen unterschriebenes Dokument überreicht werde, das der Redner anschließend verlas:

„Wir, ehemalige Häftlinge aus den vier größten Konzentrationslagern der Ostzone, Sachsenhausen, Buchenwald, Mühlberg und Neubrandenburg – alle mindestens zweieinhalb Jahre inhaftiert gewesen – versichern folgendes an Eides statt:
1. Weder uns noch einem unserer Mithäftlinge war es erlaubt, seine Angehörigen zu verständigen, nicht einmal von der Tatsache der Verhaftung.
2. Während unserer Haftzeit wurde Besitz von Büchern, Schreibmaterial, Vorträge und jeder Versuch, die Angehörigen zu verständigen, mit so hohen Arreststrafen bei halber Verpflegung bestraft, daß viele der Betroffenen an den Folgen starben.
3. Von den ursprünglichen Lagerinsassen ist nach unserer Schätzung sowie nach den Schätzungen unserer Mitgefangenen sowie nach dem Wissen der gefangenen Wirtschaftsführer, Ärzte und Totengräber mindestens die Hälfte, wahr-

---

[16] Ebenda, S. 5f.
[17] Ebenda, S. 7f.

scheinlich 60% der ursprünglichen Lagerinsassen verhungert oder anders zugrundegegangen.
4. Bei unserer Entlassung waren nach unserer Feststellung sowie der gefangenen Ärzte mindestens die Hälfte der ursprünglichen Lagerinsassen an Tuberkulose erkrankt.

Im Namen der Menschlichkeit und namens der noch Inhaftierten fordern wir für die Gefangenen menschenwürdige Lebensverhältnisse, die Freilassung aller unschuldig Inhaftierten, gerechtes öffentliches Gerichtsverfahren mit ausreichender Verteidigungsmöglichkeit und für alle Gefangenen das Recht, mit den Angehörigen in Verbindung zu treten."

So nüchtern dieser Appell auch die Menschenrechtsverletzungen in den Lagern und Strafanstalten im sowjetisch okkupierten Deutschland ansprach – eine direkte Attacke auf die Sowjetunion wird im Text vermieden –, so eminent politisch mußte dieser Aufruf letztlich doch verstanden werden. Es sei dahingestellt, wieweit eine Menschenrechtsbewegung überhaupt apolitisch zu sein vermag, unter den Vorzeichen des Kalten Krieges war dies schlechthin undenkbar.

Konkret auf die Beseitigung des kommunistischen Regimes in der sowjetischen Zone zielten die Forderungen, die der Sozialdemokrat Ernst Tillich, der hier zum ersten Mal öffentlich in Zusammenhang mit der Kampfgruppe gegen Unmenschlichkeit in Erscheinung trat, an die Adresse der Westmächte richtete[18]. „Wir fordern im Namen der Menschlichkeit ein UNO-Statut für die sowjetische Besatzungszone", sagte Tillich; ferner verlangte er eine internationale Kontrolldelegation zur Überwachung freier Wahlen in der SBZ, wandte sich gegen das „satanische System", sprach sich für eine Wiederherstellung der Rechtsordnung und Auflösung der VOPO aus und betonte schließlich, die alliierten Besatzungstruppen dürften nur unter der Voraussetzung einer Einbeziehung Deutschlands in den Atlantikpakt zurückgezogen werden.

2. „Aufstand des Gewissens"

„Man hat uns vorgeworfen, wir hätten zu viel geschwiegen, wir seien nicht aufgestanden, wir hätten alles über uns ergehen lassen", hatte Hildebrandt im Studentenhaus am Steinplatz in bezug auf die Vorhaltungen gesagt, die man den Deutschen wegen ihres Verhaltens während der nationalsozialistischen Zeit gemacht hatte[19]. Diesem auf die Vergangenheit bezogenen Vorwurf hatte er die Gegenwart gegenübergestellt: „Und haben nicht trotz der sowjetischen Flüsterparole, die Stimmzettel würden nachkontrolliert, die Mehrzahl der Ostzonenbewohner praktisch mit ‚Nein' gestimmt? Werden nicht täglich Menschen in der Ostzone verhaftet, weil für sie stillschweigendes Zusehen gleich viel gewesen wäre, wie wenn sie das Unrecht selbst verübt hätten? Die Männer, die Flugblätter verteilen, die Unmenschlichkeit aufdecken, dem System der NKWD nachspüren, sind alle Todeskandidaten".

---
[18] Montags-Zeitung vom 23.5.1949; Der Tagesspiegel vom 24.5.1949.
[19] Hildebrandt, Keine Kompromisse, S. 9.

2. „Aufstand des Gewissens" 65

Tatsächlich sprach Hildebrandt hier schon von konkreter Widerstandstätigkeit. Diesen Widerstand aber sah er in Kontinuität zum Widerstand gegen den Nationalsozialismus, denn: „*Wir haben* die Lehre aus der Vergangenheit gezogen!" Und er fragte nach dem westlichen Staatsmann, der die Menschenrechte genauso konsequent vertreten hätte – und er fragte auch: „Wo bleibt die französische Widerstandsbewegung, die sich in ihren Schilderungen so sehr gegen die Unmenschlichkeit aufgelehnt hat?"
Obwohl Hildebrandt die Kontinuität zwischen Nationalsozialismus und Stalinismus unterstrich, berücksichtigte er dabei sehr wohl, daß sich für die Deutschen in dieser Hinsicht Probleme ergeben würden: „Ich spreche als Deutscher; und ich weiß, wie sehr wir für die Untaten der Konzentrationslager und Vergasungen in Deutschland einzustehen haben". Deshalb könne es nicht darum gehen, in erster Linie ein anderes System anzuklagen, vielmehr gelte es, „Vertrauen zu schaffen". Als Mann des „20. Juli" betonte er dann jedoch: „Aber ich spreche zugleich als einer, der die deutsche Widerstandsbewegung gegen Hitler kennenlernen durfte. Und die Erfahrung war, daß nur der sich wirksam gegen die Unmenschlichkeit auflehnen kann, der es *rechtzeitig* tut. Jeder Tag ist wie eine verlorene Waffe"[20].
Wie wirkungsmächtig diese Kontinuität zwischen Gegenwart und – gerade vor vier Jahren vorübergegangener – Vergangenheit empfunden wurde, zeigt auch eine aus der Frühzeit der KgU stammende Broschüre mit dem Titel „Auch das ist Deutschland. Bericht von drüben"[21]. In der namentlich nicht gezeichneten Einleitung mit der Überschrift „Die deutsche Todesnot" wurde von seiten der Kampfgruppe festgestellt, daß diese Todesnot seit 1933 andauere[22]. In folgender Passage wird die Parallele deutlich gezogen: „Sachsenhausen und Buchenwald – diese beiden Namen empfand die Welt als gleichnishaft für die Unmenschlichkeit, Barbarei und den Sadismus des Nationalsozialismus. Und heute haben Sachsenhausen und Buchenwald wieder oder noch immer symbolhaften Klang für einen anderen, nicht

---

[20] Ebenda, S. 10. – Entsprechend auch Hoffmann, Kampfgruppe, S. 16: „Nach den nicht zuletzt in Deutschland gemachten Erfahrungen kann man ein auf Terror aufgebautes Regierungssystem nur dann wirksam bekämpfen, wenn man sich rechtzeitig dagegen auflehnt." Auch S. 11 über die Entstehung der KgU: „Darüber hinaus führte sie die aus den letzten Jahrzehnten, namentlich der deutschen Geschichte, genommene Erkenntnis zusammen, daß gegen ein Terrorsystem wirksam nur dann etwas getan werden kann, wenn man sich rechtzeitig dagegen auflehnt." Außerdem S. 17: „Die Kampfgruppe ist von Deutschen gegründet worden, die ihrem Volk nicht noch einmal nachsagen lassen wollen, daß es Verbrechen gegen die Menschlichkeit tatenlos geduldet habe."
[21] Auch das ist Deutschland. Bericht von drüben (Hg.v. der KgU.), Berlin (1949; BA-K ZSg. 1-64/3 [6]). – Das Exemplar des Bundesarchivs trägt auf S. 20 einen Stempelaufdruck „8. JAN. 1949"; im Impressum (S. 20) ist der ‚Colloquium-Verlag' in Berlin genannt. Abgesehen davon datiert sich die Broschüre eindeutig, denn es heißt zum Zweck der Publikation (S. 3): „(...), das mögen die nachfolgenden Erlebnisberichte bezeugen und unterstreichen, die von nach Berlin geflüchteten Opfern des sowjetischen Terrors auf drei öffentlichen Kundgebungen der ‚Kampfgruppe gegen Unmenschlichkeit' in Berlin gegeben wurden." Darüber hinaus enthält die Schrift (S. 20) das schon von der Neuen Zeitung (14.2.1948) abgedruckte „Arbeitsprogramm" der KgU. Auf S. 19 findet sich ein Aufsatz „Von Rainer Hildebrandt, Kampfgruppe gegen Unmenschlichkeit" über „Schweigen ist Selbstmord – Nichtstun ist Mord."
[22] Ebenda, S. 2.

weniger furchtbaren Verächter der Menschlichkeit, den sowjetischen Kommunismus. Wo früher die SS quälte und folterte, tun gleiches heute die NKWD und ihre deutschen Söldlinge".

Die Einleitung dieser KgU-Schrift gibt eine umfassende Skizze insbesondere der Leiden der Deutschen im sowjetischen Machtbereich; angesprochen wird das Schicksal derer, die in den Lagern verhungerten, die als „Arbeitssklaven" nach Rußland deportiert wurden, die als Vertriebene aus den ehemaligen Ostgebieten oder dem Balkan in die Sowjetunion verbracht wurden, und schließlich erwähnte die KgU auch Molotows zweifelhafte Angaben über die Zahl „der in russische Kriegsgefangenschaft geratenen Soldaten der ehemaligen Wehrmacht". Gegenwärtig, so geht aus der mit „Die KZ der Gegenwart in Zahlen" betitelten Übersicht hervor, befänden sich insgesamt 81 500 Personen in Lagern und Haftanstalten, demgegenüber seien bisher aber schon 101 800 Menschen als Häftlinge gestorben[23]. Die Auflösung von Lagern wie Mühlberg und Neubrandenburg, schrieb die Kampfgruppe weiter, werde sogar für Propagandazwecke genutzt, tatsächlich aber habe man die Insassen entweder anderswohin verlegt oder aber sofort in die UdSSR verschleppt. „Mehr als hunderttausend Menschen fronen unter unmenschlichen Arbeitsbedingungen, von Tod und Siechtum bedroht, für die Aufrüstung der Sowjet-Union" im sächsischen Uran-Bergbau, hieß es ferner.

Im weiteren enthielt die Broschüre jene Berichte, die unmittelbar Betroffene auf den drei KgU-Kundgebungen seit August 1948 gegeben hatten. „Ich weiß nicht, ob Sie sich der Broschüre entsinnen ‚KZ Buchenwald klagt an'? Auf der Titelseite war ein menschliches Gerippe abgebildet: so sehen die Menschen in den sowjetischen Gefängnissen aus. Auch heute könnte man wieder sagen: Viele Konzentrationslager, Gefängnisse und Zwangsarbeitslager klagen an", hatte Maria Scholz aus Berlin unter der Überschrift „Eine ‚Untersuchungsgefangene' berichtet" gemahnt[24]. Andere Titel lauteten: „Ein verschlepptes Mädchen", „Erlebnisse eines Neubrandenburg-Häftlings", „Sachsenhausen – Vorhof der Hölle. Der Alltag im KZ", „Todeslager Buchenwald" oder „Als Zwangsarbeiter im Uranbergbau"[25].

In einer 1950 erschienenen Broschüre der Kampfgruppe räumte von zur Mühlen zwar ein, „allein arbeitsmäßig bedingt" habe sich die Tätigkeit der KgU auf die Zeit nach 1945 konzentriert, damit wolle man aber „die vor dieser Zeitgrenze von Deutschen begangenen Untaten" keineswegs aus der Erinnerung verdrängen, er unterstrich vielmehr den Standpunkt der KgU, „daß nur diejenigen, die die nationalsozialistischen Verbrechen an der Menschlichkeit in ihrem vollen Ausmaß erkannt und ihre eigene individuelle Mitverantwortlichkeit begriffen haben, ein wahres Recht zur Bekämpfung der neuen Unmenschlichkeit besitzen"[26]. Was die tatsächliche Arbeit der Kampfgruppe anbelangt, ist von zur Mühlens Feststellung richtig. Doch es gab Ausnahmen von dieser Regel.

Anfang Juni 1949 führte die Kampfgruppe wiederholt den „Nürnberg-Film" im Kleistsaal in der Kleiststraße vor und bot im Anschluß Möglichkeit zur gesprächs-

---

[23] Ebenda, S. 3.
[24] Maria Scholz, Eine „Untersuchungsgefangene" berichtet, in: Ebenda, S. 4.
[25] Ebenda, S. 5-14.
[26] Hoffmann, Kampfgruppe, S. 12.

weisen Aufbereitung des Gesehenen[27]. Der Tagesspiegel berichtete am 4. Juni von einer solchen Vorführung im überfüllten Saale: Das Publikum habe die Filmdokumentation gebannt verfolgt, in der Diskussion aber seien die Urteile geteilt gewesen[28]. Der Berichterstatter bemerkte anhand der Gesprächsbeiträge „vielfach Unklarheiten, Ressentiments und den Drang, das Gewesene durch das gegenwärtige Geschehen im Osten zu überdecken". Ein ehemaliger KZ-Insasse der nationalsozialistischen Zeit habe dem entgegengehalten, die Betroffenheit sei noch lange nicht tiefgehend genug, zudem sei jeder schuldig, „weil wir unserer Pflicht zum Widerstand nicht hinreichend Genüge getan hätten".

Am nachfolgenden Pfingstwochenende folgten zwei weitere Filmvorführungen dieser Art. Bezeichnend für die Stimmungslage im Berlin des Sommers 1949 ist sowohl der Stil als auch der Inhalt des Telegraf-Berichts über die betreffende KgU-Veranstaltung am Pfingstsonntag: „Während der Diskussion versuchten sedistische Provokateure unter Führung des ‚Weltbühne'-Literaten Peter Edel durch vorher festgelegte Zwischenrufe, wie ‚Gebt uns Gewehre' und ‚Schickt uns alte Frontsoldaten in die Ostzone' Verwirrung und Unruhe zu stiften"[29]. Diese „Provokationen" hätten den Ablauf aber nur „stellenweise" gestört.

In der Debatte brachte einer der Diskutanten die Frage auf, wie man sich denn nun zu den „neuen Verbrechen in der Ostzone" verhalten solle, und man antwortete ihm, man müsse beispielsweise Flüchtlingen Hilfe leisten, denn schließlich könnte ja jeder einmal in eine solche Situation geraten. Zu „weiteren turbulenten Szenen", berichtete der Telegraf, sei es dann gekommen, als ein nach West-Berlin gelangter Jugendlicher über seine Haft in einem sowjetischen Konzentrationslager berichtete.

Der nahezu bruchlose Übertritt vom antifaschistischen zum antistalinistischen Widerstand manifestierte sich auch auf einer Gedächtnisveranstaltung der KgU, die am 20. Juli 1949 in der Städtischen Oper in Berlin-Charlottenburg durchgeführt wurde[30]. – In den Tagen des Spätherbstes 1812 waren die Reste der vor Moskau gescheiterten Grande Armee durch Berlin gezogen. Der Zusammenbruch der napoleonischen Heeresmacht war der Auslöser für jenen Befreiungskampf, der ein Jahr später zu Napoleons Niederlage in der Völkerschlacht bei Leipzig führte, die gewonnen wurde von den Verbündeten England, Österreich, Preußen – und Rußland. Es lag mithin eine vieldeutige Symbolik darin, daß jene – wie der Telegraf schrieb – „gewaltige Kundgebung" der Kampfgruppe gegen Unmenschlichkeit zum 20. Juli mit Tschaikowskis „1812" eingeleitet wurde.

Tillich sprach erst nach dem KgU-Leiter Rainer Hildebrandt, der – im schwarzen Anzug – nach dem Verstummen der Musik auf die Bühne gegangen und an das mit vier Rundfunkmikrophonen bestückte Rednerpult getreten war; im Bühnenhintergrund hing ein weit übermannshohes „F"[31]. Eine brutale Diktatur, so machte

---

[27] Der Tagesspiegel vom 4.6.1949; Telegraf vom 8.6.1949.
[28] Der Tagesspiegel 4.6.1949.
[29] Telegraf vom 8.6.1949.
[30] Telegraf vom 21.7.1949.
[31] Ebenda. – Photographie des Redners in: Berichte, S. 18; die Bildunterschrift lautet: „Freiheit der Ostzone – Feindschaft dem Terror!' bedeutet das ‚F', unter dem der Leiter der

er deutlich, übe heute von neuem eine Drohung aus: „Wir dürfen dem Gegner keine Zeit lassen, sich zu erholen. Wir wissen, daß über 100 000 Zwangsarbeiter, zu denen noch immer Tausende hinzukommen, den deutschen Boden nach Uran aufwühlen"[32]. Es müsse ein wenn auch ferne liegendes Ziel sein, für die Einwohner der Ostzone eine freie Regierung zu erkämpfen; so lange aber müßten diese Menschen ihre Vertretung in Berlin und Bonn finden, eben dort, wo die Freiheit herrsche. Ausdrücklich betonte er: „Die ‚hohen Volksräte' sind nicht die Vertreter des Volkes, sie sind die Schergen eines Systems, das sich nur noch mit den Nazis messen kann".

Widerstand mit dem Ziel einer Beseitigung des kommunistischen Regimes müsse von „einer immer mächtiger werdenden Widerstandsgruppe" geleistet werden, doch dies sei eine Aufgabe aller Deutschen: „Wenn wir die Unterdrückten einst befreien können, soll jeder Deutsche sagen können: ‚Auch ich habe meinen Beitrag zu deiner Befreiung geleistet'".

3. F-Kampagne

Nachdem der KgU-Leiter seine Rede beendet hatte, sprach Ernst Tillich[33]. Auch er schaute zunächst zurück, bekräftigte das Recht der „Männer und Frauen des 20. Juli", von den Heutigen zu verlangen, „daß man ihre Ideen weiterträgt", schlug vor, den 20. Juli im Sinne einer nachträglichen Identifikation „zum nationalen Trauertag" zu proklamieren und wandte sich dann in folgender Wendung der Gegenwart zu: „Entscheidend aber sind nicht die Gedenkfeiern, entscheidend sind die Konsequenzen, die wir aus ihnen ziehen"[34].

Ein wesentlicher Unterschied zwischen 1944 und 1949, so stellte er fest, liege darin, daß heute „der Notstand vom ganzen Volk als solcher begriffen" werde, während seinerzeit ein Großteil der Deutschen dem nationalsozialistischen Staat Gehorsam schulden zu müssen meinte; als weiteren praktisch bedeutsamen Unterschied hob er folgenden Sachverhalt hervor: „Nur ein Drittel des Landes ist terroristisch besetzt und: Von Berlin und dem Westen her kann jederzeit in die Ostzone hineingewirkt werden". Damit unterstrich Tillich die aktive Funktion Berlins als Frontstadt des Kalten Krieges gegenüber der sowjetischen Zone, die „für das deutsche Volk das politische Notstandsgebiet Nr. 1" sei[35].

Vor allem die „Staats- und Wirtschaftsführer" hätten entsprechende Folgerungen zu ziehen, so wie auch das deutsche Volk insgesamt erkennen müsse, „daß die innenpolitische Behandlung des Ost-West-Problems in Deutschland eine Angele-

---

‚Kampfgruppe gegen Unmenschlichkeit', Rainer Hildebrandt, am 20. Juli 1949 die Bewohner der ostdeutschen Irredenta zum passiven Widerstand aufrief." Hinzuweisen ist bei dieser aus dem Jahre 1950 stammenden Formulierung auf den Ausdruck ‚Irredenta' für die DDR.
[32] Telegraf vom 21.7.1949.
[33] Ebenda.
[34] Ernst Tillich, Der Geist des Widerstandes. Rede zur Erinnerung an den 20. Juli 1944, in: Berichte, S. 52ff.
[35] Ebenda. – Telegraf vom 21.7.1949.

genheit geworden ist, die von uns selbst angepackt und, soweit es in unseren Kräften steht, gelöst werden muß"[36]. Implizit stellte Tillich damit an die sich derzeit konstituierende Bundesrepublik die Forderung, sich zum Instrument des Kalten Krieges zu machen, zumal alle Versuche, auf internationaler Ebene zu Lösungen zu kommen, bisher gescheitert seien, und deshalb „unter den Menschen der Ostzone und zum Teil auch des Ostsektors Berlins eine tiefe Niedergeschlagenheit" entstanden sei.

Von daher hätte dort „jede Rede von einem modus vivendi zwischen Ost und West unter den derzeitigen Umständen den Beigeschmack des Verrats und der Verzweiflung", weswegen Tillich jeden „innenpolitischen modus vivendi mit den Kommunisten und deutschen Handlangern des sowjetischen Systems" entschieden verwarf, auch wenn er offenließ, wieweit „der außenpolitische modus vivendi" – damit meinte er anscheinend einen Ausgleich zwischen Moskau und Washington[37] – möglich sei. Sehr deutlich widersprach er den Anschauungen „so vieler Nationalisten", die in Westdeutschland ‚herumliefen' und sich dort „in unfruchtbarem Hader gegen ihre Besatzungsmächte" ergingen und behaupteten, ohne „in alter Weise ‚souverän'" zu sein, sei man von deutscher Seite aus doch gar nicht handlungsfähig: „Der Ostzone gegenüber besteht eine Gelegenheit zu echtem politischen Handeln! Hier besteht die Notwendigkeit für eine nicht-nationalistische, aber deutsche Bewegung der nationalen Solidarität".

Tillich erinnerte an die Berliner Blockade, während der die Bevölkerung so beharrlich ihren Freiheitswillen bekannt habe, daß die Situation nicht nur „zu einem Politikum erster Ordnung" für „alle vier Besatzungsmächte" geworden sei, sondern „drei von ihnen" sogar „zu unseren Alliierten" geworden seien. Schließlich gab er seiner Überzeugung Ausdruck, „daß der Aufhebung der Blockade auch die Aufhebung des Eisernen Vorhangs folgen wird, wenn die Solidarität mit der Ostzone in allen Teilen Deutschlands dieselbe Kraft erreicht wie der Freiheitswille der terrorisierten Bevölkerung in der Ostzone selbst".

Diese Solidarität zu üben, sei „eine Sache aller Parteien (mit einer einzigen Ausnahme, der Kommunistischen Partei und ihrer Satelliten)" und so, wie die Berliner Stadtverordneten den sowjetischen Sektor repräsentierten, müßte „für ganz Deutschland in naher Zukunft eine Exilvertretung der Ostzone gebildet werden", um auch „die Belange der Ostzone bei der Regierung und dem Bundestag" zur Geltung zu bringen[38]. Nachdrücklich bestritt Tillich die Legitimität aller Organe und Institutionen, die in irgendeiner Weise Ausdruck einer Eigenstaatlichkeit der sowjetischen Zone seien.

Und nun wandte sich Tillich jenem übergroßen „F" zu, das im Kulissenhintergrund hing und vor dem beide Redner gesprochen hatten: „Die Aufgabe der Widerstandsbewegung von heute lautet ebenso wie die in der Vergangenheit: Freiheit für die terrorisierten Menschen und Feindschaft gegen das terroristische System. Das bedeutet das F: Freiheit für die Menschen, Feindschaft gegen das System". Dieser Buchstabe, so führte er aus, sei das Symbol des Widerstandswillens, das von

---

[36] Tillich, ebenda, S. 53.
[37] Interpretation des Telegraf vom 21.7.1949.
[38] Tillich, Geist des Widerstandes, S. 53.

den Menschen an Häuserwände geschrieben, auf Zetteln SED-Obleuten in die Briefkästen geworfen oder auf Aktendeckel der Polizei gemalt werden könne – „zur Freude ihrer lieben Gegner".

Damit hatte Tillich ein Programm des ‚gewaltfreien Widerstandes' formuliert, und gerade auf diesen Gesichtspunkt legte er großen Wert: „Meine Damen und Herren! Lassen Sie mich das in allem Ernst sagen und mit dem Bewußtsein, daß uns die Ostzone hört: Wenn ich Feindschaft gegen das System sage, so meine ich nicht Sabotage. Niemand von uns hat ein Interesse daran, daß noch mehr zerstört wird als schon zerstört ist. Ich meine erst recht keinen Krieg, auch wenn aus der Ostzone so oft Stimmen zu uns dringen, die meinen: schlimmer kann es uns dann auch nicht gehen". Begründend stellte er fest, gerade die Menschen in der SBZ wären die ersten, auf die im Kriegsfall zurückgegriffen werde, im übrigen, so fuhr er fort, meine er auch „keine Feindschaft gegen den anderen Menschen", wobei er besonders auf das schwindende Einverständnis eines Teils „der alten SED-Funktionäre" und „die Gewissensnot sehr vieler gedungener Spitzel" hinwies, und insbesondere sei auch „keineswegs Feindschaft gegen das russische Volk" gemeint, denn: „Der russische Mensch ist ein Mensch wie du und ich; er steht genauso unter dem Zwang der Angst; zum Teil kennt er es auch einfach nicht anders"[39].

Abschließend skizzierte Tillich die Methoden: Es müsse aufgeklärt werden „über alle unmenschlichen Maßnahmen", und es müsse gewarnt werden – vor allem vor jedem Spitzel; Hilfe müsse den Opfern, ihren Angehörigen wie auch Alten und Kindern geleistet werden; so lange als irgend möglich sei „passive Resistenz bei allen unrechtmäßigen Maßnahmen" zu üben; „Resistenz" habe aber auch im Behörden-, Partei-, Polizei- und Überwachungsapparat sowie in den Verbänden geübt zu werden. Das praktische Ziel dieses „Aufstandes des Gewissens" formulierte Tillich so: „Mißtrauen in das System des Mißtrauens gesät, Resistenz bis zu dem Moment, an dem wir einmal sagen können: Das System funktioniert nicht mehr, es frißt sich selber auf".

Hiermit hatte Tillich dem kommunistischen Regime endgültig den Kampf angesagt. Es ist – wenn man so will – die Erklärung des Kalten Krieges der KgU an das Regime der SED. Die strategische Perspektive der KgU hieß: Zerstörung des kommunistischen Systems von innen heraus durch Verweigerung, Resistenz, passiven Widerstand mit Unterstützung der Opfer dieses Widerstands durch den Westen bei Aufrechterhaltung eines Konsenses des Kalten Krieges, der nach Vorstellung der KgU die Vereinigten Staaten, tendenziell auch die übrigen westlichen Mächte, vor allem aber Westdeutschland, West-Berlin und als Hauptträger des Kampfes die als Partei des Westens anzusprechende nicht-kommunistische Bevölkerung der sowjetischen Zone umfassen mußte. Gewalt sollte dabei in keiner Weise angewendet werden[40].

---

[39] Ebenda, S. 54f. – Entsprechend auch Hoffmann, S. 16: „Die Kampfgruppe unterscheidet hierbei deutlich zwischen dem russischen Volk als solchem und dem ihm aufgezwungenen Regierungssystem. Denn nichts liegt ihr ferner als die Erweckung neuen Völkerhasses oder eines übersteigerten Nationalismus."

[40] Ebenda, S. 17: „Das bedeutet aber auch, daß die Kampfgruppe nur mit politischen Mitteln ihr Ziel zu erreichen sucht und grundsätzlich jede Sabotage oder irgendwelche Gewaltakte ablehnt."

Auch diese Kundgebung – Tillich hatte es in seiner Rede ebenfalls angedeutet – wurde vom Rundfunk übertragen[41]. Ferner propagierte die Kampfgruppe ihre „F-Kampagne" wohl auch mit Hilfe von Flugblättern[42]. In der sowjetischen Zone aber wurde der KgU-Aufruf vom 20. Juli 1949 gehört: An Mauern und auf Straßenpflastern, auf Postkarten und Plakate erschien das „F"[43]. Auf eine Mauer an einer Dorfstraße hatte ein KgU-Mann eine Parole geschrieben; die FDJ übermalte sie mit weißer Farbe; am nächten Morgen stand das „F" auf der weißen Fläche[44]. Auch auf den Mauerteilen, die die Fenster der Ortsgruppe Beelitz der „Sozialistischen Einheitspartei Deutschlands" voneinander abteilten, fand sich eines Tages eine Reihe großer, schwarzer „F"-Zeichen[45]. Nachts schwärmten Männer in Ortschaften der Ostzone aus und malten, bewaffnet mit Pinsel und Farbeimer, große, weiße „F"-Symbole auf die Trottoirs[46]. Die SED ordnete im Zuge dieser „F"-Kampagne als Gegenmaßnahme an, daß die Polizei jedes vorgefundene „F" zu dem Kürzel der „Freien Deutschen Jugend" – also „FDJ" – vervollständigen solle; darauf reagierte man, indem man statt eines einzelnen „F" Reihen von „FFFFF" malte[47].

Im August kam es zu folgender Aktion: Nachdem sich die KgU vergeblich bemüht hatte, bei den West-Berliner Behörden die Genehmigung zu erhalten, ein Spruchband mit der russischen Aufschrift „Gebt die unschuldig Inhaftierten und Kriegsgefangenen heraus!" über die Avus zu spannen, erklommen Männer der KgU in einer Samstagnacht das Baugerüst, das an der Fassade des Universitätsgebäudes Unter den Linden, gegenüber dem „Haus der Sowjetkultur" stand, und befestigten das Transparent am Dachfirst, wo es erst am Sonntagnachmittag entdeckt und wieder abgerissen wurde[48].

4. Kogon, Gehlen und das amerikanische Interesse an der Kampfgruppe

Als erstes Ziel der Kampfgruppe – wie auch als Methode des Widerstands – hatte Ernst Tillich am 20. Juli Aufklärung genannt: *„Aufklärung* über alle unmenschlichen Maßnahmen; Aufklärung frühzeitig, damit noch rechtzeitig gewarnt werden kann; Aufklärung über jeden, der Spitzeldienste leistet"[49]. ‚Aufklärung' ist ein vieldeutiger Begriff. Tillich hatte ihn hier zweifellos im Sinne einer Offenlegung von Informationen verwendet, an deren Geheimhaltung der kommunistischen Seite ge-

---

[41] Armstrong (Schweigen ist Selbstmord, S. 18) schreibt über einen Rundfunkappell Hildebrandts vom Juli 1949.
[42] Dies ist zu vermuten. Flugblätter der KgU aus dem Jahre 1949 liegen dem Verfasser nicht vor. – Der Spiegel schrieb aber am 16.6.1949 (S. 7): „Eine illegale Flugblattverbreitung gab hoffnungslosen Ostzonesern zwischen Oder und Elbe neuen Mut."
[43] Armstrong, Schweigen ist Selbstmord, S. 18.
[44] Photo und Bildunterschrift in: Berichte, S. 21.
[45] Photo und Bildunterschrift in: Ebenda, S. 22; Armstrong, Schweigen ist Selbstmord, S. 18.
[46] Photo und Bildunterschrift in: Berichte, ebd., S. 25.
[47] Armstrong, Schweigen ist Selbstmord, S. 18.
[48] Der Tagesspiegel vom 22.8.1949. – Photo und Bilderklärung in: Berichte, S. 50f.
[49] Tillich, Geist des Widerstandes, S. 55.

legen sein mußte, um das Funktionieren des eigenen Apparates – insbesondere des Überwachungsapparates, wie er auch eigens hervorgehoben hatte – zu gewährleisten.

Das „Spitzelgerüst der NKWD" einzustürzen, hieß es schon im Juni 1949 im Spiegel, sei wesentliches Ziel der Kampfgruppe[50]. In der Tat konnte nichts die Effizienz dieses Apparates mehr stören als die Preisgabe von Informanten. Im Sinne einer derartigen ‚Aufklärung' begann die Kampfgruppe – wohl seit Mitte 1949 – die Namen von ihr ermittelter MWD-Spitzel über den Rundfunk zu verbreiten[51]. „Donnerstag abends sendet RIAS Berlin", schrieb der Spiegel, „der am meisten schwarzgehörte Sender in der Ostzone, die Spitzelwarnungen bis ins letzte Dorf"[52]. Dieses Vorgehen war im Sinne der KgU offenbar durchaus erfolgreich, denn die genannten Personen fielen einer fühlbaren gesellschaftlichen Diskriminierung anheim und wurden als Zuträger der kommunistischen Geheimpolizei wertlos: Ein als Spitzel preisgegebener Hotelier hatte binnen kurzer Zeit ein leeres Haus, und eine Sängerin wurde, wo sie auch auftrat, vom Publikum ausgepfiffen[53]. Eine andere Methode bestand darin, daß die Kampfgruppe NKWD-Spitzel schriftlich unter Druck setzte und sie vor weiterer Kollaboration warnte[54].

Aus dem Umstand, daß RIAS-Berlin sich der KgU zur Verbreitung ihrer Anliegen zur Verfügung stellte, ist zu schließen, daß der von der Kampfgruppe eingeschlagene Weg in der Tat die Billigung der Amerikaner gefunden hatte[55]. Ein Mitarbeiter des Senders war bald auch Egon Bahr – sein Biograph Rangmar Staffa zitiert zu Bahrs Eintritt beim RIAS einen ungenannten Informierten: „Bahrs Arbeitsvertrag mit dem RIAS war so viel wie ein Vertrag mit CIA". Deshalb kann mit einigem Grund behauptet werden, daß die Kampfgruppe insofern also auch mit der CIA in Berlin zusammenarbeitete. Allerdings muß betont werden, daß es im Jahre 1949 auf seiten der USA im Bereich der „Psychologischen Kriegsführung" noch keine koordinierte Strategie im Sinne einer propagandistischen Führung des Kalten Krieges gab[56].

---

[50] Spiegel vom 16.6.1949, S. 7.
[51] Armstrong, Schweigen ist Selbstmord, S. 18. – Die wechselnden Kürzel NKWD, MWD, MGB, KGB für die sowjetische Geheimpolizei werden hier – unpräzise – nach dem Gebrauch der jeweils zugrundeliegenden Quelle verwendet; tatsächlich beinhalten die wechselnden Bezeichnungen keine wesentlichen Änderungen in Struktur oder Aufgabenstellung der Behörde. – Entsprechend auch Hoffmann, Kampfgruppe, S. 17: „Die in Zusammenarbeit mit dem Sender RIAS durchgeführte Bekanntgabe der Spitzel der NKWD, der ‚politischen Polizei' und der SED dient dem Schutz der Bevölkerung."
[52] Der Spiegel vom 16.6.1949, S.7.
[53] Einzelfälle nach Armstrong, Schweigen ist Selbstmord, S. 18.
[54] Der Spiegel vom 16.6.1949, S.7.
[55] Rangmar Staffa, Egon Bahr. Der geheime Diener, Landshut 1974, S. 41f.
[56] Murray Dyer, The Weapon on the Wall. Rethinking Psychological Warfare, Baltimore-London 1959. Im Zuge seiner Erörterungen über ‚Psychologische Kampfführung' als „An instrument of Cold War" (S. 117) stellt Dyer (S. 127) z.B. folgendes fest: „The peculiar difficulties an organization conducting political communication faces, and the strength and tenacity with which differing opinions were held, may, in some measure, surely be gauged by observing that after three years – spring, 1946, to spring, 1949 – nothing in effect had really been accomplished as far as an actual plan for the conduct of psychological warfare in the event of hostilities was condoned."

4. Kogon, Gehlen und das amerikanische Interesse an der Kampfgruppe 73

Bisweilen sendete RIAS-Berlin Ansagen wie diese: „In drei Stunden übermitteln wir Ihnen die Namen von hundert Opfern der MWD" oder auch „Wissen Sie, daß in Buchenwald zwischen 1945 und 1947 durchschnittlich fünfzig Menschen am Tag zugrundegegangen sind?"[57] Zweimal wöchentlich verlas der Sender Namen von Menschen, die nach Ermittlungen der KgU in sowjetischen Lagern und Gefängnissen verstorben waren. Die Neue Zeitung begann am 5. Juli 1949 regelmäßig die Totenlisten der KgU abzudrucken[58].

‚Aufklärung' bedeutete aber auch Information der Öffentlichkeit über die Lager und Gefängnisse in der sowjetischen Zone – was gleichwohl zunächst ‚Aufklärung' im Sinne von Informationsbeschaffung voraussetzte. Doch die Nachrichten, die die KgU hierzu sammelte, sollten nicht nur dem humanitären Zweck dienen, sondern das sich aus den einzelnen Informationen ergebende Bild sollte in einer größeren Veröffentlichung seine Darstellung finden. Nur ein Ansatz hierzu war die aus der ersten Hälfte des Jahres 1949 zu datierende Broschüre „Auch das ist Deutschland. Bericht von drüben"[59]. Rainer Hildebrandt hatte vielmehr noch 1948 die Absicht geäußert, in einem an Eugen Kogons „SS-Staat" orientierten Buch die Verhältnisse in der sowjetischen Zone zu schildern[60].

Eugen Kogon, Mitarbeiter des Sozialistischen Jahrhunderts, war mit Tillich befreundet[61]. Er war nach der Befreiung des KZ Buchenwald am 11. April 1945 von seiten eines von Leutnant Albert G. Rosenberg angeführten „Intelligence Team" der „Psychological Warfare Division" (P.W.D.) um Mitarbeit an einem umfassenden Bericht über das System der nationalsozialistischen Konzentrationslager am Beispiel von Buchenwald gebeten worden[62]. Der fertiggestellte Text wurde an die P.W.D. des SHAEF nach Paris sowie an das Headquarter der 12. Amerikanischen Armeegruppe übermittelt. Der Engländer Richard Crossman, damals für die BBC bei der P.W.D. in der französischen Hauptstadt tätig, regte die Umarbeitung des Behördenberichts in ein für die Öffentlichkeit bestimmtes Buch an; der Chef der P.W.D., General Robert McClure, stimmte dem Vorhaben zu und ermöglichte Kogon die Umarbeitung des Berichts[63]. Im Vorwort der Erstausgabe schrieb Kogon im Dezember 1945 über die Hoffnungen, die sich für ihn mit dieser Publikation verbunden hatten: „Vielleicht kann es dazu beitragen, Deutschland vor der Wiederholung des Gleichen und die Welt vor Ähnlichem zu bewahren"[64].

Dieses Wort Kogons beschreibt wohl zum Wesentlichen auch die Intention jener Amerikaner, die ihm die Niederschrift des „SS-Staates" ermöglichten. Der Vergleich zur Arbeit der KgU sei hier – ausdrücklich – nur insoweit gezogen, als die für

---

[57] Zitiert nach Armstrong, Schweigen ist Selbstmord, S. 18.
[58] Neue Zeitung vom 3.7.1949
[59] Vgl. S. 65f. sowie Anm. 21.
[60] Neue Zeitung vom 31.12.1948.
[61] Das Sozialistische Jahrhundert druckte im 3. Jg. (1949), S. 243-246, einen Auszug aus Kogons Rede in der Hochschule für Politik am 22. Juni unter dem Titel „Die europäische Avantgarde." – Seine Freundschaft mit Tillich: Montags-Echo vom 8.10.1951.
[62] Eugen Kogon, Der SS-Staat. Das System der deutschen Konzentrationslager, München (8. Aufl.) 1977, S. IXf. (Vorwort von 1974).
[63] Ebenda, S. Xf.
[64] Zitiert nach Kogon, ebenda, S. VI.

die psychologische Kriegsführung zuständigen alliierten Stellen, die während des Zweiten Weltkriegs sämtliche Aktivitäten der Alliierten im Bereich der psychologischen Kampfführung koordinierten[65], keineswegs nur den engen Blick hatten, wie man ihn gemeinhin von Militärs erwarten zu müssen glaubt. Ihr Anliegen war nach 1945 vielmehr ‚Aufklärung' im Sinne von Kenntnissicherung über die nationalsozialistischen Konzentrationslager wie auch ‚Aufklärung' im Sinne von Verbreitung dieses Wissens in Deutschland – Kogon wurde in Paris auch an der Vorbereitung der Reeducation-Maßnahmen beteiligt[66].

Das amerikanische Interesse an der KgU blieb ohne Zweifel nicht auf diesen Aspekt beschränkt. Von nicht zu unterschätzender Bedeutung war für die USA aufgrund der stetig zunehmenden Spannungen zum Osten gewiß auch die von der KgU im Sinne allgemeiner Informationsbeschaffung betriebene ‚Aufklärung' in der sowjetischen Zone. In dieser Frage ist es schwerlich möglich, irgendwelche schlüssigen Belege aufzufinden – das liegt in der Natur der Sache. Um aber mindestens zu einigen halbwegs überzeugenden Rückschlüssen zu gelangen, soll im folgenden ein kurzer Vergleich zu einem anderen Fall deutsch-amerikanischer Zusammenarbeit gezogen werden.

Am 5. April 1945 verpackten die Mitarbeiter der „Fremde Heere Ost", jener Nachrichtenabteilung der Wehrmacht, die für die militärische Aufklärung an der Ostfront zuständig war, die im Archivbestand enthaltenen Materialien der FHO – „Kopien der Karteien, Berichte, Luftaufnahmen, Studien, Akten und Karten" – in 50 Metallkoffer, um sich von Zossen aus nach Bayern auf den Weg zu machen, wo sich der Chef der FHO Reinhard Gehlen auf der Elendsalm, jenseits des Forsthauses Valepp im Spitzinggebiet, einige Zeit verbergen wollte, um seine Organisation, ihr Wissen und nicht zuletzt sich selbst den einmarschierenden Amerikanern zu überantworten[67]. Abgesehen von Gehlens politischem Kalkül war dieser Schritt auch sachlich plausibel, verfügte die FHO doch über genaueste Kenntnisse der Sowjetunion und der sowjetischen Armee, während der militärische US-Abwehrdienst CIC im Mai 1945 in Deutschland lediglich über sieben Spezialisten in Ost-Angelegenheit verfügte[68].

Gehlens erste Begegnung mit den Amerikanern verlief jedoch gar nicht nach seinen Vorstellungen: Nachdem ein Senner die soeben eingerückten US-Soldaten auf vermeintliche SS-Männer, die sich auf jener Alm verschanzt hätten, aufmerksam gemacht hatte, stellte ein Kommando der Militärpolizei die FHO-Offiziere; der zuständige CIC-Repräsentant in Miesbach ging jedoch auf Gehlens Anerbieten keineswegs gleich ein, sondern schickte ihn erst einmal in ein Kriegsgefangenenlager bei Augsburg[69]. Unterdessen aber hatten Amerikaner und Russen begonnen, sich für den Verbleib der Menschen und Materialien der deutschen Nachrichtendienste zu interessieren, und als die Sowjets immer deutlicher nach Gehlen und der FHO fragten, begann ein Wettlauf zwischen Russen und Amerikanern.

---

[65] Dyer, The Weapon, S. 88; zu McClure besonders Anm. 30.
[66] Kogon, SS-Staat, S. X.
[67] Zolling/Höhne, Pullach intern, S. 98 ff.
[68] Ebenda, S. 101.
[69] Ebenda, S. 100ff.

4. Kogon, Gehlen und das amerikanische Interesse an der Kampfgruppe   75

Bald machten die Amerikaner Gehlen ausfindig, und schließlich gelangte er in die Vereinigten Staaten, wo er fast ein Jahr blieb und zunächst vorrangig mit der Interpretation von FHO-Material beschäftigt war[70]. Vermutlich im Laufe des Juni 1946 kam es dann zu einer Vereinbarung zwischen Gehlen und den zuständigen US-Stellen, die darauf hinauslief, daß Gehlen mit Hilfe seines Apparats und seines Know-how den Amerikanern Nachrichten über die Sowjetunion und den Ostblock liefern sollte, wobei auffällt, daß diese Vereinbarung der „Organisation Gehlen" ein beträchtliches Maß an Autonomie zugestand: Die Org. sollte eine rein deutsche Einrichtung sein, die in keiner Weise gegen deutsche Interessen gerichtete Aufträge zu übernehmen hätte[71].

Der Fall der Org., der Vorläuferorganisation des BND, zeigt, daß die Amerikaner aufgrund eines eklatanten Rückstandes im Bereich der gegen den Osten gerichteten Spionage zunächst einen außerordentlichen Nachholbedarf an Informationen hatten – dies zeigt allein schon die geringe Zahl der Ost-Experten des CIC. Zudem scheint der CIC jedenfalls nach 1945 kein sonderlich effizienter Nachrichtendienst gewesen zu sein; Heinz Höhne schreibt über das Personal des CIC: „Neulinge mit schwachem Profil, für geheimdienstliche Aufgaben kaum ausgebildet, sprachenfaul, an ihrer deutschen Umgebung wenig interessiert, mehr auf Schwarzmarktgeschäfte denn auf Feindaufklärung aus – ‚eine Horde von Schlawinern', wie ein Fahnder von der Criminal Investigation Division der Armee sie nannte"[72].

Aufgrund dieser Verhältnisse waren die Amerikaner bereit, einer deutschen Nachrichtendienst-Organisation ein ungewöhnliches Maß an Eigenständigkeit zuzugestehen. Ganz ähnlich aber dürften sich die Dinge auch Ende 1948 bei der Kampfgruppe abgespielt haben. Abgesehen von möglichen politischen Überlegungen war wohl der Gedanke, daß eigene Verantwortlichkeit zwangsläufig zu höherer Effizienz führen würde – was schließlich auch im amerikanischen Interesse lag –, ein entscheidender Grund für derartige Zugeständnisse. Insgesamt kann wohl gesagt werden, daß auf amerikanischer Seite ein sämtliche Bereiche ihrer Tätigkeit umfassendes Interesse an der Kampfgruppe gegen Unmenschlichkeit bestand. Auch im Bereich der Informationsbeschaffung aus der sowjetischen Zone bestand vermutlich noch 1948/49 – trotz der Organisation Gehlen – ein Bedarf nicht nur an Informationen militärischer Art, sondern wohl vor allem bezüglich der gegnerischen Geheimdienstorgane, auf die sich die KgU – auch öffentlich erkennbar – nun zunehmend konzentrierte. Vielleicht hatte so auch jener CIC-Oberst Wallach, der im Dezember 1948 bei Hildebrandt vorgesprochen hatte[73], mit ihm eine Vereinbarung getroffen, die der Konstruktion nach derjenigen, die die Amerikaner mit Gehlen getroffen hatten, ganz ähnlich war.

---

[70] Ebenda, S. 110. – Auch Höhne, Krieg, S. 486f.
[71] Zolling/Höhne, ebenda, S. 111; Höhne, ebenda.
[72] Höhne, ebenda, S. 491.
[73] Der Spiegel vom 2.7.1958, S. 29.

5. Kommunistische Gegenoffensive

Jener Oberst Wallach, so schrieb 1958 der Spiegel, habe im Sommer 1949 auch den Umzug der Kampfgruppe gegen Unmenschlichkeit aus ihrem vorläufigen Domizil in der Höhmannstraße in den amerikanischen Sektor ermöglicht[74]. Am 1. August 1949, so berichtete auch der Autor von „Unmenschlichkeit als System", sei die KgU in die Ernst-Ring-Straße übergesiedelt, und die „Sektion des Counter Intelligence Corps (CIC) in Berlin" habe die Miete für die Grundstücke 2-4 „für ein halbes Jahr im voraus bezahlt"[75].

„Der Bezirk Zehlendorf in Westberlin gilt als sehr ‚vornehm', und innerhalb dieses Wohnbezirkes ist es wiederum das Villenviertel Nikolassee, das mit seinen gepflegten Gärten und hübschen Anlagen besonders anziehend wirkt", hieß es in einer anderen Ost-Berliner Broschüre über die Umgebung des neuen KgU-Hauses[76]. Die Ernst-Ring-Straße liegt in der Tat in einer guten Gegend; man hatte sich damit nicht verschlechtert, denn auch das Quartier im Stadtteil Grunewald war keine schlechte Adresse gewesen. Unweit der Rehwiese und nur ein paar Schritte vom Schlachtensee entfernt, der von der Ernst-Ring-Straße durch eine schmale Personen-Unterführung unter dem Damm der S-Bahntrasse hindurch zu erreichen war, lag auch dieses Haus wiederum in einer ruhigen, leicht zu überblickenden, mit hohen Bäumen bestandenen Wohnstraße. In unmittelbarer Nähe führte eine Buslinie vorbei, und aufgrund des in allenfalls zehn Minuten zu Fuß erreichbaren S-Bahnhofs Nikolassee lag dieses Haus, obwohl es sich um einen Außenbezirk handelte, auch für die Besucher der KgU relativ verkehrsgünstig. Mit dem Auto konnte man über die Avus recht schnell ins Stadtzentrum gelangen und auch das Berliner US-Hauptquartier war leicht zu erreichen – dies galt im übrigen genauso für den CIA in der Kaiser-Wilhelm-Straße. Hier sollen sich im übrigen des öfteren Rainer Hildebrandt und Egon Bahr begegnet sein[77].

Das Gebäude der KgU befand sich in einem großen Garten, der das Grundstück Nr. 4 zur Gänze und einen Großteil des Grundstückes Nr. 2 umfaßte, und das Haus selbst war ungleich geräumiger als das Büro in Grunewald. Die bis in den Dachfirst hinaufreichenden Giebel waren in Fachwerkmanier ausgeführt, das Dach bis in den ersten Stock hinuntergezogen.

Innerhalb nicht ganz einen Jahres hatte der Arbeitsanfall der Organisation mithin in so starkem Maße zugenommen, daß eine durchaus beträchtliche Expansion in Form eines Umzuges nötig schien. Eine derartige Veränderung hatte man aber offenbar schon von Beginn an ins Auge gefaßt, denn die Anschrift in Grunewald hatte man bereits im Dezember 1948 ausdrücklich als „vorläufig" bezeichnet.

Der Umzug selbst war für Montag, den 25. Juli 1949, geplant – am vorangehenden Sonntag aber war es in der Nähe von Rainer Hildebrandts Wohnung zu einem

---

[74] Ebenda.
[75] Unmenschlichkeit als System, S. 16. – Datumsangabe auch bei Staffa, Egon Bahr, S. 57.
[76] Unmenschlichkeit, S. 3.
[77] Staffa, Egon Bahr, S. 57.

Zwischenfall gekommen[78]. Am Nachmittag gegen 15.00 Uhr sprachen nämlich zwei angebliche ehemalige Häftlinge in der Höhmannstraße vor. Sie erregten jedoch Hildebrandts Mißtrauen, weil sie im Gespräch auf keinerlei Einzelheiten eingingen. Anwohnern war ein Kraftwagen aufgefallen, der seit der Mittagszeit ununterbrochen in der Nähe des KgU-Büros geparkt hatte, gelegentlich seine Position wechselte, und dessen Insassen von verschiedenen Standorten aus Hildebrandts Wohnung beobachteten. Gegen 18.30 Uhr griff die alarmierte Polizei zu, stellte den Pkw, einen West-Berliner Mietwagen, in dem eine Waffe gefunden wurde, sicher und verhaftete die vier Insassen, die sämtlich aus dem Ostteil Berlins stammten. Obwohl die eingeleiteten polizeilichen Untersuchungen noch nicht abgeschlossen waren, zitierte der Telegraf am Dienstagabend Rainer Hildebrandt mit der Vermutung, „daß die Festgenommenen sich im Rahmen dieses Umzuges verschiedener Akten der ‚Kampfgruppe gegen Unmenschlichkeit' bemächtigen wollten". Der anschließende Prozeß gegen die vier Beteiligten ergab am 22. November allerdings eine Verurteilung wegen versuchten Menschenraubs[79].

Ein vergleichbarer Vorfall, der augenscheinlich nach demselben Muster ablaufen sollte, hatte sich schon im Juni ereignet[80]. Damals waren nämlich schon einmal vier Männer aus einem allerdings mit sowjetischer Zulassungsnummer versehenen Pkw in der Nähe von Hildebrandts Wohnung festgenommen worden, von denen einer nach seiner Verhaftung gestand, der erste Wagen hätte Hildebrandt auf seinem Fahrrad anfahren sollen, so daß ein zweites Fahrzeug ihn hätte aufnehmen, vermeintlich in eine Unfallstation, in Wirklichkeit aber zur Sektorengrenze hätte bringen sollen, um ihn an das MWD zu übergeben. Vermutlich hatte auch der Spiegel diesen Entführungsversuch gemeint, als er im Zusammenhang eines Berichts über den am 1. Juni 1953 übergelaufenen SSD-Oberrat Johannes Hederich einen solchen Vorfall erwähnte[81].

---

[78] Telegraf am Abend vom 26.7.1949.
[79] Wie Rainer Hildebrandt verschleppt werden sollte, in: Berichte, S. 56. Die KgU druckte hier (S. 57) einen Kurier-Bericht mit der Überschrift „Unklares Gesetz – klares Urteil. Die versuchte Entführung Dr. Rainer Hildebrandts vor Gericht" sowie (S. 58) einen ebenfalls vom 23. November 1949 stammenden Bericht des Neuen Deutschland; hier lautete der Titel „Die ‚Volksgerichtshöfe' kommen und gehen ... Beispielloser Justizskandal in Moabit. Furchtbare Folgen hemmungsloser Antisowjethetze." Über Hildebrandt schrieb Neues Deutschland: „Zeuge Hildebrandt aber nutzte seine große Stunde weidlich aus. Hier nimmt man den Möchtegern-Volkshelden nämlich endlich einmal ernst. Er hält wüste Propagandareden für seine Krampfgruppe, fühlt sich als Heros und Märtyrer und schwelgt im Vollgefühl seiner immensen Wichtigkeit. Richter und Staatsanwalt schlagen in die gleiche Kerbe und wissen seine ‚Verdienste am deutschen Volke' nicht genug zu rühmen. Anscheinend läuft der Prozeß nur, um ihn, den Schwachkopf mit den irren Augen eines Paganini, populär zu machen. Klappern gehört eben zum Geschäft (...)"
[80] Armstrong, Schweigen ist Selbstmord, S. 19. – Der Verfasser spricht eindeutig vom „Juni vorigen Jahres", so daß offenkundig ein anderes als das eben geschilderte Geschehen gemeint ist.
[81] Der Spiegel vom 17.6.1953, S. 12ff. – Zu dem geschilderten Vorfall heißt es (S. 14): „Mitte 1949 versuchen vier stämmige Hederich-Leute, den ‚Kampfgruppen'-Ideologen Dr. Rainer Hildebrandt in eine Limousine zu verfrachten. Aber Hildebrandts Leibgarde hat die Stämmigen rechtzeitig geortet, und die Polizei setzt sie fest."

Hederich hatte, wie der Spiegel weiter zur Kenntnis gab, gegen Ende 1949 auch vier Angehörige des Ostbüros der FDP „schanghaien" sollen, und schließlich sei dann „aus Karlshorst der Auftrag" gekommen, „einen Westberliner ‚Kampfgruppen'-Mann, der sich Michael nennt, zu entführen"; beide Unternehmen seien jedoch fehlgeschlagen. Die KgU sah sich mithin während des Jahres 1949 einem konzentrierten Angriff von seiten des Ostens ausgesetzt, der durchaus nicht mehr nur in Polemiken und gelegentlichen Störungen von Veranstaltungen bestand. Und natürlich war nicht sie allein Ziel dieser kommunistischen Gegenoffensive.

Dem nach diversen Kontakten mit dem CIC übergelaufenen Hederich – am fraglichen 1. Juni 1953 hatten sich, so der Spiegel, Kreuzberger Passanten gewundert, „daß am Moritzplatz auffallend viele junge Männer mit Bebop-Haarschnitt in Begleitung von Jagdhunden promenierten"[82] – wurde von den westlichen Behörden eine ganze Reihe vergleichbarer Delikte vorgeworfen: Eine vollendete Entführung, ein „Feme-Menschenraub", verübt an dem ehemaligen Hederich-Mitarbeiter Udo Spielberg, der 1950 vom CIC „‚umgedreht'" worden war, sowie mindestens vier weitere versuchte Entführungen. Abgesehen von zahlreichen Details, die der Spiegel in der Sprache des Kalten Krieges/West vorgetragen hatte, bleibt die Tatsache festzuhalten, daß Hederich und seine Leute als Vollstrecker sowjetischer Aufträge handelten; Hederichs Kontaktmann war seit etwa 1948 ein gewisser Alexej gewesen.

Auch die Presse im Ostsektor begann sich seit dem Spätsommer 1949 mit zunehmender Intensität der KgU zuzuwenden. Methode und zugleich Zweck der Kampagne war die „Entlarvung aller Lügen der ‚Kampfgruppe gegen Unmenschlichkeit'", wie ein gewisser Aldo im Vorwärts schrieb[83]. Anhand dieser Entlarvungen, so Aldo, erweise sich die „Lügenhaftigkeit aller Meldungen, Mitteilungen und Greuelstorys der ‚Kampfgruppe', des RIAS und der Westpresse", wodurch „den Handlangern im ‚Kalten Krieg' ihr dunkles, verbrecherisches Spiel erleichtert" werde.

Unter dem Titel „Spione und Agenten der Amis" stellte so zum Beispiel die Berliner Zeitung fest: „Die Finanzierung der ‚Kampfgruppe' liegt vollständig in amerikanischen Händen, die allein in Westberlin im letzten Monat 35 000 Westmark zur Verfügung stellten"[84]. Mit dieser Behauptung hatte die Zeitung zwar grundsätzlich keineswegs Unrecht, die Angaben über Höhe und Quelle der Summen schwankten aber während des nächsten halben Jahres erheblich: Ende Oktober nämlich waren es laut BZ am Abend bereits monatlich 50 000 Westmark von der SPD und 30 000 Westmark von der ‚Reuter-Verwaltung', die der KgU angeblich auf britische Veranlassung zuflossen[85]. Erst finanzielle Probleme bei der SPD und bei Reuter hätten Hildebrandt zu den Amerikanern ‚getrieben'.

---

[82] Ebenda, S. 12. – Anzumerken ist, daß in der im Spiegel zusammengestellten Biographie Hederichs bestimmte Sachverhalte auftauchen, die der üblichen Darstellung westlicher ‚Agenten' in der kommunistischen Presse ganz ähnlich sind. Es zeigt sich hier, wie sehr sich der publizistische Ton in beiden Lagern bisweilen gleichen konnte.
[83] Aldo in: Vorwärts vom 19.9.1949.
[84] Berliner Zeitung vom 31.8.1949.
[85] BZ am Abend vom 28.10.1949.

5. Kommunistische Gegenoffensive

Mitte Dezember berichtete die National-Zeitung zwar noch von einer Summe von 80000 Westmark, die nun aber offensichtlich direkt von den Briten gekommen waren, während sich Hildebrandt im übrigen nur deshalb den Amerikanern zuwandte, weil sie „mehr zahlten"[86]. Fünf Tage später berichtete die BZ am Abend von einer nunmehr notwendig gewordenen schärferen „alliierten Kontrolle der Geldmittelverwendung" bei der KgU, die ferner Einschränkungen ihrer Zuschüsse hinzunehmen hätte, die sich nunmehr auf monatlich 220000 Westmark und eine Million Ostmark belaufen würden[87]. Nach Darstellung der östlichen Presse hatten die Zuschüsse an die KgU binnen eines halben Jahres in erstaunlichem Maß zugenommen – dies spricht nicht gerade für die Glaubwürdigkeit der einzelnen Angaben[88].

Die Zusammenarbeit zwischen KgU und Geheimdiensten wurde in der kommunistischen Presse nicht nur anhand solcher Angaben über die Finanzierung der Kampfgruppe dokumentiert; Karteidoppel, hieß es in der BZ am Abend, gingen an den CIC, und im übrigen sei das Haus in der Ernst-Ring-Straße mit Hilfe von Abhöranlagen und Aufnahmegeräten „nach dem Muster der verrufenen amerikanischen Geheimpolizei umgebaut" worden[89]. Auch die National-Zeitung kannte diese Anlagen, behauptete aber, daß eine direkte Verbindung zum „CIC-Abwehrbüro" installiert worden sei[90]. Immer wieder wurden auch Unterredungen zwischen KgU-Leitung und west-alliierten Vertretern erwähnt, bei denen der Kampfgruppe von alliierter Seite Vorwürfe gemacht worden seien; die BZ am Abend vom 19. Dezember berichtete so zum Beispiel, daß eine Miss Murry als Leiterin des amerikanischen Ostbüros Hildebrandt Nachrichtenfälschung vorgeworfen habe, wie auch Unterschlagung und aufwendigen Lebenswandel[91].

Die eigentliche Aufgabe der KgU aber sei, laut Aldo im Vorwärts, Propaganda „gegen eine andere Besatzungsmacht", die von der Gruppe eben „im Auftrag gewisser Besatzungsmächte" und „als Filiale der Meinungsfabriken gewisser imperialistischer Kräfte der Welt" durchgeführt werde[92]. Eine Bildunterschrift lautete: „Reiner Hildebrandt – der Chefhetzer". Fünf Tage später beschäftigte sich Aldo dann mit dem Fall des Karl Noack, dessen Name „in der RIAS-‚Sendung für Mitteldeutschland'" während der Nacht zum 11. September „in einer Liste von angeblich in ‚KZs der Ostzone' Ermordeten genannt" worden sei; Noack aber sei durchaus lebendig zwei Tage später beim RIAS erschienen, von dort zur KgU geschickt worden, wo er von dem Angestellten der KgU Zionkowsky – „Es heißt, daß er vorher SS-Unterscharführer gewesen ist" – nur ausweichende Auskunft erhalten habe[93]. Für den Verfasser war die Interpretation eindeutig: „Der Fall ‚Noack' ist wie

---

[86] National-Zeitung am Montag, 12.12.1949.
[87] BZ am Abend vom 19.12.1949.
[88] Was die Höhe der Beträge betrifft, so ist an dieser Stelle darauf hinzuweisen, daß es nicht möglich war, Angaben über Art und Höhe von Zuschüssen, die die KgU zu diesem Zeitpunkt tatsächlich aus westlichen Quellen erhalten hat, aufzufinden.
[89] BZ am Abend vom 28.10.1949.
[90] National-Zeitung am Montag vom 12.12.1949.
[91] BZ am Abend vom 19.12.1949.
[92] Aldo in: Vorwärts vom 12.9.1949.
[93] Aldo in: Vorwärts vom 19.9.1949.

alle anderen ‚Fälle' der RIAS-Sendungen vollkommen aus der Luft gegriffen". Tatsächlich sei dies, laut Vorwärts, keineswegs ein Ausnahmefall gewesen; Aldo schilderte im weiteren den Fall von 18 Geschäftsleuten in Baumschulenweg, bei denen RIAS und Kampfgruppe schließlich rundweg abgestritten hätten, sie jemals als ‚NKWD-Spitzel' gemeldet zu haben. Indirekt aber bestätigt sich die Wirksamkeit dieser Meldungen: „Die Radiomeldung verfehlte leider ihre Wirkung nicht, denn eine Anzahl von Kunden blieb weg, Beleidigungsklagen mußten vor dem Schiedsrichter verhandelt werden, Freundschaften und sogar Skatrunden gingen in die Brüche".

Sicherlich hat es bei der KgU Fehler gegeben, möglicherweise auch in gar nicht geringer Zahl, denn für Falschmeldungen konnte es genügend Anlässe und Ursachen geben – von Verwechslungen bis hin zu böswilligen Denunziationen. Augenscheinlich stand diesen Fällen aber doch eine große Zahl von überzeugenden Auskünften des Suchdienstes gegenüber, denn wären die Relationen in der Tat so gewesen, wie von seiten der östlichen Zeitungen suggeriert wurde, dann hätten die Menschen die Kampfgruppe wahrscheinlich nicht in der Anzahl aufgesucht, wie sie es tatsächlich taten. Diese, Einzelfälle in geschilderter Weise verallgemeinernde Darstellungsweise diente offenbar dem Zweck, wenigstens unterschwellig Mißtrauen gegen die Kampfgruppe und ihre Arbeit zu erzeugen. Auf eine solche psychologische Wirkung hin war auch ein Artikel in der BZ am Abend vom 28. Oktober abgefaßt worden.

Es wird der Fall einer Frau geschildert, die aus Besorgnis um ihren offenbar verschwundenen Sohn bei der KgU vorspricht – „Aufgelöst erscheint eine Frau bei der ‚Kampfgruppe gegen Unmenschlichkeit' (...)", begann dieser Artikel[94]. Besonders auffällig ist, daß ein Fall aufgegriffen wurde, der repräsentativ für eine große Gruppe unter den bei der KgU Hilfe suchenden Personen war – eben den Frauen. Jener Frau aber geschah nach Darstellung der BZ am Abend folgendes: „Ein gefundenes Fressen für Dr. Rainer Hildebrandt, der die besorgte Mutter in der von den Amerikanern zur Verfügung gestellten luxuriösen Villa selbst empfängt. ‚Ihr Sohn sitzt im Konzentrationslager Bautzen', quetschte er zwischen zwei Zigarettenzügen hinter seinem Diplomatenschreibtisch hervor. ‚Alle, die dort sitzen, werden von den Russen zu mindestens zehn Jahren Arbeitslager verknackt'".

Appellierte die Einleitung an vermutlich von manchem Leser nachvollziehbare Emotionen, so sollte die offensichtliche Karikatur Hildebrandts suggerieren, daß diese menschlichen Empfindungen von der KgU in keiner Weise ernst genommen würden – Hildebrandt ‚spricht' nicht, sondern die Sorgen der Mutter vollkommen mißachtend ‚quetscht er zwischen zwei Zigarettenzügen' ohne weitere Überprüfung des Sachverhalts ‚hervor'; im selben Sinne läßt die BZ am Abend ihn im Jargon von ‚Verknacken' sprechen. Die Erwähnung der zumal ‚von den Amerikanern zur Verfügung gestellten' und darüber hinaus ‚luxuriösen' Villa sowie der ‚Diplomatenschreibtisch' erwecken Assoziationen zum Typus des in schlechter Zeit wohllebenden Schiebers. Dies aber, so deutet die BZ am Abend das selbst entworfene Bild, solle die Besucherin nur zur Verzweiflung bringen, um sie zu Spionagediensten zu treiben, denn erst um diesen Preis würde sie etwas über ihren Sohn erfahren.

---

[94] BZ am Abend vom 28.10.1949.

Schließlich aber wird der aufgebaute Spannungsbogen wieder zerstört, denn in Wirklichkeit waren die Sorgen der Mutter völlig unbegründet, da der Sohn drei Tage später selbst bei der KgU erschien und mitteilte, soeben aus sowjetischer Untersuchungshaft entlassen worden zu sein. Auch das anfängliche Ernstnehmen der Besorgnisse der Mutter wird zurückgenommen, denn – so erfuhr der Leser dann – „das Geschrei über die bedrohte ‚abendländische Kultur' und angebliche Übergriffe der sowjetischen Besatzungstruppen" liefere nur „die spanische Wand für die Spionagetätigkeit der KgU" – jene Frau aber ist letztlich einer westlichen Propagandafinte aufgesessen, und im übrigen hat man mit ihr nur Schindluder getrieben.

Die propagandistische Linie in den Zeitungen aus dem Ostsektor zielte darauf, das offensichtlich verbreitete Vertrauen in die Kampfgruppe und auch in den RIAS in der Bevölkerung der SBZ zu erschüttern. Von der publizistischen Würdigung der KgU in der kommunistischen Presse auf die Wirksamkeit ihrer Tätigkeit zu schließen, erscheint zulässig; offenbar hielt man es in Ost-Berlin nicht mehr für möglich, ihre Aktivitäten einfach totzuschweigen.

6. „Wir rufen den Bundestag"

Die Kampfgruppe gegen Unmenschlichkeit war bereits geraume Zeit *vor* dem westdeutschen Staat entstanden. Aus dieser Feststellung ergibt sich, daß die Kampfgruppe diesem Staat gegenüber gewissermaßen über einen Vorsprung an Erfahrung in der Führung des Kalten Krieges verfügte. Daß die Kampfgruppe so auch ganz bestimmte – sozusagen aus der täglichen Praxis resultierende – Forderungen an diesen Staat stellen würde, war aufgrund dieser Überlegung nahezu zwingend zu erwarten. Diese Forderungen der KgU an die Bundesrepublik Deutschland hinsichtlich der von ihr zu verfolgenden politischen Linie gab Rainer Hildebrandt in seiner Rede vom 10. September 1949 der Öffentlichkeit bekannt.

Im September 1949 hatten sich in Bonn die entscheidenden Akte der Konstituierung der Bundesrepublik Deutschland vollzogen. Am 12. September wählte die Bundesversammlung Theodor Heuss zum ersten Bundespräsidenten, und drei Tage später war Konrad Adenauer im Deutschen Bundestag zum Kanzler gewählt worden. Schon am 7. September hatten sich als erste Organe des neuen Staates Bundestag und Bundesrat konstituiert. Auf diesen 7. September, „an dem wir mitverantwortlich wurden für das, was unsere Regierung tun wird", wie Hildebrandt die historische Bedeutung dieses Tages umschrieb, bezog sich die KgU-Kundgebung am 10. September 1949[95].

„Wir rufen den Bundestag!" war Leitspruch der Veranstaltung und zugleich erster Satz in Rainer Hildebrandts Rede[96]. „Tausende von sowjetischem Terror Betroffene haben sich zusammengefunden", erklärte er, und zwar „erstmalig im Freien, unter dem Himmel" in der Waldbühne, „unter demselben Himmel, zu dem so viele Verzweifelte und Hilfesuchende aufschauen".

---
[95] R. Hildebrandt: Wir rufen den Bundestag! (Masch.Ms.), S. 7 (ARH).
[96] Ebenda, S. 1f.

"Wir" – damit waren die Überlebenden der Konzentrationslager der sowjetischen Zone, die Heimatvertriebenen, die, denen man ihr Eigentum genommen hatte, die Angehörigen der Deportierten sowie auch die überlebenden und entlassenen Kriegsgefangenen gemeint. Doch darüber hinaus vertraten die Anwesenden viele andere: „Und mit ihnen allen rufen die Angehörigen dieser heute erstmalig versammelten großen Schicksalsgemeinschaft des östlichen Terrors". Sprecher aller derer also, die unter kommunistischer Herrschaft leben mußten, sollten die in der Waldbühne Versammelten sein.

Es gehe „um eine Weltentscheidung der Menschlichkeit", betonte Hildebrandt, und ausdrücklich stellte er fest, „daß das schwerstgeprüfte chinesische Volk uns heute unendlich näher ist als viele Kreise in Europa oder Amerika, die am liebsten morgen bedingungslos mit Sowjetrußland Handel treiben würden, daß uns die Millionen zu lebenslänglicher Zwangsarbeit verurteilten Russen näher stehen, als mancher satte westdeutsche Bürger, der sich nur wünscht, von der Not in Mitteldeutschland nichts hören zu müssen"[97]. Damit hob er den globalen Charakter des Konfliktes hervor, der sich aus der in erster Linie moralischen Verurteilung des kommunistischen Systems aufgrund übernational geltender Menschenrechte geradezu zwangsläufig ergeben mußte. Zugleich übte Hildebrandt Kritik nicht nur an der westlichen Politik, sondern auch an der westlichen Lebensform. Er äußerte diese Kritik als Sprecher und damit aus der Sicht jener Partei des Westens im kommunistischen Herrschaftsbereich, die sich in dieser Kundgebung repräsentiert sehen sollte.

Im folgenden ging er auf die von der sowjetischen Politik zu verantwortende „Todesbilanz" ein, „die nur mit den letzten zwei Jahren der nationalsozialistischen Vernichtungsmaschinerie verglichen werden" könne, und verwies dazu im weiteren auf die zwei Millionen ‚fehlender' deutscher Kriegsgefangener, auf die 2,8 Millionen vernichteter oder deportierter Deutscher aus den Oder-Neiße-Gebieten und auf die Opfer der Lager in der sowjetisch besetzten Zone. Er bekräftigte seine Auffassung, „daß es den Sowjets sehr viel besser gelang, die von ihnen geschaffene Todesnot zu tarnen" als den Nationalsozialisten; deshalb aber könne kein Unterschied gemacht werden zwischen den Vernichtungsmethoden der Nationalsozialisten und denen der Sowjets. Diese Tarnung aber führe zu falschen Beurteilungen des sowjetischen Systems im Westen.

Wie sich schon im Falle Hitlers gezeigt habe, genügten die überkommenen politischen Mittel nicht mehr, um „einen Vertragsbrüchigen ohne den Einsatz des allerletzten Mittels zur Einhaltung seiner Verpflichtungen zu zwingen", und deswegen seien „neue überstaatliche Gebilde" – Hildebrandt erwähnte „eine Weltsicherheitsinstanz", den internationalen Gerichtshof in Straßburg und ein „Vereinigtes Europa" – erforderlich, die „die nötige stählerne Härte besitzen müssen, mit der man einen Eisernen Vorhang wieder aufziehen kann"[98]. Er sah hier den Europagedanken in engem Zusammenhang mit einer koordinierten ‚Politik des Kalten Krieges' des gesamten Westens, die im wesentlichen, wie er deutlich sagte, ‚Politik der Stärke' zu sein hätte und die eben gerade nicht im „Einsatz des allerletzten Mittels" zum

---

[97] Ebenda, S. 2ff.
[98] Ebenda, S. 5f.

Ausdruck kommen sollte. Ziel dieser Politik sollte es sein, die Machthaber der Sowjetunion zur Einhaltung ihrer Verpflichtungen zu veranlassen – das hieß für Hildebrandt vor allem zur Achtung der Menschenrechte.

Nachdem Hildebrandt die internationalen Zusammenhänge aufgezeigt hatte, stellte er fest, daß die Schaffung der Bundesrepublik praktisch zwar die Wiederaufnahme der Deutschen in die Völkergemeinschaft bedeute, betonte aber zugleich die Mitverantwortung gerade einer zukünftigen deutschen Politik im Rahmen der Aufgabenstellung der Völkergemeinschaft, das heißt also insbesondere im Sinne der geforderten Politik des Kalten Krieges[99]. Im verbleibenden Teil seiner Ausführungen widmete sich Hildebrandt den nach seiner Beurteilung an die westliche Politik zu stellenden Forderungen, wobei er nicht nur die Politiker ansprach, sondern auch bestimmte Bevölkerungsgruppen und deren politische Handlungsmöglichkeiten mit in die Betrachtung einbezog.

Den Ostvertriebenen etwa sei wohlbewußt, daß sie „durch Weckung neuer nationalistischer Tendenzen" nichts erreichen könnten[100]. Obwohl ihre Forderungen „noch unbeliebt" seien, und sie deswegen „in Fragen ihrer politischen Anerkennung" leiden müßten, sollten die Ostvertriebenen zur Wiedergewinnung ihrer Heimat „den Widerstandskampf der Ostzone unterstützen, damit die Ausgangsbasis zu ihrer Befreiung gewonnen werde und die einmal befreite Bevölkerung Mitteldeutschlands dann sie unterstützen kann"[101]. Mit Hinweis auf die im Zweiten Weltkrieg gebrachten Opfer des polnischen Volkes und insbesondere auf die Tatsache der weltweiten polnischen Diaspora, verlangte Hildebrandt von den Ostvertriebenen einen Beitrag zur Verständigung mit Polen: „Aber es fiele ihnen damit die menschliche und politisch vornehmste und schönste Aufgabe zu: Die Kette des ‚Wie du mir, so ich dir' abzureißen".

„Und damit komme ich auf die Aufgabe, die gegenwärtig unsere nationale Aufgabe Nr. 1 ist, auf die Wiedergewinnung der sowjetisch besetzten Zone"[102]. Schon zuvor hatte er es als „in erster Linie eine deutsche Aufgabe" bezeichnet, daß sich die westdeutschen Rundfunkstationen „der großen Weltentscheidung der Menschlichkeit und der Not Mitteldeutschlands" intensiv widmeten, denn es könne nicht angehen, „daß ein amerikanischer Sender in Deutschland mehr für Mitteldeutschland getan hat, als bisher alle deutschen Sender zusammen"[103]. Das Wissen um die Verhältnisse müsse verbreitet werden, und als Ausdruck der Solidarität mit den Opfern des kommunistischen Regimes sei denen, die von dort in den Westteil Deutschlands kämen, jede Unterstützung – zum Beispiel Arbeit – zu geben, und denen, die in der Ostzone lange nicht dieselben Lebensbedingungen hätten wie die Westdeutschen, müsse ebenfalls Hilfe geleistet werden. Insgesamt gelte es, sagte er am Ende seiner Rede, „unter Hintanstellung jeglicher Sonderwünsche" alle Deutschen „in einem Staat des Rechts und der wahren Freiheit zu vereinen", und unter-

---

[99] Ebenda, S. 6.
[100] Ebenda, S. 10.
[101] Ebenda, S. 11.
[102] Ebenda, S. 12.
[103] Ebenda, S. 8f.

strich, daß sämtliche „Sonderinteressen" diesem Ziel unterzuordnen seien, „wenn sie dessen Erreichung auch nur hinauszögern könnten"[104].

Mit seinem Verständnis des obersten Staatsziels der Bundesrepublik, nämlich: Wiedergewinnung der sowjetischen Zone sowie danach auch Wiedergewinnung der Gebiete jenseits von Oder und Neiße, war Hildebrandt in der Tat nicht sehr weit entfernt vom Selbstverständnis der Bundesrepublik. Für die Kampfgruppe als Sprecherin der ‚Partei der Bundesrepublik in der DDR' – wie auch ihrer in den Westen gelangten Mitglieder – konnte dies dennoch zu Komplikationen im Verhältnis zur Bonner Regierung führen. Obwohl die KgU den Staat des Grundgesetzes voll und ganz bejahte, stand sie ihm doch von außen gegenüber, sofern ja auch jene Deutschen in der DDR zwar ideell zu dieser Bundesrepublik gehörten, ihnen aber tatsächlich „mitzuwirken versagt" war. Entscheidend mußte in diesem Zusammenhang die von der Bundesregierung betriebene Politik sein oder – um es enger zu fassen – die von der Bundesregierung bevorzugte ‚Strategie des Kalten Krieges'. Hildebrandt seinerseits hatte in seiner Rede eine ‚Strategie des Widerstands bis hin zur Befreiung' entworfen, die prononcierter als bisher auf eine ‚nationale Befreiung' gerichtet war und insofern mit dem Ziel der Einheit einen neuen konzeptionellen Gesichtspunkt enthielt, auch wenn Hildebrandt die Methoden des Widerstands, wie sie bisher angewendet worden waren, beibehalten wollte[105]. Indem nämlich „Männer und Frauen in der Ostzone" mutig bekennten, „was ihnen Menschlichkeit, Recht und Freiheit wert ist", bewege sich die gesamte Bevölkerung auf einen „passiven Widerstand" hin; mit diesen Menschen aber müsse die Bundesrepublik in Kontakt bleiben: „Diese Männer und Frauen darf Westdeutschland nicht allein lassen"[106].

Hatte die Kampfgruppe gegen Unmenschlichkeit die innerliche Zerstörung des kommunistischen Regimes schon im Juli zu ihrem Ziel erklärt, so gab Hildebrandt dem Widerstand nun die Ausrichtung auf die Bundesrepublik. Damit vervollständigte er die Konzeption der Kampfgruppe, in der die nationale Dimension bisher nur verschwommen zum Ausdruck gekommen war, zum Konzept einer ‚nationalen Befreiung'. Zugleich aber richtete er ganz bestimmte Erwartungen an Bonn: „Und das bedeutet, daß in Bonn eine Regierung ist, welche die deutsche Einheit verkörpert. Eine Regierung, auf deren Wort heute schon Tausende und morgen Zehntausende an allen Schalthebeln oder in der Nähe stehend warten. Eine Regierung, die das Wort ‚Einheit' nicht millionenmal hinausschreit, sondern ein einziges Mal aussprechen muß, und der ganze von Furcht und Terror und Zwang und Gehorsam zusammengehaltene Apparat muß zusammenfallen. Dies ist ein Ziel, ein fernes Ziel, wenn wir vorausschauen, ein nahes, wenn wir zurückschauend sehen, wieviel uns in den wenigen Jahren schon gelungen ist".

---

[104] Ebenda, S. 14.
[105] Ebenda, S. 12. – Hier bezieht sich Hildebrandt namentlich auf Flugblattversendung, Spitzelpreisgabe und die F-Kampagne.
[106] Ebenda, S. 14.

7. Kampfbund gegen Unmenschlichkeit

Die Bundesrepublik Deutschland war für die Kampfgruppe ohne irgendwelche Einschränkungen der Kernstaat eines künftigen Gesamtdeutschlands, das allein durch die Bundesregierung vertreten wurde. Damit war für die KgU zugleich die Nichtanerkennung der im Oktober 1949 offiziell proklamierten Deutschen Demokratischen Republik verbunden. Wenn es im Vorspruch der westdeutschen Verfassung hieß, das deutsche Volk der elf an der Staatsgründung beteiligten Länder habe auch für diejenigen Deutschen gehandelt, „denen mitzuwirken versagt war", so ist deutlich, daß die Sichtweise der Kampfgruppe dem Selbstverständnis des neuen Staates vollkommen entsprach. Weiterhin hieß es im Grundgesetz, das „gesamte Deutsche Volk" bleibe „aufgefordert, in freier Selbstbestimmung die Einheit und Freiheit Deutschlands zu vollenden". In diesem Sinne regelte das Grundgesetz auch für den Fall des Beitritts anderer Teile Deutschlands, daß die Verfassung der Bundesrepublik dort in Kraft zu setzen wäre. Anders verfuhr im übrigen die DDR-Verfassung vom 7. Oktober 1949, denn sie enthält keine Regelung ihres Geltungsbereichs, sondern geht von der Fiktion einer bereits gegebenen gesamtdeutschen Geltung aus[107].

Die Wiedervereinigung sollte, darüber bestand weitgehende Übereinstimmung, wesentliches Ziel der Bundesrepublik sein, die sich selbst ja gerade im Hinblick auf ein wiedervereintes Deutschland lediglich als ein Provisorium mit der Aufgabe verstand, „dem staatlichen Leben für eine Übergangszeit eine neue Ordnung zu geben". Die Frage, wie die Beendigung dieser Übergangszeit herbeizuführen sei, bedurfte demgegenüber weiterer Diskussionen und konkreter Entscheidungen der bundesdeutschen Politik. Der Kampfgruppe erwuchs hieraus eine neue Aufgabenstellung.

Die Kampfgruppe erweiterte im Herbst 1949 – offenbar nach einer Zeit intensiver Vorbereitung – ihren Aktionsbereich von West-Berlin aus in Richtung Westdeutschland. Natürlich bestand im Bundesgebiet Bedarf für die von der KgU angebotenen Hilfsdienste, doch sollte auch die politische Aufgabe der Gruppe nicht vernachlässigt werden. „Die Bevölkerung muß wachgerüttelt werden und über die grausamen Vorgänge in der Ostzone unterrichtet werden", erklärte Hildebrandt knapp drei Wochen nach seiner Rede in der Waldbühne vor Pressevertretern im Bremer Rathaus[108]. Ferner kündigte er an, die Kampfgruppe werde in allen größeren Städten der Bundesrepublik Zweigbüros einrichten, um sich auch dort der „Betreuung entlassener Häftlinge und politischer Sträflinge" zu widmen[109].

„Auch maßgebliche Politiker, so Minister Dr. Gericke, Minister Dr. Albertz und Senatspräsident Kaisen haben auf Veranstaltungen der Kampfgruppe gegen Unmenschlichkeit gesprochen und sich zu ihren Zielen bekannt", schrieb Heinrich von zur Mühlen über die große Zustimmung, auf die die KgU auch in der Bundesrepublik traf[110].

---

[107] Theodor Maunz, Deutsches Staatsrecht. München (22. Aufl.) 1978, S. 400.
[108] Der Tagesspiegel vom 27.9.1949.
[109] Der Tagesspiegel vom 27., 29.9.1949.
[110] Hoffmann, Kampfgruppe, S. 12.

Einige Tage nach Hildebrandts Pressekonferenz veranstaltete die KgU im Festsaal des Bremer Rathauses ihre – soweit ersichtlich – erste große Kundgebung im Bundesgebiet[111]. Wie bisher alle Veranstaltungen der Kampfgruppe war auch diese „überfüllt", wie der Tagesspiegel schrieb. „Neutralität ist Mitschuld" war das Motto, das Hildebrandt für diese Versammlung ausgewählt hatte, und so beschwor er von neuem das Bewußtsein von der Einheit der Deutschen; insbesondere verlangte er die Solidarität der West-Alliierten wie auch der Bundesrepublik mit den Menschen in der Ostzone, da Neutralität unmöglich sei, *„denn Neutralität bedeute in diesem Falle Mitschuld"*, wie der Tagesspiegel diesen bekannten Leitgedanken der KgU wiedergab.

Spätestens seit dem Jahresende 1949 verfügte die Kampfgruppe über eine Bundesgeschäftsstelle, die in Göttingen, Bunsenstraße 19, beheimatet war[112]. Im April 1950 teilte die KgU, die im Bundesgebiet unter der Bezeichnung „Kampfbund gegen Unmenschlichkeit" auftrat, mit, diese Geschäftsstelle sei nun in ihr endgültiges Quartier im ‚Düstere Eichenweg 28' – ebenfalls in Göttingen – umgezogen[113]. Aber spätestens seit Februar 1950 verfügte der Kampfbund über Zweigstellen in den Flüchtlingslagern Gießen und Uelzen sowie auch in Bremen und Hamburg[114]. Auffallend ist schon anhand dieser fünf im Februar 1950 bestehenden Einrichtungen des Kampfbundes, daß man sich vor allem auf das Zonenrandgebiet konzentrierte; nur das zur amerikanischen Zone gehörige Bremen fiel hier etwas aus dem Rahmen.

Es hat den Anschein, daß die KgU in der Bundesrepublik in erster Linie Informationsarbeit betrieb; dazu meinte von zur Mühlen: „In vielen Kundgebungen, bei denen Opfer der Unmenschlichkeit selbst auf dem Podium standen und ihr Wahrheitsbekenntnis ablegten, hat die Kampfgruppe insbesondere in Westdeutschland dazu beigetragen, viele Menschen von Lethargie und Zweifel zu befreien und von der Wahrheit zu überzeugen"[115]. Eine solche Veranstaltung wurde auch kurz vor dem Weihnachtsfest 1949, am 19. Dezember, wiederum in Bremen durchgeführt; hier sprach Hildebrandt zum Thema „Die Sowjetzone ist auch Deutschland"[116]. Zum Weihnachtsfest 1949, so begann er, sei es jedem Westdeutschen wieder möglich, seiner Familie ein Geschenk unter den Christbaum zu legen, doch ganz anders ergehe es den Landsleuten in der Ostzone, woher man des öfteren den Wunsch höre, das Fest möge bald vorübergehen, und schließlich erinnerte er seine Zuhörer an das Schicksal der etwa 35 000 politischen Häftlinge der Konzentrationslager[117]. Wie auch in den folgenden Jahren nutzte die Kampfgruppe die Weihnachtszeit zu einem Solidaritätsappell.

---

[111] Der Tagesspiegel vom 29.9.1949.
[112] Kampfbund gegen Unmenschlichkeit, Presse- und Informationsdienst, Nr. 10 (1950) vom 21. März 1950, S. 1 (BA-K ZSg. 1-64/21). – Die Anschrift ist dem Kopf dieses sonst maschinenschriftlich erstellten Pressedienstes zu entnehmen. Die zitierte Ausgabe ist die älteste im Bestand des Bundesarchivs.
[113] Ebenda, Nr. 12 vom 19. April 1950, S. 1.
[114] Marie Elisabeth Lüders, Berlin, an Jakob Kaiser vom 21.2.1950 (LAZ 11.874).
[115] Hoffmann, Kampfgruppe, S.12.
[116] R. Hildebrandt: Die Sowjetzone ist auch Deutschland (masch.Ms.), S. 1 (ARH).
[117] Ebenda, S. 2.

Zur Veranschaulichung erzählte Hildebrandt von einem Vorfall, der sich in der Weihnachtszeit des Jahres 1946 in Sachsenhausen ereignet hatte: Dem dortigen NKWD-Chef Golowatenko war hinterbracht worden, daß einige Häftlinge noch immer über einige Wertsachen verfügten, doch bei einer Durchsuchung der Menschen und der Unterkünfte hatte sich nichts auffinden lassen. Die Insassen aber waren in der Vorweihnachtszeit beseelt von der Hoffnung auf eine Generalamnestie; als sie aufgefordert wurden, mit allen Habseligkeiten anzutreten, dachten sie, ihre Entlassung stehe unmittelbar bevor. Nachdem sie aber durchsucht worden waren, wurden sie zurück in ihre Baracken kommandiert: „Und noch zur gleichen Stunde legten dann Sowjetsoldaten dem Chef der NKWD Golowatenko einige Ringe, Uhren und andere Wertstücke auf den Tisch. Golowatenko war zu einem billigen Weihnachtsgeschenk gekommen. Die Aktion hatte sich gelohnt"[118].

Rainer Hildebrandt sprach vom Hunger der Häftlinge und vom Schicksal der Tausenden deutscher Kriegsgefangener in der Sowjetunion, schließlich forderte er dazu auf, daß jeder einmal in der Woche ein Päckchen in die Sowjetzone oder an einen Kriegsgefangenen schicken solle.

„Besonders schmerzlich ist es uns aber, daß wir zu den Opfern der Unmenschlichkeit auch diejenigen zählen müssen, die unter dem Vorwurf, Kriegsverbrechen begangen zu haben, nun schon vier Jahre in Frankreich vergeblich auf ein ordentliches Gerichtsverfahren warten müssen", fuhr er dann fort, äußerte aber die Hoffnung, daß in diesen Fällen durchaus die Aussicht bestünde, daß ein Appell auch gehört werde[119].

Anders verhalte es sich mit den Versprechungen Wilhelm Piecks, daß die Kriegsgefangenen baldigst aus der Sowjetunion zurückkehren würden, denn die SED wolle mit diesen Zusagen lediglich den Eindruck einer gewissen Humanität erwekken, um die DDR-Regierung als Regierung des „am weitesten nach Europa vorgeschobenen Exponenten des Kremls" auf internationaler Ebene „salon- und verhandlungsfähig" zu machen. Hildebrandt warnte vor den nach wie vor bestehenden aggressiven Tendenzen des Sowjetkommunismus und machte auf die Tätigkeit des östlichen Apparats des Kalten Krieges aufmerksam: „Dazu gehört, daß die NKWD oder MWD – wie es jetzt heißt – einen großen Teil ihrer Gelder dafür ausgibt, ihre deutschen Handlanger zu finanzieren und ihnen nach Möglichkeit das Einsickern in wichtige Schlüsselstellungen in Westdeutschland zu ermöglichen"[120]. Hier bezieht sich Hildebrandt vor allem auf die subversive ‚Strategie des Kalten Krieges' des Ostens, und es ist aufschlußreich, daß er im Resümee dieses Abschnitts seiner Rede, soweit zu sehen, ein erstes Mal in den öffentlichen Äußerungen der KgU, den Begriff ‚Kalter Krieg' verwendet: „Unter der Oberfläche hat man jetzt den kalten Krieg auf die Fahnen geschrieben".

Hildebrandt wendete den Begriff hier allein in bezug auf die Methoden der Kommunisten an und begriff den ‚Kalten Krieg' allein als eine gegen den Westen gerichtete aggressive Verhaltensweise. Im weiteren wies er darauf hin, daß im Zuge dieses

---

[118] Ebenda, S. 2ff.
[119] Ebenda, S. 5f.
[120] Ebenda, S. 6f.

Kalten Krieges „im Verborgenen von den sowjetischen Drahtziehern" Gegensätze, Spannungen und Uneinigkeit in westlichen Ländern geschürt würden, wovon insbesondere die Bundesrepublik betroffen sei, weil in Westdeutschland infolge des stetigen Menschenstroms, der in dieses Gebiet hineindränge, soziale Spannungen entstanden seien. Indirekt zeigte er damit die Notwendigkeit von Abwehrmaßnahmen auf. Er verlangte, daß die Bundesrepublik „endlich – ehe es zu spät wird – die Position des abwartenden, des unbeteiligten Zuschauers verlassen" müsse[121].

Am Ende seiner Ausführungen forderte Hildebrandt als Voraussetzung der politischen Einheit die Schaffung einer „deutschen Einheit der Gesinnung", wozu auch eine gesamtdeutsch orientierte Politik der Bundesregierung gehöre; als konkrete Maßnahme schlug er ein Gesetz vor, mit dessen Hilfe diejenigen, die Deutsche bei der Geheimpolizei denunzierten oder im Auftrag der NKWD Spitzeldienste leisteten, zur Verantwortung gezogen werden könnten[122]. In der Bundesrepublik strafrechtlich zu verfolgen seien aber auch Volkspolizisten, die sich zu unmenschlichen Handlungsweisen zwingen ließen, und Hildebrandt warf die Frage auf, „ob es nicht auch Sache der Bundesregierung ist, die Volkspolizei ihres Diensteides zu entbinden".

Damit verlangte Hildebrandt also auch von der Bundesregierung Maßnahmen zur inneren Destabilisierung des Herrschaftsapparates der DDR im Sinne der von der KgU verfolgten Zielsetzung einer inneren Zersetzung des SED-Regimes.

Neben solchen Kundgebungen weitete die Kampfgruppe – bzw. der Kampfbund – auch die Tätigkeit des Suchdienstes auf das Bundesgebiet aus; hatte die KgU ihre Leistungen anfänglich offenbar gratis angeboten, bat sie nun „als Organisation, die auf der Basis freiwilliger Zuwendungen arbeitet, im Falle von Nachfragen um einen Unkostenbeitrag", der zum Ausgleich des anfallenden Arbeitsaufwandes dienen sollte, wobei sie die Höhe des Beitrages dem Ermessen des Auskunftsuchenden überließ und ausdrücklich darauf hinwies, daß „wir in Fällen besonderer Notlage keine Spende erwarten"[123].

Wohl ebenfalls seit dem Herbst 1949 gab der Kampfbund zweimal im Monat einen „Presse- und Informationsdienst" heraus, der gegen einen Unkostenbeitrag von 50 Pfennigen pro Nummer aus Göttingen bezogen werden konnte; die Veröffentlichung darin enthaltener Meldungen und Informationen war honorarfrei, der Kampfbund wollte lediglich als Nachrichtenquelle erwähnt werden[124]. Dieser Pressedienst bot reichhaltige und detaillierte Nachrichten aus nahezu allen Lebensbereichen der DDR, wobei ein gewisses Schwergewicht auf der Geheimpolizei und vor allem der Situation in den Lagern und Haftanstalten der DDR lag. Eine beklemmende Anschaulichkeit gewinnt die Ermittlungsarbeit der KgU in den ebenfalls in diesem Pressedienst veröffentlichten Totenlisten; seitenlang, einzeilig mit der Schreibmaschine getippt, folgt in alphabetischer Reihenfolge, versehen mit Berufs- und Altersangabe, Name auf Name von in sowjetischer Haft verstorbenen Personen.

---

[121] Ebenda, S. 10.
[122] Ebenda, S. 13f.
[123] Presse- und Informationsdienst Nr. 11, März/April 1950, S. 2.
[124] Ebenda, Nr. 12 (1950) vom 19. April 1950, S. 6 (Impressum).

8. Kontroverse mit Propst Grüber

Im Herbst 1949 und bis weit ins Jahr 1950 hinein drängte sich wieder die Frage der sowjetischen Konzentrationslager in den Vordergrund der Tätigkeit der Kampfgruppe gegen Unmenschlichkeit. Noch im November 1949 hatte die KgU eine hauptsächlich diesem Thema gewidmete Großveranstaltung in der erneut überfüllten Städtischen Oper durchgeführt, auf der – zwischen zwei Aufenthalten in der Bundesrepublik – auch wieder Rainer Hildebrandt sprach[125].

Obwohl die Kampfgruppe auf die Problematik der politischen Häftlinge spezialisiert war, war ihr der Zusammenhang mit in ähnlicher Weise unter sowjetkommunistischer ‚Unmenschlichkeit' leidenden Personengruppen durchaus bewußt. So sprach denn nach der Eröffnung dieser KgU-Veranstaltung, die am Samstag, den 19. November, stattfand, zunächst Adalbert von Taysen als Experte in der Kriegsgefangenenfrage[126]. Er betonte, er habe zunächst nur zögernd der Einladung Folge geleistet, auf solch einer großen Veranstaltung zu sprechen, denn nach seinen Erfahrungen im Kriegsgefangenen-Suchdienst in Westfalen kämen immer nur die unmittelbar Betroffenen. In Berlin aber, so ist dieser Gedankengang offenbar fortzusetzen, war nach von Taysens Eindruck das Interesse für diese Fragen bedeutend größer.

Schließlich bat er das Auditorium um Verständnis dafür, „daß ich die furchtbaren Tatsachen in aller Nüchternheit schildere, die für jede Propaganda viel zu ernst sind"[127]. Im folgenden gab der Redner dann einen sachlichen, wenn auch nicht völlig unpolemischen, der Diktion nach aber eher als Referat zu bezeichnenden Bericht über die Situation der deutschen Kriegsgefangenen in Frankreich, Polen und der Sowjetunion. Betreffs der sowjetischen Kriegsgefangenen mahnte er die Einhaltung des Versprechens des von ihm so bezeichneten „Ostzonen-Pieck" an, daß alle Kriegsgefangenen zum 1. Januar 1950 entlassen sein sollten. Insgesamt entwarf von Taysen ein düsteres Bild der Lage, auch wenn es in mancher Hinsicht gewisse Hoffnungen zu geben schien.

Die Rede Rainer Hildebrandts entsprach in ihrem politischen Teil der schon zitierten Rede, die er am 19. Dezember in Bremen gehalten hatte[128]. Zu Beginn unterstrich er die Parallelen der Situation der Kriegsgefangenen und der politischen Häftlinge, denn auch er sprach von einer Zusage, die Pieck gemeinsam mit Otto Grotewohl – allerdings schon vor anderthalb Jahren – gemacht hatte, und hier war von „grundlegendem Wandel für das Schicksal der Häftlinge", von „ordentlichen Gerichtsverfahren", Benachrichtigung der Angehörigen und „Amnestie" die Rede gewesen. Doch diese Zusicherungen seien wie auch das Versprechen Piecks hinsichtlich der Rückkehr der Kriegsgefangenen quasi systembedingt unerfüllbar, dienten sie doch nur dem Zweck, „dem System den menschlicheren Anstrich zu ge-

---

[125] Der Tagesspiegel vom 20.11.1949.
[126] Rede von Adalbert von Taysen vom 19.11.1949 (masch.Ms.), S. 1 (ARH). – Der Tagesspiegel vom 20.11.1949.
[127] Ebenda, S. 2ff.
[128] R. Hildebrandt: Rede vom 19.11.1949 (masch.Ms.), S. 1 (ARH). – Vgl. Hildebrandt: Die Sowjetzone, hier S. 86ff.

ben, um Zeit zu gewinnen und um zu verhüten, daß die Wahrheit über die KZ's und Kriegsgefangenenlager mehr erforscht werde".

Hauptanliegen dieser Veranstaltung wie ja auch der gesamten Öffentlichkeitsarbeit der Kampfgruppe war es nicht zuletzt, die allgemeine Aufmerksamkeit auf die dargelegten Probleme zu lenken; an jenem Novembertag forderte Hildebrandt die Kundgebungsteilnehmer eindringlich zu ernster Besinnung auf: „Darum wollen wir heute – am Tag vor Totensonntag – zwei Tage nach Bußtag – mit einer Gedenkminute für die Opfer der Unmenschlichkeit beginnen und uns erheben und der Vielen hinter Stacheldraht und genauso der vielen Russen, welche die größten Opfer gegen ihre Machthaber bringen müssen, uns bewußt zu sein. – Ich danke Ihnen"[129].

Es stellte sich die Frage, ob derartige Veranstaltungen und die Mobilisierung der Öffentlichkeit insgesamt etwas für die KZ- und Gefängnisinsassen in der DDR bewirken konnten. Von zur Mühlen meinte dazu, „daß die Sowjets nur dann Zeugen der Unmenschlichkeit freigaben, wenn die Wahrheit so bekannt war, daß durch die Freilassung der Opfer an dieser Wahrheit nichts mehr verändert werden konnte"[130]. Die Kampfgruppe war also der Meinung, daß öffentlicher Druck die Sowjets durchaus beeindrucken konnte, so daß sie, wenn ihrem Ansehen kein weiterer Schaden mehr entstehen konnte, dann auch diesem Druck nachgaben.

Daß diese Art der Aufklärungsarbeit auch in den Lagern selbst Auswirkungen hatte, wird anhand eines 1950 anonym von der Kampfgruppe abgedruckten Erlebnisberichts mit dem Titel „Im KZ Buchenwald" abschätzbar[131]. Der Autor dieses Berichts schrieb, daß seit dem Frühjahr 1949 „den ständigen Lagerparolen" zu entnehmen war, „daß die Außenwelt sich an uns zu erinnern begann", zumal in den kommunistischen Zeitungen, die seit Oktober 1947 im Lager gelesen werden durften, gelegentlich Notizen über im Westen zirkulierende „Lügenmeldungen" über sowjetische KZ's auftauchten, und der Verfasser betonte, daß diese Nachrichten viele Mitgefangene in ihrer Lebenskraft bestärkt hätten[132].

Ausdrücklich stellte dieser ehemalige Insasse von Buchenwald fest (er bezieht sich auf die Zeit nach Thomas Manns Besuch in Deutschland): „Erkennbar nach jeder zunehmenden Auflehnung der Öffentlichkeit besserten sich jetzt die Verhältnisse". Dies wurde insbesondere bei der Medikamentenversorgung und der Erhöhung der Lebensmittelrationen spürbar. Hier zeigte sich, daß die Arbeit der Kampfgruppe durchaus zu gewissen Erleichterungen beitrug. Es wäre also verfehlt, ihre Informationsveranstaltungen nur als simple Propaganda abzutun, vielmehr zeigt sich im Effekt dieser Öffentlichkeitsarbeit, daß derartige ‚Propaganda' als Mittel einer Psychologischen Kriegsführung im Kalten Krieg des Westens durchaus erfolgreich eingesetzt werden konnte.

In der westlichen Öffentlichkeit war die Stimmung gespannt. Dies zeigte sich in einer Kontroverse, zu der es nach dem Weihnachtsfest 1949 in Zusammenhang mit der Frage der politischen Häftlinge kam, in der auch die Kampfgruppe eine Rolle

---

[129] Hildebrandt, Rede von 19.11.1949 (ebenda), S.3.
[130] Hoffmann, Kampfgruppe, S. 13.
[131] Im KZ Buchenwald, in: Berichte, S. 26-32.
[132] Ebenda, S. 31f.

spielte. Anläßlich des Christfestes war es nämlich in den Lagern zu weiteren Erleichterungen gekommen; hierzu noch einmal der ehemalige Insasse von Buchenwald: „Weihnachten 1949 wurden Gottesdienste angekündigt. Die schlecht Gekleideten wurden in die Baracke eingesperrt. In schneller Fahrt fuhr dann das Auto des Geistlichen durch das Lager. Ein verhafteter Pfarrer wollte den Geistlichen sprechen. Der Lagerkommandant drängte sich dazwischen: ‚Du nicht sprechen mit Kamerad, du ihm nur sagen, immer Bibel gehabt'. (Wer aber in den vier Jahren mit einer Bibel angetroffen wurde, erhielt bis zu 30 Tagen Karzer.)".

Den hier aus Sicht eines Häftlings geschilderten Vorgang erlebte in Sachsenhausen Propst Grüber aus der Sicht des Besuchers, als er dort gemeinsam mit Bischof Dibelius den Weihnachtsgottesdienst abhielt[133]. Auslöser der im Januar 1950 ausgetragenen Kontroverse waren Äußerungen Grübers, die zuerst in der Ost-Berliner Presse auftauchten. Die Berliner Zeitung beispielsweise meldete, Grübers Bericht über „Sachsenhausen 1940 bis 1949" sei von der ‚Westpresse' nicht berücksichtigt worden[134].

Im Wortlaut hatte Grüber – laut Berliner Zeitung – geschrieben: „‚Die Menschen waren nicht Nummern, sondern Individuen. Damals lief hier eine verschüchterte graublaue Masse durcheinander. Jetzt standen hier Menschen in zwangloser Unterhaltung herum, gut angezogen, gut gepflegt und normal ernährt. Die Frauen hatten allerhand Verschönerungskünste angewandt. Bei den jüngeren fehlte sogar die rote Farbe nicht auf den Lippen". Grüber habe – so die Berliner Zeitung – unterstrichen, er wolle weder die Lager selbst noch das Leben in ihnen beschönigen, dennoch habe er die Notwendigkeit einer differenzierteren Sichtweise betont: „‚Aber es ist ein unverzeihliches Unrecht, diese Lager mit den Konzentrationslagern Hitlers in einem Atemzuge zu nennen oder gar zu sagen, genau wie bei den Nazis, vielleicht noch schlimmer. Hier handelt es sich um eingesperrte Menschen, bei Hitler um ständig mißhandelte und gequälte Menschen'". Weiterhin zitierte die Berliner Zeitung in diesem im übrigen völlig unpolemischen Bericht eine Äußerung Grübers, aus der deutlich wurde, daß die Bedingungen in Sachsenhausen besser seien als „‚in den Umsiedlerlagern Westdeutschlands, die ich ebenfalls gesehen habe'".

Zwei Tage später, am 6. Januar 1950, meldete der Tagesspiegel wie die Berliner Zeitung unter Bezugnahme auf eine dpa-Meldung, Grüber habe erklärt, die sowjetischen KZ's seien „mit denen der Nazizeit" nicht zu vergleichen und „das Dasein in den sowjetischen Lagern sei bei weitem menschenwürdiger als das Leben in den Flüchtlingslagern der Bundesrepublik"[135]. Nachfolgend ging der Tagesspiegel auf die Stellungnahme der Kampfgruppe ein, die sich in einem am nächsten Tag in der Neuen Zeitung ausführlich zitierten „Offenen Brief an Propst Grüber" geäußert hatte[136].

Dieser Offene Brief der KgU war als Reaktion auf die entsprechenden, schon am 5. Januar im Neuen Deutschland wiedergegebenen Äußerungen Grübers verfaßt worden, und hier hieß es unter anderem: „Die halbe Wahrheit im Munde eines

---
[133] Der Tagesspiegel vom 6.1.1950.
[134] Berliner Zeitung vom 4.1.1950.
[135] Der Tagesspiegel vom 6.1.1950.
[136] Ebenda; Neue Zeitung vom 7.1.1950.

Mannes, dessen Worte nicht nur in Westdeutschland, sondern vor allem auch in der sowjetisch besetzten Zone als unantastbares Zeugnis eines Geistlichen Gewicht haben, ist verderblicher als Lügen kommunistischer Propagandisten. Wenn Ihnen die sowjetisch-lizenzierte Presse schon nicht die Möglichkeit gibt, die volle Wahrheit zu sagen, wäre es verantwortungsbewußter gewesen, zu schweigen". „,Wenn Propst Grüber behauptet'", hatte der Tagesspiegel die KgU zitiert, „,er habe in den Konzentrationslagern der Sowjetischen Zone nur Menschen in zwangloser Haltung, gut angezogen, gut verpflegt und normal ernährt angetroffen, so hat er entweder ein Potemkinsches Dorf für die Wirklichkeit genommen, oder er hat gelogen'".

Die Kampfgruppe hielt Grübers Beschreibung die Frage entgegen, ob ein jahrelanges Gefangenendasein von Kindern und Jugendlichen wirklich als ‚Leben' bezeichnet werden könnte; sie fragte den Propst, ob man angesichts der hohen Sterbeziffern nicht doch von systematischer Liquidation sprechen müsse, ob er sich erkundigt habe, weshalb man die Menschen nach Sachsenhausen gebracht habe, und ob ihm bewußt sei, daß Tausende von Häftlingen auf ordentliche Gerichtsverfahren warteten. Ferner bekräftigte die Kampfgruppe ihren eigenen Standpunkt: „Die Menschen in Sachsenhausen erleiden heute dasselbe Unrecht wie die Gefangenen von einst. Nur mit dem Unterschied, daß die heutigen Sklavenhalter damals an der Seite der demokratischen Völker für die Freiheit und das Recht kämpften, die heute von ihnen mit Füßen getreten werden'".

An demselben Samstag, an dem die Neue Zeitung über den Offenen Brief der KgU berichtet hatte, griff auch Ferdinand Friedensburg in der Kommentarspalte des Tagesspiegels in die Diskussion ein[137]. Unter dem Titel „Weihnachten in Sachsenhausen" hielt er Grüber zunächst zugute, daß man „die subjektive Aufrichtigkeit" seiner Absichten nicht bezweifeln könne, und hinweisend auf Grübers eigenes „Martyrium" im Dritten Reich unterstrich er, daß der Propst Respekt verdiene, „auch wenn man nicht mit ihm einverstanden ist". Vielleicht habe Grüber auch die Verwandten der Häftlinge beruhigen wollen, und im übrigen vermutete Friedensburg, mochte er „geglaubt haben, durch Bekämpfung gewisser Übertreibungen im Kampfe des Westens gegen den Osten die notwendige Verständigung zu erleichtern".

Nach dieser durchaus um einen versöhnlichen Ton bemühten Einleitung setzte sich Friedensburg um so härter mit den Äußerungen des protestantischen Pfarrers auseinander. Dabei verwies er, indem er einzelne Wendungen aus der Stellungnahme der KgU aufnahm, auf die Fakten und schrieb dann, entscheidender noch als die Form, in der sie geübt werde, sei die unbestreitbare „Willkür der unbeschränkten Macht, die völlige Rechtlosigkeit der Opfer" selbst. Polemisch stellte er die Frage, weshalb so viele Deutsche in die westdeutschen Flüchtlingslager kämen, wenn die sanitären Verhältnisse dort so schlecht wären. In gleicher Weise bezog er Stellung zu Grübers Versuch einer Unterscheidung zwischen nationalsozialistischen und sowjetischen Konzentrationslagern: „Wollte jemand eine etwaige Fortsetzung der Massenmorde an den Juden damit beschönigen, daß die Vergasung jetzt viel humaner sei, so würde sich auch Propst Grüber sicherlich entrüsten. Das ist aber, er möge es verzeihen, der gleiche Versuch, den er unternimmt".

---

[137] Der Tagesspiegel vom 7.1.1950.

Für Ferdinand Friedensburg war aber auch vor dem gesamtpolitischen Hintergrund die Grübersche Position unvertretbar, denn im Gegensatz zu Niemöllers Annahme – „falls sie wirklich vertreten worden ist" –, daß eine Mehrheit vorhanden sei, die zugunsten der deutschen Einheit auch den ‚Bolschewismus' in Kauf zu nehmen bereit sei, bekräftigte der CDU-Politiker seine Überzeugung, daß die Mehrheit der Deutschen im Gegenteil eher die Teilung als den Kommunismus hinzunehmen bereit sei. Entscheidend seien hierbei gerade die „von der Besetzungsmacht fortgesetzten Hitlermethoden", gegen die es anzugehen gelte, was aber dadurch, daß Grüber den Deutschen das Recht, Forderungen an eine Besatzungsmacht zu stellen, bestreite, nicht eben erleichtert werde. Schließlich verwies Friedensburg auf die „neue moralische Schuld", in die sich diejenigen, die schwiegen, von neuem verstrickten, und unterstrich, „daß die Einheit unseres Landes, so hoch wir sie stellen müssen, nicht das einzige Anliegen der evangelischen Deutschen in der Gegenwart ist". Ohne beiderseitige Verpflichtung zu Wahrhaftigkeit, Recht und Humanität, „ohne ein solches Bekenntnis und ohne seine praktische Anwendung auch bei der östlichen Besatzungsmacht", so faßte Friedensburg abschließend zusammen, seien die Anstrengungen Grübers und Niemöllers „gegenstandslos, vielleicht sogar schädlich".

Die Sonntagsausgaben der kommunistischen Presse beschäftigten sich ebenfalls noch einmal mit den Äußerungen Grübers. Die Tägliche Rundschau konzentrierte sich dabei auf die Kampfgruppe, die „schön ausgestopft mit Dollar- und Pfundnoten" in West-Berlin „eine bequeme Parasitenexistenz" führe[138]. Im Dritten Reich, so behauptete die Zeitung, hätten „die heutigen Mitglieder der famosen ‚Kampfgruppe gegen Unmenschlichkeit' nichts gegen die Unmenschlichkeit unternommen, vielmehr hätten damals eine Reihe von KgU-Mitarbeitern „die braune Uniform" getragen und insbesondere „Herr Hildebrandt" sei ein „Mitläufer der Nazis" gewesen. Dibelius und Grüber hätten demgegenüber „*die Wahrheit*" gesagt, und ihnen sei es gelungen, „das verlogene System der ‚Kampfgruppe' zu enthüllen". Die Tägliche Rundschau fuhr fort: „Man braucht Dibelius und Grüber nicht zu Hilfe zu kommen. Sie wissen sich selbst zu wehren, wie man sich eben gegen Ungeziefer wehrt".

Etwa zehn Tage später meldete die Neue Zeitung, entlassene Häftlinge hätten erklärt, Grüber dürfe sich heute nicht mehr in einem Lager sehen lassen; ferner, hieß es, hätten die Entlassenen erzählt, wie ein sowjetischer Offizier die amerikanischen Aufschriften auf den Bonbonbüchsen, die ein katholischer Geistlicher verteilen wollte, zuvor abgekratzt habe[139]. Im Tagesspiegel hieß es, daß während der Predigt das Auto eines katholischen Weihbischofs von sowjetischen Offizieren durchsucht worden sei und daß die mitgeführten „Liebesgaben" vor der Verteilung ausgepackt worden seien, da aus den Verpackungen hervorging, „daß es sich um amerikanische Spenden handelte"[140].

Abermals einen Tag später zitierte der Tagesspiegel eine Entschließung des Rates der Evangelischen Kirche in Deutschland: „Die Öffentlichkeit ist in den letzten

---

[138] Tägliche Rundschau vom 8.1.1950.
[139] Neue Zeitung vom 18.1.1950.
[140] Der Tagesspiegel vom 18.1.1950.

Wochen durch Äußerungen einzelner kirchlicher Persönlichkeiten beunruhigt worden. Diese Äußerungen gehen auf die alleinige Verantwortung derer, die sie getan haben'"[141]. Der Rat der EKD habe betont, die Einheit dürfe nicht durch Preisgabe von Freiheit und Menschenwürde erkauft werden; im übrigen seien Konzentrationslager „grundsätzlich", „in jeder Form und in jedem Land" abzulehnen. In derselben Ausgabe meldete die Zeitung, Propst Grüber sei von Volkskammerpräsident Dieckmann als „‚Vertreter der evangelischen Kirche bei der Regierung der Deutschen Demokratischen Republik'" als Ehrengast begrüßt worden[142].

Am 22. Januar veröffentlichte die evangelische Wochenzeitung ‚Die Kirche' aufgrund einer Reihe von Leseranfragen eine, wie die Schriftleitung mitteilte, „von Propst Grüber autorisierte Fassung seines Berichtes"[143]. Diese Version läßt erkennen, daß die Wiedergabe in der Berliner Zeitung korrekt gewesen war[144]. Grüber unterstrich noch einmal, daß seine Ausführungen die Kritik von beiden Seiten geradezu herausfordern mußten: „Auf der einen Seite wird man mir vorwerfen, daß ich an den bestehenden Einrichtungen einer Besatzungsmacht Kritik übe. Auf der anderen Seite wird man darüber böse sein, daß man kein Material für eine dramatisierte Greuelpropaganda bekommt".

9. Auflösung von Buchenwald und Sachsenhausen

„Es gibt in Berlin keine Deutschen mehr, es gibt nur Amerikaner und Russen, und wer sich nicht zu den Amerikanern bekennt, gilt als Russe", stellte Martin Niemöller Ende Januar 1950 fest[145]. Obwohl diese Worte stark pointiert waren, da sie in gewisser Weise der Selbstverteidigung dienten, charakterisierten sie die in der westdeutschen und West-Berliner Öffentlichkeit vorhandene Polarisierung doch treffend. Die Reaktionen auf Grübers Äußerungen illustrieren diese Feststellung in typischer Weise.

Propst Grüber hatte den Konsens des Kalten Krieges verlassen, indem er es – durchaus mit ehrlicher Überzeugung – gewagt hatte, eine differenzierende und abweichende Meinung vorzutragen. Er hatte dies in einer Frage getan, die, wie Friedensburg unterstrichen hatte, bei der Entstehung dieses Konsenses von wesentlicher Bedeutung gewesen war und die für die öffentliche Meinung nach wie vor von entscheidender Bedeutung war. Daß man derart gereizt reagierte, war wohl nicht zuletzt auch Ergebnis der Bemühungen der KgU, die ja ständig Sorge trug, daß das Thema der sowjetischen Lager und Haftanstalten im öffentlichen Bewußtsein blieb. Deshalb hatte gerade die Kampfgruppe sofort protestiert. Ihr Umgangston war in diesem Fall alles andere als zurückhaltend. Allerdings muß festgehalten wer-

---

[141] Der Tagesspiegel vom 19.1.1950.
[142] Ebenda. – Man könnte die Frage stellen, ob die Nachrichtengebung hier tatsächlich allein durch die Parallelität der Geschehnisse bedingt war, mußte doch die Meldung über die Begrüßung Grübers in der Volkskammer der DDR wie eine Bestätigung der im übrigen keine Namen nennenden Entschließung der EKD wirken.
[143] Die Kirche vom 22.1.1950.
[144] Vgl. Berliner Zeitung vom 4.1.1950; hier S. 91.
[145] Der Tagesspiegel vom 24.1.1950.

den, daß Friedensburg die Stellungnahme der Kampfgruppe im Grad der Polemik noch übertraf.

Die zuletzt zitierte Aussage Grübers aus der Kirche zeigte, daß er – mit Niemöllers Worten gesagt – bewußt weder Russe noch Amerikaner sein wollte. Er wollte sich nicht in die Frontlinien des Kalten Krieges einordnen. Deshalb mußte die Kampfgruppe auf seine in ihrem Sinne fast defaitistische Äußerung derart schroff reagieren. Vielleicht ist der Gehalt dieser Kontroverse vom Januar 1950 damit überinterpretiert, denn Grüber trat hier allenfalls als Vorreiter jener sich im Laufe des Jahres erst langsam herausbildenden „Anti-Kalter-Kriegs-Partei" auf[146]. Sofern aber Grübers Äußerungen etwas darstellten wie eine frühe Regung dieser Richtung, so wird von diesem Punkt aus ersichtlich, daß bei einer stärkeren Profilierung dieser Gruppierung sich die Kampfgruppe ebenfalls stärker auf deren innenpolitische Bekämpfung würde konzentrieren müssen.

Sieht man nun von diesem politischen Zusammenhang ab und fragt nach der Substanz des Streits, dann ist festzustellen, daß Grübers Wünsche denen der Kampfgruppe doch nicht ganz so fern standen. Zu seinen Forderungen hinsichtlich der Lager schrieb Grüber: „Wenn sie würden bestehen bleiben, dann wünschte ich: Durchführung eines öffentlichen Gerichtsverfahrens für alle Insassen, regelmäßige Korrespondenz mit den Angehörigen, regelmäßige seelsorgerische Betreuung und besondere Durchführung der Haft für Jugendliche"[147].

Trotz der von Grüber eingeräumten „Vorläufigkeit des Urteils" und auch wenn von den Sowjets manches gestellt war[148], spricht doch einiges für Grübers Gesamteindruck. Im Vergleich zu früheren Jahren war es in den Lagern in der Tat zu gewissen Verbesserungen gekommen. Diese Veränderungen standen jedoch in Zusammenhang mit Ereignissen, die sich bereits während der Debatte im Januar 1950 ankündigten. Vor dem Hintergrund der neuen Entwicklung wurde die Kontroverse schnell beendet.

Am 17. Januar nämlich hatte der Staatssekretär des Innenministeriums der DDR, Herbert Warnke, vor der Presse erklärt, es würden nunmehr täglich 520 Häftlinge aus Sachsenhausen, Buchenwald und Bautzen entlassen werden; ferner teilte er mit, daß diese Entlassungsaktion voraussichtlich innerhalb eines Monats beendet sein werde[149]. Gerhart Eisler, Leiter des Amtes für Information der DDR-Regierung, war auf Befragen der Journalisten nicht in der Lage, Angaben über die Zahl der Verstorbenen zu machen. Schon am Tage der Ankündigung waren allein aus Sachsenhausen 300 Häftlinge entlassen worden[150]. Noch am selben Tag trafen die ersten in West-Berlin ein, wo man auf den Ansturm überhaupt nicht vorbereitet war; am 18. Januar richtete der Magistrat in der Kuno-Fischer-Straße am Lietzensee eine „Zentrale Flüchtlingsstelle" ein[151]. Die SPD-Fraktion im Abgeordnetenhaus hatte

---

146 Ernst Nolte (Deutschland, S. 396) stellt fest: „Den zweiten Gegenring stellte die Entspannungs- (Anti-Kalter-Kriegs-)Partei dar, die langsam aus den drei Hauptversionen des Widerstandes gegen die Wiederbewaffnung herauswuchs."
147 Die Kirche vom 22.1.1950.
148 Vgl. hier S. 91.
149 Neue Zeitung, Der Tagesspiegel vom 18.1.1950.
150 Der Tagesspiegel vom 18.1.1950.
151 Der Tagesspiegel vom 19.1.1950.

als erste praktische Folgerung einen Antrag mit dem Ziel gestellt, eine – wohl vor allem soziale – Gleichstellung der ehemaligen Internierten mit Kriegsheimkehrern zu erreichen.

In der Tat war nun vor allem praktische Hilfe für die Freigelassenen notwendig; dies wurde auch in einem Aufruf der Kampfgruppe gegen Unmenschlichkeit deutlich, in dem sie sich an den Magistrat, die karitativen Organisationen, die Betriebe und an „jeden hilfsbereiten Berliner mit der Bitte" wandte, „das Schicksal der ehemaligen Häftlinge der Konzentrationslager zu erleichtern"[152]. Den Inhalt dieses Aufrufs, den auch die Neue Zeitung verbreitete, gab der Tagesspiegel so wieder: „Ihnen drohe die Gefahr, gerade im Besitz der wiedergeschenkten Freiheit, jetzt noch ein Opfer der Not und der Hilflosigkeit zu werden. Sachspenden und Meldungen über freie Schlafstellen werden jederzeit in der Geschäftsstelle der Organisation in Nikolassee, Ernst-Ring-Straße 2, Telephon 84 43 46 und 84 46 73 entgegengenommen". Eine Woche später wiederholte die KgU einen ähnlichen Aufruf[153].

In den folgenden Wochen wurde die Kampfgruppe bis an die Grenzen ihrer Leistungsfähigkeit in Anspruch genommen. Am 8. Februar meldete der Telegraf, die Kampfgruppe bitte um Geduld, da sie momentan keine neuen Anfragen entgegennehmen könne, weil sich die ihr vorliegenden Angaben ständig ergänzten, so daß sie vorerst keine endgültigen Bescheide erteilen könne[154]. Die KgU versicherte jedoch, sie werde nach Ende dieser Aktion die bei ihr registrierten Angehörigen postalisch über die neuesten Ergebnisse der Ermittlungsarbeiten in Kenntnis setzen. Mitte März mußte die Gruppe nochmals zwecks Sichtung des aufgrund der Entlassungsaktion gewonnenen Materials ihr Büro für den Publikumsverkehr schließen[155].

All dies spielte sich vor dem Hintergrund einer gegen Ende Januar 1950 von neuem verschärften Situation in der Berlin-Frage ab; am 20. Januar schickten die sowjetischen Grenzorgane über 40 Lkws nach West-Berlin zurück und der Lkw-Verkehr zwischen Berlin und dem Bundesgebiet reduzierte sich zeitweise auf etwa zehn Prozent des gewohnten Umfangs. Die Wirtschaftslage in Berlin war nach Beendigung der Blockade ohnehin katastrophal; es gab mehr als 300 000 Arbeitslose in der Stadt, und Mitte März erklärte der Deutsche Bundestag Berlin zum Notstandsgebiet.

Doch auch angesichts der nach West-Berlin strömenden Menge ehemals Internierter benötigte die Stadt Unterstützung von außerhalb. Wohl nicht zuletzt um sich ein Bild der Lage zu verschaffen, war der gesamtdeutsche Minister Kaiser am 20. Februar zu einer kurzen Visite nach Berlin gekommen[156]. Die Kampfgruppe aber war nicht nur am Rande ihrer arbeitsmäßigen, sondern auch an der Grenze ihrer finanziellen Möglichkeiten, auch wenn sie – vermutlich seit dem Herbst 1949 –

---

[152] Der Tagesspiegel vom 18.1.1950.
[153] Der Tagesspiegel vom 26.1.1950.
[154] Telegraf vom 8.2.1950.
[155] Neue Zeitung vom 12.3.1950.
[156] Marie Elisabeth Lüders an Jakob Kaiser vom 21.2.1950, S. 1 (LAZ 11.874).

vom Sozialdezernat des Magistrats einen Zuschuß von 5000 DM monatlich bekam[157].

Wie es scheint, genügten aber auch diese Mittel angesichts des gestiegenen Arbeitsanfalls nicht, denn am 21. Februar wandte sich die Berliner Sozialstadträtin und FDP-Politikerin Marie Elisabeth Lüders in einem fünf Seiten langen Schreiben mit der Bitte um Finanzhilfe für die KgU an den Bundesminister Kaiser. Es ist zu vermuten, daß der in der West-Berliner Sozialpolitik bewanderte KgU-Mitarbeiter Ernst Tillich hier in irgendeiner Weise seinen Einfluß geltend gemacht hatte.

Grundsätzlich ist zu Frau Lüders Brief festzuhalten, daß die Stadträtin offenbar von der Annahme ausging, die Kampfgruppe gegen Unmenschlichkeit sei dem gesamtdeutschen Ministerium nicht bekannt. So betonte sie, daß der KgU-Suchdienst die einzige in Deutschland bestehende Institution sei, die nach Personen forsche, die sich in NKWD-Haft befänden[158]. Eingehend legte sie – auch anhand von Zahlen – die Dimensionen der Interniertenfrage dar und kam zu dem Schluß, daß die Arbeit „der in bescheidensten Verhältnissen arbeitenden Stelle" nicht zuletzt bei der Überprüfung der politischen Flüchtlinge „vollkommen unentbehrlich" sei; in mehreren Besprechungen und bei einer „eingehenden Besichtigung", so versicherte sie dem Minister, sei sie zu diesem Ergebnis gekommen.

Unentgeltlich, unterstrich Frau Lüders, bearbeiteten derzeit sechs Personen eine Flut von Suchanträgen, deren Gesamtzahl sich ohne Berücksichtigung der vom Roten Kreuz übermittelten Anfragen auf gegenwärtig 25 000 belaufe[159]. Nach ihrem Eindruck wären aber noch mindestens sechs weitere Mitarbeiter notwendig, und außerdem müßte die bisher in primitiven Kästen aufbewahrte Kartei „schon aus Sicherheitsgründen" endlich in Schränken untergebracht werden. Ferner könne ein solcher Suchdienst „natürlich nicht als eine rein staatlich-administrative Arbeit durchgeführt werden", weil mit diesem Bereich zu viele sensible Fragen verbunden seien, über die sich die Flüchtlinge „vor einer rein amtlichen Stelle" nicht mit der erforderlichen Klarheit äußern würden[160].

Sichtlich mit vollem Engagement bemühte sich die Berliner Sozialstadträtin, den Bonner Minister von seiner Verpflichtung zur Unterstützung zu überzeugen. Anläßlich ihres Besuchs bei der KgU sei sie selbst für ihr eigenes Ressort zu dem Schluß gekommen, „daß ich auch meinerseits noch viel mehr als bisher versuchen muß, behilflich zu sein, denn der Zustand, in dem die Leute zu einem großen Teil hier gesundheitlich und auch in ihrer Kleidung ankommen, ist einfach deplorabel". Am Beispiel des „miserablen Zustandes der Gebisse dieser Leute" suchte sie klarzumachen, daß sie schon in ihrem engeren sozialen Aufgabenbereich vor einer Fülle von Problemen und Sorgen stand, so daß Bonner Hilfe unabdingbar nötig war.

Abschließend verwies sie „noch einmal auf das *ernstlichste*" auf die Ausführungen, die sie am Vortag Kaiser gegenüber – auch in Anwesenheit des Finanzministers Schäffer – gemacht hatte und wiederholte, daß es in erster Linie um eine moralische

---

[157] Ebenda, S. 2. – Hier heißt es: „Ich habe deshalb vor einigen Monaten, sozusagen von heute auf morgen, durch meine Abteilung monatlich 5 000 DM zur Verfügung stellen lassen."
[158] Ebenda, S. 1f.
[159] Ebenda, S. 3.
[160] Ebenda, S. 4.

Stärkung der Widerstandskraft der Bevölkerung gehe, damit „dieser Vorposten nicht verloren geht". Mit durchaus kritischem Unterton richtete sie einen eindringlichen Appell an die Bundesregierung, nachdem auch sie darauf hingewiesen hatte, wie sehr der kommunistische Herrschaftsapparat schon jetzt dem des Nationalsozialismus gleichkomme: „Ich weiß, sehr geehrter Herr Minister, was ich sage, wenn ich das sage und wäre dankbar im Interesse Deutschlands und Europas, wenn das Kabinett dieser Entwicklung die allerernsteste Aufmerksamkeit schenken würde, denn bisher scheint das nicht der Fall gewesen zu sein, nach dem alten Worte: Was ich nicht weiß, macht mich nicht heiß"[161].

Jakob Kaisers Antwortschreiben liegt dem Verfasser nicht vor. Statt dessen kann jedoch als Bonner Reaktion die Antwort des Bundesministers für den Marshallplan und Vizekanzlers Franz Blücher herangezogen werden, dem Frau Lüders ihr Schreiben an Kaiser zur Kenntnisnahme ebenfalls zugesandt hatte[162]. Der damalige FDP-Vorsitzende teilte seiner Parteifreundin am 8. März mit, er werde „nicht verfehlen, im geeigneten Moment Ihre Initiative entsprechend zu unterstützen".

In der Sache selbst reagierte das Bundesministerium für gesamtdeutsche Fragen sozusagen postwendend. Vom nächsten Monat an erhielt die Kampfgruppe eine monatliche Beihilfe aus Bonn, die jedoch allein für die zu dieser Zeit vordringliche Aufgabe des Suchdienstes zu verwenden war[163]. Staatssekretär Thedieck erinnerte sich 1969 an eine Summe von ebenfalls 5000 DM[164]. Seit April 1950 erhielt die KgU also auch einen Bundeszuschuß, der neben der vom Magistrat gezahlten Beihilfe die Arbeitsfähigkeit der Organisation sicherstellte. Dabei ist zu vermerken, daß die Finanzmittel von deutscher Seite hauptsächlich deshalb zur Verfügung gestellt wurden, weil in der auch aus Frau Lüders' Brief deutlich werdenden Notlage der Entlassenen die karitative Arbeit der KgU als unverzichtbar angesehen wurde.

Die Unterstützung der Kampfgruppe durch den Magistrat beschränkte sich jedoch keineswegs allein auf die Bereitstellung von Geldern. Von der Abteilung Sozialwesen wurden der KgU 13500 Zigaretten, 200 wollene Herrengarnituren, 200 Herrensporthemden sowie 79 Paar Herrensocken zur Weitergabe an entlassene Internierte zur Verfügung gestellt[165].

10. „Sowjetunion gegen Rußland"

Die ersten Befragungen der Entlassenen förderten eine Vielzahl von Informationen über die Situation in den Lagern zutage. Schon die ersten, die in West-Berlin eingetroffen waren, hatten berichtet, sie hätten seit Juli 1949 keine Post mehr an ihre Verwandten schicken dürfen und erst unmittelbar vor ihrer Entlassung habe man

---

[161] Ebenda, S. 5.
[162] Franz Blücher an Marie Elisabeth Lüders vom 8.3.1950 (LAZ 11.874).
[163] Franz Thedieck, Bonn, für den Bundesminister für gesamtdeutsche Fragen an Erik Rinné (FDP), an der Fundstelle undatiert, in: Bull.Reg. vom 17.5.1958, S. 896.
[164] Gisela Rüss, Anatomie einer politischen Verwaltung. Das Bundesministerium für gesamtdeutsche Fragen – Innerdeutsche Beziehungen 1949-1970, München 1973, S. 139 (Anm. 92 enthält ein Zitat aus einem Interview Thediecks vom 1.12.1969).
[165] Berliner Anzeiger vom 8.3.1950.

ihnen neue Kleider gegeben[166]. Auch in letzter Zeit seien im KZ Sachsenhausen täglich noch immer etwa zehn Insassen pro Tag verstorben. Ein paar Tage später wurde bekannt, daß sich in den KZs angeblich auch britische und amerikanische Soldaten befunden hätten; nach Mitteilung der Kampfgruppe seien in einer Baracke in Sachsenhausen insgesamt 53 Ausländer verschiedenster Nationalität untergebracht gewesen[167]. Abermals drei Tage später berichtete der Tagesspiegel von einem Rundschreiben des SED-Politbüros an alle Parteidienststellen, aus dem die Absicht deutlich wurde, daß die SED auf ihren eigenen Anteil an der Auflösung der Konzentrationslager eindringlicher hinweisen wollte[168]. Am 24. Februar teilte dann schließlich der persönliche Referent des Staatssekretärs im DDR-Innenministerium Gröscher mit, die Entlassungsaktion aus Bautzen, Buchenwald und Sachsenhausen werde am 10. März endgültig beendet sein[169]. Tatsächlich hatte die Aktion um einiges länger gedauert, als anfänglich angekündigt worden war[170].

Die erste nach der Entlassungswelle durchgeführte Kundgebung der KgU – die Neue Zeitung sprach von einer „Manifestation" – stand unter dem Motto „Sowjetunion gegen Rußland"[171]. Am Vormittag des 5. März, einem Sonntag, hatten sich wieder einmal in feierlichem Rahmen 2000 Menschen in der Städtischen Oper versammelt; zu Beginn spielte das RIAS-Orchester Mussorgskis „Nacht auf dem Kahlen Berg" und vor den Ansprachen wurde aus Dostojewskis Roman „Dämonen" ein prophetisches Gespräch vorgetragen. Erstmals sprach bei der KgU ein russischer Emigrant; das Hauptreferat wurde von Roman Redlich gehalten. Redlich war Mitarbeiter der russischen Emigrantenorganisation NTS und leitete später deren Forschungsstelle in Bad Homburg[172]. Er unterstrich das Erfordernis einer Unterscheidung zwischen stalinistischem Regime und russischem Volk, erinnerte unter anderem an den Aufstand der Kronstädter Matrosen sowie an die Revolten der Bauern im Wolgagebiet und machte damit auf den „Widerstandskampf des russischen Volkes" aufmerksam. Redlich schilderte die gesellschaftlichen Gegebenheiten und legte die ökonomische Bedeutung der Zwangsarbeit in der UdSSR dar. Er wies darauf hin, daß zur Erfüllung der Wirtschaftspläne Millionen von Zwangsarbeitern gerade in Bereichen notwendig seien, in die kein freier Arbeiter gehen würde.

Rainer Hildebrandt verlas in seinem Schlußwort vier programmatische Forderungen, die als Beschreibung des Verhältnisses der Kampfgruppe zur Sowjetunion bzw. zu Rußland das der KgU Wesentliche knapp zusammenfassen:
„1. Feindschaft dem stalinistischen System, aber Freundschaft dem russischen Volk.

---

[166] Der Tagesspiegel vom 18.1.1950.
[167] Der Tagesspiegel vom 21.1.1950.
[168] Der Tagesspiegel vom 24.1.1950.
[169] Der Tagesspiegel vom 25.2.1950.
[170] Der Tagesspiegel, Neue Zeitung vom 18.1.1950; hier S. 95.
[171] Neue Zeitung vom 7.3.1950.
[172] Hans von Rimscha, Die Entwicklung der rußländischen Emigration nach dem Zweiten Weltkrieg, 2. Teil, in: Europa-Archiv, 7. Jg. (20. November-5. Dezember 1952), S. 5319-5332; hier S. 5331.

2. Achtung und Unterstützung für die im geheimen Freiheits- und Gerechtigkeitskampf stehenden Kräfte in Rußland.
3. Schulen und Universitäten müssen das stalinistische System erforschen und die gesellschaftlichen Verhältnisse jedem nahebringen.
4. Nicht mehr die Sowjets und die Stalinisten, die die Unmenschlichkeit begehen, als Russen zu bezeichnen". –

Am 13. März sprach der KgU-Leiter auf Einladung der Universität in der FU vor Studenten[173]. Nachdem er von drei Fällen aus der Gefundenenkartei berichtet hatte und anhand dieser Menschen eine Reihe von Aussagen über die von den Sowjets nach wie vor angewandten Methoden getroffen hatte, gab er eine Beurteilung der Lage nach dem Ende der Entlassungsaktion[174]. Hierzu stellte Hildebrandt fest, daß bisher allenfalls ein Siebentel aller Inhaftierten freigelassen worden sei und daß die Mehrzahl aller Häftlinge verhungert, in die Sowjetunion deportiert, in NKWD-Gefängnisse überstellt oder in unter deutscher Verwaltung gestellte Haftanstalten überführt worden sei[175]. Motiv für die tatsächlich erfolgten Entlassungen sei auf sowjetischer Seite allein der Wunsch gewesen, „salonfähig zu werden".

Vor seinem universitären Auditorium ging Hildebrandt im weiteren Redeverlauf inbesondere auf den dritten Punkt seiner programmatischen Erklärung vom 5. März ein. Er erinnerte an die Entstehungsgründe der Freien Universität, und es war wohl zu einem Teil ein Sich-Erinnern an die eigene Studienzeit, daß Hildebrandt hier einige Verse aus den „Moabiter Sonetten" seines Lehrers Haushofer rezitierte[176]. „Wer einmal in Haft gewesen war, weiß, welcher Reichtum sich aus dem eigenen Inneren erschließen kann, wenn man sein Inneres gegen sein Selbst zu öffnen versteht", hatte er vor der Rezitation des Gedichttextes nicht zuletzt aus eigener Erfahrung heraus gesagt. –

Im Zuge seiner folgenden Darlegungen ergab sich für Hildebrandt der Schluß, es komme nicht „auf das Rühren einer antisowjetischen Campagne" an, sondern jeder müsse durch eigene Anstrengungen – und vor allem Hilfsbereitschaft – den Ernst seiner Auflehnung gegen das kommunistische System beweisen[177]. Die Studenten müßten die Grundlagen zur Bekämpfung des Stalinismus erarbeiten, die Strukturen des „bolschewistischen Systemes" erforschen und die geistigen Grundlagen erkennen, „die erforderlich sind, um Europa zu der unerläßlichen praktischen Einheit zu machen".

Weiter betonte Hildebrandt: „Vor allem aber glaube ich, gilt es heute, die russische Sprache zu erlernen und damit die Voraussetzungen zu schaffen, welche das terrorgeprüfte deutsche Volk mit dem noch schwerer geprüften russischen – das antisowjetischer ist, als wir es allgemein wissen – verbinden. Die russischen Widerstandskämpfer sind ja heute nicht minder alleingelassen, wie es einst die deutsche

---

[173] Ansprache Dr. Rainer Hildebrandt, 13.3.1950, Freie Universität (masch.Ms.), S. 1, 8 (ARH). – Das Manuskript trägt den Vermerk „Originalrede enthält Abänderungen" (S. 1).
[174] Ebenda, S. 1ff.
[175] Ebenda, S. 3.
[176] Ebenda, S. 4.
[177] Ebenda, S. 6.

Widerstandsbewegung gegen Hitler war"[178]. Da die Ländergrenzen „in den bestimmenden Fragen der Völkerschicksale" bedeutungslos geworden seien und „die eigentlichen, bestimmenderen Grenzen heute mitten durch alle Länder hindurch" gingen, gelte es, daß die „westliche Kulturwelt mit den Widerstandskräftigen aller Bevölkerungen jenseits des Eisernen Vorhang" zusammenwirke. Es ist aufschlußreich, daß Hildebrandt hier anklingen läßt, daß für ihn nicht mehr Staatsgrenzen die Frontlinien markierten, sondern daß die „‚Grenze des Kalten Krieges'"[179] – sozusagen in Verlängerung der Staatsgrenzen – bis in die einzelnen Gesellschaften hineinreichten. Hervorzuheben bleibt in bezug auf die von Hildebrandt an die Wissenschaft gestellten Forderungen, daß er im Grunde auch sie in den Dienst des Kalten Krieges gestellt sehen wollte, etwa im Sinne einer an den Hochschulen zu betreibenden ‚Ostforschung'. Nicht zufällig entwickelte Hildebrandt dies vor Studenten der FU, und es ist wohl zu vermuten, daß gegen diese Art von ‚Politisierung' in den Reihen der Studenten kaum protestiert wurde, war doch diese Universität selbst gerade vor vier Semestern als Produkt des Kalten Krieges entstanden.

Ende März 1950 sprach Hildebrandt neuerlich in einer Universität[180]. Bevor er aber auf dieser Veranstaltung des Kampfbundes gegen Unmenschlichkeit in Hamburg das Wort ergreifen konnte, mußte die Polizei der Hansestadt erst einmal den Großen Hörsaal räumen[181]. Die „‚Partei der DDR' in der Bundesrepublik"[182] trat an diesem Tag nämlich massiv in Erscheinung: Als der KgU-Leiter das Podium bestieg, erhoben sich etwa 300 der Anwesenden, sangen zunächst die Internationale, um dann in Sprechchören Parolen wie „Nieder mit dem Kampfbund, Nazis raus" und „Es lebe die Sowjetrepublik" zu rufen[183]. „In einem Moment der Ruhe", habe Hildebrandt, wie der Kurier am nächsten Tag meldete, gesagt: „‚Was ich über die von Moskau gelenkten Methoden sagen wollte, haben sie mir abgenommen'".

In der Rede selbst wird spürbar, daß Hildebrandt hier offensichtlich eine stärkere Distanz zu seinen Zuhörern empfand als etwa drei Wochen zuvor an der FU. Gleich im ersten Satz kündigte er an, er werde „aus der Berlin-Perspektive" sprechen[184]. Diese Hamburger Rede kann als die auf ein bundesdeutsches Publikum berechnete Version seiner Berliner Rede charakterisiert werden; dieser Umstand illustriert, wie verschieden er das Klima in der ‚Frontstadt' und in der Bundesrepublik beurteilte. Manches, was in West-Berlin nur mit einem Stichwort erwähnt zu werden brauchte, wurde hier breit und anschaulich entfaltet.

Eingangs beschäftigte er sich deshalb – fast könnte man sagen zur Rechtfertigung seines Hauptthemas – mit Fällen von Unmenschlichkeiten *diesseits* des Eisernen Vorhangs", die seiner Erwartung nach den Zuhörern näherlagen. Er bekannte sich zum Grundsatz der Unteilbarkeit der Forderung nach Menschlichkeit: „Ich glaube – und ich weiß mich darin auch mit allen Kämpfern des Kampfbundes gegen Un-

---

[178] Ebenda, S. 7.
[179] Nolte, Deutschland, S. 390ff., besonders S. 394.
[180] Rede Dr. Rainer Hildebrandt, 31.3.1950, Universität Hamburg (masch.Ms.), S. 1 (ARH); Kurier vom 1.4.1950.
[181] Kurier vom 1.4.1950.
[182] Nolte, Deutschland, S. 382.
[183] Kurier vom 1.4.1950.
[184] Rede Dr. Rainer Hildebrandt, 31.3.1950, Universität Hamburg, S. 1f.

menschlichkeit eins – daß nur dann, wenn bei der westlichen Welt nicht ähnliche Unmenschlichkeiten vorkommen oder geduldet werden wie bei den Sowjets, wir stark genug sein werden und nur dann die innere Kraft haben können, um dem sowjetischen System gewachsen zu sein".

Dann aber wandte er sich von neuem der Analyse der Situation nach der Anfang des Monats beendeten Entlassungsaktion zu: „Doch gibt es auch hier Viele, die jetzt in der Auflösung der Ostzonen-KZ's eine wesentliche Etappe zur Besserung und Vermenschlichung des Systems sehen"[185]. Anhand einiger praktischer Beispiele setzte er sich dann mit der Darstellungsweise der durchgeführten Verbesserungen auf sowjetischer Seite auseinander; zu den Vernehmungsmethoden der NKWD sagte er: „Die Stalinisten konnten sogar sagen, daß bei den Vernehmungen von den NKWD-Dienststellen jetzt nicht mehr geschlagen wird, – auch das stimmt, wenn man von wenigen Ausnahmen absieht. Und es stimmt auch, daß die Stehbunker, in denen der Gefangene weder sitzen noch liegen kann, abgeschafft werden (allerdings nicht aus Gründen der Humanität, sondern weil es noch bessere Mittel gibt, ein Geständnis zu erpressen)!"[186]. Heutzutage müßten die Gefangenen mit angezogenen Beinen nächtelang auf 15 bis 20 Zentimeter hohen Holzschemeln auf der Vorderkante der Sitzfläche hocken; ohne Schlaf und ohne Bewegungsmöglichkeit werde die Widerstandskraft total zerbrochen: „In diesem Zustand unterschreibt *jeder* das gewünschte Geständnis, berichtete uns ein Russe, der tiefen Einblick in die sowjetischen Verhörmethoden hat. Ohne Schläge, ohne Stehbunker, nur durch Sitzen – wer möchte das unmenschlich nennen – wird alles erreicht".

Genauso aus dem Bestreben der Sowjets, ihr Gesicht zu wahren, interpretierte Hildebrandt auch die wiederholten Entlassungsaktionen, bei denen – schon im Frühjahr 1948 – die zu entlassenden Häftlinge „drei Monate lang vorher tüchtig aufgepäppelt" wurden, „bis sie wieder menschenähnlich aussahen"[187]. So hätte schon ein Jahr später aufgrund zunehmenden Drucks der Weltöffentlichkeit bei der SMA die feste Absicht bestanden, die Lager als den hauptsächlichen Stein des Anstoßes aufzulösen. Dabei sei es der SMA jedoch wichtig gewesen, die Maßnahme in „einem politisch genügend ruhigen Klima" durchzuführen[188].

An dieser Stelle ging Hildebrandt noch einmal auf die Äußerungen Propst Grübers ein und stellte sie in unmittelbaren Zusammenhang mit dem sowjetischen Interesse, anläßlich der Lagerauflösungen die dort herrschenden Verhältnisse nicht in zu starkem Maß ins Bewußtsein der Weltöffentlichkeit treten zu lassen: „Um dem vorzubeugen, war vor Öffnung der Lagertore eine entgegenwirkende Erklärung von maßgeblicher westlicher Seite unerläßlich. Sie gab Propst Grüber. Als er durch Sachsenhausen ging, wußte er wohl nicht, daß unter dem Boden, auf dem er stand, über 26 000 Tote liegen und daß, als er nach seiner Predigt sein Vesperbrot auspackte und es in Gegenwart der Gefangenen aß, eine solch dick belegte Stulle ein Jahr zuvor noch manchem das Leben hätte verlängern können!" Sicherlich war es nicht berechtigt, Grüber willentliche Unterstützung der sowjetischen Taktik zu unter-

---

[185] Ebenda, S. 2.
[186] Ebenda, S. 3f.
[187] Ebenda, S. 4.
[188] Ebenda, S. 5f.

stellen, aber mit gewissem Grund konnte Hildebrandt hier wohl doch feststellen, daß Grübers Äußerungen dem sowjetischen Anliegen entgegengekommen waren. Insgesamt, so folgerte er schließlich, hätten die Sowjets also weder aus Anständigkeit noch der Humanität zuliebe so gehandelt; „die inneren Kräfte, welche das System beherrschen", seien sich nämlich gleich geblieben[189]. An diesem Punkt wird deutlich, daß die von der KgU anfänglich als Hauptangriffspunkt betrachteten Konzentrationslager als eklatantester Fall kommunistischer ‚Unmenschlichkeit' unterdessen mehr und mehr zum bloßen Symptom für die im Blick der Kampfgruppe systembedingt inhumane Natur des Regimes geworden waren. Dennoch scheint es, daß die Gruppe in eine gewisse Defensivposition geraten war, nachdem die Sowjets mit der Auflösung der Lager diesen Ansatzpunkt beseitigt hatten.

Der Vorrang der politischen Aufgabenstellung wurde nun unzweideutig erkennbar – ohne daß im übrigen die karitative Arbeit vernachlässigt worden wäre. Mithin war es nicht zutreffend, wenn etwa der Berliner Anzeiger im März 1950 behauptete: „Die Kampfgruppe hat kein ausgesprochen politisches Ziel"[190]. Auch in seiner Hamburger Rede legte Hildebrandt diese Ziele dar: „Und genauso wie mit den friedliebenden Polen müssen wir mit den freiheitsliebenden Ungarn, Tschechen, Rumänen, Bulgaren Verbindung suchen und ihre Freundschaft gewinnen"[191]. Diese Aufgabe sollte von einem „europäischen Freiheitssender" übernommen werden. Hildebrandt stellte sich sozusagen einen RIAS in europäischem Maßstab vor; tatsächlich begann ja auch im Jahre 1950 „Radio Free Europe" die ersten Sendungen nach Osteuropa auszustrahlen.

Als bedeutendste Aufgabe bezeichnete Hildebrandt die Gewinnung der Freundschaft des russischen Volkes, und dabei verwies er auf die lediglich „propagandistischen" Beziehungen zwischen der DDR-Bevölkerung und der Roten Armee, die, sofern sie nämlich zu „echten" Beziehungen werden würden, zu einer Gefahr für die „Stalinisten" würden[192]. Im Rahmen einer westlichen Strategie des Kalten Krieges hielt Hildebrandt es somit für geboten, im gesamten Ostblock eine Partei des Westens als Verbündeten zu gewinnen. Neuerlich verlangte er, „Sowjets" und „Stalinisten" von „Russen" zu unterscheiden; er begründete dies mit dem Hinweis auf die unzutreffende Identifikation zwischen „Nazis" und „Deutschen"[193].

Das Programm der Kampfgruppe war in der Tat eminent politisch. Vom Standpunkt des Sowjetkommunismus aus war es sogar aggressiv. Den Konflikt, um den es ging, hatte Hildebrandt schon in der FU so beschrieben: „Es wird immer offensichtlicher, daß wir in einem Wettrennen stehen. Wer ist schneller? Der Vorgang des Zusammenschlusses der Freiheit und der Gerechtigkeit liebenden Menschen in aller Welt oder die Sowjets, die *auch* den Menschheitsgedanken haben, wenn auch einseitiger, und auf anderen Mitteln basierend"[194].

---

[189] Ebenda, S. 6.
[190] Berliner Anzeiger (Steglitz) vom 8.3.1950.
[191] Rede Dr. R. Hildebrandt, 31.3.1950, Universität Hamburg, S. 11.
[192] Ebenda, S. 12.
[193] Ebenda, S. 13.
[194] Ebenda, S. 8f.

11. Ernst Tillich wird „ständiger Stellvertreter des Leiters"

Am 22. März 1950 hatte der Tagesspiegel folgende dreizeilige dpa-Meldung gebracht: „Ernst Tillich ist in die Geschäftsführung der von Dr. Hildebrandt geleiteten Kampfgruppe gegen Unmenschlichkeit eingetreten"[195]. Acht Tage später gab Ernst Lewalter in der ‚Zeit' in einem mit „Ein Mann der Initiative" überschriebenen Artikel ein Porträt Tillichs; dort hieß es, die Aufgabe des neuen KgU-Geschäftsführers solle vor allem darin bestehen, für die Arbeit der Organisation „stärkere Resonanz und Hilfe in Westdeutschland" zu gewinnen[196]. Von zur Mühlen bezeichnete Tillich als „ständigen Stellvertreter des Leiters", und wie es scheint, war Tillich im Laufe des Jahres 1950 tatsächlich neben Hildebrandt und Birkenfeld zum zweiten Mann der Kampfgruppe aufgestiegen[197]. Die beachtliche organisatorische Expansion machte in der KgU-Leitung nun eine stärkere Arbeitsteilung erforderlich. Wahrscheinlich hatte Tillich auch schon bisher einen Großteil dieser organisatorischen Aufgaben übernommen, denn bisher war er ja nicht so häufig wie Hildebrandt als Repräsentant der KgU ins Licht der Öffentlichkeit getreten.

Neben seiner Dozententätigkeit hatte Tillich auch schon als Kommentator beim RIAS gearbeitet, und gelegentlich waren in der Neuen Zeitung Artikel von ihm erschienen[198]. Auch Tillich hatte, nachdem er bereits als für die Verteilung der CARE-Pakete Verantwortlicher Kontakte mit US-Stellen gehabt hatte, für diese amerikanisch gelenkten Medien gearbeitet. Schließlich hatte er im Laufe des Jahres 1949 vermutlich als Initiator die „Vereinigung für kulturelle Hilfe" mitbegründet und war deren Leiter geworden[199]. Diese Vereinigung wandte sich 1949 in Aufrufen an die Öffentlichkeit, um vor allem für diejenigen Bewohner der sowjetischen Zone, die keine Verwandten im Westen hatten, eine regelmäßige Versorgung mit Paketen aus Westdeutschland und West-Berlin sicherzustellen[200]. Aus dieser Initiative entstand dann die „Päckchenhilfe Ost".

Vor seinem Engagement bei der KgU hatte Ernst Tillich also schon mit ähnlichem Ansatz praktische Arbeit geleistet. Obwohl nicht abgeschätzt werden kann, wann und ob überhaupt eine Zusammenarbeit zwischen der Vereinigung und der Kampfgruppe zustande gekommen ist, bevor Tillich in die KgU ging, so kann wohl immerhin vermutet werden, daß er seine bisherigen Erfahrungen in die Kampfgruppe einbrachte und die Aktivitäten der von ihm initiierten und geleiteten Organisation allein schon aufgrund seiner Leitungsfunktion in ihr mit der Kampfgruppe koordiniert wurden. Späterhin trat die Vereinigung für kulturelle Hilfe etwa als

---

[195] Der Tagesspiegel vom 22.3.1950.
[196] Lewalter in: Die Zeit vom 30.3.1950.
[197] Hoffmann, Kampfgruppe, S. 9ff.
[198] Ernst Tillich, Was kann Berlin heute tun? Die Sozialfürsorge konzentrieren, in: Neue Zeitung vom 21.1.1949; Ernst Tillich, Sollen Kirchen reich oder arm sein? In: Neue Zeitung vom 28.1.1949.
[199] Hans Edgar Jahn: Vertrauen. Verantwortung. Mitarbeit. Eine Studie über public relations Arbeit in Deutschland, Oberlahnstein 1953, S. 283; Boveri, Verrat, S. 276.
[200] Jahn, ebenda, S. 283; Lewalter in: Die Zeit vom 30.3.1950.

Mitherausgeberin einer KgU-Schrift auf, und ferner existierte dann auch eine „Pakethilfe der KgU"[201].

Darüber hinaus ist es jedoch für die weitere Geschichte der Kampfgruppe von Interesse, im Rückblick die von Tillich hinsichtlich des Kalten Krieges im Sozialistischen Jahrhundert entwickelten Gedanken zu skizzieren, denn seine Vorstellungen wurden mit seinem weiteren Aufstieg zum eigentlichen Leiter der KgU schließlich richtungweisend für die gesamte Organisation und ihre Strategie.

Von besonderem Interesse ist bei dieser Betrachtung die von Tillich geleistete theoretische Fundierung des von der Kampfgruppe vertretenen Widerstandsbegriffs. Er hatte schon frühzeitig und präziser, als Hildebrandt es nach den vorliegenden Reden getan hatte, den mit der Blockade ein erstes Mal in aller Heftigkeit ausgebrochenen Konflikt definiert. Im Dezember 1948 hatte er dazu unter dem Titel „Europäischer Widerstand" im Sozialistischen Jahrhundert geschrieben: „Um den Eisernen Vorhang zur Eisernen Mauer zu stärken, ist der kalte Krieg von Rußland eröffnet worden; seine Annahme durch die Westmächte zeigt, daß sie eben jenes Kriegsziel nicht akzeptieren. Denn die Spaltung Europas heute würde morgen ihre Aufhebung bedeuten, aber unter russischer Vorherrschaft"[202]. Eindeutig war für Tillich die Sowjetunion der Urheber des Kalten Krieges. Das Ziel der sowjetischen Politik war für ihn ebenso eindeutig die Einverleibung ganz Europas in den kommunistischen Einflußbereich. Der Westen war demgegenüber zwar zunächst in die Defensive geraten, hatte die sowjetische Herausforderung aber angenommen und führte nach Tillichs Auffassung einen ‚Kalten Verteidigungskrieg'.

Die Blockade aber habe klargelegt, daß es „nur eine einzige und *einheitliche Festung Europa*" geben dürfe[203]. Die erforderliche „Initiative des Westens" lag nach seiner Anschauung 1948 bereits in der Verabschiedung des Marshallplanes, der Einleitung einer westeuropäischen Integration, den Londoner Protokollen oder auch in Gestalt der Währungsreform vor; hierzu gehörte für ihn auch eine möglichst weitgehende Einbeziehung Westdeutschlands in die westliche Gemeinschaft. Ausdrücklich bezeichnete er die Richtung dieser Anstrengungen: „‚Initiative des Westens' bedeutete einen *potentiellen Vorstoß* über den Eisernen Vorhang hinaus". Damit verlangte Tillich bereits Ende 1948 eine koordinierte westliche Politik des Kalten Krieges, die sozusagen auch den ‚Gegenangriff' einschloß. Ein ‚Kalter Verteidigungskrieg' genügte also seiner Auffassung nach keineswegs. So verlangte Tillich auch einen übernationalen ‚Konsens des Kalten Krieges', der sich charakteristischerweise nicht auf den Westen allein erstrecken sollte: „Der europäische Friede wird desto leichter gewahrt werden, je klarer sowohl in Paris, London und New

---

[201] Hans Köhler: Die religiöse Situation der Gegenwart. Hg. von der Vereinigung für Kulturelle Hilfe und der Kampfgruppe gegen Unmenschlichkeit (Berlin 1952). – Wiederholt finden sich auf KgU-Publikationen solche Stempelaufdrucke: „HELFT DEN ANGEHÖRIGEN DER POLITISCHEN GEFANGENEN! ‚Pakethilfe der KgU'. Postscheckkonto Hannover 132424."; hier nach der Titelseite des KgU-Archivs von 1953: Fünf Jahre Kampfgruppe gegen Unmenschlichkeit. Ein Arbeitsbericht (BA-K ZSg. 1-64/10[13]).
[202] Europäischer Widerstand, in: Das Sozialistische Jahrhundert, 2. Jg. (Dezember 1948), S. 365ff.
[203] Ebenda, S. 366ff.

York als auch in Warschau, Prag und Budapest das Beispiel Berlins verstanden wird als ein Beispiel der neugebildeten *europäischen Résistance*".

Natürlich bezog Tillich diese Forderung auch auf Deutschland selbst. Dabei ging er von den Berliner Erfahrungen aus und setzte die Blockade in Parallele zur französischen Ruhrbesetzung nach dem Ersten Weltkrieg. Auch damals habe der Versuch einer nachträglichen Revision des Kriegsergebnisses von seiten eines Siegers zum Bruch unter den Alliierten geführt und „im deutschen Volk eine einheitliche Front der Abwehr" hervorgebracht. Die Parallele erhellte in seinen Augen die Lage der Gegenwart in folgender Weise: „Aber nichts hat das deutsche Volk nach der Zerreißung in *acht* (!) Besatzungszonen stärker zusammenführen können als der Angriff auf die Reichshauptstadt und deren kämpferische Aktivität. Das gilt für den Westen Deutschlands, der in der ersten Hälfte des Jahres 1948 ‚den Osten' abgeschrieben hatte, das gilt für den Osten, der in der gleichen Zeit seine Hoffnung auf eine Wiedervereinigung als eine Kampfansage *gegen* den Westen mißbraucht sah".

Tillich betrachtete das Streben nach Einheit in Funktion des Kalten Krieges; er setzte Wiedervereinigung und Antikommunismus gewissermaßen in eins „– ‚Einheit Deutschlands' bedeutet heute radikale Ausschaltung der Kommunisten!" Worum es ihm ging, machte er seinen Lesern bereits eingangs des betreffenden Abschnitts klar: „Es handelt sich um eine echte *nationale Bewegung* – der Leser möge das mißbrauchte Wort entschuldigen".

Damit legte Tillich bereits im Monat der Gründung der KgU das Konzept vor, das Hildebrandt erst im September 1949 in seiner Rede in der Waldbühne verkündete. Hildebrandt aber hatte damals viel größeren Wert auf das konkrete Handeln gelegt, das die KgU von der Bundesregierung erwartete. Obwohl in der Sache dasselbe gemeint war, so fällt doch ins Auge, daß Tillich diese Sache – ‚nationale Befreiung' – geraume Zeit vor seinem Eintritt bei der KgU eindeutiger als sie selbst benannt hatte. Das bedeutet nicht, daß das von Tillich im Dezember 1948 entworfene Konzept nicht auch schon zu diesem Zeitpunkt innerhalb der KgU vertreten worden sei; insbesondere die aus der sowjetischen Besatzungszone stammenden Mitarbeiter hatten ja bereits Anfang 1949 ähnliche Überlegungen angestellt[204]. So prägnant wie Tillich formulierte die Kampfgruppe selbst diese Zielsetzung erst geraume Zeit später. In der revidierten Fassung des Arbeitsprogramms, die offenbar im Laufe des Jahres 1950 erstellt worden war, und zwar *nachdem* Tillich zum „ständigen Stellvertreter des Leiters" geworden war, hatte die Kampfgruppe in diesem Sinne ‚Widerstand' – als dritten Punkt – ausdrücklich in ihren „Arbeitsbereich" aufgenommen: „(...) 3. Unterstützung von Personen und Kreisen, die unter Nichtanwendung von Gewalt gegen Terrorsysteme ankämpfen"[205].

Widerstand „unter Nichtanwendung von Gewalt" war nun also erklärtermaßen zum Programmpunkt geworden. Schon Ende 1949, so berichtete der Spiegel 1958, habe die Kampfgruppe auch eine „Widerstandsabteilung" – im Organisationsplan „Abteilung IIb" genannt – gegründet[206].

---

[204] Curt Riess in: Welt am Sonntag vom 17.4.1949; hier S. 51 f.
[205] „Arbeitsbereich" der KgU, in: Berichte, S. 63.
[206] Der Spiegel vom 2.7.1958, S. 29.

Die Annahme, daß die Entwicklung der Kampfgruppe zu einer nicht allein politischen, sondern zu einer spezifisch auf Widerstandsarbeit ausgerichteten Organisation zu einem wesentlichen Teil auf Tillichs Einfluß zurückzuführen sein könnte, scheint aufgrund der zeitlichen Abfolge wahrscheinlich, denn der Aspekt des Widerstands fand erst *nach* Tillichs – freilich nicht genau zu datierendem – Eintritt in die Gruppe Berücksichtigung, und die Widerstandsarbeit nahm mit Tillichs weiterem Aufstieg innerhalb der Hierarchie der KgU ebenfalls stetig an Bedeutung zu. Ferner fällt ins Auge, daß Tillichs Darlegungen aus dem Jahre 1948 sich zur Tätigkeit der KgU in der Tat verhalten wie Theorie und Praxis. Ganz ähnlich verhält es sich mit einem weiteren Artikel Tillichs, den er noch längere Zeit vor dem ersten Auftreten der Kampfgruppe gegen Unmenschlichkeit – nämlich schon im April 1948 – veröffentlicht hatte.

12. Mahatma Gandhi, der Kalte Krieg und die Frage der Gewalt

„Es sind innerhalb der Zone des Terrors im Grunde keine anderen Waffen als die, die das indische Volk zur Unabhängigkeit und Freiheit geführt haben: die Waffen des *passiven Widerstandes* und der Non-Cooperation, der *Verweigerung des Gehorsams*. Aber diese Mittel sind unüberwindlich, solange nicht ihre Träger physisch liquidiert worden sind", schrieb Tillich im Dezember 1948 über die seiner Ansicht nach zu praktizierenden Methoden des Widerstandes. In einer Fußnote verwies er den Leser auf einen Aufsatz vom April desselben Jahres, dessen Titelzeile „Die Pflicht zum Widerstand" lautete[207].

Eine „Pflicht zum Widerstand" resultierte für Tillich aus einem Bekenntnis zur Freiheit des Menschen angesichts der neuen Qualität von Krieg als „totalem Krieg": „Die Atombombe ist das charakteristischste Zeichen für die Verwandlung aller Erd- und Menschenkräfte in Elemente der Vernichtung, welche die erträgbaren Maße des Staates endgültig gesprengt haben. Das, was uns die Militaristen als höchstes Ideal angepriesen haben, der totale Krieg, bedeutet nicht nur äußerlich die Überschreitung aller Grenzen, sondern auch innerlich die Zerstörung der menschlichen Gesittung"[208]. Aufgrund der hochgradigen Verflechtung aller Völker sei auch der Krieg „grenzenlos" geworden, führte er weiter aus, der Krieg sei „zum größten Angsttraum der Menschheit geworden", und eben diese Angst sei „seine stärkste Waffe". Dabei könne Krieg niemals wirkliche Lösungen herbeiführen, im Gegenteil entstünden durch Krieg neue Konflikte oder würden durch ihn zumindest „aktualisiert"; Krieg bringe – menschlich und materiell – nichts als Verluste: „Es gibt *keinen Gewinn*, der den Schaden eines Krieges ausgleichen könnte. Die angeblich so kaufmännische Menschheit stürzt sich mit ihm in ihr schlechtestes Geschäft".

---

[207] Tillich, Europäischer Widerstand, S. 367 und Anm. 3.
[208] Ernst Tillich, Die Pflicht zum Widerstand, in: Das Sozialistische Jahrhundert, 2. Jg. (April 1948), S. 158.

„Der Krieg hat sich in die Herzen der Menschen eingefressen, und seine Methoden beherrschen das politische Leben", hatte Tillich einleitend festgestellt. Dieser totalen Durchdringung der menschlichen Existenz durch das Prinzip des Krieges gelte es im Sinne einer „Kehrtwendung um 180 Grad" das Prinzip der menschlichen Freiheit entgegenzustellen, die sich beweisen müsse „in dem *Widerstand* gegen den Krieg". Der entscheidende Gesichtspunkt – der „Ort der Entscheidung" – müsse „die Ehrfurcht vor dem menschlichen Leben und vor jedem Willen zum Leben überhaupt" werden. Deshalb plädierte er hier auch für die verfassungsmäßige Anerkennung des Rechts auf Kriegsdienstverweigerung. Fast hat es den Anschein, Tillich sei hier wieder zu den Maximen zurückgekehrt, denen er selbst im August 1934 auf der Jugendkonferenz von Fanö zugestimmt hatte[209].

Die Folgerungen aber, die er aus seiner Analyse zog, zeigen, daß er die Ergebnisse, die er in der Auseinandersetzung mit Bonhoeffer erzielt hatte und die ihn selbst zur Einsicht in die Notwendigkeit eines politischen Widerstandes gegen die Nationalsozialisten gebracht hatten, 1948 keineswegs revidiert hatte. Ausdrücklich stellte Tillich nämlich in demselben Artikel fest: „Es gibt auf der Welt keine Möglichkeit, *dem Unrecht* grundsätzlich *zu entfliehen* – das gilt auch für den Kriegsdienstverweigerer. Im Zeitalter des totalen Krieges bleibt ihm in letzter Konsequenz nur die Sabotage oder der Selbstmord – Gewaltanwendungen also, die er selbst gerade ablehnt"[210]. In diesem Dilemma sah er die Anfechtbarkeit dieser Haltung begründet, von der er aber zugleich meinte, daß niemand mehr als der Betroffene selbst unter ihr leide. In dieser letzten Konsequenz aber billigte Tillich der Gewaltanwendung zumindest eine legitime Funktion zu: „Aber zugleich richtet er damit ein *Zeichen des Protestes* auf, innerhalb der Ohnmacht des Krieges für die Allmacht des Friedens!"

An dieser Stelle schrieb er weiter: „Nur auf Grund dieser Position ist seine scheinbar aussichtslose Negation zu verstehen. Wer die ‚Gewalt' ablehnt, muß die Liebe wollen. Eben darin hat die Stärke des Mannes bestanden, der als bisher größter Politiker des Friedens in die Weltgeschichte eingegangen ist, Mahatma Gandhi". Das Primäre war für Tillich mithin nicht die – isoliert gestellte – Frage nach der Berechtigung von Gewaltanwendung in einer bestimmten Situation, sondern primär war für ihn das Motiv ihrer Anwendung. Enscheidend war also die Frage nach der Ethik, die hinter der Gewaltanwendung stand; sie war die eigentliche Stärke des Protestes, das eigentlich Überzeugende und das entscheidende Element, das schließlich Gewalt überflüssig machen und den Erfolg herbeiführen könnte.

Im folgenden bot Tillich eine – äußerst kurzgefaßte – Skizze von Gandhis „‚*Religion der Gewaltlosigkeit*'". Sie beruhe im „Satyagraha", verstanden zugleich als Macht der Wahrheit und der Seele; „Non-Kooperation", zitierte er Gandhi, sei keinesfalls „Passivität", sondern „Zustand intensivster Aktivität"; „Ahimsa" als Ausdruck aktiver Liebe beinhalte eine Absage an jegliche Art der Zufügung von Bösem, verlange aber Widerstand demjenigen gegenüber, der seinerseits Böses zufüge. „Diese aktiv gewordene Liebe ist hier die Grundlage der Selbstherrschaft, der

---

[209] Vgl. hier S. 19f.
[210] Tillich, Pflicht zum Widerstand, S. 159

Einheit und Freiheit eines ganzen Volkes", interpretierte Tillich den Stellenwert von Gandhis Prinzipien.

Gandhis passiver Widerstand ist also nicht nur Vorbild in methodischer Hinsicht, sondern auch in bezug auf die von Gandhi geführte Bewegung, die sich auf die nationale Befreiung Indiens richtete. In Parallele zum indischen Beispiel sah Tillich in ähnlicher Weise vorgehende Bewegungen wie die anderer Kolonialvölker im britischen Commonwealth, die der Neger in den USA oder auch der asiatischen Stämme in der UdSSR.

Zugleich aber unterstrich Tillich die Einmaligkeit von Gandhis Werk und vor allem dessen Gebundenheit an die spezifische Situation Indiens: „Nichts wäre törichter, als es direkt auf europäische Verhältnisse übertragen zu wollen". Er betonte jedoch entschieden die Ansicht, „daß eine Politik aus dem Geist kein bloßer Traum, sondern eine politische Realität zu sein vermag". Im Sinne einer die Differenzen berücksichtigenden Übertragung der Lehren Gandhis verlangte Tillich eine *„innere Revolution"* als Ergänzung zur „notwendigen sozialen Revolution"; in diesem Kontext kritisierte er den „Mangel an echter Besinnung in der Gegenwart", den insbesondere die aktiven Kämpfer gegen den Nationalsozialismus empfänden. Innere Umkehr der Einzelnen aber ermögliche erst jene von Tillich befürwortete Politik aus dem Geist; ‚Geist' aber mußte in Deutschland nach 1945 ‚Geist der Demokratie' sein: „‚Die Demokratie ist nicht eine bloß mechanische Sache und kann nicht dadurch gewonnen werden, daß man einfach bestehende Formen beseitigt. Sie verlangt eine innere Umkehr ... Der Geist der Demokratie verlangt den Geist der Bruderschaft' (Gandhi)".

Eine derart breite Übereinstimmung gelte es, stellte Tillich abschließend fest, auch in Deutschland hinsichtlich des Bekenntnisses zur Demokratie herbeizuführen; dieses Bekenntnis aber als ein Bekenntnis zum Frieden und damit gegen den Krieg würde in seinen Augen große Ausstrahlungskraft gewinnen: „Eine solche *Einmütigkeit* des deutschen Volkes gegen einen neuen Krieg wäre mehr wert als alle formalen Einheitsparolen und hätte politisch eine für die Welt nicht zu unterschätzende Bedeutung"[211]. In jenem gegenwärtig herrschenden „Zwischenzustand zwischen Krieg und Frieden" müsse man sich „mit unbeirrbarer Sturheit" für den Frieden einsetzen, und die Stoßrichtung – die vollends klar wird, wenn man den von Tillich selbst hergestellten Zusammenhang mit seinem Aufsatz vom Dezember berücksichtigt – ergibt sich für die „Freunde des Friedens" im Augenblick der Entscheidung: „Werden sie wider ihren Willen gezwungen sein, sich endgültig auf die eine oder die andere Seite zu schlagen, so können sie meines Erachtens nicht anders, als sich für *die* Seite zu entscheiden, welche die *Freiheit der Politik* bejaht".

Insgesamt bevorzugte Tillich bei weitem die Mittel eines an Gandhis Vorbild orientierten passiven Widerstandes. Falls aber die Herausforderung derart bedrohlich werde, dann – so darf seine Sicht wohl verdeutlichend wiedergegeben werden – sei es geradezu geboten, mit äquivalenten Mitteln zu antworten: „‚Ich glaube, daß ich da, wo nur die Wahl bliebe zwischen Feigheit und Gewalt, zur Gewalt raten würde', hat niemand anders als Gandhi gesagt".

---

[211] Ebenda, S. 160.

Gandhi schrieb diesen Satz 1942; er steht in folgendem Zusammenhang: „I do believe that, where there is only a choice between cowardice and violence, I would advice violence. Thus when my eldest son asked me what he should have done, had he been present when I was almost fatally assaulted in 1908, whether he should have run away and seen me killed or whether he should have used his physical force which he could and wanted to use, and defended me, I told him that it was his duty to defend me even by using violence"[212]. Trotz der grundsätzlichen Ablehnung von Gewaltmitteln ließ also auch Gandhi im Ausnahmefall Gewaltanwendung zu. In bezug auf seine Nation stellte der Staatsmann Gandhi folgendes fest: „I would rather have India resort to arms in order to defend her honour than that she should, in a cowardly manner, become or remain a helpless witness to her own dishonour". Freilich bekräftigte Gandhi hier sogleich seine Überzeugung von der Überlegenheit einer auf Gewalt verzichtenden Strategie.

Festzuhalten bleibt im vorliegenden Zusammenhang, daß Ernst Tillich die Maximen Gandhis in zulässiger Weise interpretiert hatte und sie in zumindestens vertretbarer Übertragung auf die Situation des beginnenden Kalten Krieges – jenes ‚Zwischenzustandes zwischen Krieg und Frieden‘ – angewendet hatte. Die Faszination, die von Gandhi ausging, lag für Tillich jedoch gerade darin, daß Indien das Ziel der Unabhängigkeit unter weitestgehendem Verzicht auf Gewalt erreicht hatte. Unter eben diesem Gesichtspunkt kann dieser Artikel Tillichs vom April 1948 als theoretische Grundlegung des Widerstandsbegriffs der Kampfgruppe gegen Unmenschlichkeit verstanden werden.

Eine durchaus vergleichbare Vorstellung entwickelte im übrigen im selben Heft des Sozialistischen Jahrhunderts, allerdings ohne den direkten Impuls, diese Erkenntnisse auf die deutsche Situation nach 1945 praktisch anzuwenden, aus den eigenen Beobachtungen während der deutschen Besetzung Norwegens und Dänemarks auch Willy Brandt[213]. Er stellte zunächst fest, beide Völker seien dem Nationalsozialismus gegenüber weitgehend immun geblieben: „Das Entscheidende war nicht das Bombenwerfen. Das mag unter bestimmten Umständen notwendig sein, aber das Totschlagen unterscheidet nicht den freien Menschen vom Knecht. Kennzeichnend war vielmehr die breite Anteilnahme der Volksschichten, Berufsgruppen, Organisationen und Institutionen an einem *zivilen Kampf*, der unter dem Banner der nationalen Unabhängigkeit, des Rechtsstaates, von Kultur, Freiheit und Menschenwürde geführt wurde". Willy Brandt beschrieb damit ein weiteres, eigentlich bei weitem näherliegendes Modell für die Strategie der Kampfgruppe.

---

[212] Aus: Mahatma (d.i. Mohandas Karamchand) Gandhi, Non-Violence in Peace and War, Navagivan 1942; zitiert nach: Selected Writings of Mahatma Gandhi. Selcted and introduced by Ronald Duncan, Boston 1951, S. 53.
[213] Willi [!] Brandt, Skandinavische Demokratie, in: Das Sozialistische Jahrhundert, 2. Jg. (April 1948), S. 161.

13. Kongreß für kulturelle Freiheit

Bis in den Mai 1950 hinein beschäftigte sich die Kampfgruppe nach wie vor mit der Frage der bisher noch immer nicht entlassenen Internierten. Am 26. Mai veröffentlichte der Tagesspiegel eine von Hildebrandt und Birkenfeld unterzeichnete Erklärung der KgU, in der in erster Linie die Einhaltung der von seiten der Regierung der DDR zu Jahresbeginn gegebenen Versprechungen hinsichtlich der Häftlinge angemahnt wurde[214]. Am selben 26. Mai hatte die Kampfgruppe gegen Unmenschlichkeit erneut zu einer Protestversammlung ins Studentenhaus am Steinplatz geladen[215]. Nach einigen freigelassenen Kriegsgefangenen sprachen entlassene politische Häftlinge, unter ihnen einer aus Bautzen und ein anderer, der im Gefängnis Torgau gewesen war. „Jetzt sollen aber keine Heimkehrertransporte mehr kommen und die Sowjets erklären: die KZ's sind aufgelöst, die Kriegsgefangenen-Entlassungen abgeschlossen", sagte Rainer Hildebrandt zu Beginn seiner Ausführungen und, indem er das Motto der Versammlung aufnahm, fragte er: „Wo aber bleiben die Gefangenen?"[216]

Im folgenden verlas er, um das Schicksal der Betroffenen zu dokumentieren, die Texte von 20 willkürlich gezogenen Karten aus der KgU-Kartei, er sprach von der beinahe ausgebrochenen Revolte in Sachsenhausen, von den katastrophalen hygienischen Verhältnissen in den doppelt und dreifach überbelegten Strafanstalten, in denen vor allem diejenigen litten, die bei der Auflösung der Konzentrationslager nicht in Freiheit gekommen waren[217]. Mit aller Schärfe setzte sich der KgU-Leiter mit der Verantwortung der deutschen Kommunisten auseinander, die unterdessen die Anstalten leiteten und wies nochmals die Fehlerhaftigkeit von Molotows Zahlenangaben über die deutschen Kriegsgefangenen in der Sowjetunion vom Mai 1947 nach.

Anläßlich der Erörterung der Kriegsgefangenenfrage sagte Hildebrandt aber auch, es gelte derer zu gedenken, die deutschen Kriegsgefangenen geholfen hätten: „Wir haben nicht nur *einen* Bericht, wie besonders die russischen Bauern den Kriegsgefangenen von ihrer spärlichen, ständig kontrollierten Habe Eßbares oder Kleidungsstücke, oft unter größter Gefahr zuschmuggelten. Wir haben Berichte, wie Kriegsgefangene in Holzpantinen durch tiefen Schnee wateten und russische Bauern bei ihrem Anblick ihre Stiefel auszogen und sie ihnen gaben"[218]. Auch hier mahnte Hildebrandt, im russischen Volk einen Verbündeten im Widerstand zu erkennen[219]. An dieser Stelle muß hervorgehoben werden, daß diese von der KgU erhobene Forderung in weiten Teilen der Bevölkerung schwerlich positive Resonanz finden konnte. Die Kampfgruppe hatte hier gegen ein, nicht zuletzt infolge der Begleitumstände des Vormarschs der sowjetischen Armee entstandenes, tief empfundenes antirussisches Ressentiment zu kämpfen.

---

[214] Der Tagesspiegel vom 26.5.1950.
[215] Der Tagesspiegel vom 27.5.1950.
[216] Rainer Hildebrandt, Wo bleiben die Gefangenen? Ansprache vom 26.5.1950 (masch.Ms.), S. 1 (ARH). – Der Tagesspiegel vom 27.5.1950.
[217] Hildebrandt, ebenda, S. 2ff.
[218] Ebenda, S. 4/5f.
[219] Ebenda, S. 6.

Ferner machte Rainer Hildebrandt den Vorschlag, so, wie in jeder kleinen Stadt in Deutschland Denkmäler für die im Ersten Weltkrieg Gefallenen stünden, auch für die Opfer des „großen Kampfes um Europas Freiheit, der 1933 begann und bis heute noch nicht beendet ist", an öffentlichen Plätzen ebenfalls Mahnmale zu errichten[220]. Alle Konzentrations- und Vernichtungslager sollten dort auf großen Karten eingezeichnet sein, angefangen mit den Konzentrationslagern der SS in Frankreich, Holland, Italien und besonders in Polen: „Auschwitz, ‚eine Million Vergaste' würde daneben stehen (auch diese Dinge sind notwendig, um das Gedächtnis frisch zu halten!). Und dann die drei sowjetischen Vernichtungsstätten nahe der Elbe. Bautzen: Mindestens 6400 Tote. Buchenwald bei Weimar: 13 200 Tote. Bis zum Lager Podzanie und bis nach Karaganda in Sibirien". Solche Tafeln, unterstrich Hildebrandt, seien „eine geeignete Antwort auf bestimmte von den Handlangern der Sowjets errichtete Tafeln, auf denen steht: ‚Hier beginnt der demokratische Sektor Berlins'". –

Am 25. Juni 1950 waren nordkoreanische Truppen über den 38. Breitengrad hinweg nach Südkorea einmarschiert. Zwei Tage später hatten die Truppen Kim Il Sungs Seoul erobert. Der UN-Sicherheitsrat forderte am selben 27. Juni alle Mitgliedsstaaten der Vereinten Nationen auf, Südkorea gegen den Angreifer aus dem Norden zu unterstützen. Insgesamt fünfzehn Nationen, allen voran die USA, engagierten sich im Korea-Konflikt – sie kämpften unter der Flagge der UN. Ausgelöst durch einen kommunistischen Angriff war der Kalte Krieg auf einem begrenzten Territorium in einen heißen Krieg eskaliert.

Der Korea-Krieg mußte unmittelbare Wirkungen an Orten haben, wo sich Ost und West gegenüberstanden – nicht zuletzt gerade in Berlin. Friedrich Luft schrieb in diesem Sommer folgendes über die Stadt: „Die Fassade eines zierlichen Cafés vor dem Nichts eines ausgebrannten Hauses. Biergärten – und ringsum die geordnete Wüste gestapelter Ziegelsteine aus eingerissenen Häuserresten, mühsam verdeckt von blühendem Jasmin. Berlin 1950"[221]. Obwohl der Wiederaufbau mit allen Mitteln vorangetrieben wurde, waren die Folgen des Krieges, der vor fünf Jahren beendet worden war, noch überall unübersehbar. „Wer Berlin durchwandert", schrieb Luft, „muß weiter im Gedächtnis behalten, daß hier vor einem Jahr noch, als Folge einer barbarischen Kriegshandlung im Frieden, kein Licht brannte. Die Geschäfte, die sich heute so üppig geben, waren damals entblößt des Notwendigsten. Berlin lebte – wenn das Leben zu nennen war – von Pulver: Kartoffelpulver, Milchpulver, Trockengemüse, Trockenfisch".

Unter dem Eindruck des soeben ausgebrochenen Korea-Krieges, in dieser von Luft beschriebenen Atmosphäre fand vom 26. bis 30. Juni 1950 in der ‚Frontstadt' Berlin der „Kongreß für Kulturelle Freiheit" statt. Vielleicht kann kein Ereignis besser als dieses veranschaulichen, was der Begriff ‚Konsens des Kalten Krieges' bedeutet. Es ist anzunehmen, daß die Kampfgruppe gegen Unmenschlichkeit im Laufe des Juni manches zur Organisation dieser Großveranstaltung mit Gästen aus al-

---

[220] Ebenda, S. 8ff.
[221] Friedrich Luft, Vademecum für Kongreßbesucher, in: Der Monat, 2. Jg. (Juli/August 1950), S. 434.

ler Welt beitrug. Rainer Hildebrandt, Ernst Tillich wie auch Günther Birkenfeld werden jedenfalls als Teilnehmer erwähnt[222].

Auch wenn die große Zahl deutscher Emigranten auffällt, war dieser Kongreß doch eine internationale Veranstaltung von größtem Gewicht. Als am Nachmittag des 26. Juni 1950 die Eröffnungssitzung im festlich geschmückten Titania-Palast begonnen hatte, konnte Melvin J. Lasky davon sprechen, daß „fünf der größten lebenden Philosophen der freien Kultur" die Ehrenpräsidentschaft übernommen hätten: Benedetto Croce, John Dewey, Karl Jaspers, Jacques Maritain und Bertrand Russell[223]. Nach Lasky sprach vor den 1 800 geladenen Gästen Oberbürgermeister Reuter, der gemeinsam mit dem Rektor der FU Edwin Redslob, der zum Schluß sprach, und mit Otto Suhr, dem Direktor der Hochschule für Politik, das „Berliner Komitee" des Kongresses gebildet hatte[224]. Das Bild dieser Veranstaltung prägten aber nicht zuletzt auch die vielen Kameras der Wochenschaugesellschaften und Pressephotographen, die Dolmetscher und Rundfunkleute einer Reihe von Radiosendern, die das Ereignis übertrugen.

Aus der Menge der Teilnehmer können hier nur einige genannt werden: Franz Borkenau, James Burnham, Arthur Koestler und Ignazio Silone waren alle miteinander – wie Reuter – selbst Kommunisten gewesen[225]. Anwesend waren auch der Theoretiker des Totalitarismus Carl Joachim Friedrich, der Publizist Sebastian Haffner, der noch in England lebte, der schweizerische Publizist Walter Hofer, Richard Löwenthal, gleichfalls noch in Britannien lebend, und aus den USA waren Franz L. Neumann und Golo Mann gekommen. Teilnehmer waren auch der Komponist Werner Egk, Hermann Kesten, Eugen Kogon, Walter Mehring, Fritz Molden, der Russe Boris Nikolajewski, Rudolf Pechel, Theodor Plivier, Carlo Schmid, René Sintenis, Dolf Sternberger und viele andere.

Auf verschiedene Weise – etwa in Telegrammen – hatte eine Reihe anderer bedeutender Persönlichkeiten ihre Zustimmung ausgedrückt: Raymond Aron, Hermann Broch, John Dos Passos, André Gide, Victor Gollancz, George Gross, Salvador de Madriaga, Alexander Mitscherlich, Reinhold Niebuhr, Eleanor Roosevelt, Upton Sinclair, Tennessee Williams, schließlich Carl Zuckmayer[226]. Besonders hervorzuheben ist Louis Fischer, dessen große Gandhi-Biographie im selben Jahr

---

[222] Birkenfeld und Tillich erscheinen auf der „Liste der Anwesenden", in: Ebenda, S. 476f. – Eine Photographie im Bildteil (nach S. 400) zeigt Hildebrandt mit dem Kongreßteilnehmer Robert Montgomery vor der Eingangstür des KgU-Hauses. Eine weitere Aufnahme zeigt Tillich neben Margarete Buber-Neumann, Melvin J. Lasky, Nicolaus Nabokow und Sidney Hook im Restaurant des Hotels am Zoo; zwei Stühle waren unbesetzt. Auf diese Plätze hatte man zwei Blumenvasen gestellt. Gegen die Gefäße waren Schilder mit der Aufschrift „Prof. Havemann" und „Prof. Hollitscher" gelehnt. Wie es in der Bildunterschrift heißt, wartete die Runde „vergeblich auf das Wiedererscheinen der ostzonalen Professoren Hollitscher und Havemann."
[223] Melvin J. Lasky, Ansprache auf der Eröffnungskundgebung, in: Ebenda, S. 341.
[224] Ebenda, S. 341, 476.
[225] Aufzählung nach der „Liste der Anwesenden", in: Ebenda, S. 476f.
[226] Auswahl aus der „Liste der Persönlichkeiten, die in Begrüßungstelegrammen und anderweitig ihre Zustimmung ausgedrückt haben", in: Ebenda, S. 478.

erschienen war[227]. Auch Fischer stand für das von der Kampfgruppe vertretene Bemühen, aus den Theorien Gandhis Lehren für den Kalten Krieg zu ziehen[228].

Es würde entschieden zu weit führen, hier näher auf die vielen Veranstaltungen des Kongresses für Kulturelle Freiheit einzugehen und die dort vertretenen Positionen näher zu untersuchen. Entscheidend bleibt die hier somit nur summarisch zu treffende Feststellung, daß das von der Kampfgruppe repräsentierte Denken in keiner Weise von den auf dem Kongreß geäußerten Bewertungen abstach. Als Beleg für diese Behauptung seien hier lediglich zwei Punkte aus dem vom Kongreß verabschiedeten „Manifest" zitiert. In dieser Entschließung hieß es unter Punkt 9: „Die Verteidigung der bestehenden Freiheiten und die Wiedereroberung der verlorenen Freiheiten ist ein einziger, unteilbarer Kampf"[229]. Obwohl es dem Kongreß in erster Linie um den Kampf für die Freiheit im sowjetischen Machtbereich ging, gab man der Unteilbarkeit dieses Anliegens doch auch in der Weise Ausdruck, daß man in einer „Botschaft an Spanien" die „unumschränkte Solidarität im Kampf gegen die totalitäre Diktatur in Spanien und für die Freiheit des spanischen Volkes" bekundete[230].

Das Manifest sprach sich, ähnlich wie die KgU, gegen „Gleichgültigkeit und Neutralität" aus: „Von unserer Antwort auf diese Bedrohung hängt es ab, ob das Menschengeschlecht den Weg zum Konzentrationslager-Staat oder zur Freiheit einschlagen wird"[231]. Tatsächlich sah man in weiten Kreisen die KZs im Ostblock als symbolischen Ausdruck des Charakters des kommunistischen Regimes.

„Beginning in 1950 until 1966, the Congress for Cultural Freedom, a private cultural organization that was strongly anti-Communist, was subsidized by the CIA. The Congress received over $ 1,000,000 in grants during the above period"[232]. Diese Feststellung traf im September 1975 der demokratische Politiker Michael Har-

---

[227] Louis Fischer, The Life of Mahatma Gandhi. New York 1950.
[228] Diese Tendenz im Werk Fischers wird auch sichtbar anhand seines Buches „Gandhi and Stalin. Two Signs at the Worlds Crossroads" (London 1948). Auch Fischer war ehemals Kommunist. – Im vorliegenden Kontext ist die Tatsache, daß sich zwischen Fischer und Hildebrandt späterhin eine freundschaftliche Beziehung entwickelte, von tieferem Interesse. Hildebrandt schrieb am 1. Dezember 1953 an Fischer (ARH, Hildebrandt an Louis Fischer, Reader's Digest, New York vom 1.12.1953): „(...) Ich glaube, daß Gandhi wirklich alles sagte und vorgelebt hat, was für die Entmachtung eines Polizeistaates wesentlich ist. Im einzelnen mag seine Methode nicht auf die westlichen Verhältnisse anwendbar sein, aber das Prinzip ist dasselbe. (...)" Fischer antwortete im Januar 1954 positiv und kündigte einen Besuch in Berlin an (ARH, Louis Fischer, Bombay, an Hildebrandt vom 8.1.1954).
[229] Manifest, in: Der Monat, 2. Jg. (Juli/August 1950), S. 480f.
[230] Botschaft an Spanien, in: Ebenda, S. 479.
[231] Punkt 12 des „Manifest", in: Ebenda, S. 481.
[232] Hon. Michael Harrington im Repräsentantenhaus der Vereinigten Staaten am 30.9.1975, in: Congressional Record, Proceedings and Debates of the 94th Congress, First Session, Vol. 121, No. 145, S. E 5115. – Harrington faßt in seiner Rede ihm wesentlich erscheinende Punkte aus einer Studie des Congressional Research Service (CRS 75-50F, Reported Foreign and Domestic Covert Activities of the United States Central Intelligence Agency: 1950-1974) zusammen. Bedauerlicherweise stehen derartige Studien nicht der Öffentlichkeit zur Verfügung: „The Service does not perform work for the executive or judical branches of the Federal Government nor directly for the public" (The Congressional Research Service, Guide to Services). Dies ist um so bedauerlicher, als anzunehmen ist, daß vielleicht auch die KgU in dieser Studie erwähnt sein könnte.

rington aus Massachusetts vor dem Repräsentantenhaus. In der Tat war der Kongreß von 1950 nur der Anfang einer über lange Jahre tätigen Bewegung, die vor allem aus den USA unterstützt wurde. „Le Congrés continue ...", schrieb Lasky mit Blick in die Zukunft in ‚Der Monat'[233]. Lasky selbst war Amerikaner und Chefredakteur des Monat, einer Zeitschrift, deren Redaktionssitz in „Berlin-Dahlem, Saargemünder Straße 25 (Information Services Division, APO 742)" war und die von der Neuen Zeitung gedruckt und vertrieben wurde[234].

Natürlich charakterisierte Harrington den Kongreß für Kulturelle Freiheit zutreffend, als er von einer „streng antikommunistischen" Organisation sprach, dennoch erscheint dies nur als die eine Seite der Medaille. Lasky selbst sprach zwar auch von einer „weitreichenden geistigen Konvergenz", die sich unter den Teilnehmern ausgebildet hätte, hob aber andererseits die „fruchtbare Verschiedenheit innerhalb einer gemeinsamen Ablehnung des Systems der totalen Unfreiheit" hervor und erkannte rückblickend auch „Kritiken über die ungenügende Ausbalancierung und Berücksichtigung aller hierher gehörenden Kräfte" ausdrücklich an[235]. Tatsächlich war auch kontrovers diskutiert worden, wie es im übrigen bei der Vielfalt der Teilnehmer kaum anders zu erwarten war, und ferner ist auch die zitierte Verurteilung des Franco-Regimes schwerlich antikommunistisch motiviert gewesen.

Zur Frage der Bewertung der CIA-Finanzierung des Congress for Cultural Liberty scheint es hier – wie schon zuvor bei der KgU – geboten, zunächst mit aller Nüchternheit zu betrachten, was die CIA bzw. der CIC jeweils finanziell förderte. So wenig bestritten werden sollte, daß von seiten der Geheimdienste bisweilen fragwürdige Aktionen durchgeführt oder unterstützt wurden, so wenig sollte man auf der anderen Seite die Motive der CIA etwa im Hinblick auf den hier in Frage stehenden Kongreß für Kulturelle Freiheit allein auf einen simplistischen Antikommunismus reduzieren wie etwa der ehemalige CIA-Mitarbeiter Philip Agee: „Durch ein weitgespanntes Netz politischer Aktionen und Propagandaoperationen sollte der CIA im öffentlichen Bewußtsein Westeuropas das Gespenst einer drohenden sowjetischen Invasion schaffen, einhergehend mit den angeblichen Bestrebungen der europäischen Linken, die Bevölkerung unter sowjetischer Herrschaft versklaven zu wollen"–[236].

In einer Veranstaltung, die in unmittelbarem Bezug zu dem eben abgeschlossenen Kongreß stand, hielt Rainer Hildebrandt am 2. Juli 1950 eine kurze Rede mit dem Titel „Freiheit gegen Sklaverei"[237]. Von den „Männern und Frauen, die täglich mit mutigen Aufgaben in die Sowjetzone zurückkehren", seien, so sagte er, einige auch während des Kongresses in West-Berlin gewesen und sie hätten ihn – Hildebrandt – gebeten, zunächst Lasky für die Einberufung dieser Zusammenkunft ihren Dank zu übermitteln und ferner die Kongreßvertreter – die offenbar zuvor gesprochen hatten – zu bitten, daß sie Sorge tragen mögen, daß die Menschen unter

---

[233] Melvin J. Lasky, Kongreß für Kulturelle Freiheit, in: Der Monat, 2. Jg. (Juli/August 1950), S. 340.
[234] Impressum in: Ebenda, S. 338.
[235] Lasky, Kongreß, S. 340.
[236] Philip Agee, Einleitung, zu: Günther Neuberger/Michael Opperskalski, CIA in Westeuropa, Bornheim 1982, S. 17.
[237] Rainer Hildebrandt, Freiheit gegen Sklaverei, 2.7.1950 (masch.Ms.), S. 1 (ARH).

dem Kommunismus nicht sich selbst überlassen blieben[238]. Augenscheinlich hatte man das Ereignis also auch in der DDR-Bevölkerung mitverfolgt und es als Ermutigung empfunden.

Hildebrandt forderte dazu auf, „wie einst die antifaschistischen Kämpfer nach Spanien, Prag und Wien gingen, um den Feind aus nächster Nähe anzugreifen", nun nach Berlin zu kommen, um den Kampf gegen den Stalinismus aufzunehmen"[239]. Immer wieder unterstrich er in dieser Rede die Notwendigkeit, gleichsam bevor es zu spät sei, diesen Kampf auch wirklich zu beginnen. So hatte er auch schon zu Beginn eine Parallele zum Krieg in Korea gezogen: „Mancher Überlebende des Widerstandes gegen Hitler mußte in diesen Tagen an den Abessinienkrieg denken, als die drohenden Gefahren eines Weltbrandes am Horizont sichtbar wurden. Aber gerade in jener Zeit war die Möglichkeit, den Weltbrand auf immer zu bannen, am allergrößten!"[240] Hildebrandt begriff die Geschehnisse in Korea unzweideutig als Vorzeichen für weitere aggressive Akte des Kommunismus. Doch so weit war es bis zu diesem Moment noch nicht gekommen, noch gab es nach seiner Meinung Chancen, diese Entwicklung zu verhindern, indem man die bislang keineswegs in vollem Umfang genutzten „Möglichkeiten zur Befreiung" – insbesondere von Berlin aus – intensiver einsetze und den Widerstand besser unterstütze und steuere[241].

Besonders wichtig war Hildebrandt die Forderung nach Gewaltlosigkeit, als er zur Art dieses Widerstandes sagte: „Nur Nichtkenner der Verhältnisse können glauben, daß ein Wachsen dieses Widerstandes schließlich zu Gewaltakten führen könnte. Es ist gerade umgekehrt. In dem nur gewaltlosen Widerstand und in der passiven Resistenz der Bevölkerung liegt die Kraft einer Idee, deren Macht – ähnlich wie der Widerstand Gandhis – in ihrer Reinheit liegt".

14. „Freie Wahl durch Schweigen"

„Zur Befreiung der Irredenta" lautete die Überschrift des Tagesspiegel-Berichts vom 13. Juli 1950 über eine Pressekonferenz der Kampfgruppe gegen Unmenschlichkeit vom Vortage[242]. Nachdem Ernst Tillich die Zusammenkunft eröffnet hatte, stellte er unter anderem folgendes fest: „Die Bevölkerung der Sowjetzone ist zum Schweigen verurteilt; aber man kann daraus ein positives Schweigen machen". Im folgenden entwickelte Tillich das Programm einer zweitägigen Protestaktion gegen die für den Oktober vorgesehenen Volkskammerwahlen, die zugleich demonstrativer Ausdruck der Forderung nach freien Wahlen sein sollte; die Aktion war für den 20. und 21. Juli 1950 geplant.

Tillich sagte zu dieser Terminfestlegung, der 20. Juli sei Gedenktag des Widerstandes gegen das totalitäre nationalsozialistische System, während am 21. Juli der

---

[238] Ebenda, S. 2.
[239] Ebenda, S. 3.
[240] Ebenda, S. 1.
[241] Ebenda, S. 1f.
[242] Der Tagesspiegel vom 13.7.1950.

Parteitag der SED beginne, auf dem – laut Tagesspiegel – „über die nächsten Sowjetisierungsmaßnahmen in der Ostzone" beschlossen werde.

Im Anschluß daran gab Rainer Hildebrandt einige Einzelheiten bekannt: „Wer gegen den Terror in den Konzentrationslagern und für die Freiheit stimmt, geht am 20. Juli, dem Tag des Widerstandes gegen Hitler, und am 21. Juli, zum Gedenken aller Opfer des Terrorismus, in kein Kino, kein Theater und kein Tanzlokal". Ausdrücklich betonte er, diese Aufforderung richte sich in keiner Weise „gegen die wenigen noch privaten Kinotheater und Tanzlokale", vielmehr sollten die Menschen an anderen Tagen diese Orte um so häufiger besuchen.

In dieser hier von der KgU angekündigten Aktion war nun in der Tat der Versuch zu erblicken, für den Widerstand in der DDR Gandhis Prinzip der ‚Non-Kooperation' im Sinne aktiver Verweigerung zu propagieren. In ähnlicher Weise hatte die Kampfgruppe die Bevölkerung in der DDR bereits am 8. Mai 1950, dem dortigen ‚Tag der Befreiung', dazu aufgefordert, als Zeichen des Protestes an diesem Tag nur die jeweils rechten Bürgersteige zu benutzen[243]. Dies war genauso in dem Bemühen geschehen, die – wie es im Spiegel hieß – „Methoden des passiven Widerstandes à la Gandhi" zu praktizieren.

Das auf der Pressekonferenz vom 12. Juli durch Hildebrandt und Tillich bekanntgemachte Vorhaben fand Unterstützung bei allen politischen Parteien und Organisationen[244]. Unter den anwesenden Journalisten hatten sich jedoch einige Kritiker gefunden, denen die Vorstellungen der Kampfgruppe nicht umfassend genug waren. Einer der Pressevertreter äußerte beispielsweise den Gedanken, mit Hilfe von Straßensammlungen in West-Berlin und der Bundesrepublik Finanzmittel aufzubringen, um eine Widerstandsbewegung ins Leben zu rufen, die das kommunistische System ernstlich bedrohen könne. Es wurde ferner die Anregung gegeben, einen „Bund zur Befreiung der Sowjetzone" zu gründen, und außerdem wurde die Forderung erhoben, Westdeutschland solle an den beiden Aktionstagen durch solidarisches Verhalten die „gemeinsame Entschlossenheit" zu „konkreten Maßnahmen" ausdrücken, um „den ostdeutschen Kommunismus in die Defensive" zu drängen.

Der Kommentar des Tagesspiegel bezeichnete „das auf zwei Tage befristete Programm der Kampfgruppe" lediglich als einen Anfang und unterstrich, daß es auch nur als ein solcher gedacht sei. Dennoch sei das KgU-Programm ein „verheißungsvoller" Beginn; von seiten der Bundesregierung komme es nun aber darauf an, die einer Widerstandsbewegung innewohnenden Chancen zu erkennen und der Résistance in der DDR die unabdingbare von ihr erhoffte äußere Unterstützung zu gewähren. Wörtlich schrieb der Tagesspiegel: „Doppelt verpflichtend ist der Widerstand der Irredentabevölkerung für die Bundesrepublik, denn sie sollte schon aus *nationaler* Verpflichtung tun, was von den übrigen Nationen aus *internationaler* Solidarität im Geiste des gemeinsamen Widerstandes getan werden muß". Es entstünde mitunter der Eindruck, die Bundesregierung verharre in einer passiven Haltung und entwickele keinerlei eigene Initiative, so daß die Bonner Opposition, empfahl der Tagesspiegel, die Regierung zur Entscheidung zwingen müsse.

---

[243] Der Spiegel vom 2.7.1958, S. 29.
[244] Der Tagesspiegel vom 13.7.1950.

Insgesamt ergibt sich der Eindruck, daß die Vorstellungen der Kampfgruppe im Vergleich zu den Ideen anderer fast gemäßigt waren. Tatsächlich hatte der Ausbruch des Korea-Krieges zu einer Verschärfung nicht nur der Sprache, sondern auch zu einer wesentlich härteren – sogar militanten – Haltung geführt; ausdrücklich verwies so auch der Tagesspiegel auf die Gunst der Situation nach der Eskalation im Korea-Konflikt und drückte sein Unverständnis darüber aus, daß Bonn – hierbei ging es um das Problem der Einbeziehung Berlins in die Bundesrepublik – bei den westlichen „Oberkommissaren" noch immer keine neue Berlin-Initiative eingeleitet habe.

Die Zeitung verlangte, daß die „Ostzone" nicht „abgeschrieben" werden dürfe und den „Mutigen" im Osten genügend Fürsorge und mehr Sicherheit zuteil werde, um ihnen das „Gefühl des Verlassenseins" zu nehmen. Überhaupt müsse die Ablehnung des kommunistischen Systems ein „Charakterzug der Bevölkerung werden – im Osten wie im Westen Deutschlands". Schweigen aber, prophezeite der Tagesspiegel in bezug auf die von der Kampfgruppe geplante Aktion – „Tage des Schweigens" hieß die Parole[245] –, Schweigen könne durchaus „zu einem bedeutsamen Politikum werden".

Es ist aufschlußreich, daß – wie die Diskussion auf der Pressekonferenz zeigte – das Vorhaben der Kampfgruppe keineswegs als außerordentlich radikal empfunden wurde. Interessant ist auch die zuletzt zitierte Beurteilung des Tagesspiegels, denn allem Anschein nach war man in der Öffentlichkeit keineswegs einhellig der Auffassung, daß das Projekt ‚Tage des Schweigens' nicht zum gewünschten Erfolg führen könne.

Den Begriff ‚Irredenta' hatte offenbar – und dies nicht erst 1950 – erstmals der Tagesspiegel auf die sowjetisch besetzten Gebiete angewendet[246]. Dieser Begriff – als solcher zweifellos der Sprache des Kalten Krieges/West zuzurechnen – beschrieb dieses Territorium ganz im Sinne der ‚Kernstaatstheorie' als „unerlöstes Gebiet".

Wie schon im Vorjahr anläßlich der Eröffnung der F-Kampagne der Kampfgruppe fand am 20. Juli 1950 eine – wie der ‚Tag' schrieb – „überfüllte Großkundgebung" in der Städtischen Oper statt[247]. Günther Birkenfeld sprach als erster Redner: „Im Namen der Kampfgruppe gegen Unmenschlichkeit eröffne ich heute, am Gedenktag des 20. Juli, die Kundgebung Freie Wahl durch Schweigen. Schweigen, das ist eine befremdende Parole in einer Zeit, die so laut geworden ist. Noch haben wir die Fanfaren der Nazis und die Jaja-Rufe aus dem Sportpalast im Ohr. Mit nicht geringerer Lautstärke rufen heute die Kommunisten Frieden, Frieden, rufen sie zur Ächtung der Atombombe auf. Im Zeichen der Friedenstaube des Picasso. Dieses Friedensgeschrei soll die massige Geräuschkulisse bilden, unter der wir den Donner kommunistischer Kanonen, das Gebelfer der Stalinorgeln in Korea nicht mehr hören können"[248].

---

[245] Der Spiegel vom 2.7.1958, S. 29.
[246] Wie man eine Irredenta behandelt, in: Kurier vom 16.12.1948. – Der französisch lizenzierte Kurier nimmt im übrigen sehr kritisch Stellung.
[247] Tag vom 21.7.1950.
[248] Günther Birkenfeld, Freie Wahl durch Schweigen, 20. Juli 1950 (masch.Ms.), S. 1ff. (ARH).

Birkenfelds Redeweise läßt – darum nicht minder scharf – durchgängig den Literaten spüren; er setzte sich in seiner Rede auch mit dem von ihm so bezeichneten „Kulturpräsidenten Becher" – an anderer Stelle: „Kultur-Becher" – auseinander und verwendete die von ihm schon im Juli 1948 auf der Kundgebung „Berlin bleibt helle" gebrauchte Wendung vom „Kulturbund zur kommunistischen Verschleierung Deutschlands". Anhand eines Zitats aus der Zeitschrift ‚Geschichte in der Schule' kam er zu dem Schluß, daß im Gegensatz zur offiziellen Forderung der Kommunisten nach Frieden in der Schule „von denselben Kommunisten Haß gepredigt" werde. Ferner berichtete Birkenfeld von der Reaktion der Sächsischen Staatszeitung auf eine Entschließung der Delegierten des 15. Dresdner Stadtbezirks zum SED-Parteitag, in der davon die Rede gewesen war, jeglicher Krieg werde für das deutsche Volk die völlige Vernichtung bedeuten; die Staatszeitung habe daraufhin das mangelnde Unterscheidungsvermögen der Delegierten zwischen gerechten – bzw. vaterländischen – und ungerechten Kriegen kritisiert.

Birkenfeld warf der SED Doppelzüngigkeit vor: „Hier wird Friede gesagt und Haß, Beseitigung gepredigt. Mit viel Geschrei ächtet man die Atombombe und betreibt mit demagogischen Mitteln geistige, seelische Atomzertrümmerung, Spaltung der Worte, Zersetzung der ethischen Werte, Vergiftung der Herzen und Hirne durch Haß". Darauf müsse mit Schweigen geantwortet werden, mit einem „Schweigen aus Verachtung", das Birkenfeld „als humanste Form der Verachtung, des Sichenthaltens, der Abwehr" verstanden wissen wollte und das zugleich, wie er betonte, keinerlei Gefährdung mit sich bringe. Ausführlich berichtete er im weiteren über das kleine Büchlein „Le Silence de la Mer" des französischen Résistance-Schriftstellers und Herausgebers der „Editions de Minuit" Vercors[249]. Offenbar wurde auch diese KgU-Veranstaltung über die Berliner Rundfunkstationen verbreitet, und Birkenfeld gab anhand der Erzählung des Franzosen eine eindrucksvolle Schilderung der Möglichkeiten eines moralischen Widerstandes durch Schweigen.

Rainer Hildebrandt rief die Bevölkerung der DDR zum passiven Widerstand auf und betonte, wenn die Menschen dort schon schweigen müßten, dann sollten sie „so laut und eindringlich schweigen, daß den Unterdrückern diese Leere in den Ohren gellt"[250]. Ernst Tillich ging in seiner Rede auf eine Äußerung Pastor Niemöllers ein, der gesagt habe, das kommunistische Regime sei erträglich, da es die Kirche nicht zerstören könne; Tillich hielt dem entgegen, der Kommunismus sei doch aber in der Lage, das Gewissen, „für das die Kirchen einzutreten haben", zu vernichten. Die Kundgebungsteilnehmer, so berichtete der Tag, hätten die Redner „immer wieder durch erregte Zustimmung" unterbrochen und auch anhaltend applaudiert, als Hildebrandt ausrief: „Die Zone antwortet durch Schweigen. Der Westen aber hat die Wahl zwischen Handeln und Schuldigwerden!"

Es ist schwer möglich, ein Bild über die Wirkung dieser Appelle in der DDR zu gewinnen. Eine gewisse Anschauung kann lediglich ein kritischer Bericht des Weser-Kurier vom 22. Juli vermitteln, dessen Tendenz bereits in der Überschrift deut-

---

[249] Ebenda, S. 3ff.
[250] Der Tag vom 21.7.1950.

lich wird: „Ein guter Gedanke fiel ins Leere"[251]. Mit dem Hinweis auf die „schwachen Propagandamittel Westberlins" sprach der Weser-Kurier von einer „kurzfristig geplanten Aktion". Als „sinnlos" bezeichnete die Zeitung einen Theaterboykott, wenn mit dem Deutschen Theater und den Kammerspielen nur zwei der sieben Ost-Berliner Bühnen – wegen der Theaterferien – spielen würden. Ferner habe die SED rechtzeitig Gegenmaßnahmen treffen können: „Es werden so häufig Theater- und Kinokarten an Aktivisten, Gewerkschafter und Parteifunktionäre ausgegeben – warum nicht ‚zufällig' an diesen zwei Tagen in besonders großem Umfang?" Im Ergebnis seien die Filmvorführungen in Ost-Berlin „überfüllt" gewesen und „wie immer, von FDJlern, Aktionisten und SED-Mitgliedern vorschriftsmäßig beklatscht" worden. Jahre später schrieb der Spiegel, daß diejenigen, die sich für besonders gefährdet hielten, an diesen Tagen gerade ins Kino oder Theater gegangen seien[252].

Besonders bedauerte der Berichterstatter des Weser-Kurier die Jugendlichen, denen man nun auch noch ihr Tanzvergnügen habe nehmen wollen[253]. Im übrigen wurde darauf hingewiesen, daß selbst wenn „einige überzeugungstreue Ostberliner" ihre Billetts für Goethes „Faust" oder Shaws „Frau Warren" zurückgegeben hätten, diese Karten gewiß „von weniger gesinnungstüchtigen Westberlinern" abgenommen worden wären – es seien ja sogar zwei britische Offiziere in der „Faust"-Vorstellung gewesen. Abschließend zog die westdeutsche Zeitung eine ernüchternde Bilanz: „Die unzureichenden Einflußmöglichkeiten des Westens vermögen den ‚Eisernen Vorhang' nicht genügend zu durchdringen und die geräuschvollen Propagandaaktionen des Ostens können nur schwer durch Schweigen übertönt werden".

Augenscheinlich waren die ‚Tage des Schweigens' nicht gerade erfolgreich verlaufen. Immerhin hatte die Kampfgruppe zwar Gegenmaßnahmen der SED herausfordern können, aber der erwünschte demonstrative Effekt war nicht erreicht worden. Offenbar hatte es auch gewisse Schwächen in der Planung der KgU gegeben – der Hinweis auf die Sinnlosigkeit eines Theaterboykotts während der Theaterferien ist überzeugend. Die von vielen Seiten in diese Aktion gesetzten Hoffnungen hatten in der Tat getrogen. Dennoch sollte bei der Beurteilung nicht übersehen werden, daß unmittelbare Erfahrungen mit derart umfassend angelegten Aktionen zivilen Widerstands fehlten und daß etwa der Erfolg der ‚Spitzelsendungen' durchaus zu gewissen Erwartungen hatte Anlaß bieten können.

15. Rainer Hildebrandts Amerikareise

Sowohl die UNO wie auch die Außenministerien einer Reihe europäischer Staaten hätten die Kampfgruppe bereits um Materialien über die Situation in der SBZ bzw. der DDR gebeten, schrieb die Kampfgruppe 1950 in einer Informations-

---

[251] Weser-Kurier vom 22.7.1950.
[252] Der Spiegel vom 2.7.1958, S. 29.
[253] Weser-Kurier vom 22.7.1950.

schrift[254]. Schon im Herbst 1949 gab es Kontakte mit dem auf Ostforschung spezialisierten Hoover-Institut der Stanford-Universität in Kalifornien[255]. Wohl nicht zuletzt aufgrund von O. K. Armstrongs Artikel im New Leader, den im April 1950 ‚Das Beste' in deutscher Sprache nachdruckte, kamen auch aus den USA viele zustimmende Briefe.[256]. Eine solche Zuschrift stammte von dem ehemaligen stellvertretenden US-Hauptankläger in den Nürnberger Prozessen Robert M. W. Kempner[257]. Im Februar 1950 schrieb er Rainer Hildebrandt, er verfolge die Tätigkeit der Kampfgruppe regelmäßig anhand der deutschen Zeitungen, und meinte, es sei angezeigt, diese Arbeit weiteren Kreisen in den Vereinigten Staaten bekanntzumachen. Kempner bat um Übersendung von Materialien, da er häufig in der Öffentlichkeit und im Radio spreche, wo er oft nach den Verhältnissen im Osten Deutschlands gefragt werde. Schließlich fragte er Hildebrandt nach einem Exemplar von „Wir sind die Letzten" und erklärte sich bereit, das Buch in der amerikanischen Fachpresse zu rezensieren.

Daß es bisweilen gar nicht so einfach war, aus den USA Unterstützung für die Kampfgruppe zu bekommen, geht aus einem Briefwechsel zwischen Hildebrandt und der Organisation „Iron Curtain Refugee Campaign" des „International Rescue Committee" in New York hervor[258]. Die Organisation, die unter anderem das CARE-Hilfsprogramm abwickelte, antwortete zwar durchaus wohlwollend, in der Sache selbst aber zunächst ablehnend, da die KgU nach dem Eindruck der CARE-Organisation einen zu stark politischen Charakter habe.

Gelegentlich wandten sich aber auch amerikanische Journalisten an die Kampfgruppe, um von ihr Unterlagen über das kommunistische Regime zu bekommen[259]. Auch ein FU-Student, der als Austauschstudent für ein Jahr nach Stanford gekommen war, bat von dort um Informationsmaterial: „Das Interesse an der Ostzone ist in Studentenkreisen hier so groß, daß ich den vielen präzisen Anfragen ohne Unterlagen nicht mehr gewachsen bin"[260].

Im Oktober 1950 veröffentlichte das Mitteilungsblatt der amerikanischen Hohen Kommission für Deutschland einen 3500 Worte langen Artikel über die „Kämpfer gegen Unmenschlichkeit"[261]. Am Schluß dieser ausführlichen und detaillierten Darstellung der Kampfgruppe und ihrer Arbeit folgte eine grundsätzliche Feststellung hinsichtlich des Engagements der USA in Berlin: „Man darf nicht vergessen, daß ohne die Macht der USA, verbunden mit geistigen, moralischen und

---

[254] Hoffmann, Kampfgruppe, S. 14.
[255] ARH, Hildebrandt an H. H. Fischer, Hoover Institute and Library, Stanford University, Stanford/Calif. vom 6.9.1949.
[256] ARH, Hildebrandt an O. K. Armstrong vom 18.2.1950.
[257] ARH, Robert M. W. Kempner, Landsdowne/Pa., an Hildebrandt vom 25.2.1950.
[258] ARH, Hildebrandt an Iron Curtain Refugee Campaign of the International Rescue Committee, Inc. in New York vom 9.3.1950; David Martin, Iron Curtain Refugee Campaign, New York, an Hildebrandt vom 24.4.1950.
[259] ARH, Tom O. Griessemer, World Government News, New York, an Hildebrandt vom 21.7.1950.
[260] ARH, V., Stanford/Calif., an Hildebrandt vom 29.9.1950.
[261] Amerika Service – U.S. Feature Service, Bad Nauheim: Kämpfer gegen die Unmenschlichkeit, Kabeldienst vom 16.9.1950 (LAZ 11.904).

juristisch anerkannten Rechten, weder der Sender RIAS noch die Kampfgruppe gegen Unmenschlichkeit, noch irgend eine andere demokratische Organisation heute in Berlin in aller Öffentlichkeit existieren könnte"[262]. Die Kampfgruppe wurde vor allem im Hinblick auf ihre Funktion für die unter kommunistischer Herrschaft lebenden Deutschen durchwegs positiv gewürdigt: „Zweifellos ist die große Mehrheit dieser Menschen bereit und willens, auf die eine oder andere Weise gegen die lügnerischen Versprechungen eines fremden Diktators aufzustehen – und in diesem Kampf spielen Dr. Hildebrandt und seine Organisation eine bedeutende Rolle".

Mitte Oktober 1950 war Rainer Hildebrandt selbst in den USA eingetroffen[263]. Es scheint somit durchaus wahrscheinlich, daß der Amerika-Dienst den sehr umfangreichen Text über die Kampfgruppe als Hintergrundbericht im Hinblick auf die Reise des KgU-Leiters der amerikanischen Presse zur Verfügung gestellt hatte. Das ‚State Department's cultural exchange program' hatte seinen Aufenthalt ermöglicht. Hildebrandt hatte einen ganzen Koffer voller Materialien mitgenommen[264], um in Gesprächen und Vorträgen – wie etwa beim „International Rescue Committee" in New York[265] – die Dinge anschaulich schildern zu können.

„Erholend ist diese Stadt zwar nicht, mit einer Luft, von der gesagt wird, daß man sie mit dem Messer schneiden kann", schrieb Hildebrandt Ende Oktober 1950 an Günther Birkenfeld und dessen Frau[266]. Für den Menschen Rainer Hildebrandt bedeutete die räumliche Entfernung auch eine Möglichkeit zur Besinnung: „Immerhin, die Fülle von Eindrücken entrückt so sehr aus den Berliner Sorgen, daß ich erst hier feststelle, wie groggy mich die zwei Jahre Vorwärtsziehens und Vorwärtsrempelns und auch vergebens Anrempelns gemacht haben". „Thin and somewhat tense", beschrieb ihn die New York Times[267]. In der Tat mußte einem Besucher aus Berlin im Jahre 1950 die Stadt New York wie eine gänzlich andere Welt vorkommen. „Ein völlig neues Weltbild" gewinne man in den USA, berichtete Hildebrandt über die Begegnung mit diesem Land und kam zu dem Schluß, „daß alle überkommenen sozialistischen Theorien hier zusammenfallen"[268].

Das International Rescue Committee hatte Hildebrandts Reise offenbar gut vorbereitet: Der KgU-Leiter absolvierte Pressekonferenzen, Wochenschau- und Rundfunkinterviews und fand, wie er Birkenfeld schrieb, die Türen geöffnet, „um vor maßgebenden Kreisen und auch um in einigen Universitäten die Verhältnisse in der Ostzone und die Möglichkeiten des sinnvollen Widerstandes so nahe zu bringen, wie ich es mir wünsche". Im politischen Bereich empfand Hildebrandt große Nähe und stieß auf ein Interesse, das ihn überraschte: „Es ist doch auch die amerikanische Politik sehr deutsch beraten, und man hat hier gar nicht das Gefühl, in einer fremden Stadt zu sein, und in vieler Hinsicht näher bei Berlin als es in München ist".

---

[262] Ebenda, S. 11f.
[263] New York Times vom 20.10.1950.
[264] ARH, Hildebrandt an H., New York, vom 28.9.1950.
[265] New York Times vom 20.10.1950.
[266] ARH, Hildebrandt, New York, an Günther Birkenfeld und Frau vom 31.10.1950.
[267] New York Times vom 20.10.1950.
[268] ARH, Hildebrandt, New York, an Günther Birkenfeld und Frau vom 31.10.1950.

15. Rainer Hildebrandts Amerikareise

Aus Birkenfelds Antwortschreiben ging im übrigen hervor, daß Lasky ihn gebeten hatte, das Berliner Büro des Kongresses für Kulturelle Freiheit zu übernehmen, wozu er sich offenbar auch bereit erklärt hatte[269]. Aber gewisse resignative Untertöne konnte Birkenfeld doch nicht verbergen, denn es gab Finanzsorgen; außerdem finde man kaum mehr Gleichgesinnte und schließlich könne man „die Freiheit nicht organisieren". Über die KgU, aus der sich Birkenfeld allem Anschein nach mehr oder weniger zurückgezogen hatte, und insbesondere über Tillich berichtete er nach New York: „Ernst ist hier unermüdlich tätig und kann kaum noch aus den Augen sehen. So läßt er sie rund und starr stehen und durchröntgt sein Gegenüber".

Hildebrandts Rundreise durch die Vereinigten Staaten dauerte in Wirklichkeit nicht – wie zunächst geplant – zwei, sondern vier Monate[270]. Noch am 14. Februar 1951 sprach er als „leader of the Fighting Group Against Inhumanity", wie ihn die New York Times bezeichnete, in New York. Ausdrücklich lobte er die Bemühungen der „Voice of America" und stellte fest, die Arbeit des Senders habe sich innerhalb des vergangenen Jahres verbessert.

Seine Reise war allem Anschein nach ein voller Erfolg. Allein infolge eines Auftritts in San Francisco waren fast fünfhundert zustimmende Briefe in New York eingetroffen, wo das International Rescue Committee als Anlaufstelle fungierte[271]. Hildebrandt konnte vielfältige Kontakte knüpfen und für die ‚Fighting Group' werben; so lernte er auch Eleanor Roosevelt kennen[272].

Die infolge des Korea-Konfliktes gespannte Atmosphäre in den USA veranschaulichte ein Korrespondenzpartner Hildebrandts im Frühjahr 1951 so: „Die Vorsichtsmaßnahmen stimmen einen herunter. An allen Ecken sieht man (...) das Zeichen: Public Shelter, und illustrierte Verhaltensmaßregeln im Falle eines Atombombenangriffs hängen schon in allen Hauseingängen. Die reichen Kerle hier kaufen sich alle Güter in entlegenen Gebirgsgegenden wie Nevada, Montana oder Wisconsin für den Fall, daß es los geht".

In der Tat fand Rainer Hildebrandts USA-Reise in der vielleicht schärfsten Spannungsphase des Kalten Krieges statt. Das Jahr 1950 war das Jahr des Aufstieges des militant antikommunistischen Senators Joe McCarthy. Es war die Zeit der Affäre um Alger Hiss, der Prozesse gegen die Führung der Kommunistischen Partei der USA, aber auch der Spionagefälle Fuchs und Rosenberg. Nachdem im September die Streitkräfte der UN und Südkoreas auf den Brückenkopf um Pusan zurückgeworfen worden waren und im Zuge ihrer Gegenoffensive einen Monat später Pyongyang besetzt worden war, hatte die Volksrepublik China im November 1950 massiv interveniert. Truman verkündete am 16. Dezember den nationalen Notstand und nicht zuletzt aufgrund der Tatsache, daß die UdSSR spätestens seit September 1949 ebenfalls im Besitz der Atombombe war, begannen die USA, ihre nach 1945 demobilisierten Streitkräfte von neuem aufzubauen. –

---

[269] ARH, Günther Birkenfeld an Hildebrandt vom 4.11.1950.
[270] New York Times vom 15.2.1951.
[271] ARH, A., New York, an Hildebrandt vom 29.3.1951; Hildebrandt an A., New York, vom 11.4.1951.
[272] A. an Hildebrandt, ebenda.

Es konnte hier lediglich ein oberflächlicher Eindruck von Hildebrandts Reise wie auch von den Kontakten der Kampfgruppe in die USA gegeben werden. Diese Aufgabe würde auch den gegebenen Rahmen sprengen, da in einem solchen Zusammenhang nach der Struktur des gesamten ‚Apparats des Kalten Krieges in den USA' zu fragen wäre. Zum Charakter dieses Apparats kann – zumindest hypothetisch – dennoch festgehalten werden: Selbst wenn die amerikanische Regierung etwa mit Hilfe der CIA durch beträchtliche finanzielle Mittel diesen Apparat förderte, so bedeutete dies nicht, daß sie sich nur willfährige Befehlsempfänger schuf; vielmehr ergibt sich der Eindruck, daß diese – zu einem nicht unbeträchtlichen Teil privaten – Organisationen durchaus eigene Vorstellungen von ihrer Arbeit hatten.

Anderes aber wollte offenbar der Autor von „Unmenschlichkeit als System" suggerieren, als er 1957 über Hildebrandts USA-Aufenthalt schrieb: „Unter anderem verpflichtete er sich gegenüber dem Amt für psychologische Kriegsführung bei der Central Intelligence Agency (CIA – das ist die oberste Spionagebehörde der USA; d. Red.), die KgU ganz in den Dienst des kalten Krieges zu stellen"[273]. Obwohl die hier behauptete Tatsache nicht definitiv verifiziert werden kann, scheint ein derartiger Kontakt keineswegs unwahrscheinlich. Allerdings erscheint das hier vermutete Ergebnis wenig plausibel, denn die KgU hatte sich schon lange vor Hildebrandts USA-Reise „ganz in den Dienst des kalten Krieges" gestellt, aus eigener Entscheidung und mit eigener Zielsetzung.

16. „Offensive Demokratie" und Wiederbewaffnung

Am 9. November 1950 sei, enthüllte der Spiegel zwei Jahre später, der Journalist Heinz Krüger in seiner Wohnung in Berlin-Hermsdorf von „‚gangsterhaften'" Gestalten überfallen worden[274]. Karl Heinz Stabenow, 22 Jahre alt, und Dieter Norden, 19 Jahre, hätten als „Agenten der ‚Kampfgruppe gegen Unmenschlichkeit'" dem Journalisten „‚einen Denkzettel' für sein neutralistisches Verhalten und seine Verbindungen zum ‚Nauheimer Kreis' des Professors Noack verpassen" wollen, seien jedoch kurz nach ihrer Verhaftung aufgrund einer Intervention des „‚Kampfgruppen'-Vorstandsmitgliedes Tietze" wieder von der Polizei freigelassen worden. Von diesem Umstand habe, so der Spiegel im November 1952, die Öffentlichkeit jedoch nichts erfahren – die West-Berliner Zeitungen hätten am nächsten Tag „von einem mißlungenen Menschenraubversuch an dem Journalisten Krüger" berichtet.

Ob die Täter tatsächlich von der Kampfgruppe zu ihrem Tun veranlaßt worden waren, bleibt fraglich[275]. Der Vorfall als solcher ist wohl nicht zu bezweifeln; sollte er auf Veranlassung der KgU herbeigeführt worden sein, dann handelte es sich zweifellos um ein höchst fragwürdiges Vorgehen. Aufschlußreicher als dieser mysteriöse Vorgang selbst ist der Umstand, daß hier ein Zusammenhang mit dem

---

[273] Unmenschlichkeit als System, S. 35.
[274] Der Spiegel vom 19.11.1952, S. 13.
[275] Der Spiegel (ebenda) zitiert im weiteren Text den Berliner Polizeipräsidenten Stumm, der am 27.12.1950 gesagt haben soll, „daß sich in bestimmten westlichen Kreisen, die sich vielfach aus alten belasteten Nationalsozialisten rekrutieren, so etwas wie eine neue Feme-

16. „Offensive Demokratie" und Wiederbewaffnung

Nauheimer Kreis des Wiederbewaffnungsgegners Ulrich Noack hergestellt wurde. Ihn hatte Tillich schon im Juli 1949 im Sozialistischen Jahrhundert angegriffen: „Daß die Sowjets keinen deutschen oder anderen nationalen Kommunismus zulassen, ist den alten kommunistischen Parteiangehörigen erst mühsam klargeworden, aber daß es keinen humanen Kommunismus gibt, weiß jedes Kind in der Ostzone – nur Herr Noack und sein Freundeskreis offenbar nicht"[276].

Aufschlußreich in bezug auf das Datum des Besuchs jener „gangsterhaften" Gestalten bei Krüger ist weiterhin der Umstand, daß drei Tage vorher – am 6. November 1950 – Tillich einen „Offenen Brief an Bundeskanzler Adenauer" geschrieben hatte, in dem er sich entschieden für eine Remilitarisierung der Bundesrepublik ausgesprochen hatte[277]. Auch Margret Boveri kannte diesen Offenen Brief; sie schrieb: „Im Jahre 1950, als noch wenige Deutsche an Wiederbewaffnung dachten, richtete er einen offenen Brief an *Adenauer*, in dem er sich für den Aufbau einer westdeutschen Armee und die Politik der Stärke einsetzte"[278].

Es sei dahingestellt, ob im Herbst 1950, also bereits einige Monate nach Ausbruch des Korea-Krieges, tatsächlich nur „wenige Deutsche" über die Remilitarisierung nachdachten; verwunderlich aber ist – im Sinne Margret Boveris – eher der Umstand, daß Ernst Tillich bereits Monate *vor* dem Kriegsbeginn in Korea im Sozialistischen Jahrhundert die Frage „Warum keine Remilitarisierung?" gestellt hatte[279]. Die Redaktion hatte sich allerdings in einer Fußnote von seinen Überlegungen distanziert: „Trotz mancher Bedenken halten wir uns für verpflichtet, dieses persönliche Bekenntnis zur Diskussion zu stellen"[280].

An dieser Stelle scheint es jedoch zunächst geboten, in einem kurzen Rückblick Äußerungen Tillichs zur Frage der Remilitarisierung aus früheren Jahren zu betrachten. In jenem bereits eingehend zitierten Artikel über die „Pflicht zum Widerstand" vom April 1948 hatte er eine tiefgreifende „Kriegsmüdigkeit" der Deutschen festgestellt: „Trotz vieler gegenteiliger Meinungen besteht m.E. der Eindruck zu Recht, daß aus dem deutschen Volk in der nächsten Zeit keine willigen Soldaten gemacht werden können"[281]. Als er im Dezember 1948 einer Einbezie-

---

organisation aufbaut'." Dieses Zitat stammt jedoch aus einer einem Schreiben Krügers an den Berliner Justizsenator Kielinger vom 12.8.1952 (Faksimile in: Roth/Neumann/Leib, Psychologische Kampfführung. Invasionsziel: DDR. Vom Kalten Krieg zur Neuen Ostpolitik, Hamburg 1971, S. 135) beigefügten Abschrift eines Schriftsatzes Krügers an die Generalstaatsanwaltschaft. Allem Anschein nach beruhte die Spiegel-Darstellung vom November 1952 auf diesem Schriftsatz, denn tatsächlich zitiert ja der Spiegel Stumm in Krügers Wiedergabe.

[276] Ernst Tillich, Offensive Demokratie, in: Das Sozialistische Jahrhundert, 3. Jg. (15. Juli 1949), S. 262ff.
[277] Ernst Tillich, Offener Brief an den Bundeskanzler, in: Presse- und Informationsdienst Nr. 25/26 (1950) vom 1.12.1950, S. 1f. (BA-K ZSg. 1-64/21); dort vollständiger Text mit Datierung. – Text auch: Neue Zeitung vom 8.11.1950. – Der Tagesspiegel vom 7.11.1950.
[278] Boveri, Verrat, S. 276.
[279] Ernst Tillich, Warum keine Remilitarisierung? In: Das Sozialistische Jahrhundert, 4. Jg. (wohl Februar 1950), S. 35ff. – Es handelt sich um die letzte Nummer der Zeitschrift.
[280] Ebenda, Fußnote auf S. 35.
[281] Tillich, Pflicht zum Widerstand, S. 160. – Insbesondere der Hinweis auf diesen Aufsatz Tillichs ist der Äußerung Margret Boveris (Verrat, S. 276) entgegenzuhalten, es hätten schon seine „Quäkerfreunde" während des Krieges festgestellt, „daß er für ihre Ideen der

hung Deutschlands in ein vereintes Europa und in den Westen überhaupt das Wort redete, traf er folgende Einschränkung: „Sie schließt nicht die Remilitarisierung ein; Einsatzbereitschaft des deutschen Volkes heißt zunächst *Opfer*bereitschaft und langsame Wiedereroberung des moralischen Ansehens"[282]. Hier schloß er sich ausdrücklich der Meinung Eugen Kogons an, wobei er in bezug auf eine Remilitarisierung „deren Gefahr für die Zukunft" hervorhob[283].

Im Juli 1949 – also etwa ein halbes Jahr später – skizzierte Tillich in einem Aufsatz über „Offensive Demokratie", in dem er sich vorrangig der Innenpolitik widmete, seine Vorstellungen einer wehrhaften demokratischen Staatsform[284]. Leitsatz seiner Überlegungen ist hier die Formel *„Demokratie nur den Demokraten"*, und mit aller Schärfe widersprach er der Meinung, man könne aus einem Faschisten oder Kommunisten einen Demokraten machen: „Letzten Endes nährt sich diese Meinung nicht von realer Einsicht, sondern von religiöser Hoffnung, nämlich der Hoffnung der Quäker, man könne diejenigen, die bereits auf einen schießen ... Eine schöne Hoffnung, aber leider ein Selbstmordrezept"[285].

Bei aller Entschiedenheit, die in dieser Stellungnahme liegt, wäre es falsch, wollte man in ihr nur pure Herablassung erkennen. Es ist zumindest darauf hinzuweisen, daß Tillich hier sehr genau wußte, wen er kritisierte. Quäker waren es gewesen, die seiner Familie nach seiner Verhaftung 1936 geholfen hatten, und auch nach seiner Entlassung 1939 hielt er engen Kontakt zu ihnen; noch 1983 schrieb er: „Das war wirklich eine Gemeinschaft von religiösen hilfsbereiten Menschen, denen ich zu großem Dank verpflichtet bin, und auch deren religiöse Zusammenkünfte so außerordentlich wohltuend waren: nach einer Stunde völligen Schweigens höchstens noch eine kurze Rede eines der Teilnehmer – mehr an Worten hätte ich nach den Erfahrungen im KZ (und der bitteren Trauer um die Bekennende Kirche) wirklich nicht mehr ertragen können"[286]. Seine vormalige Nähe zu den Quäkern wie auch die Tiefe, mit der er die Kontinuität des Widerstandes empfand, zeigt sich auch in folgender Äußerung von 1983: „Damals, als ich dann mit den Quäkern zusammen war (als sogenannter ‚Freund der Freunde') hätte ich vielleicht auch sagen können, ich sei ein Friedensfreund. Aber mit ihrem grundsätzlichen Pazifismus konnte ich nicht übereinstimmen (zu ihrer Betrübnis). Mir war klar, daß man Hitler und die SS letztlich nur mit der Waffe bekämpfen konnte und wenn sich die Möglichkeit dazu ergeben hätte, mußte ..."

Dieser Exkurs zeigt, daß auch die nachfolgend in „Offensive Demokratie" getroffene Feststellung einen durchaus ernst zu nehmenden Hintergrund besitzt, und

---

Gewaltlosigkeit kein Organ besitze." Es scheint vielmehr, daß Tillich die ‚Ideen der Gewaltlosigkeit' durchaus aufgenommen hatte, dabei jedoch die Grenzen der Möglichkeiten dieses Weges anders einschätzte und in der Tat keineswegs für Gewaltlosigkeit ‚um jeden Preis' eintrat; *nur* grundsätzlich bekannte er sich insoweit zur Gewaltlosigkeit.

[282] Tillich, Europäischer Widerstand, S. 367.
[283] Ebenda, Anm. 2, S. 367.
[284] Tillich, Offensive Demokratie, S. 262ff.
[285] Ebenda, S. 262. – Die Auslassung ist im Text enthalten. Tillich meinte die „Hoffnung der Quäker, man könne" die Schießenden – die Faschisten und Kommunisten – selbst in diesem Augenblick noch zu Demokraten machen.
[286] Tillich, Friedensbewegung, S. 70f.

für Tillich keineswegs eine Leerformel war: „Daran ist kein Zweifel, daß Faschisten und Kommunisten die Theorie der permanenten Revolution, d. h. des *permanenten Kriegszustandes*, besitzen"[287]. Der Maßstab war auch für Tillich die Frage der Respektierung der Menschenrechte, es sei, so schrieb er, der Grundfehler der Weimarer Republik gewesen, „daß sie sich selbst nur als *Formaldemokratie* und nicht als *positive* Demokratie nahm", und von daher kam er zu folgendem Postulat: „Bei der *Verletzung* der Menschenrechte hört die Toleranz auf". Dies bedeutete für ihn, daß sich der demokratische Staat nach innen, gegen seine Gegner „mit aller Konsequenz auf die *Defensive* einzustellen" habe. Im Kontext des Kalten Krieges hieß das: Entschlossene Bekämpfung der Partei der DDR in der Bundesrepublik.

Im entsprechenden anderen Terrain aber müsse die innerlich defensive Demokratie offensiv handeln: „Wer die Ostzone noch zu Deutschland rechnet – und angeblich tun das noch alle –, muß deshalb erkennen, daß die Defensive gegen die Tyrannei hier *in die Offensive umschlagen* muß". Tillich verstand die westliche Offensive nach außen als Ergebnis des Umschlagens einer Defensive nach innen: im Endergebnis blieb für ihn die geforderte westliche Offensive letztlich stets Mittel eines defensiven Zwecks. Anders ausgedrückt: Die ‚Aggression' – wie ja auch der Kalte Krieg insgesamt – ging für Tillich unzweifelhaft vom Sowjetkommunismus aus. Selbst die westliche Offensive sollte im Kern stets Reaktion auf kommunistische Angriffe bzw. Drohungen bleiben. Der Blick auf diese Äußerungen macht deutlich, daß die Forderung nach Remilitarisierung sich nahezu zwingend ergeben mußte – ohne daß es im übrigen jener grande peur bedurft hätte, die den Westen und insbesondere die Bundesrepublik nach den Ereignissen des Juni 1950 in Korea ergriffen hatte[288].

Seine im Februar des Jahres 1950 im Sozialistischen Jahrhundert veröffentlichten Überlegungen zum Thema Wiederbewaffnung nahmen so auch ihren Ausgang bei der in Gestalt der Volkspolizei schon seit geraumer Zeit vorbereiteten „Remilitarisierung in der Ostzone", und er bekräftigte die Systemnotwendigkeit eines solchen Vorgangs: „*Bolschewisierung ist notwendigerweise Militarisierung*; wie weit sie auch Waffenausrüstung mit sich bringt, ist lediglich eine taktische Frage, die nach Möglichkeit und Zweckmäßigkeit entschieden wird"[289].

Tillich war klar, daß etwa in den USA oder gar in Frankreich und nicht zuletzt in Deutschland selbst der Gedanke an eine Remilitarisierung auf Ablehnung treffen mußte: „Die größte Tugend des Landsers ist heute die zu hohen Graden entwickelte Fähigkeit, sich rechtzeitig zu drücken. ‚Mit uns nicht noch einmal!...'"[290] Angesichts dieser weitverbreiteten Haltung unterstrich Tillich, daß demgegenüber in der sowjetischen Zone auf zweierlei Art „eine Kriegsbereitschaft des deutschen Volkes" erzeugt werde, nämlich „einmal als Widerstand, zum anderen als Gefolge"; nach seiner Überzeugung schwinde in der Bevölkerung dort die Angst vor einem Krieg, weil sie angesichts der immer rigideren Methoden der Kommunisten das Gefühl bekomme, nichts mehr als nur ihre Ketten verlieren zu können, während

---

[287] Tillich, Offensive Demokratie, S. 262ff.
[288] Vgl. hierzu auch Nolte, Deutschland, S. 241ff.
[289] Tillich, Remilitarisierung, S. 35.
[290] Ebenda, S. 37ff.

insbesondere die Jugend bei Jungpionieren und FDJ einer heftigen „Kriegshetze gegen die USA" ausgesetzt werde.

Wichtiger aber als die verbreitete Abneigung gegen eine Remilitarisierung sei die Frage der Gesamtkonzeption des Westens, denn: „Ich gestehe, daß ich die Frage einer Remilitarisierung Deutschlands je länger je weniger von einem absolut pazifistischen Standpunkt zu sehen vermag, sondern nur noch im Zusammenhang mit dem Ziel, das nicht nur ein rein persönliches, sondern meines Wissens das Ziel aller internationalen Sozialisten ist: *Die Befreiung einer großen Zahl von Menschen vom totalitären Terror und vom sozialen Elend.* Angeblich ist das auch das Ziel der ganzen demokratischen Welt"[291].

Die Frage der Remilitarisierung Westdeutschlands war für Tillich eng verbunden mit den Entscheidungen der sowjetischen Politik; damit aber sei sie zu einer Alternativfrage geworden: *„Entweder demokratische Befreiung der Ostzone oder Remilitarisierung ganz Deutschlands".* Dies war unzweideutig ein Plädoyer für eine Wiederaufrüstung und für eine Politik der Stärke, denn im Sinne einer Führung des Kalten Krieges ging es ihm neben der *„Stärkung der Widerstandskraft* der Menschen gegen den Kommunismus" vor allem um: *„Offensive Demokratie* unter Vermeidung eines Schießkrieges, aber ohne Illusionen über eine ‚Verständigung' mit dem Gegner, der den permanenten Kriegszustand erklärt hat und praktiziert".

Jener Offene Brief, den Tillich – nunmehr als „Politischer Leiter" der Kampfgruppe gegen Unmenschlichkeit – im Herbst 1950 an Konrad Adenauer schrieb[292], erscheint als logisches Endstadium in einem gedanklichen Entwicklungsprozeß. Tillich legte in seinem Schreiben an den Kanzler klar und ohne Umschweife „im Namen zahlreicher Widerstandsgruppen, deren Arbeit auf die Wiedervereinigung der Menschen in Deutschland und Europa gerichtet ist", die Vorstellungen der Kampfgruppe dar; der Kernsatz lautete: „Die Konsequenzen der kommunistischen Remilitarisierung in der Sowjetzone ist deshalb ein demokratischer Selbstschutz in Westdeutschland".

Hinsichtlich der Gesamtstrategie hieß es, daß der Sowjetunion aufgrund der bisherigen Erfahrungen „nur mit überlegener Stärke zu begegnen" sei, daß es gelte, sich zu wappnen, wenn man nicht wünsche, „daß die kommunistischen Armeen auch noch die letzten zwei Viertel unseres Vaterlandes besetzen", und ferner, so hatte Tillich gleich zu Beginn festgehalten, bestünde in der Sowjetzone eine als „,Volkspolizei'" bezeichnete „Volksarmee". Besonderen Nachdruck legte er darauf, daß Deutschlands Verteidigung „in erster Linie eine Angelegenheit des deutschen Volkes selbst" sei, nicht etwa Aufgabe der Alliierten; die Verurteilung dieser Auffassung war überaus scharf: „Wir kennen sie bereits von einer gewissen Sorte sowjetzonaler Politiker. Wir warnen die Bevölkerung Westdeutschlands eindringlich vor ihrem Ergebnis: Vor der Sowjetisierung unserer und ihrer Heimat".

Abschließend betonte Tillich, man könne von den Deutschen in der Ostzone nur „Geduld und Ausharren" erwarten, wenn man bei sich selbst „den unbedingten Geist des Widerstandes gegen den Stalinismus" erwecke, und es folgte ein leidenschaftlicher Schlußappell: „Ohne ihn ständen wir auf verlorenem Posten. Deshalb

---

[291] Ebenda, S. 41ff.
[292] Tillich, Offener Brief, S. 1f.

beschwören wir Sie, Herr Bundeskanzler, seien Sie unnachgiebig gegen jeden Defaitismus! Beweisen Sie in dieser Lebensfrage unseres Volkes den Mut und die Entschlossenheit, die allein der bisherigen und der zukünftigen Opfer des Kampfes für die Wiedervereinigung würdig ist".

17. Innere Krise

Am 2. Dezember 1950 meldete der Tagesspiegel unter Berufung auf die DDR-Nachrichtenagentur ADN, der SSD habe fünf Mitglieder der KgU verhaftet; die Betreffenden hätten falsche VOPO-Ausweise und weitere belastende Dokumente mitgeführt[293]. Die Tägliche Rundschau vom selben Tag gab dieser ADN-Meldung erheblich breiteren Raum; dort hieß es, daß die Staatssicherheit bereits am 10. November jene fünf KgU-Angehörige festgenommen habe, als diese im Begriff waren, mit Waffengewalt zwei bereits „abgeurteilte Diversanten" zu befreien[294]. Die Ermittlungen hätten von neuem bewiesen, „daß die Hildebrandtsche Organisation eine Filiale des amerikanischen Geheimdienstes ist und sich ausschließlich mit Spionage, Sabotage, Terrorakten und Hetzpropaganda gegen die DDR befaßt". Neben „Stichwaffen", die die Festgenommenen mitgeführt hätten, erwähnte auch die Ost-Berliner Zeitung falsche VOPO-Ausweise und ferner gefälschte Siegel. „*Hauptverantwortlich*" seien neben dem amerikanischen Geheimdienst und Rainer Hildebrandt „in erster Linie der zweite ständige Vorsitzende der ‚Kampfgruppe' und jetzige Dozent an der Westberliner Universität *Tillich*" sowie der KgU-Mitarbeiter *„Seeberg"*.

Für die kommunistischen Zeitungen war im Dezember 1950 nach wie vor Rainer Hildebrandt die Hauptfigur der Kampfgruppe, doch auffallend ist, daß auch Ernst Tillich nicht unerwähnt blieb, seine Verantwortung sogar besonders hervorgehoben wurde. Tatsächlich trat Tillich während Hildebrandts USA-Aufenthalt als dessen „ständiger Stellvertreter" voll in die Leiterfunktion ein. Den Offenen Brief an Adenauer unterzeichnete er als „Politischer Leiter" – im Gegensatz zu Hildebrandt als eigentlichem „Leiter". Es bleibt zu fragen, was es bedeuten sollte, daß Tillich sich als ‚Politischer' Leiter bezeichnete, denn wie anders wäre der Leiter einer in erster Linie ‚politischen' Organisation zu bezeichnen, wenn nicht als ‚politischer' Leiter?

Und natürlich war es auch Tillich, der während Hildebrandts Abwesenheit die Gruppe repräsentierte. Am 21. Dezember führte er eine Aktion durch, die einen gewissen Sinn für das Makabre bewies: Am Mittag dieses 21. Dezember hatte sich vor dem Postamt Charlottenburg eine dichte Menschenmenge versammelt, die miterleben wollte, wie Tillich am Paketschalter einen großen, aus schwarzem Stacheldraht gewundenen Trauerkranz in eine Schachtel verpackte, die er dann als Paket aufgab[295]. „Josef Wissarionowitsch Stalin zum 71sten Geburtstag" und ein „F"

---

[293] Der Tagesspiegel vom 2.12.1950.
[294] Tägliche Rundschau vom 2.12.1950.
[295] Der Tagesspiegel vom 22.12.1950; Pressephoto des Vorgangs (Archiv für Kunst und Geschichte).

war auf der einen – roten – Schärpe zu lesen; auf der anderen stand „Kampfgruppe gegen Unmenschlichkeit, Rainer Hildebrandt, Ernst Tillich"[296]. Adressiert war die Sendung – zur Weiterleitung – an das ZK der SED in Ost-Berlin.

Abgesehen von dieser skurril anmutenden Aktion ergibt sich der Eindruck, daß die Öffentlichkeitsarbeit der Kampfgruppe seit dem Sommer fast gänzlich zum Stillstand gekommen war. Gewiß tauchten vereinzelt noch Meldungen auf: Im August hatte die KgU vor „Agitationsgruppen der ‚Nationalen Front'" gewarnt, die in öffentlichen Diskussionen im Osten oppositionelle Äußerungen provozieren sollten, und im Oktober hatte sie gemahnt, am Tag des Kriegsgefangenen „sollte man die Opfer der kommunistischen Justiz nicht vergessen"[297]. Größere Veranstaltungen, wie sie bisher regelmäßig von der KgU durchgeführt worden waren, hatte es seit dem 20. Juli nicht mehr gegeben. Diese offensichtliche Zurückhaltung konnte schwerlich allein durch Hildebrandts Reisevorbereitungen begründet sein.

Im Dezember 1957, als die Kampfgruppe bereits unter heftigem Beschuß lag und etwa vier Monate vor Tillichs Rücktritt von der KgU-Leitung, erklärte er in einem Leserbrief an die Frankfurter Allgemeine Zeitung, er sei 1950 in die Kampfgruppe gerufen worden, da die Gruppe an internen Streitigkeiten und an dem Gegeneinander von fünf Nachrichtendiensten, die damals gleichzeitig ihre „Vertrauensleute" in der KgU unterhielten, auseinanderzufallen drohte[298]. Spätestens seit dem April, als Tillich in die Leitung berufen worden war, schwelte also in der Kampfgruppe ein Konflikt. Dem Leserbrief von 1957 zufolge sah Tillich es als seine Hauptaufgabe an, den nachrichtendienstlichen Einfluß innerhalb der Organisation zurückzudrängen, die Arbeit der Kampfgruppe wieder auf politische und soziale Schwerpunkte zurückzuführen und den Einsatz Jugendlicher in der Widerstandsarbeit zu unterbinden.

Sollte es tatsächlich so gewesen sein, daß die mit der Kontaktaufnahme zwischen KgU und CIC gewissermaßen vor den Kopf gestoßenen Nachrichtendienste bestimmte Mitarbeiter der Kampfgruppe geworben hatten, um sich auf diese Weise Zutritt zu den Materialien der Gruppe – insbesondere Einblicknahme in die Karteien – zu verschaffen, dann wäre dies ein echter Grund für Krisenerscheinungen, denn zweifellos war es unumgänglich, solche Personen, die offenbar ohne Wissen der Leitung gehandelt hatten, aus der Kampfgruppe zu entfernen. Ohne Zweifel mußten die damit verbundenen Auseinandersetzungen – zumal vermutlich niemand aus freien Stücken zugab, daß die gegen ihn erhobenen Vorwürfe berechtigt waren – zur Lähmung der Arbeit führen.

Ein namentlich nicht bezeichneter „alliierter Abwehrmann", der während des Jahres 1950 – nach Tillichs Eintritt – mit der Kampfgruppe zu tun hatte, wurde vom Spiegel 1958 bezüglich der internen Situation der Gruppe wie folgt zitiert: „Jetzt waren dort drei Leute ...: Hildebrandt, jung, gut aussehend, brillant in seiner Art, charmant, aber notwendigerweise impulsiv und schwach, teils Proszeniumsloge, teils utopisierender Intellektueller und teils Politiker; Dr. von zur Mühlen, vom alten ‚Büro Hoffmann', alter Geheimdiensthase, kein Trottel, aber nicht sonderlich

---

[296] Zitiert nach dem Photo, ebenda; sinngemäß auch Der Tagesspiegel vom 22.12.1950.
[297] Der Tagesspiegel vom 9.8. und 26.10.1950.
[298] Frankfurter Allgemeine Zeitung vom 18.12.1957.

17. Innere Krise

brillant, gehemmt von Natur und durch Krankheiten nervös geworden; Tillich, der neue, der starke Mann und Usurpator ... Als Organisationsmanager kam er direkt unter Hildebrandt und er ging sofort zu einem Machtkampf gegen Dr. von zur Mühlen über, der den Untergrundteil der KgU dirigierte"[299]. Es sei Tillich also vor allem um Ausschaltung von zur Mühlens gegangen, wobei es ihm, so führte der ungenannte Gewährsmann des Spiegel weiter aus, vorrangig um die Ausrichtung der KgU-Arbeit auf die „Thesen der Propaganda und der psychologischen Kriegsführung" gegangen sei. Eine ähnliche Behauptung hatte 1957 auch die kommunistische Seite aufgestellt, als es in „Unmenschlichkeit als System" zu Tillichs Aufnahme in die KgU-Geschäftsführung im März 1950 hieß: „Das war also der ‚neue Mann', den der amerikanische Geheimdienst zum Leiter der KgU bestimmt hatte"[300].

Ein Indiz für die Existenz vielleicht nicht direkter Anweisungen, aber wohl zumindest gewisser Anregungen durch amerikanische Stellen eben auch hinsichtlich der praktischen Arbeit könnte darin zu erblicken sein, daß die KgU zu Pfingsten 1950 zum „Deutschlandtreffen" der FDJ erstmals mit Hilfe von Ballons Flugblätter in das Gebiet der DDR bzw. Ost-Berlins geschickt hatte[301]. Auch der Spiegel betonte in seiner Darstellung den Zusammenhang zwischen Tillichs Aufstieg zum „Politischen Leiter'" und dem Beginn einer umfangreichen Verbringung von Propagandamaterial in die DDR mit Luftballons und Kurieren[302]. Diese Technik wurde von amerikanischer Seite offenbar auch anderenorts angewendet[303].

Angesichts der seit Mitte 1950 so eminent verschärften Weltlage ist es natürlich naheliegend zu vermuten, daß die amerikanische Seite mindestens bemüht war, ihren Apparat zu straffen, um die westlichen Möglichkeiten insgesamt besser wirksam werden zu lassen. Tillich bestritt jedoch im Dezember 1957 jeglichen amerikanischen Einfluß auf seine Berufung in die KgU[304]. Angesichts der heftigen Angriffe gegen die Organisation hätte er zu dieser Zeit derartige Verbindungen allerdings kaum eingestehen können und wohl auch dürfen – selbst wenn er es gewollt hätte.

Bereits 1952 hatte der Spiegel geschrieben, Tillich habe sich zuerst gegen jene Vertrauensleute gewandt, „die Rainer Hildebrandt geheuert hatte", um dann aus dem Stab des Polizeipräsidenten Stumm sieben Polizisten in die Kampfgruppe zu holen[305]. Walter Dethloff – unter dem Decknamen Martini – sei zum neuen Geschäftsführer gemacht worden. Im Januar 1951 schließlich habe von zur Mühlen als Chef der Widerstandsabteilung der KgU dem ehemaligen Leiter des „German Criminal Investigation Service" im US-Sektor von Berlin Gerd Baitz weichen müs-

---

[299] Der Spiegel vom 2.7.1958, S. 30.
[300] Unmenschlichkeit als System, S. 35.
[301] Neue Zeitung vom 24.12.1950.
[302] Der Spiegel vom 2.7.1958, S. 32.
[303] Ruland (Krieg, S. 96) behauptet, daß auch NTS – vom CIA „noch heute (d.i. 1971; Anm. des Verf.) großzügig finanziert" – ebenfalls mit Hilfe von Ballons Propagandamaterial in die UdSSR geschickt habe. Seit 1949 verwendete die CIA ferner mit Kameras ausgerüstete Ballons, die von Westeuropa aus in östlicher Richtung flogen, und – sofern sie soweit kamen – im Pazifik wieder aufgefischt wurden (Myron J. Smith, The Secret Wars. A Guide to Sources in English, Vol. 2: Intelligence, Propaganda and Psychological Warfare, Covert Operations, 1945-1980, Oxfort 1981, S. XXX).
[304] Frankfurter Allgemeine Zeitung vom 18.12.1957.
[305] Der Spiegel vom 19.11.1952, S. 13.

sen[306]; Baitz habe, als er die Abteilung übernahm, mit der Bemerkung „Jetzt weht hier ein frischer Wind" Fächer und Schubkästen der Dienstmöbel im Büro der Widerstandsabteilung im Haus Kurfürstendamm 106 aufgebrochen[307].

Die KgU-Mitarbeiter seien „fast ausnahmslos junge Menschen", schrieb die Frankfurter Allgemeine Zeitung im Januar 1951[308]. Baitz – Jahrgang 1923 – war ebenso wie Wolfgang Kaiser – geboren 1924 – vergleichsweise jung, als er bei der KgU aktiv wurde[309]. Kaiser war Chemiestudent und fungierte als Leiter des chemisch-technischen Laboratoriums, das die KgU, so der Spiegel, 1950 eingerichtet habe; in diesem Labor seien zunächst die Lunten hergestellt worden, die erforderlich waren, um von den fliegenden Ballons in gleichmäßigem Tempo – und zum errechneten Zeitpunkt – die an ihnen befestigten Flugblätter ‚abregnen' zu lassen. Späterhin seien in dieser KgU-Einrichtung aber auch Stinkbomben, Brandsätze und metallzerfressende Säuren produziert worden.

Ob die Darstellung des Spiegels wirklich in jedem Detail zutrifft, kann nicht überprüft werden; im Grundsatz aber scheint es so, als habe die Kampfgruppe im Laufe des Jahres 1950 ihre Methoden tatsächlich verschärft. „Ein kleiner Generalstab" sei die Organisation mittlerweile geworden, schrieb am Weihnachtstag 1950 die Neue Zeitung[310]. Dieselbe Formulierung wurde im Januar auch von der Frankfurter Allgemeinen Zeitung aufgenommen, und die Zeitung berichtete auch von Raketen, mit deren Hilfe nunmehr Flugblätter nach Ost-Berlin bzw. in die DDR geschossen werden würden[311]. Im übrigen schrieb die Frankfurter Allgemeine auch von dem Menschenstrom, der sich Tag für Tag aus Richtung des S-Bahnhofs Nikolassee zur Villa der Kampfgruppe zog. Vor dem Haus stand nun nicht mehr britische Militärpolizei, sondern es waren West-Berliner Polizisten, die in der Ernst-Ring-Straße patrouillierten[312].

Im Zusammenhang mit den internen Querelen der Kampfgruppe gegen Unmenschlichkeit deutete sich insgesamt ein Wandel der methodischen Konzeption an. Die im Juli 1950 durchgeführte Aktion, in der ‚ziviler Widerstand' praktiziert werden sollte, war ja allem Anschein nach nicht so erfolgreich gewesen, wie man gehofft hatte. Wenn man das Ergebnis der Tage des Schweigens in der KgU tatsächlich als Rückschlag empfunden hat, so ergaben sich im Prinzip zwei denkbare Schlußfolgerungen: Entweder man hielt an dieser Vorgehensweise fest, weil man trotzdem von ihren Erfolgschancen überzeugt war, oder man zog den Schluß, daß der Weg des zivilen Widerstandes aussichtslos war und ging zu anderen Methoden über.

In der Tat zog die Kampfgruppe die letztgenannte Konsequenz, ohne im übrigen gänzlich auf passiven Widerstand zu verzichten. An dieser Stelle ist insbesondere Tillichs Äußerung vom April 1948 zu erinnern. Wohlverstanden: Tillich selbst hielt – soweit kann auf der Basis der vorliegenden Äußerungen gegangen werden –

---

[306] Der Spiegel vom 2.7.1958, S. 32.
[307] Der Spiegel vom 19.11.1952, S. 16.
[308] Frankfurter Allgemeine Zeitung vom 16.1.1951.
[309] Der Spiegel vom 2.7.1958, S. 32.
[310] Neue Zeitung vom 24.12.1950.
[311] Frankfurter Allgemeine Zeitung vom 16.1.1951.
[312] Ebenda; Neue Zeitung 24.12.1950.

Sabotage „in letzter Konsequenz", d.h. wenn alle anderen Mittel keinen Erfolg mehr versprachen, für *legitim*, um überhaupt noch Protest äußern zu können. Daß er Sabotage auch für *geboten* hielt, kann seinen vorliegenden Stellungnahmen nicht entnommen werden. Allerdings muß hier hinzugefügt werden, daß eine öffentliche – und damit auch heute zugängliche – Äußerung, in der solche Methoden befürwortet worden wären, auch nicht zu erwarten gewesen wäre.

Natürlich bewegt sich die Betrachtung hier in einer Grauzone voller Unwägbarkeiten und Unsicherheiten. Trotzdem ist diese Differenzierung hinsichtlich der unmittelbaren Zurechenbarkeit erforderlich, denn es ist keineswegs sicher, daß Tillich mit dem Vorsatz in die Kampfgruppe gegangen war, aus ihr nunmehr – im Sinne etwa der Täglichen Rundschau – eine Sabotageorganistion zu machen. Der Spiegel schrieb 1952, daß kurze Zeit nachdem Tillich endgültig zum Leiter geworden war, auch seine Autorität „zu schwinden" begonnen habe[313].

Sehr wahrscheinlich ist jedoch, daß sich tatsächlich irgendwann in der zweiten Hälfte des Jahres 1950 die Wege Tillichs und Hildebrandts zu scheiden begannen. Diese Tatsache läßt sich anhand von wesentlich späteren Äußerungen beider deutlich machen. Tillich schrieb 1983, daß an Gandhi orientierte Ideen von „,gewaltlosem Widerstand'" oder „,zivilem Widerstand'" aufgrund der gänzlich anderen Verhältnisse nicht auf Deutschland zu übertragen wären – und auch nicht übertragbar gewesen seien: „Die Deutschen in der Sowjetzone, der DDR, haben sich charakteristischerweise *nicht* so verhalten (und alle zu Beginn des ‚Kalten Krieges' – auch von mir – [unternommenen] diesbezüglichen Versuche blieben vergebliche Illusionen ohne Resonanz [Einfügung d. Verf.])"[314].

Gänzlich anders sah Rainer Hildebrandt 1984 diese Problematik, als er darauf hinwies, daß die Briten in Indien sich anders verhalten hätten als in England und daß die Divergenz der Rahmenbedingungen in Indien und im Ostblock so tiefgehend wiederum auch nicht sei: „Zum anderen wird aber bei einer solchen Fehleinschätzung nicht bedacht, daß die Methoden Gandhis zwar nicht direkt übertragbar sind, daß aber auch unter unterschiedlichsten Bedingungen und damit in den verschiedensten Ländern gemeinsame Wirkungsmechanismen erkennbar sind, die – soweit dies im gesellschaftlichen Bereich möglich ist – Allgemeingültigkeit haben und bewußt gemacht und richtig angewandt, Selbstvertrauen und damit Mut geben, erfinderisch machen und die geeigneten Methoden entdecken lassen"[315].

Diese Stellungnahmen markieren selbstverständlich lediglich das Endergebnis verschiedener geistiger Entwicklungen. Dennoch ist es wahrscheinlich, daß ein beginnender Konflikt zwischen diesen beiden Denkrichtungen den eigentlichen Hintergrund der Auseinandersetzungen in der Kampfgruppe – und vermutlich nicht nur zwischen Hildebrandt und Tillich – bildete.

Da die bisher als Rechtsgrundlage für die Existenz der KgU ausschlaggebende BK/O im Zuge der Übergabe der Genehmigungskompetenz für politische Organi-

---

[313] Der Spiegel vom 19.11.1952.
[314] Tillich, Friedensbewegung, S. 126.
[315] Rainer Hildebrandt, Die Menschenrechtsbewegung im sowjetkommunistischen Raum und Gandhi (Vortrag anläßlich der Gandhi-Ausstellung „My life is my message" in der UFA-Fabrik, Berlin), in: Gewaltfreie Aktion, Vierteljahreshefte für Frieden und Gerechtigkeit, 16. Jg. (1./2. Quartal 1984), S. 58ff.

sationen an den West-Berliner Senat ihre Wirksamkeit verloren hatte, wurde die Kampfgruppe gegen Unmenschlichkeit am 2. April 1951 als Verein eingetragen[316]. Hildebrandt und Tillich wurden laut Spiegel zu Vorsitzenden gewählt. Den Verein selbst aber habe Tillich gegründet, und es seien in erster Linie seine Freunde und ihm verpflichtete Mitarbeiter gewesen, die diesem Trägerverein angehörten. Die Öffentlichkeit erfuhr – wie auch die Vielzahl der Angestellten – nichts von der Vereinsgründung. Ernst Tillich war nun formell mit Hildebrandt gleichgestellt, trug faktisch aber die Hauptverantwortung und bestimmte damit die Grundlinien der Arbeit der Kampfgruppe gegen Unmenschlichkeit.

Hildebrandt zog sich immer weiter aus der KgU zurück. Im Juni 1951 kam er in die Leitung des „Freiheitsbundes für deutsch-russische Freundschaft", deren Vorsitzende Alexander Truschnowitsch und der KgU-Angehörige O. E. H. Becker waren[317]. Der Freiheitsbund war russischerseits hervorgegangen aus dem „Berliner Hilfskomitee für russische Flüchtlinge", das als Auffangbecken unter anderem für Überläufer der Roten Armee fungierte und mit dem Oberbürgermeister Reuter und der KgU zusammenarbeitete; offenbar stand das Komitee der Emigrantenorganisation NTS nahe. Der Spiegel wußte 1952 zu berichten, die beteiligten Exil-Russen hätten Hildebrandt nach kurzem zur Aufgabe seines Postens im Freiheitsbund gezwungen, da sie gemeint hätten, er bekomme Zuwendungen vom CIC, um die Organisation „‚politisch auszuwerten'"[318].

18. Der Fall Flade

Weil es gut für die Publizität gewesen sei, hatte der Gewährsmann des Spiegel weiter gesagt, habe die KgU seit Tillichs Aufrücken in die Führungsposition auch Jugendliche aufgefordert, „‚antikommunistische Plakate in der Sowjetzone zu kleben'"[319]. Diese Behauptung widersprach eindeutig der Erklärung Tillichs, es sei seine Hauptaufgabe in der KgU gewesen, den weiteren Einsatz Jugendlicher im Widerstand zu unterbinden[320]. Bereits 1952 aber hatte der Spiegel behauptet, daß „auch in dem Fall des Oberschülers Flade" die Aussagen auf die Kampfgruppe – insbesondere auf Gerd Baitz – zurückgeführt hätten[321].

---

[316] Der Spiegel vom 2.7.1958, S. 32; Satzung der Kampfgruppe gegen Unmenschlichkeit vom 2. April 1951 (ARH).
[317] Der Spiegel vom 2.7.1958, S. 32.
[318] Der Spiegel vom 19.11.1952.
[319] Der Spiegel vom 2.7.1958, S. 30.
[320] Frankfurter Allgemeine Zeitung vom 18.12.1957.
[321] Der Spiegel vom 19.11.1952, S. 16; auch 1958 stellte der Spiegel (2.7.1958, S. 30) einen Zusammenhang zwischen Flade und der KgU her: „Aber es war fatal für die jungen Menschen, deren Idealismus von Tillich in die Irre geleitet wurde. Der noch heute prominenteste jener Jugendlichen, der sich nach Widerstands-Aufrufen aus Westberlin mit rührendem Dilettantismus als Kämpfer gegen den Kommunismus opferte, ist der Oberschüler Hermann Flade." Im Gegensatz zur Darstellung von 1952 ist der Zusammenhang hier nur noch indirekt hergestellt. – In der Tat findet sich selbst im erstinstanzlichen Urteil gegen Flade keine Erwähnung der KgU (in: Karl Wilhelm Fricke, Politik und Justiz der DDR. Zur Geschichte der politischen Verfolgung 1945-1968. Bericht und Dokumentation, Köln 1979, S. 245ff.).

Auf diese Darstellung im Spiegel vom 19. November 1952 reagierte die KgU zwei Tage später mit einer Erklärung, aus der hervorging, daß sie bereits seit zwei Jahren immer wieder vor der Beteiligung Jugendlicher an der Widerstandstätigkeit gewarnt und sich bemüht habe, junge Menschen aus der DDR von derartigen Vorhaben abzubringen[322].

Die Behauptung, fahrlässig Jugendliche in Gefahr gebracht zu haben, wurde später zu einem stehenden Vorwurf gegen die Kampfgruppe. Tatsächlich aber hatte die Gruppe eben gerade infolge des Falles Flade „Ein Wort an die Jugend der Sowjetzone" gerichtet; im Text dieses seit April 1951 in Millionenzahl über der DDR ‚abgeregneten' und über den RIAS verlesenen Flugblattes hieß es: „Laßt euch nicht provozieren! Wir warnen euch vor allen unüberlegten Aktionen, durch die ihr der SED nicht ernsthaft schadet, aber euer eigenes Leben zerstören könnt! Bewahrt euch für den Zeitpunkt, an dem sich der Einsatz lohnen wird"[323]. Andererseits aber stellt sich die Frage nach der Wirksamkeit solcher Warnungen vor allem bei jungen Menschen, die aller Erfahrung nach natürlich sehr schnell dazu neigten, ihrem politischen Mißbehagen in irgendeiner Art Ausdruck zu verleihen. In dieser Hinsicht ist der Fall des Hermann Joseph Flade von Interesse – zumal sein Fall auch autobiographisch dokumentiert ist[324]. Der Fall Flade ist darüber hinaus geeignet, in gewiß sehr persönlicher Weise die Bedeutung des hier des öfteren verwendeten Begriffs ‚Partei der Bundesrepublik in der DDR' zu veranschaulichen.

Flades damalige Grundüberzeugung wird in folgender Passage aus einem der Verhöre deutlich, das von einem ihm persönlich bekannten[325] Vernehmer nach seiner Verhaftung im SSD-Gebäude in Marienberg durchgeführt wurde:

„‚Jetzt würde mich aber interessieren, wofür kämpfst du eigentlich? Man könnte es als einen Kampf bezeichnen. Ich kämpfe für den Sozialismus und du?'
‚Für eine Demokratie'.
‚Wir haben aber doch eine Demokratie. Oder meist du so eine Demokratie wie in England, wo sich die Leute am Hydepark hinstellen und Reden halten?'
‚Jawohl', sagte ich" –[326].

---

[322] Erklärung der KgU anläßlich eines Artikels in der Zeitschrift „Der Spiegel" (21.11.1952); Auszug in: Die KgU im Schußfeld des Kalten Krieges, Sondernummer des KgU-Archiv vom September 1955, S. 21 (BA-K ZSg. 1-64/22 [1955-1958]; auch Ullstein-Textarchiv: Allgemeines Archiv, K/Kommunismus, Opfer des Kommunismus, Kampfgruppe gegen Unmenschlichkeit [S 0_1-2]).
[323] Ernst Tillich, Ein Wort an die Jugend der Sowjetzone (= KgU-Flugblatt, 11. April 1951), zitiert nach: Hefte der Kampfgruppe, Nr. 1 (November 1951), S. 12. – Text ebenfalls – nebst Angaben über seine Verbreitung als Flugblatt – in: Ebenda, S. 20.
[324] Hermann Flade, Deutsche gegen Deutsche. Erlebnisbericht aus dem sowjetzonalen Zuchthaus, Freiburg-Basel-Wien 1963. – Flade lebte nach seiner Entlassung im November 1960 in der Bundesrepublik und verfaßte dort seine Selbstbiographie. Dazu Fricke (Opposition und Widerstand, S. 74): „Sein Erlebnisbericht ‚Deutsche gegen Deutsche' bleibt ein gültiges Zeugnis politischen Widerstands, das der 1980 in Bonn Verstorbene hinterlassen hat."
[325] Flade, ebenda, S. 70. – Er kannte den Vernehmer, seitdem dieser 1947 zum FDJ-Leiter in Olbernhau gewählt worden war.
[326] Ebenda, S. 82.

Nach der Zerstörung Dresdens war Flade mit seiner Mutter im Februar 1945 zur Großmutter nach Olbernhau gezogen[327]. Obwohl er kein besonders guter Schüler war, wollte seine Mutter, daß er die in Dresden begonnene Oberschule auch am neuen Wohnort weiter besuchte. Das von der Großmutter geführte Holz- und Spielwarengeschäft kam infolge hoher Steuerforderungen in Schwierigkeiten, so daß die 20 Mark für das Schulgeld nicht mehr aufgebracht werden konnten. Der Schulleiter, der schon vor 1933 in der KPD gewesen war – „dafür empfand ich ehrlichen Respekt", schrieb Flade –, wollte sich um Ermäßigung oder gar Erlaß bemühen, aber Hoffnung darauf hatten nur FDJ-Mitglieder. Seine Mutter untersagte ihm den Eintritt: „‚Das ist eine kommunistische Sache, das ist nicht gut für dich'. Sie war dagegen, weil die Kommunisten die Kirche abschaffen wollten".

Hermann Joseph Flade, geboren 1932, meldete sich im Oktober 1949 von der Schule ab, um als Hauer im Uranbergbau in der Gegend um Aue Geld zu verdienen[328]. Die Arbeitsbedingungen waren denkbar schlecht, die Ausbildung selbst der Steiger war nur kurz, Schuhe und Anzüge aus Gummi waren schwer zu bekommen, die Ausrüstung der Schächte unzureichend und das sowjetische Leitungspersonal war grob und ebenfalls ohne große Erfahrungen im Bergbau[329]. Im April 1950 hatte Flade einen Unfall; als seine Schicht damit beschäftigt war, einen großen Berg aktiver Masse in die Loren zu füllen und das Erz abzutransportieren, gab es unter Tage einen Erdrutsch – Flade wurde von einem der herabstürzenden Brocken getroffen[330]. „Ich wollte am liebsten weiterarbeiten, weil ich wußte, eine Unfallmeldung würde mir viele Schwierigkeiten bringen, aber das war unmöglich. Ich konnte mich nur mühsam fortbewegen und mußte ausfahren".

Anläßlich von Stalins 70. Geburtstag am 21. Dezember 1949 wurden auf einer Belegschaftsversammlung auch die Wismut-Kumpel aufgefordert, als Geburtstagsgeschenk einen Stundenlohn zu spenden; vier oder fünf der etwa hundert Arbeiter hoben die Hand, als gefragt wurde, wer damit nicht einverstanden sei – unter ihnen auch Flade[331]. „Für Stalin hatte ich nichts übrig. Man hörte so viel Schlechtes über ihn". Die sich geweigert hatten, wurden in verschiedener Weise unter Druck gesetzt, und Flade fürchtete, eingesperrt zu werden, wenn er dem Parteisekretär des Schachtes offen erklärte, was er wirklich von Stalin hielt: „‚Weißt du', sagte ich zu Merkner, ‚ich dachte der Stalin hat einen Haufen Geld, und der lacht bloß darüber, wenn ich mit meinen paar Groschen ankomme'".

Es war schwierig, zur Fortsetzung des Schulbesuchs von der ‚Wismut-AG' die Entlassung zu bekommen, aber Flade machte dem russischen Schachtleiter klar, er werde in der Schule Russisch lernen, und so konnte er zu Pfingsten 1950 aufhören[332]. Ein ehemaliger Mitschüler erzählte Flade, auf der Schule komme man jetzt kaum mehr um den FDJ-Eintritt herum. Dort hatte sich die Stimmung unterdessen

---

[327] Ebenda, S. 27.
[328] Ebenda. – Der Spiegel (2.7.1958, S. 30) schrieb, er habe „nebenbei" bei der Wismut-AG gearbeitet.
[329] Flade, ebenda, S. 13ff.
[330] Ebenda, S. 29f.
[331] Ebenda, S. 26f.
[332] Ebenda, S. 32ff.

18. Der Fall Flade

geändert: „In das harmlose Schülergezänk, in die kleinen Bosheiten, in den Übermut und in die Freundschaften mischte sich etwas Fremdes, Ungewisses, etwas Häßliches"[333]. Jetzt war es der FDJ-Sekretär, der ihm mitteilte, der erneut gestellte Antrag auf Schulgeldermäßigung sei abgelehnt worden[334]. Flade sträubte sich gegen die totale Durchdringung des alltäglichen Lebens, die Losungen kamen ihm anmaßend vor, und er fragte sich, warum man die Menschen nicht ihren eigenen Weg gehen ließ: „Mochten sie doch ihre Politik treiben, aber sie pressen dich in das blaue Hemd wie früher der Souverän seine Bauern in den bunten Rock – und wie die vorangegangenen Machthaber das Volk ins braune Hemd"[335].

Flugblätter, dachte Flade, könne er anfertigen; drucken könne er sie mit seinem alten Kinderdruckkasten. Schwieriger war es, auf irgendeinen Text zu kommen; weil ihn Amerika faszinierte, hatte er früher regelmäßig Voice of America gehört und eigentlich nur, „weil solche Lektüre verboten war", las er West-Berliner Zeitungen, die der Vater gelegentlich von Reisen mitbrachte, aber ansonsten stand ihm nur eine schmale Broschüre zur Verfügung. Ungefähr ein Dutzend Zettelchen heftete Flade dann an einem Sonntagabend an die städtischen Anschlagtafeln, und er holte auch zwei Propagandatafeln vom Schulgebäude herunter und zerbrach sie. Seine Aktionen standen in unmittelbarem Zusammenhang mit den für den 15. Oktober 1950 angesetzten Wahlen zur DDR-Volkskammer. „Im Oktober geschieht der unglaublichste Wahlbetrug nach sowjetischem Muster", lautete der Text der einen Serie von Zetteln, die Flade am Dienstag vor der Wahl herstellte. Einen Witz, den er von einem Bekannten aufgeschnappt hatte, druckte er auf die Zettel der anderen Serie: „Die Gans latscht wie Pieck, schnattert wie Grotewohl und wird gerupft wie das deutsche Volk".

Am Nachmittag des 14. Oktober 1950 stellte Flade noch einmal etwa 200 Zettel mit der Überschrift „Bevölkerung, Volkspolizei und SED-Funktionäre" her; er warnte vor der Unterstützung des Regimes, erinnerte an die Bestrafung nationalsozialistischer Verbrechen und stellte fest, „daß auch dieses Regime früher oder später sein Ende finden" werde. Flade hatte Angst, wenn er seine Flugblätter in der Dunkelheit in Olbernhau verbreitete, denn er hatte von den hohen Strafen gehört, die wegen ‚Spionage' und ‚Kriegshetze' in den seit einiger Zeit durchgeführten Schauprozessen ausgesprochen wurden, er wußte von den VOPO-Streifen und den SED-Patrouillien, denen er begegnen konnte, und war sich bewußt, daß er unbedingt zu denen gehörte, die offiziell als ‚reaktionäres Gesindel' bezeichnet wurden[336]. Er führte ein Taschenmesser mit sich: „Notfalls das. Ich rechnete zwar, daß die Streifen Schußwaffen trügen, doch darüber machte ich mir keine Gedanken; bei einem Handgemenge kam es eben auf Schnelligkeit an".

Es war gegen halb eins am Morgen des 15. Oktober, Flade hatte sich gerade vorgenommen, die letzten 20 bis 30 Blätter zu verteilen, als er von ferne ein Pärchen sah: „Sie gingen nicht per Arm, aber dicht beieinander. ‚Sie werden tanzen gewesen

---

[333] Ebenda, S. 36.
[334] Ebenda, S. 40.
[335] Ebenda, S. 46ff.
[336] Ebenda, S. 49.

sein beim Löser', dachte ich[337]". Es war aber eine VOPO-Streife, ein Mann und eine Frau, die ihn kurz darauf stellten und seinen Ausweis verlangten[338]. „Ich überlegte, ob ich es ohne Messer versuchen sollte. Das ging nicht. Sie waren ja auch bewaffnet, und ich hätte mich bei dem Handgemenge durch das offene Messer selbst verletzt. Es gab nur die eine Wahl: entweder Verhaftung oder das Messer"[339]. Der Mann fing den ersten Stoß ab, Flade fiel zu Boden, der Polizist über ihn, Flade traf ihn in den Rücken, aber schließlich konnte er entkommen. Tage später war Flade dennoch verhaftet –[340].

Am 10. Januar 1951 tagte die 22. Strafkammer des Landgerichts Dresden im Tivoli von Olbernhau, einem Ballsaal, in dem sonst gelegentlich Operetten gespielt wurden und Tanzabende stattfanden[341]. Der Saal war bis auf den letzten Platz besetzt, vorne saßen Volkspolizisten, und eingelassen wurde nur, wer eine Karte vorweisen konnte[342]. Die DEFA-Wochenschau war da, und an Flades Platz standen drei Mikrophone; der Prozeß wurde über Lautsprecher auf den Vorplatz und über den Rundfunk übertragen – diese Übertragungen wurden im Laufe der Verhandlungen allerdings abgebrochen.

Vier vergleichsweise harmlose Stiche hatte der Volkspolizist Drechsel laut ärztlichem Gutachten davongetragen. Der Richter zielte in seiner Befragung auf eine Tötungsabsicht, aber Flade widersprach. Zum politischen Hintergrund erklärte er: „Ich habe 100prozentig auf die Gerechtigkeit meiner Sache vertraut. (...) Der Mann ist aber für mich kein Schutzpolizist gewesen, sondern der Agent eines Unrechtsstaates, gegen den ich mich auf alle Fälle zur Wehr setzen durfte".

Schließlich folgte das Plädoyer der Anklage. „Der Staatsanwalt stand imponierend in schwarzer Robe hinter seinem Tisch, angestrahlt vom Scheinwerfer des Aufnahmegeräts, er wies mit der rechten Hand auf mich, den Mörder, in der Linken hielt er einen Bogen Papier. Die Kamera surrte, der Lichtstrahl zog über den vollbesetzten Saal und erfaßte mich". ‚Friedensgefährdung' sei Flades größtes Verbrechen gewesen, sagte der Ankläger, und weil solche ‚Kriegshetze' einmal Millionen Todesopfer kosten könnte, „wäre es schon besser, den einzelnen zu beseitigen, und deshalb fordere er – kleine Pause – die Todesstrafe".

Das Urteil lautete – nach zwei Verhandlungstagen – auf Todesstrafe[343]. Im Westen reagierte man; die KgU veranstaltete am Berliner Funkturm eine Protestkundgebung, an der viertausend Menschen teilnahmen und auf der Tillich die Forderung erhob, den SSD – ebenso wie die Gestapo – zur verbrecherischen Organisation zu erklären[344]. Ende Januar wandelte das Oberlandesgericht Dresden die erstinstanzliche Todesstrafe in eine Zuchthausstrafe von 15 Jahren um[345]. Diese Verhandlung war nicht als Schauprozeß durchgeführt worden, und 1963 erinnerte sich Flade an

---

[337] Ebenda, S. 55.
[338] Ebenda; Der Spiegel vom 2.7.1958, S. 30.
[339] Flade, ebenda, S. 58.
[340] Ebenda, S. 58f.; Der Spiegel vom 2.7.1958, S. 30.
[341] Flade, ebenda, S. 61, 82ff.; Der Spiegel, ebenda.
[342] Flade, ebenda, S. 84ff.
[343] Ebenda, S. 87; Der Spiegel vom 2.7.1958, S. 31.
[344] Der Spiegel, ebenda.
[345] Flade, Deutsche gegen Deutsche, S. 94f.; Der Spiegel, ebenda.

das Vorspiel zu diesem Revisionsverfahren: „Der Verteidiger besaß Anweisung, innerhalb von 48 Stunden die Revisionsakte fertigzustellen – wohl ein Novum in der Rechtsgeschichte –, und Gutsche, der SSD-Chef von Sachsen, auf dessen Befehl das Todesurteil zurückging, erklärte jetzt, es sei ein politischer Fehler gewesen". –
Daß die – politische – Strafjustiz nur mehr als ein Instrument in der Auseinandersetzung des kommunistischen Regimes mit der opponierenden ‚Partei der Bundesrepublik in der DDR' fungierte, zeigt das Urteil der ersten Instanz. In der Urteilsbegründung wurde hervorgehoben, daß Flades Pflegevater von 1931 bis 1945 NSDAP-Mitglied und zeitweise auch Funktionär gewesen sei, daß die Familie regelmäßig den RIAS und „andere Westsender" abgehört habe und daß vor allem der katholische Pfarrer Langer, der Flade westliche Zeitschriften gegeben habe, im Sinne des Gerichts negative Einflüsse ausgeübt habe[346]. Das OLG Dresden hatte Arthur Langer deshalb wegen ‚Friedensgefährdung' am 10. Januar 1951 zu acht Jahren Haft verurteilt[347].

Zu Flades Zetteln hieß es: „Diese hergestellten Flugschriften enthielten durchwegs Hetze gegen die DDR, gegen die demokratischen Einrichtungen und Organisationen sowie militärische Propaganda"[348]. Das Urteil ließ keine der Einwendungen des Verteidigers gelten, und unter Bezugnahme auf Artikel 6 der Verfassung der DDR wurde auch Notwehr ausgeschlossen. Die Anwendung eines Verfassungsartikels – hier des ‚Boykotthetze'-Artikels – in einem Strafverfahren war bezeichnend für die Natur dieser Justiz. Hervorzuheben ist in anderer Hinsicht der in der Sachverhaltsschilderung des Urteils gezogene Vergleich, der Angeklagte habe sich „ähnlich den Friedenskämpfern im Westen" entschlossen, „aktiv gegen die Wahl sowie sonstige Maßnahmen der Regierung tätig zu werden". Aufschlußreich in bezug auf das verwendete Vokabular ist folgender Satz aus der Strafzumessung: „Unter Berücksichtigung dieser Umstände bestand nach der vollsten Überzeugung des Gerichts die Verpflichtung, die Menschheit vor einem solchen Schädling zu schützen, und verhängte daher gegen den Angeklagten Flade die Todesstrafe"[349].

19. Weltjugendfestspiele

Am 9. Januar 1951 meldete der Kurier, daß das „Informationsbüro West" seine Arbeit aufgenommen habe[350]. Es solle vornehmlich der Verbreitung von Informationen über die Lage im kommunistisch regierten Teil Deutschlands sowie im gesamten Ostblock dienen. Das IBW sollte diese Aufgabe unter anderem mit der Herausgabe eines Pressedienstes erfüllen. Zu den gründenden Organisationen zählte neben dem „Untersuchungsausschuß freiheitlicher Juristen" und der „Vereinigung Opfer des Stalinismus" auch die Kampfgruppe gegen Unmenschlichkeit.

---

[346] Abgedruckt in: Fricke, Politik und Justiz, S. 245ff.
[347] Der Spiegel vom 2.7.1958, S. 31. – Hierzu Fricke, Opposition und Widerstand, S. 74: „(...) – ein sowohl materiell wie dem Strafmaß nach willkürliches Urteil, ein Unrechtsurteil!"
[348] Zitiert nach: Fricke, Politik und Justiz, S. 246ff.
[349] Ebenda, S. 250.
[350] Kurier vom 9.1.1951. – Ferner Ruland, Krieg, S. 99; eingehender Rüss, Anatomie, S. 115ff.

Leiter dieses Informationsbüros war bis zu seinem Tode im August 1964 Dr. Gerhard Bohlmann. Zu dieser Zeit war die Organisation allerdings schon lange vom gesamtdeutschen Ministerium übernommen worden. Zu einer tatsächlichen Zusammenarbeit mit den gründenden Organisationen ist es – nach dem Eindruck von Gisela Rüss – aber wohl niemals gekommen[351].

Schon seit September 1950 arbeitete die Kampfgruppe auch mit dem „Europäischen Informationsdienst GmbH" und dem „Publizistischen Zentrum für die Einheit Deutschlands" in Köln zusammen; gemeinsam mit Heinz Baumeister und Dr. Josef K. Witsch fungierte nämlich Ernst Tillich als Herausgeber des „PZ-Archiv"[352]. Ausweislich des auf der Titelseite jeder Nummer wiederholten Editorials wandte sich das Publizistische Zentrum für die Einheit Deutschlands mit seinem PZ-Archiv an die Organe des Bundes und auch generell an Einrichtungen in den Bereichen Politik, Wirtschaft und Kultur. „Es sammelt zuverlässiges Quellenmaterial über die Verhältnisse in der Sowjetzone und berichtet über die Methodik der kommunistischen Aggressionsversuche in Westdeutschland", hieß es zum Zweck dieser Publikationsreihe[353]. Im Oktober 1950 informierte das PZ-Archiv anläßlich der Volkskammerwahlen in einem „Aktuellen Sonderdruck" über „Die Technik der Verfälschung des Volkswillens". Zwar bot dieser Archivdienst, Vorläufer des dann im Verlag Kiepenheuer und Witsch erscheinenden „SBZ-Archiv", in der Tat detaillierte Informationen, führte aber eine scharfe Sprache; das PZ-Archiv verstand sich als Kampforgan des Kalten Krieges: „PZ liefert die Unterlagen für Aufklärung u. Abwehr: *Der Westen ist stärker*".

Seit Dezember 1950 verfügte die Kampfgruppe gegen Unmenschlichkeit auch über eine „Volkspolizei-Beratungsstelle", die im Sinne der Widerstandskonzeption der Gruppe dazu dienen sollte, Einfluß innerhalb der VOPO zu gewinnen, weil – wie die KgU in ihrem Arbeitsbericht für 1952 schrieb – „vor allem die Angehörigen der allgemeinen Polizei oft große Möglichkeiten haben, angeordnete Terrormaßnahmen zu verhindern oder sie durch falsche Ausführung gegebener Befehle wirkungslos zu machen"[354]. Damit übertrug die Kampfgruppe ihre in der gegen die Staatssicherheit gerichteten Arbeit erworbenen Erfahrungen auf eine andere Institution. Im übrigen hatte die Gruppe allein im Jahre 1950 fast 20000 Personen als Spitzel namhaft gemacht[355].

Eine Pressekonferenz, die Ernst Tillich Mitte Februar 1951 gab, beschäftigte sich zwar auch mit der Volkspolizei, stand aber eigentlich eher in Zusammenhang mit der Wiederbewaffnungsfrage[356]. Tillich berichtete hier nämlich eingehend über die

---

[351] Rüss, ebenda. – Die dort gebrauchte Abkürzung ‚IWE' ist nicht korrekt. Das heute in Berlin bestehende ‚Informationsbüro West' (IWE) ist mit dem IBW nicht identisch.
[352] Angaben laut hinterer Umschlagseite von: Gottfried Berger unter Mitarbeit von Peter Krebs, In tyrannos. Die Sowjetisierung der Hochschulen. Dargestellt am Beispiel der Universität Leipzig. Hg. im Auftrage des Publizistischen Zentrums für die Einheit Deutschlands, (Köln) 1951.
[353] Editorial auf der Titelseite der Reihe. Hier: Die Technik der Verfälschung des Volkswillens, (Köln) 1950 (Oktober).
[354] Fünf Jahre Kampfgruppe gegen Unmenschlichkeit. Ein Arbeitsbericht, in: KgU-Archiv (1953), S. 5 (BA-K ZSg. 1-64/10 [13]).
[355] Frankfurter Allgemeine Zeitung vom 16.1.1951.
[356] Der Tagesspiegel vom 15.2.1951.

Remilitarisierungsmaßnahmen in der DDR. In der SBZ existierten nunmehr 55 militärische Kampfgruppen in einer Sollstärke von jeweils 2000 Mann, die nach seiner Beurteilung eine ‚Armee nach sowjetischem Muster' bildeten und mit leichten und schweren Waffen – insbesondere T-34 und Stalin-Panzern – ausgerüstet seien. Diese von Tillich so bezeichnete „VOPO-Armee" stehe unter dem Kommando des sowjetischen Generalmajors Petrakowski.

Im Juli 1951 führte die Kampfgruppe wieder eine Großveranstaltung in der Neuen Welt in der Hasenheide durch[357]. Auf dieser Kundgebung, an der in erster Linie Sowjetzonenflüchtlinge teilnahmen, hob Hildebrandt insbesondere die Überzeugung der KgU hervor, die Verteidigung der freien Völker beginne „bei den unterdrückten Bürgern hinter dem Eisernen Vorhang", und er appellierte an die Bundesregierung und die freien Nationen, mehr zu helfen. Tillich betonte, anderthalb Millionen Flüchtlinge und eine monatliche Rate von 20 000 weiteren Personen seien eine „lebendige Volksabstimmung gegen den Stalinismus". –

Bereits am 25. Januar 1951 hatte der West-Berliner Jugendsekretär Herbert Scheffler in einem Memorandum, das er den drei westalliierten Stadtkommandanten, dem Berliner Oberbürgermeister Reuter und Minister Kaiser übersandt hatte, festgestellt, man dürfe von westlicher Seite aus nicht wie beim FDJ-Deutschlandtreffen im Mai 1950 nun auch bei den „3. Weltfestspielen der Jugend und Studenten" nur mit Abwehrmaßnahmen reagieren[358]. Aufgrund von Schefflers Denkschrift wurde im Mai 1951 auf Initiative der West-Alliierten ein 27-köpfiger Allparteienausschuß mit diversen Unterausschüssen gebildet, um über konstruktive Gegenmaßnahmen zu beraten. Nach dem Eindruck des Spiegel funktionierten diese Gremien alles andere als gut; der Unterausschuß Sport habe lediglich einmal getagt, da man weder den Fußballern von Dynamo Moskau noch dem Läufer Emil Zatopek etwas entgegenzusetzen gewußt habe. Tillich leitete den Unterausschuß Politik und wollte sich auf Infiltration konzentrieren. Der Vertreter der evangelischen Jugendbünde wollte demgegenüber die Politik völlig aussparen, da er den Kirchentag im Blick hatte, für dessen Durchführung man auf das im Ost-Sektor gelegene Walter-Ulbricht-Stadion angewiesen war. Günther Birkenfeld – hier nicht mehr aufgrund seiner KgU-Zugehörigkeit geladen – plädierte im Unterausschuß Kultur für einen Gesangswettbewerb und ein Volkstanzfest als Kontrast zu den Massenaufmärschen in Ost-Berlin.

Für den Beobachter des Spiegel war nicht zuletzt diese Uneinigkeit im Vorfeld Ursache für das Mißlingen der westlichen Reaktion: „Was übrigblieb, war Krampf". Zwar kamen unzählige Teilnehmer der Weltjugendfestspiele nach West-Berlin, wo sie gegen Vorlage ihrer FDJ-Ausweise umsonst Zeitungen sowie freien Eintritt in Kinos und Theatern erhielten, aber in den Jugendheimen, wo man Kontaktstellen eingerichtet hatte, seien nur das Essen und die Coca-Cola anziehend gewesen: „Das auf den Tischen liegende Propagandamaterial – Aufklärungsbroschüren über die FDJ und die Ostzone (nicht über den Westen) – bekam Fettflecke". Auf den Veranstaltungen, auf denen West-Berliner Politiker mit den Jugendlichen

---

[357] Der Tagesspiegel vom 17.7.1951.
[358] Der Spiegel vom 15.8.1951.

diskutierten, seien diese „von Ostjugendführer Erich Honeckers Jungvolk in Grund und Boden geredet" worden.

Der Spiegel stellte infolge dieser Erfahrungen eine gewisse Resignation auf seiten westlicher Politiker fest, die nun sogar die Befürchtung äußerten, die Zeit arbeite für den Osten. Ein ganz anderer Eindruck von diesen Weltjugendfestspielen ergibt sich freilich aus der Rede, die Rainer Hildebrandt auf einer KgU-Veranstaltung hielt, die an demselben 15. August stattfand, als die Ereignisse im Ostteil der Stadt noch in vollem Gange waren und der Spiegel bereits seine erste Bewertung abgab[359]. Die der Kampfgruppe nahestehende Vereinigung für kulturelle Hilfe hatte in Verfolg ihrer Bemühungen um Verbreitung westlicher Literatur in der Bevölkerung der DDR und Ost-Berlins zu dieser Zeit im übrigen ihren „Lesesaal am Potsdamer Platz" eröffnet[360].

Tatsächlich waren während der Weltjugendfestspiele viele Tausende junger Menschen nach Berlin gekommen, von denen einige jene Veranstaltung besuchten, auf der der KgU-Leiter sie willkommen hieß und ausdrücklich betonte, „daß es wenige Dinge gibt, über die sich das kämpferische Berlin so sehr freut, wie über Euer Herüberströmen zu uns und unser Zusammensein mit Euch"[361]. Hildebrandt meinte sogar, „Väterchen Stalin" werde wohl die nächsten Weltjugendfestspiele nicht mehr in Ost-Berlin abhalten können, weil es durchaus möglich sei, „daß der Millionenmarsch der Friedenskämpfer gar nicht mehr zum Ulbricht-Stadion geht, sondern gleich nach dem Westen abschwenkt". Polen, Tschechen, Balten, Bulgaren, Ungarn, Rumänen, Russen und Franzosen, Engländer, Italiener, Amerikaner seien auf dieser Kundgebung anwesend, und dies im Geiste echter Völkerfreundschaft, betonte Hildebrandt, denn im Ostteil der Stadt überlasse man entgegen den Parolen die Kontakte zwischen den Delegationen lediglich wenigen, „die das Zentralsekretariat bestimmte und die zum ‚Freundschaft-schließen' abkommandiert wurden"..

Von neuem unterstrich er die Notwendigkeit, die Völker des Ostens und inbesondere die Russen nicht mit den jeweiligen Regimes zu identifizieren, denn schon jetzt könne Stalin „*nur noch* als Wahrer der nationalen Interessen – nicht durch kommunistische Thesen – die Menschen hinter dem Eisernen Vorhang in sein Lager zwingen"[362]. In der Schlußpassage bekräftigte Hildebrandt, daß es letztlich um Befreiung des Raumes „von der Elbe bis zur Behringstraße" gehe[363]. Deshalb müßten die Menschen dort „nicht nur wissen, *wogegen* sie kämpfen, sondern *wofür*". Der Westen aber habe die „politische Offensive" zu ergreifen, indem er den Unterdrückten zurufe, daß sie eben durchaus berechtigt seien, „sich ihrer verbrecherischen Regierung zu entledigen", um Millionen Gefangenen das Leben zu retten, sich selbst die Freiheit zu erwerben und der Welt den Frieden zu erhalten, denn schließlich sei es ja seit Jahren schon Stalins Bestreben, „die Regierungen der freien Welt zu unterminieren, sie zu Fall zu bringen". Jeder einzelne aber müsse sein Teil

---

[359] Rede Rainer Hildebrandt vom 15. August 1951 (masch.Ms., ARH).
[360] Jahn, Vertrauen, S. 282.
[361] Rede Rainer Hildebrandt vom 15. August 1951 (masch.Ms., ARH).
[362] Ebenda, S. 2f.
[363] Ebenda, S. 6f.

beitragen: „Viele werden auf ein gesichertes Dasein verzichten und Aufgaben ergreifen müssen, die der Hilfe, der Weckung des Weltgewissens und dem Kampfe dienen. Wir müssen die totale Mobilmachung des kalten Krieges ausrufen, weil nur, wenn wir den kalten Krieg gewonnen haben, werden wir den Frieden gewinnen können".

Der Konflikt hatte sich in der Sicht der Kampfgruppe unzweideutig verschärft; Hildebrandts Formulierung zeigt dies deutlich. Sehr prägnant ist nun vom ‚Sieg' im Kalten Krieg die Rede. Zur Begründung hatte er auf die genau entgegengesetzten Absichten des Stalinismus verwiesen, so daß also eine offensive Führung des Kalten Krieges von seiten des Westens im Verständnis der Kampfgruppe nach wie vor ein wesentlich defensives Element in sich trug. Bisher war es aber auch allein der sowjetische Kommunismus gewesen, der einen ‚Kalten Krieg' führte; indem nun von einem westlichen ‚Sieg' im Kalten Krieg gesprochen wurde, wird erkennbar, daß der Begriff ‚Kalter Krieg' nun insofern in einem weiteren Sinne verstanden wurde, als jetzt auch die ‚Offensive des Westens' als sein Bestandteil begriffen wurde. Wenn Hildebrandt ferner die ‚totale Mobilmachung des Kalten Krieges' proklamiert hatte, so muß man sich allerdings die Situation, in der diese Worte gefallen waren, vor Augen halten, denn es waren ja buchstäblich Hunderttausende in diesen Tagen nach Ost-Berlin gekommen. Dies als ‚Mobilmachung' zu begreifen, liegt in der Tat nicht allzu fern.

20. Die Kampfgruppe im Apparat des Kalten Krieges

„Die Forderung freier, gleicher, geheimer und direkter Wahlen wird den Machthabern der Ostzone und des Berliner Ostsektors immer wieder entgegenzuhalten sein. Darüber hinaus besteht die Aufgabe darin, die Dinge nicht treiben zu lassen, sondern durch den Rundfunk und auf jede andere zweckdienliche Weise eine Konsolidierung der widerrechtlichen Ostzonenherrschaft zu erschweren. *Widerstand gegen die Unmenschlichkeit* ist demokratische, europäische und patriotische Pflicht"[364]. Diese Sätze, die bis in einzelne Wendungen der Rhetorik der Kampfgruppe entsprechen, stammen aus einem Aufsatz Willy Brandts vom Dezember 1949.

Man kann wohl insgesamt durchaus behaupten, daß die damalige Berliner SPD – auch nach ihrem eigenen Selbstverständnis – etwas wie eine ‚Partei des Kalten Krieges' gewesen ist. Noch auf dem Parteitag im Mai 1952, den Franz Neumann im Gedenken an die Toten und von den Sowjets Verschleppten eröffnet hatte, bekräftigte die Partei – laut Telegraf –, sie werde „sich auch in den kommenden Auseinandersetzungen ihrer geschichtlichen Aufgabe nicht entziehen und wie bisher die Führungsrolle im Berliner Freiheitskampf übernehmen"[365]. Darüber hinaus entfaltete aber auch die SPD der Tätigkeit der Kampfgruppe entsprechende Aktivitäten. Das „Ost-Büro" der SPD, bereits 1946 auf Initiative von Kurt Schumacher gegründet,

---

[364] Willy Brandt, Bundesrepublik und Ostzone, in: Das Sozialistische Jahrhundert, 3. Jg. (5. Dezember 1949), S. 344ff. (Zitat S. 349).
[365] Telegraf vom 25.5.1952.

war wohl das erfolgreichste der Ost-Büros der drei großen Parteien, die jede für sich solche Stellen eingerichtet hatten, wobei das Ost-Büro der FDP unter der Bezeichnung „Büro der Wiedervereinigung" firmierte[366]. Wie vermutlich auch die anderen Parteien stützte sich die SPD vor allem auf die Mitglieder der illegalen Parteiorganisation in der sowjetischen Zone bzw. der DDR. Auch gegen das Ost-Büro der SPD ging man von kommunistischer Seite aus frühzeitig vor: Schon im Februar 1949 wurde der Organisator des Berliner Ost-Büros Kühn nach Ost-Berlin entführt[367]. Im September 1949 wurde so auch Helmut Hiller in Neubrandenburg verhaftet und zu 25 Jahren Arbeitslager verurteilt[368]. Hiller hatte unter anderem acht Monate lang Kopien sowjetischer Reparationsnormen, Rechnungsdurchschläge über Saatgutlieferungen in die UdSSR, Namenslisten von sowjetischen Offizieren, SED-Funktionären und Spitzeln sowie Berichte über Truppenbewegungen und die Stimmung in der Bevölkerung geliefert. Bernd Ruland meint, das Ost-Büro der SPD habe die Ladung sämtlicher Reparationszüge gekannt, die in die Sowjetunion gingen.

Später habe das Ost-Büro auch mit dem BND und dem Bundesamt für Verfassungsschutz zusammengearbeitet[369]. Darüber hinaus ist zu vermuten, daß auch Beziehungen zu britischen Stellen bestanden, denn der langjährige Leiter Stephan G. Thomas – damals noch Stephan Grzeskowiak – war während des Krieges Lagersprecher des „Antifaschistencamps" im englischen Ascot gewesen und Schumacher von emigrierten Sozialdemokraten vorgeschlagen worden. Im Juli 1966 – kurz nach der endgültigen Auflösung – charakterisierte der Spiegel die Tätigkeit des Ost-Büros als eine „Mischung aus Geheimdienst, Volksaufklärung und Propaganda". Noch in den sechziger Jahren verbreitete das Ost-Büro mit Hilfe von Ballons in der DDR Flugblätter, und der Spiegel behauptete ferner, das Büro sei auch mit der Umleitung von Zügen mit Lebensmittellieferungen unter Verwendung gefälschter Warenbegleitpapiere in Zusammenhang zu bringen. – Die Frage, warum der Sozialdemokrat Tillich nicht im Bereich der eigenen Partei aktiv wurde, sondern selbst die Vereinigung für kulturelle Hilfe und die Päckchenhilfe Ost gründete, um dann zur Kampfgruppe zu gehen, kann hier nur gestellt werden.

Dem Grundansatz der Kampfgruppe durchaus vergleichbar war auch die Arbeitsweise des im November 1949 von geflüchteten Juristen gegründeten „Untersuchungsausschusses freiheitlicher Juristen" (UfJ), der im Laufe der Zeit eine „Registratur des Unrechts" zusammenstellte, die die Grundlage eines „neueren, besseren Nürnberg" bilden sollte[370]. Der UfJ wurde wohl ebenfalls vom amerikanischen Geheimdienst unterstützt, konzentrierte sich in seiner Tätigkeit jedoch vor allem auf die DDR-Justiz und die VOPO, und ähnlich der Kampfgruppe bot auch der UfJ Beratungsdienste an[371]. In den Ministerien, Gerichten und Verwaltungen der DDR verfügte der Untersuchungsausschuß über Tausende von Zuträgern, doch

---

[366] Ruland, Krieg, S. 99f.
[367] Der Spiegel vom 1.8.1951, S. 11f.
[368] Ruland, Krieg, S. 100.
[369] Ebenda; Rüss, Anatomie, S. 137f.; Der Spiegel vom 11.7.1966, S. 21.
[370] Ruland, ebenda, S. 98; Rüss, ebenda, S. 90ff.; Frankfurter Allgemeine Zeitung vom 16.1.1951 (Zitate).
[371] Ruland, ebenda; Jahn, Vertrauen, S. 284; Höhne, Krieg, S. 490.

20. Die Kampfgruppe am Apparat des Kalten Krieges

auch der UfJ begriff seine Tätigkeit – einem Interview seines Gründers Theo Friedenau zufolge – als Widerstandsarbeit[372].

Der Untersuchungsausschuß verbreitete Flugblätter und Druckschriften – zum Beispiel „Deutsche Fragen" oder „Recht in Ost und West" – und arbeitete ebenso mit dem RIAS sowie späterhin mit dem SFB zusammen[373]. Die Zusammenarbeit mit den Bundesministerien für Justiz und gesamtdeutsche Fragen gestaltete sich beim UfJ demgegenüber enger als bei der Kampfgruppe[374]. Nachdem es 1958 zu einer Affäre um den Leiter Theo Friedenau gekommen war, sich die amerikanische Seite vom UfJ zurückgezogen hatte und Walther Rosenthal Friedenaus Nachfolger geworden war, wurde die Organisation 1960 vom Bundesministerium für gesamtdeutsche Fragen übernommen[375]. Der Ausschuß hatte zu diesem Zeitpunkt 60 Mitarbeiter; mit ganzen 23 Mitarbeitern ging der UfJ später in der Berliner Abteilung der Bundesanstalt für gesamtdeutsche Aufgaben auf.

Der UfJ, der wie die Kampfgruppe in Berlin-Zehlendorf seinen Sitz hatte, stellte auch das Material für die seit 1952 vom gesamtdeutschen Ministerium herausgegebene Schriftenreihe „Dokumente des Unrechts" zusammen[376]. Hier wurden vor allem – lediglich mit nüchternen Kommentaren versehen – Entscheidungen von Gerichten der DDR abgedruckt; im ersten Heft findet sich so zum Beispiel auch das Todesurteil gegen Hermann Joseph Flade[377]. Entsprechend den regulären Vorschriften der Strafverfolgungsbehörden verfaßten die Juristen des UfJ Anklageschriften gegen Beamte und Funktionäre aus dem kommunistischen Justiz- und Verwaltungsapparat – etwa gegen Walter Ulbricht und Wilhelm Zaisser[378].

„Der Generalstaatsanwalt der sogen. ‚Deutschen Demokratischen Republik' *Dr. Ernst Melsheimer*, geb. am 9. April 1897 in Neunkirchen/Saar, wohnhaft in Berlin-Pankow, Kavalier-Str. 24, verheiratet, ohne Glaubensbekenntnis, nicht bestraft, wird *angeklagt*, in den Jahren 1946-1951, in Berlin, Dessau, Erfurt und Bernburg durch mehrere selbständige Handlungen (...)", begann eine solche Anklageschrift, und es folgten die Melsheimer zur Last gelegten Delikte: Anstiftung zur Urkundenvernichtung, Verfolgung Unschuldiger, schwere Freiheitsberaubung im Amt, Rechtsbeugung und Anstiftung zur Rechtsbeugung[379]. Nur der letzte Punkt sei hier näher ausgeführt: Nach den Ermittlungen des UfJ habe Melsheimer am 25. September 1950 anläßlich einer Tagung der Generalstaatsanwälte der Länder angeordnet, daß die Vorschriften des Jugendgerichtsgesetzes in politischen Strafsachen nicht mehr anzuwenden seien, so daß auch Jugendliche zu Zuchthausstrafen und sogar zum Tode verurteilt werden konnten; erst diese Anordnung machte im übrigen das Todesurteil gegen Flade möglich. Der UfJ traf dazu folgende Bewertung:

---

[372] Jahn, ebenda; Boveri, Verrat, S. 278 zitiert Friedenau nach einem Interview, das dieser 1951 dem New Yorker gab.
[373] Ruland, Krieg, S. 98.
[374] Jahn, Vertrauen, S. 284.
[375] Rüss, Anatomie, S. 91f.
[376] Dokumente des Unrechts. Hg. vom Bundesministerium für gesamtdeutsche Fragen, zusammengestellt vom UfJ. (Bonn 1952); Frankfurter Allgemeine Zeitung vom 16.1.1951.
[377] Dokumente, ebenda, S. 5ff.
[378] Frankfurter Allgemeine Zeitung vom 16.1.1951.
[379] Dokumente, S. 41ff.

„Danach werden in der ‚DDR' nunmehr gegen Jugendliche in politischen Strafsachen die zwingenden Vorschriften des Jugendgerichtsgesetzes nicht mehr angewandt; eine Maßnahme, zu der sich nicht einmal die Vorsitzenden des nationalsozialistischen Volksgerichtshofes entschließen konnten". – Der SSD bekämpfte auch den UfJ mit massiven Mitteln: 1952 wurde der UfJ-Mitarbeiter Dr. Walter Linse entführt, 1958 Dr. Erwin Neumann.

Wie der Untersuchungsausschuß und die Kampfgruppe hatte auch die im Februar 1950 begründete „Vereinigung Opfer des Stalinismus" (VOS) zu den Gründungsorganisationen des Informationsbüro West gehört, das wie auch das Publizistische Zentrum für die Einheit Deutschlands in den ‚Apparat des Kalten Krieges' einzubeziehen ist[380]. Die Aufgabenstellung der VOS entsprach weithin der Tätigkeit der KgU. Ehemalige Häftlinge hatten diese Organisation gegründet, um sich für die Befreiung von aus politischen Gründen Inhaftierten einzusetzen, Entlassenen Hilfe zu leisten und um die Verhältnisse in der Justiz der DDR zu dokumentieren; die VOS sammelte auch Materialien über Denunzianten und führte Suchaktionen nach verschollenen Mithäftlingen durch[381]. Auch die VOS verfügte über Karteien und verbreitete ihre Erkenntnisse in der Öffentlichkeit – ihr Organ war „Die Freiheitsglocke". Vermutlich arbeitete sie auch mit der KgU zusammen, blieb aber allem Anschein nach mehr auf den karitativen Bereich beschränkt.

Das von der Kampfgruppe verwendete „F"-Symbol hatte die „F-Aktion" in ihren Namen aufgenommen[382]. Anstoß zur Gründung der Organisation „Freiheit – Aktion der Jugend" war das FDJ-Pfingsttreffen vom Sommer 1950 gewesen; diese Gruppierung beschränkte sich mit ihrer antikommunistischen Aufklärungsarbeit jedoch vorrangig auf den Westteil Deutschlands, obwohl ihre Informationstätigkeit auch der Abwehr kommunistischer Agitation im Westen dienen sollte. Die F-Aktion gab einige Publikationen heraus, bot einen Rednerdienst an und verfügte über eine Geschäftsstelle in Bonn.

Offenbar eher als staatsbürgerliche Vereinigung verstand sich die im Dezember 1951 in Königswinter gegründete „Arbeitsgemeinschaft demokratischer Kreise" (ADK)[383]. Immerhin scheint die ADK jedoch ein Ansprechpartner der KgU gewesen zu sein; Ernst Tillich hielt dort einmal einen Vortrag zum Thema „Kampf um die Wiedervereinigung Deutschlands"[384]. Leiter der ADK war Hans Edgar Jahn[385].

Ähnlich wie die F-Aktion richtete sich das 1952 in West-Berlin errichtete „Haus der Zukunft" wohl vor allem an Jugendliche[386]. Das Haus der Zukunft betrieb in erster Linie Schulungsarbeit, beschränkte sich dabei jedoch nicht nur auf den Westen; das Ziel eines der Seminare beschrieb Jahn 1953 so: „Jeder Teilnehmer soll in die Lage versetzt werden, kommunistische Agitation abzuwehren. Er soll Möglichkeiten einer konstruktiven Gegenarbeit erkennen und ihre praktische Durchführung beherrschen. Er soll mitarbeiten können, den Tag ‚F' herbeizuführen und

---
[380] Kurier vom 9.1.1951; Jahn, Vertrauen, S. 286; Rüss, Anatomie, S. 137. – Vgl. hier S. 139f.
[381] Jahn, ebenda, S. 286f.
[382] Ebenda, S. 275f.
[383] Ebenda, S. 374f.
[384] Ebenda, S. 377.
[385] Nolte, Deutschland, S. 682.
[386] Jahn, Vertrauen, S. 276f.

wissen, welche Aufgabe der westlichen Jugendarbeit nach dem Tag ‚F' zufällt".
Leiter des Hauses der Zukunft war Herbert Scheffler[387].
Der am 29. August 1950 begründete „Volksbund für Frieden und Freiheit e.V."
(VFF) verstand sich als „die zentrale antikommunistische Organisation der Bundesrepublik"[388]. Der VFF beschrieb seine Aufgabe so: „Aufdeckung der kommunistischen Demagogie, speziell der getarnten kommunistischen Propagandaaktionen wie: ‚Friedenskampagne', ‚Nationale Front', ‚Kampf für die Einheit Deutschlands' und ähnlicher"[389]. Ausdrücklich nannte der VFF auch „aufmerksame Beobachtung von Bürgerkriegsvorbereitungen"; aber insgesamt ergibt sich der Eindruck, daß der VFF in einem solchen Maß antikommunistisch agierte, wie es bei der auch nicht gerade zurückhaltenden Kampfgruppe niemals zu beobachten war; im Programm des Volksbundes stand deshalb auch: „Bekämpfung der ‚Salon-Bolschewisten', der ‚Rückversicherer' und der Mitläufer, die als bürgerliche Intellektuelle u.ä. im Dienste der kommunistischen Infiltration tätig sind". Der VFF verfügte über eine bundesweite, bis in Ortsbereiche gegliederte Organisation, wirkte in vielfältigen öffentlichen Veranstaltungen, entfaltete eine rege Publikationsarbeit und arbeitete eng mit der Bundesregierung zusammen; am 14. Mai 1952 wurde der Verband als förderungswürdig anerkannt und damit steuerbegünstigt[390]. Spätestens seit dieser Zeit wurde der Volksbund hauptsächlich vom Bundesministerium für gesamtdeutsche Fragen finanziert.

Schon früh kritisierte der Spiegel den VFF in vergleichsweise scharfem Ton; einem Spiegel-Bericht vom Oktober 1950 zufolge klebte der VFF Abonnenten kommunistischer Zeitungen oder insgeheim fördernden Mitgliedern des Kulturbundes rote Papierstreifen an die Wohnungstür, auf denen es hieß: „Ich Lump bin rückversichert"[391]. Anscheinend ging der VFF auch massiv gegen die KPD vor; der Spiegel berichtete, das Schaufenster des KPD-Büros in Recklinghausen sei mit Mennige zugestrichen worden – hier habe die Aufschrift gelautet: „Ihr seid Lumpen. Geht nach Moskau". Gewichtiger noch als dies war aber die Enthüllung des Spiegels, es handele sich bei dem VFF-Mitbegründer Eberhard Taubert um jenen „‚Dr. Anti'", der schon in Goebbels' „Antikomintern" antikommunistische – und damit verbunden antisemitische – Propaganda betrieben habe. Dieser Umstand war mithin schon seit fünf Jahren bekannt, als im Juli 1955 Karl Marx, Herausgeber der Allgemeinen Wochenzeitung der Juden in Deutschland beim gesamtdeutschen Ministerium intervenierte, aber Bonn deckte den VFF gegenüber Marx – Taubert allerdings mußte als zweiter Vorsitzender zurücktreten[392]. Der Volksbund überlebte diese Krise jedoch und wurde zu Beginn des Jahres 1970 in „Arbeitsgemeinschaft Gesellschaft und Staat e.V." umbenannt[393].

---

[387] Rüss, Anatomie, S. 90.
[388] Jahn, Vertrauen, S. 273.
[389] Zitiert nach Jahn, ebenda, S. 274.
[390] Ebenda; Nolte, Deutschland, S. 365.; Rüss, Anatomie, S. 117ff.; Der Spiegel vom 17.8.1955, S. 13.
[391] Der Spiegel vom 18.10.1950, S. 15.
[392] Der Spiegel vom 17.8.1955, S. 11ff. – Vgl. auch Nolte, Deutschland, S. 365ff.
[393] Rüss, Anatomie, S. 118f.

Weit militanter als die KgU war auch der „Bund deutscher Jugend" (BDJ) unter seinem Vorsitzenden Paul Egon Lüth – einer offensichtlich ziemlich schillernden und undurchsichtigen Persönlichkeit[394]. Seine politischen Analysen und Perspektiven legte Lüth in einer kleinen Schrift mit dem Titel „Bürger und Partisan. Über den Widerstand gestern, heute und morgen" nieder[395]. Der „Fall X" war für ihn der Einmarsch der Russen, und offenbar zählte er sich zu denen, „die an keinem Tischgespräch teilnehmen, die die fruchtlosen, intellektuellen Diskussionen meiden, die aber auf ihre Bergschuhe in der Ecke blicken und wissen, daß sie sich im Falle X auf die Straße begeben und dem ersten kämpfenden Haufen anschließen werden"[396]. Für Lüth gab es außer dem passiven und dem aktiven Widerstand noch eine dritte Stufe: „*Offener Widerstand* ist dann gegeben, wenn geschossen und gesprengt wird: Der Partisan tritt auf"[397]. Ende 1950 sprach auf einem Appell des BDJ auch Tillich; er sagte – laut Spiegel – unter anderem: „Nein, ihr müßt aktiv gegen den Osten vorgehen. Unsere zu lauen Staatsmänner werden nicht fertig mit der Konstruktion Europas"[398]. Lüth habe dann in erkennbar schärferer Diktion gesagt: „Alle Marxisten sind reaktionär, denn sie haben eine Weltanschauung aus dem 19. Jahrhundert. Wir müssen die SPD von den Gewerkschaften isolieren, besonders die Rattenfänger aus Hannover". Der Spiegel interpretierte dies als einen „ideologischen Haken" für Tillich.

„BDJ und FDJ führten seit Ausbruch des Korea-Krieges auf eigene Art miteinander einen kalten Krieg", stellte der damalige Präsident des Bundesamtes für Verfassungsschutz Otto John zu Lüths Organisation fest[399]. Der Spiegel berichtete 1952 jedoch auch von Schießübungen in einem Haus in der Nähe des hessischen Waldmichelbach, von Lehrgängen auf dem amerikanischen Truppenübungsplatz Grafenwöhr und sogar von einem „Fememord", der in jenem Haus im Odenwald an einem ehemaligen deutschen Offizier begangen worden sei, „weil ihm von den übrigen Kursusteilnehmern der Vorwurf gemacht wurde, er sei ein Ost-West-Brückenbauer"[400]. Die hessische Kriminalpolizei habe am 18. September 1952 zugegriffen und eine Reihe von BDJ-Mitglieder festgenommen. Otto John, der an dem fraglichen Abend von dem hessischen Ministerpräsidenten Georg August Zinn hinzugezogen worden war, bezeichnete Zinns Vorgehen gegen den „Technischen Dienst" des BDJ – ohne es jedoch als solches zu verurteilen – als „Rebellion der Landesregierung gegen die Bundesregierung und die amerikanische Besatzungsmacht" –[401].

Diese für den einzelnen Fall gewiß unzureichende und keineswegs vollständige Übersicht zeigt zumindest, daß die Kampfgruppe gegen Unmenschlichkeit nur ei-

---

[394] Nolte, Deutschland, S. 417f. – Otto John, Zweimal kam ich heim. Vom Verschwörer zum Schützer der Verfassung, Düsseldorf-Wien 1969, S. 239ff.
[395] Paul Lüth, Bürger und Partisan. Über den Widerstand gestern, heute und morgen, Frankfurt/M. 1951.
[396] Ebenda, S. 66.
[397] Ebenda, S. 67f.
[398] Der Spiegel vom 17.1.1951, S. 7.
[399] John, Zweimal, S. 239.
[400] Der Spiegel vom 15.10.1952, S. 6ff.
[401] John, Zweimal, S. 240f.

ne von einer Vielzahl privater Organisationen war, die prinzipiell jedoch ganz ähnliche Ziele verfolgten und in etwa auch vergleichbare Methoden anwendeten. Darüber hinaus wird erkennbar, daß sie innerhalb dieses Organisationsgeflechtes weder in inhaltlicher noch in praktischer Hinsicht – selbst wenn man die weitere Entwicklung der KgU miteinbezieht – eine extreme Position einnahm. In bezug auf die Gesamtstruktur des Apparates des Kalten Krieges in der Bundesrepublik ist eine Vielzahl von Querverbindungen und Kontakten sowie eine ganze Reihe von Filiationen zu beobachten. Als staatliche Einrichtungen sind hier außerdem noch das „Bundesamt für Verfassungsschutz", die „Organisation Gehlen" bzw. der spätere BND und das Bundesministerium für gesamtdeutsche Fragen zu erwähnen[402], wobei sich zeigt, daß das Ministerium bemüht war, in den privaten Organisationen Einfluß zu gewinnen. Im Falle der KgU gelang dies allerdings niemals; sowohl das Verhältnis der Org. als auch des Ministeriums zur KgU wurde im Gegenteil bald prekär.

---

[402] Vgl. zum Bundesministerium für gesamtdeutsche Fragen: Rüss, Anatomie; Erich Kosthorst, Jakob Kaiser. Bundesminister für gesamtdeutsche Fragen 1949-1957, Stuttgart-Berlin-Köln-Mainz 1972, besonders S. 90ff.; ferner Nolte, Deutschland, S. 358ff.

IV. Der kälteste Kalte Krieg: Die Kampfgruppe zwischen Sabotage und Schauprozessen

In seinem Buch über „Die DDR-Staatssicherheit" erwähnte Karl Wilhelm Fricke die Kampfgruppe gegen Unmenschlichkeit 1984 lediglich in einer Fußnote; über den im folgenden Teil zu behandelnden Entwicklungsabschnitt der Geschichte der KgU heißt es dort: „Seit 1951 entwickelte sich die KgU, vornehmlich unter dem Einfluß von Ernst Tillich, zu einem militant-antikommunistischen Propaganda- und Störzentrum, dessen Kampfformen bis zu kriminellen Handlungen reichten"[1].

Reinhard Gehlen berichtete in seinen Memoiren 1971 über den Versuch der Staatssicherheit, der Org. „Sabotage- und Sprengstoffanschläge" anzuhängen, und er stellte dazu fest, es sei der Org. nicht schwer gefallen, die mit diesen Vorfällen in Verbindung gebrachten Verhaftungen angeblicher Mitarbeiter seines Dienstes „als identisch mit Zugriffen nachzuweisen, die bereits im Mai 1952 erfolgt, seinerzeit allerdings der ‚Kampfgruppe gegen Unmenschlichkeit', von deren Methoden sich der Dienst stets distanziert hatte, zugeschrieben worden waren"[2].

Der Staatssekretär im Bundesministerium für gesamtdeutsche Fragen schließlich erklärte 1958, das Ministerium sei nicht in der Lage gewesen, „die politische Tätigkeit der Kampfgruppe zu kontrollieren", habe jedoch wiederholt versucht, „auf Grund schwerwiegender Bedenken gegenüber der Tätigkeit der Kampfgruppe, zu erreichen, daß alle Aktionen der Kampfgruppe sich in einem rechtlich zulässigen und politisch zweckmäßigen Rahmen hielten"[3]. In Bonn war man mithin der Meinung, die KgU habe – deutlicher formuliert: – rechtswidrig und politisch schädlich agiert. Dieser Ansicht folgte das gesamtdeutsche Ministerium – Thedieck zufolge – seit dem Februar 1951, als Bonn jegliche Finanzhilfe für die KgU endgültig gesperrt hatte, weil die Gruppe sich weigerte, „ihrer Leitung eine demokratisch kontrollierte Form zu geben und die Gesamtfinanzierung der Kampfgruppe dem Ministerium offenzulegen". Ohnehin hatte das Ministerium nur den Suchdienst der Kampfgruppe finanziell – mit 5 000 DM im Monat – unterstützt[4].

Diese drei Äußerungen machen deutlich, *daß* die Kampfgruppe tatsächlich seit etwa 1951 entschieden radikalere Mittel als bislang einsetzte. Das heißt im übrigen weder, daß die bisher angewendeten Methoden nicht auch weiterhin angewendet worden wären, noch, daß die Gruppe die ihrer Arbeit zugrundeliegende strategische Konzeption grundsätzlich geändert hätte. Geht es allerdings darum zu eruieren, *was* für Aktionen von der KgU durchgeführt oder zumindest angeleitet wor-

---

[1] Karl Wilhelm Fricke, Die DDR-Staatssicherheit. Entwicklung, Strukturen, Aktionsfelder, Köln (2. Aufl.) 1984, Anm. 57, S. 230.
[2] Reinhard Gehlen, Der Dienst. Erinnerungen 1942-1971, Mainz-Wiesbaden 1971, S. 204.
[3] Franz Thedieck, Bonn, für den Bundesminister für gesamtdeutsche Fragen an Erik Rinné (FDP), an der Fundstelle undatiert, in: Bull.Reg., Nr. 89 (17.5.1958), S. 896.
[4] Interview Thedieck vom 1.12.1969, zitiert bei Rüss, Anatomie, S. 139.

den waren, so gelangt man schwerlich über die Dinge hinaus, die ihr von seiten der DDR angelastet wurden. Die zitierte Gehlen-Äußerung macht klar, daß die kommunistische Justiz Einzeltaten bisweilen willkürlich dem einen oder dem anderen Urheber zurechnete; es ist also keineswegs eindeutig, daß die KgU wirklich hinter den Aktionen stand, von denen dies von der DDR behauptet wurde.

Abgesehen von dieser Frage befand sich die DDR jedoch in bezug auf die propagandistische Auswertung solcher Sabotageakte im Dilemma zweier gegenläufiger Tendenzen. Diente die durch derartige Aktivitäten wenigstens suggerierbare Bedrohungssituation einerseits der Rechtfertigung der eigenen Politik, so durfte diese Bedrohung andererseits nicht als zu gewichtig dargestellt werden, denn wenn die SED damit zu erkennen gegeben hätte, daß ihr die Kontrolle eventuell entgleiten könnte, dann hätte das unzweifelhaft destabilisierende Wirkungen haben müssen. So fehlte denn in Berichten der kommunistischen Presse über – wie es dort stets hieß – Diversionsakte nie der Hinweis, die Sicherheitsorgane hätten die Lage im Griff, die Diversanten seien gefaßt, und im übrigen wird mindestens unterschwellig immer der Dilettantismus der Täter herausgestellt.

1. „Pastor oder Politiker"

„While we talked with invisible legion's leader, guarded by a bear-sized dog, mysterious people came and went through the corridors of the old house, fit setting for a Hollywood melodrama"[5]. Mit diesen Worten gab ein Journalist des National Geographic Magazine im November 1951 seinen Eindruck von einem Besuch bei der KgU im Haus Ernst-Ring-Straße wieder; der von dem großen Hund bewachte Mann war Rainer Hildebrandt. Die „Fighting Group Against Inhumanity" hatte der Amerikaner als „German high Command of an active underground movement" vorgestellt. Die Realitäten hatten wenig mit den Produkten Hollywoods gemein. Ende September 1951 war es an der Bernauer/Ecke Strelitzer Straße unmittelbar an der Sektorengrenze zwischen den Stadtbezirken Wedding und Prenzlauer Berg zu einem Zwischenfall gekommen, bei dem scharf geschossen wurde[6]. Ungefähr 15 bis 20 Mitglieder der FDJ hatten auf West-Berliner Gebiet Propaganda-Material verteilen wollen, waren aber von Angehörigen der KgU bis hinein in den Ostsektor zurückgedrängt worden. Die auftauchende Volkspolizei schoß, ein 17jähriger wurde verletzt und von der West-Berliner Polizei ins Krankenhaus gebracht.

Werdau ist eine Stadt in Sachsen, unweit von Zwickau. Das dortige Landgericht verhängte am 3. Oktober 1951 in einem Prozeß gegen 18 Angeklagte Strafen von insgesamt 124 Jahren Zuchthaus[7]. In der Urteilsbegründung hieß es: „Bei allen Angeklagten handelt es sich um Einwohner von Werdau. Sie waren zum größten Teil Oberschüler und gingen in die gleiche Schule. Einige Lehrer unterstützten die Angeklagten bei ihrem Treiben, und von diesen holten sie sich auch Rat. Mit fort-

---

[5] Frederick G. Vosburgh, Berlin, Island in a Soviet Sea, in: National Geographic Magazine, Vol. C, No. 5 (November 1951), S. 704.
[6] Neue Zeitung vom 25.9.1951.
[7] Fricke, Politik und Justiz, S. 250.

schrittlichen Lehrern sprachen sie nicht"⁸. Ferner wurde festgestellt, Eltern, Lehrer und auch die FDJ hätten gleichermaßen versagt, „die Angeklagten von der Richtigkeit des Weges der DDR zu überzeugen".

Den Angeklagten wurde Anfertigung und Verbreitung von Flugblättern vorgeworfen; eines der Blätter hatte sich gegen das Flade-Urteil gerichtet, andere enthielten Texte wie „NKWD hört mit", „Fluch den SSD-Henkern", „Vorwärts der Freiheit entgegen, weg mit den Volksverrätern – wählt Nein" oder „Freiheit – Feindschaft dem Terror". Einigen der vor Gericht stehenden Schüler wurde auch folgendes zur Last gelegt: „Ein Teil der Angeklagten erklärte sich darüber hinaus bereit, Spionagearbeit für den amerikanischen Imperialismus zu leisten, indem sie für die Kampfgruppe gegen Unmenschlichkeit im Westsektor Berlins Brückenvermessungen, Meßtischblätter und Stadtpläne liefern wollten. Ihre Tätigkeit ging so weit, daß sie auf Anweisung der KgU die Gruppe umorganisierten, um in einer kommenden Auseinandersetzung zwischen dem amerikanischen Imperialismus und der fortschrittlichen Welt für den amerikanischen Imperialismus Partisanentätigkeit leisten zu können". Zur praktischen Arbeit der Gruppe und inbesondere zu ihrem Kontakt nach West-Berlin ist der Urteilsbegründung zu entnehmen, daß die Treffen der Schüler meistens „in der Gartenlaube der Roth" stattgefunden hätten, die auch „im Blauhemd der FDJ zur KgU nach Berlin" gefahren sei, während der Angeklagte Rasch „von der KgU illegales Material" mitgebracht habe und im übrigen gemeinsam „mit der Roth einen Drohbrief an das Oberlandesgericht in Dresden" entworfen habe.

Vom Tage nach der Urteilsverkündigung datierte ein – von ihr anonym abgedruckter – Brief, der die Kampfgruppe über die näheren Umstände des Verfahrens in Kenntnis setzte: Der Prozeß fand unter Ausschluß der Öffentlichkeit statt, so daß die Angehörigen der Schüler bis nach Mitternacht vor dem Landgericht ausharren mußten – ein Kordon von 50 Polizisten habe die wartende Menschenmenge vom Betreten des Gebäudes abgehalten⁹. Die Angeklagte Sigrid Roth, 17 Jahre alt, war zu 12 Jahren und der hier ebenfalls erwähnte Heinz Rasch, 18 Jahre alt, war zu 10 Jahren Zuchthaus verurteilt worden. Abschließend enthielt das Schreiben folgenden Appell: „Wir fordern die Kampfgruppe gegen Unmenschlichkeit auf: Setzt Euch mit allen Euch zur Verfügung stehenden Mitteln für die Befreiung der tapferen Widerstandskämpfer ein, macht davon die von der SED propagierte Wahl abhängig. Der Rundfunk soll Euch ausreichende Sendezeit zur Verfügung stellen. Tretet mit der Bundesregierung in Verbindung. Kein Tag darf vergehen, an dem nicht über dieses Schandurteil gesprochen wird!"

Etwa anderthalb Wochen nach dem Urteil von Zwickau nahmen an einer KgU-Kundgebung zu diesem Prozeß, auf der neben Hildebrandt und Tillich auch der Vorsitzende des „Bundes der Verfolgten des Naziregimes" Herbert Dewald sprach, etwa 1500 Zuhörer teil¹⁰. Hildebrandt setzt sich in seiner Rede mit dem Schicksal der 16 bis 18jährigen Schüler der Alexander-von-Humboldt-Schule in

---

⁸ Urteil des LG Zwickau vom 3.10.1951, Auszug in: Ebenda, S. 250ff. (Zitat S. 253).
⁹ Brief in: Hefte der Kampfgruppe. Hrsg.v. der KgU, Nr. 1 (November 1951), S. 11.
¹⁰ Arbeitsbericht der KgU für den Monat Oktober 1951, in: Hefte, ebenda, S. 14ff.

Werdau auseinander[11]. Zu der Feststellung des Gerichts, die Angeklagten hätten keine Reue gezeigt, erklärte er, es sei in diesem „Bekenntnis zur Freiheit" auch ein „Bekenntnis zu uns" zu erblicken, wie es von Tausenden schon abgelegt, aber zu selten auch gehört worden sei.

Nicht nur die Kampfgruppe reagierte mit einer Kundgebung, die im übrigen zum größten Teil von Bewohnern der DDR und Ost-Berlins besucht worden war, sondern auch in Bamberg fand eine Protestversammlung statt; eine Reihe politischer Organisationen, unter anderem auch die CDU/CSU-Bundestagsfraktion, nahmen im Sinne der KgU Stellung[12]. Aus den USA ging ein Telegramm an den DDR-Ministerpräsidenten Otto Grotewohl, in dem es hieß, dieses Urteil sei „rachsüchtig" und zustande gekommen wegen „sogenannter Verbrechen, die in den meisten zivilisierten Ländern nach dem Gesetz überhaupt nicht strafbar sind". Insgesamt 23 Organisationen und eine Reihe von Einzelpersonen hatten dieses Protestschreiben unterzeichnet. –

Am 5. November 1951 gab Ernst Tillich für die Kampfgruppe gegen Unmenschlichkeit eine Pressekonferenz[13]. Die Spitzelkartei der KgU – inzwischen auf 242000 Namen angewachsen – bezeichnete er in diesem Gespräch als ‚die größte Abwehrkartei Deutschlands' und wies darauf hin, daß unter den rund 200 täglichen Besuchern der Kampfgruppe gelegentlich auch Funktionäre seien, die sich bei der Gruppe ‚rückversichern' wollten. Tillich kam deshalb auch zu der Feststellung, die in der Kartei gesammelten Daten würden nach der Wiedervereinigung große Bedeutung erlangen. Für ihn hatte die Spitzelkartei, die offenbar mittlerweile auch Mitglieder des Regierungsapparates der DDR umfaßte, auch im Sinne einer ‚psychologischen Kampfführung' die Aufgabe, zur Verunsicherung im Herrschaftsapparat der SED beizutragen. Im gleichen Sinne wies er auch hin auf die beträchtliche Wirkung auf das Bewußtsein der DDR-Bewohner, wenn von ‚Widerstandskämpfern' in der Sowjetzone selbst ‚Freiheitsbotschaften' hergestellt und verbreitet würden; in diesem Zusammenhang unterstrich er, daß die Kampfgruppe kein Material mehr an Jugendliche unter 21 Jahren ausgäbe. Im weiteren hob er auch die zersetzende Wirkung von ‚Flüsterpropaganda' hervor, etwa wenn in der Bevölkerung öfter Fragen wie „Wann bist du dran?" oder „Wann mußt du flüchten?" gestellt würden[14].

Außerdem sprach Tillich auch die Gutachtertätigkeit der KgU für den Senat an[15]. In ihrem im November 1951 veröffentlichten „Arbeitsbericht" für den Monat Oktober hieß es, die Kampfgruppe habe in diesem Zeitraum im Auftrag der „Flüchtlingskommission des Senats von Berlin" in 714 Fällen Gutachten erstellen müssen – 57,5% davon empfahlen eine Anerkennung, „während wir in 304 Fällen (42,5%) unter Zugrundelegung der unglückseligen gesetzlichen Regelung eine Ablehnung vorschlagen mußten"[16]. Mit derartigen Begutachtungen war die KgU offenbar

---

[11] Rede Dr. Hildebrandt, gehalten am 14.10.1951 im Delphi (masch.Ms. mit dem Vermerk „Eigenes Mssk." sowie zahlreichen handschriftlichen Verbesserungen Hildebrandts, nach denen der Text hergestellt ist), S. 1ff. (ARH).
[12] Hefte, Nr. 1 (November 1951), S. 13.
[13] Neue Zeitung, Der Tagesspiegel vom 6.11.1951.
[14] Der Tagesspiegel vom 6.11.1951.
[15] Neue Zeitung vom 6.11.1951.
[16] Arbeitsbericht der KgU für den Monat Oktober, in: Hefte, Nr. 1 (November 1951), S. 15.

schon seit geraumer Zeit befaßt. Wohl schon im Herbst 1949 hatte Hildebrandt so zum Beispiel den nach West-Berlin geflüchteten Regierungsrat in der „Deutschen Wirtschaftskommission" bzw. der Regierung der DDR Udo Gümpel zu begutachten, der dem CIC Materialien aus seiner Dienststelle geliefert hatte; der Spiegel zitierte im August 1951 diesen Text, aus dem hervorging, Gümpel habe seine Beziehungen genutzt, „‚um wertvolle Informationen dem westlichen Widerstandskampf zukommen zu lassen'", und ferner bestätigte ihm die Kampfgruppe, „‚daß Sie dies aus anti-stalinistischer Gesinnung taten und dabei außerordentlichen Mut zeigten'"[17].

Von Bedeutung sind aber auch Tillichs Feststellungen zum Verhältnis der KgU zur Bundesregierung, die er auf der Pressekonferenz vom 5. November traf. Er unterstrich nämlich, daß sämtliche Informationen, die die KgU erhalte, auch der Bundesregierung zugänglich gemacht würden, obwohl diese – offenbar im Gegensatz zum Senat – nichts dafür bezahle[18]. Ausdrücklich betonte er, aus Bonn käme keinerlei Unterstützung, aber demgegenüber flössen der KgU Mittel aus amerikanischer Quelle zu. Es handele sich um Gelder, „die uns von der ‚Ford-Foundation' großzügig für soziale und humanitäre Zwecke zur Verfügung gestellt worden sind", schrieb die KgU dazu in ihrem Arbeitsbericht[19]. In diesen Äußerungen Tillichs kann man beinahe eine Distanzierung vom gesamtdeutschen Ministerium erblicken. Wie auch immer dessen Verhältnis zur KgU im Detail ausgesehen haben mag, diese Aussagen Tillichs enthalten wohl doch Anzeichen dafür, daß in der Tat amerikanisches Geld und damit verbunden amerikanischer Einfluß für die Kampfgruppe immer entscheidender geworden war. In ähnlicher Weise ist augenscheinlich auch Tillichs Mitteilung auf einer anläßlich des dreijährigen Bestehens der Kampfgruppe am 18. Dezember 1951 einberufenen Pressekonferenz zu deuten, daß die Ford-Foundation der Gruppe eine Sonderspende in Höhe von 20000 DM habe zukommen lassen – dort sagte Tillich auch: „Die Bevölkerung der Sowjetzone ist weiter als die der Bundesrepublik"[20].

Wie es scheint, war die Kampfgruppe seit Herbst 1951 auch in der Lage, ihre Öffentlichkeitsarbeit zu intensivieren. Zwei Wochen lang hing so zum Beispiel ein KgU-Plakat an den West-Berliner Litfaßsäulen, auf dem unter anderem zu lesen war: „Mindestens 50000 politische Gefangene, mindestens 37000 politische Verschleppte aus der Sowjetzone Deutschlands warten nicht auf Gespräche, sondern auf die Freiheit!"[21] Im November 1951 begannen auch die „Hefte der Kampfgruppe" zu erscheinen. Hierbei handelt es sich um eine in unregelmäßiger Folge erscheinende Publikationsreihe, die offenbar zunächst die Funktion eines Berichtsorgans über aktuelle Ereignisse haben sollte. Dann aber waren die einzelnen Hefte, die zum Teil recht umfänglich waren, einzelnen Themen gewidmet und dienten der Zusammenfassung der über die Jahre gesammelten Erkenntnisse zu einem bestimmten Komplex und sollten einen Überblick über die Gesamtentwicklung bieten.

---

[17] Der Spiegel vom 1.8.1951, S. 12.
[18] Neue Zeitung, Der Tagesspiegel vom 6.11.1951.
[19] Arbeitsbericht der KgU für den Monat Oktober, in: Hefte, Nr. 1 (November 1951).
[20] Der Tagesspiegel vom 19.12.1951.
[21] Abgedruckt in: Hefte, Nr. 1 (November 1951), hintere Umschlagseite.

1. „Pastor oder Politiker"

Im ersten der Hefte der Kampfgruppe befand sich ein Aufsatz von Hasso Graf, der eine knappe Übersicht über Aufbau und Arbeitsweise des Ministeriums für Staatssicherheit gab[22]. Tillich formulierte unter der Überschrift „Moralische Offensive" nochmals die Grundforderungen der Kampfgruppe, wobei er auch auf die Notwendigkeit einer „politischen Seelsorge" unter den Flüchtlingen aus der DDR hinwies, weil diese Menschen wissen müßten, was sie in der Bundesrepublik erwarte und in welcher Weise ihnen geholfen werde, denn: „Dann werden gerade die Flüchtlinge die natürlichen Propagandisten gegen das Sowjetsystem und das aktive Instrument der ‚psychologischen Kriegführung' sein"[23]. Den aus der DDR kommenden Flüchtlingen wies Tillich somit als ehemaligen Angehörigen der ‚Partei der Bundesrepublik in der DDR' eine besondere Rolle innerhalb der westlichen Strategie des Kalten Krieges zu. Ähnliche Tendenzen werden auch in O. E. H. Beckers Aufsatz über „Die Flüchtlinge" sichtbar[24].

Obwohl sich der Eindruck ergibt, daß die Kampfgruppe im Herbst 1951 sowohl ihre publizistischen Bemühungen als auch ihre karitativen Aufgaben – insbesondere bezüglich der DDR-Flüchtlinge – verstärkte, ist im November 1951 die erste kritische Äußerung gegen die Kampfgruppe als solche zu vermerken. Martin Niemöller nämlich ließ ein paar Tage nach der Pressekonferenz Tillichs vom 5. November verlauten, er mißbillige die Methoden der KgU und glaube, sie habe jene begeisterten Jugendlichen nach ihrer Verhaftung „völlig im Stich" gelassen[25] – offenkundig stand diese Kritik in direktem Bezug zum Urteil im Zwickauer Prozeß vom 3. Oktober. Tillich reagierte unverzüglich mit der Forderung, Niemöller möge darlegen, was er seinerseits für die Jugend in der DDR geleistet habe; ferner scheine Niemöller – wie der Tagesspiegel Tillich wiedergab –, „den verleumderischen Behauptungen der Kommunisten gegen die Kampfgruppe gegen Unmenschlichkeit mehr Glauben geschenkt" zu haben als den wiederholten Erklärungen der Gruppe, sie schicke keine Jugendlichen mehr mit Flugblättern in die DDR.

Dieser Kontroverse widmete die KgU dann auch eines ihrer Hefte; unter dem Titel „Pastor oder Politiker" waren hier zwei Aufsätze und ein „Offener Brief an Niemöller" von Ernst Tillich abgedruckt, die sämtlich bereits in der Zeitschrift ‚Das freie Wort' des Bundes der Verfolgten des Naziregimes veröffentlicht worden waren[26].

Anlaß von Tillichs Offenem Brief war allerdings nicht Niemöllers Kritik an der KgU, sondern dessen Reise nach Moskau im Januar 1952. Einleitend aber stellte Tillich erst einmal fest, auch er habe 1933 zu Niemöllers Verehrern gehört: „Ich habe es mir sogar zur Ehre angerechnet, mit Ihnen gleichzeitig im Konzentrationslager Sachsenhausen gewesen zu sein; auch wenn Sie damals eine Vorzugsbehandlung genossen und ich nur ein einfacher Konzentrationär war"[27]. Indem er Zweifel

---

[22] Hasso Graf, Das Ministerium für Staatssicherheit, in: Hefte, ebenda, S. 3ff.
[23] E. Tillich, Moralische Offensive, in: Hefte, ebenda, S. 1ff.
[24] O. E. H. Becker, Die Flüchtlinge, in: Hefte, ebenda, S. 8ff.
[25] Der Tagesspiegel vom 9.11.1951.
[26] Pastor oder Politiker. Ein offenes Wort zum Fall Niemöller von Ernst Tillich. Hrsg.v. der KgU. Berlin (Hefte der Kampfgruppe) [1952]; zu den Angaben über den Vorabdruck der Texte S. 8.
[27] E. Tillich, Offener Brief an Niemöller, in: Hefte, ebenda, S. 5f.

anmeldete, ob Niemöller eine derartige Vorzugsbehandlung auch noch nach 1945 verdiene, nahm Tillich jene Kritik auf, die er schon im Juli 1947 an ihm geübt hatte: „Allzu verwischt sind die Grenzen zwischen Ihrem *kirchlichen Amt* und der *politischen Propaganda*, die Sie seit Ihrer Amerikareise und seit Ihrer Parole ‚Frieden um jeden Preis' für die Unterstützung der kommunistischen Neutralisierungsthese betreiben". In der Tat attackierte Tillich den Pastor „als Politiker im politischen Kräftespiel zwischen Ost und West", und schon als solchen griff er im Grunde den erklärten Gegner des Kalten Krieges an. In der Sache ging es Tillich um Niemöllers Haltung in der Kriegsgefangenenfrage, die dieser in Moskau angesprochen hatte; er wies hin auf die Diskrepanzen zwischen den sowjetischen Zahlen – laut Erklärung vom 24. Januar 1952 5532 Deutsche – und den Angaben, die die Bundesregierung gegenüber der UN machte – 101041 Kriegsgefangene –, und hierzu schrieb Tillich weiter: „Und ich frage Sie, ob Sie sich nicht angesichts Ihrer Selbsttäuschung über den sowjetischen ‚Friedenswillen' und Ihrer Polemik gegen die angeblichen Kriegshetzer geschämt haben? Sie haben nämlich gewußt, daß die sowjetischen Zahlen eine offene Lüge gegenüber den Vereinten Nationen, insbesondere gegenüber dem deutschen Volk darstellen".

2. Kampfgruppe, CIA und ‚covert activities'

Mitte Januar 1952, noch vor seiner Auseinandersetzung mit Niemöller also, war Ernst Tillich quasi alleiniger Leiter der Kampfgruppe geworden. Die Welt meldete am 14. Januar, der KgU-Gründer Hildebrandt sei für ein halbes Jahr beurlaubt worden[28]. Ursache dafür seien „Meinungsverschiedenheiten über organisatorische und personelle Fragen innerhalb der Kampfgruppe" gewesen, aber, so teilte die Welt mit, der „politische und organisatorische Leiter" sei ohnehin „seit dem Frühjahr des vergangenen Jahres Ernst Tillich". Hildebrandt befinde sich nach einem kurzen Sanatoriumsaufenthalt auf Vortragsreise in der Schweiz.

Am nächsten Tag gab der Tagesspiegel eine Stellungnahme Tillichs bekannt: In der Tat sei Hildebrandt erkrankt und weile derzeit zu einer Reihe von Vorträgen in der Schweiz, bestätigte er die Meldung vom Vortag[29]. Wenn jedoch behauptet worden sei, es hätten „unter Rainer Hildebrandt Mißstände geherrscht", so handele es sich um Gerüchte aus bundesdeutschen Quellen, die von der kommunistischen Presse übernommen worden seien. Dem Tagesspiegel zufolge habe Tillich ferner erklärt, „gelegentliche Meinungsverschiedenheiten" zwischen ihm und Hildebrandt „hätten der Arbeit der Organisation nicht geschadet". In seinem Leserbrief an die Frankfurter Allgemeine Zeitung[30] vom Dezember 1957 aber bezog sich Tillich zwar auf die Zeit seines Eintritts in die Geschäftsführung der Kampfgruppe im Jahre 1950, dennoch passen diese beiden Äußerungen nicht recht zusammen, denn schließlich war es Rainer Hildebrandts Kampfgruppe gewesen, von der er – wie er 1957 erklärte – damals den Eindruck hatte, sie drohe wegen interner Schwierigkei-

---

[28] Die Welt vom 14.1.1952.
[29] Der Tagesspiegel vom 15.1.1952.
[30] Frankfurter Allgemeine Zeitung vom 18.12.1957.

ten zu zerbrechen. Jetzt aber – 1952 – wies er es kategorisch zurück, von „Mißständen" zu sprechen, und räumte statt dessen nur unbedeutende „gelegentliche Meinungsverschiedenheiten" ein[31].

Bekanntlich war es bereits im Frühjahr 1951 innerhalb der Kampfgruppe zu Veränderungen kommen, die sich offenbar unter etwas merkwürdigen Umständen vollzogen hatten – im Januar 1951 hatte ja Hildebrandts alter Mitarbeiter Heinrich von zur Mühlen seinen Posten in der Widerstandsabteilung verloren[32]. Wenn nun – gerade ein Jahr später – der Gründer selbst, schon seit geraumer Zeit einflußlos, der Organisation den Rücken kehrte, so erweisen sich Krankheit, Vortragsreise und gelegentliche Mißhelligkeiten als wenig überzeugende Gründe. Schließlich sollte hierbei auch nicht übersehen werden, daß Rainer Hildebrandt eine von ihm selbst gegründete Organisation verließ, für deren Aufbau er viel Kraft – und auch Idealismus – aufgewendet hatte.

Die folgende Darstellung bei Zolling/Höhne erscheint somit durchaus wahrscheinlich: „1950 trat jedoch immer deutlicher an die Stelle des CIC die Central Intelligence Agency, deren Berliner Filialleiter meinte, nur durch Sabotage sei das kommunistische Regime zu schädigen. Seine Parole: ‚In der Zone muß es bumsen, bumsen!' Einem solchen Kurs mochten jedoch die beiden Führer der KgU nicht zustimmen – die CIA drängte sie aus ihrem eigenen Verein heraus"[33]. Damit waren Hildebrandt und von zur Mühlen gemeint, die nun von der CIA mit Tillichs Hilfe abgelöst worden seien: „Die Amerikaner fanden einen bereitwilligen Helfer in dem Theologen und SPD-Mann Ernst Tillich, einem Prototyp des antikommunistischen Kreuzzüglers. Er besetzte mit einer Riege ehemaliger Kriminalbeamter alle wichtigen Posten der Kampfgruppe und befahl, Sabotageakte vorzubereiten".

Die Sichtweise Zolling/Höhnes impliziert zunächst einen gewissen Wandel auf amerikanischer Seite, bei dem offenbar ähnlich divergente Konzeptionen eine Rolle gespielt hatten, wie sie von Hildebrandt und Tillich zunehmend kontrovers vertreten worden waren. Indem sich am Ende die CIA und Tillich durchgesetzt hätten, wäre damit auch eine engere Bindung der KgU an die CIA verbunden gewesen; im Ergebnis hätte die CIA den CIC verdrängt. Gewisse Zweifel aber können, auch wenn sie weder ausgeräumt noch bestätigt werden können, hinsichtlich der Bereitwilligkeit Tillichs angemeldet werden, Sabotageakte zu ‚befehlen'. Natürlich ist es nicht zu erwarten, daß er solche Methoden in aller Öffentlichkeit propagiert hätte, aber selbst wenn er der Meinung gewesen war, man hätte auch Hitler nur mit Gewalt beseitigen können, so mußte er doch andererseits wissen, daß Sabotageunternehmen zu leicht jene moralische Integrität zerstören konnten, die doch für die von ihm und der KgU grundsätzlich vertretene Widerstandskonzeption so wichtig war.

Der dem Berliner CIA-Residenten zugeschriebene Ausspruch aber erscheint vor dem Hintergrund anderer CIA-Aktivitäten während der frühen fünfziger Jahre nicht als gänzlich unglaubwürdig. Infolge des durch den Ausbruch des Korea-Krieges entstandenen Schocks war es nämlich in der Tat zu einer Umorientierung

---

[31] Der Tagesspiegel vom 15.1.1952.
[32] Vgl. hier S. 131f.
[33] Zolling/Höhne, Pullach intern, S. 255. – Vgl. ferner Höhne, Krieg, S. 516.

auch der amerikanischen Geheimdienste gekommen[34]. Noch 1950 hatte General Walter Bedell Smith die Führung der CIA übernommen, Allen W. Dulles zu seinem Stellvertreter gemacht und Frank Wisner mit der Leitung des „Office of Policy Coordination" (OPC) betraut. Aufgabe des OPC sollte die Schaffung eines „staybehind net" – einer geheimen Sabotageorganisation – vor allem in der Sowjetunion sein[35]. Den oben zitierten Ausspruch, in der Zone müsse es „bumsen", schreibt Heinz Höhne 1985 so auch – genauer – dem Leiter der „Berliner OPC-Vertretung" zu[36].

Die CIA hatte sich allerdings schon zwischen 1948 und 1950 vergeblich bemüht, in der Ukraine und in Albanien eine antikommunistische Untergrundbewegung in Gang zu bringen[37]. Seit 1950 bildete die CIA auf Formosa einzelne nationalchinesische Kommandos aus, die auf dem chinesischen Festland aktiv werden sollten[38]. Zwischen 1950 und 1954 bemühte sich die CIA um den Aufbau eines Untergrundnetzes in Polen[39]. Diese wenigen Unternehmungen zeigen, daß es durchaus in die globale Strategie der CIA paßte, wenn nun auch in der DDR eine mit massiven Mitteln vorgehende Untergrundarbeit angeregt und gefördert werden sollte.

Der Natur der Sache nach mußte es sich bei derartigen Aktivitäten um ‚covert activities' handeln, um letztendlich von der CIA gesteuerte, aber offiziell niemals eingestandene Aktionen. Im Unterschied zum Ostblock mußte dabei jedoch früher oder später das Problem der Geheimhaltung auftauchen und damit die Frage nach der Reaktion der Öffentlichkeit. Für die Kampfgruppe sollte es jedenfalls zur entscheidenden Frage werden, ob die westdeutsche Öffentlichkeit jene ‚covert activities' der KgU mitsamt der Opfer, die eine solche Vorgehensweise mit sich brachte, billigen würde.

Möglicherweise wußte man so auch im gesamtdeutschen Ministerium schon Anfang 1951 mehr, als man 1958 andeutete. Vor dem Hintergrund des CIA-Engagements bei der Kampfgruppe wäre auch erklärlich, weshalb die Gruppe Bonn keinerlei Einblick in ihre Finanzierung gestattete – für die CIA hätte keinerlei Veranlassung bestanden, sich vom gesamtdeutschen Ministerium in die Karten sehen zu lassen. So kann wohl Thediecks Erklärung von 1958 dahingehend interpretiert werden, daß er nicht zuletzt ‚covert activities' gemeint hatte, als er von widerrechtlichen und schädlichen Handlungen der KgU sprach. Die Bundesregierung – davon kann ausgegangen werden – bejahte mithin die Umorientierung der Widerstandsarbeit der Kampfgruppe gewiß nicht, sie war aber – zumal in den frühen fünfziger Jahren – gegenüber dem amerikanischen Einfluß machtlos. Die KgU brauchte – wie Tillich auch unmißverständlich öffentlich sagte – kein Geld aus Bonn.

---

[34] Höhne, ebenda, S. 511ff.
[35] Ebenda, S. 514.
[36] Ebenda, S. 516.
[37] Smith, Secret Wars, S. XXIV.
[38] Ebenda, S. XXX. – Harrington nach „Reported Foreign an Domestic Covert Activities of the United States Central Intelligence Agency: 1950-1974" (CRS-Study 75-50F; vgl. hierzu Anm. 232, S. 114) in: Congressional Record, Proceedings and Debates of the 94th Congress, First Session, Vol. 121, No. 145 (30. September) 1975, S. E5115f.
[39] Smith, Secret Wars, S. XXXII.

Trotz aller Unwägbarkeiten ist jedoch im Endergebnis davon auszugehen, daß die Kampfgruppe, seit Tillich faktisch ihr Leiter geworden war, das Ziel der Unterminierung des SED-Regimes in der Tat mit anderen Mitteln als nur mit passivem Widerstand zu erreichen suchte.

3. Der Fall Burianek

Ernst Tillich selbst stellte 1957 fest, die intensive Widerstandsarbeit der Jahre 1951 und 1952 habe der Stimmung in der DDR-Bevölkerung entsprochen, und diese Arbeit sei von der Hoffnung auf eine bald mögliche Wiedervereinigung getragen gewesen[40]. „Die KgU erkannte jedoch bereits Mitte 1952 mit Schrecken, daß ein solcher sowjetzonaler Befreiungsversuch vom Westen her nicht unterstützt werden würde, und stellte deshalb seitdem ihre bis dahin verfolgte Linie grundlegend um". Auch Tillich sprach also von einem Wandel der KgU-Aktivitäten, der auch in seiner Sicht im Jahre 1951 begonnen hatte – von Sabotage freilich sprach er nicht, und sprach auch die Kampfgruppe nie. Hinsichtlich der hier erwähnten neuerlichen Umstellung der KgU-Arbeit seit der Jahresmitte 1952 muß vorausgreifend auf die während dieses Jahres in der DDR stattfindenden Schauprozesse hingewiesen werden, denn sie dürften in diesem Zusammenhang ebenfalls eine Rolle gespielt haben. –

„Sprengstoffattentäter wie Burianek, Benkowitz und Kogel, Giftmörder wie Kaiser, Fälscher wie Buciek und Heyder kamen von der KgU und wurden nicht nur gegen die Errungenschaften, sondern auch gegen das Leben friedlicher Bürger der Deutschen Demokratischen Republik eingesetzt. Ihre Brutalität und ihr Sadismus kennen keine Grenzen. Nichts ist ihnen heilig und teuer, selbst Leben und Gesundheit von Frauen und Kindern sind von ihnen bedroht"[41]. Diese Sätze aus der Broschüre „Unmenschlichkeit. Tatsachen über Verbrecher der ‚Kampfgruppe gegen Unmenschlichkeit'" von 1955 geben Aufschluß über die kommunistische Bewertung der ‚covert activities' der Kampfgruppe. Abgesehen von der Diktion ist dieser Bewertung mindestens insoweit zuzustimmen, als derartige Aktionen in ihren Auswirkungen zweischneidig waren; letztlich nämlich wurde nicht nur das System als solches getroffen, sondern oft genug auch die Menschen[42].

So soll, wie Ruland berichtet, bereits 1950 mit falschen Papieren, die von der KgU gekommen sein sollen, ein Versorgungszug der DDR-Reichsbahn auf ein Abstellgleis umgeleitet worden sein, was zur Folge hatte, daß die Ladung – Butter und Lebensmittel – verdarb[43]. Diese Aktion gehörte in den Bereich der sogenannten ‚administrativen Störungen', in dem die Kampfgruppe nach Darstellung der DDR

---

[40] Frankfurter Allgemeine Zeitung vom 18.12.1957.
[41] Unmenschlichkeit, S. 39.
[42] So auch Ruland (Krieg, S. 105): „(...) Es wird, wie sonst nur im heißen Krieg üblich, Sabotage getrieben oder zumindest versucht. Die ‚Kampfgruppe gegen Unmenschlichkeit' ist sich offenbar nicht im klaren darüber, daß sie mit solchen Methoden selber unmenschlich wird, weil sie bei derartigen Aktionen harmlose Bürger trifft."
[43] Derselbe Vorwurf wurde auch dem Ost-Büro der SPD gemacht, vgl. hier S. 144.

seit dem Frühjahr 1951 immer stärker aktiv geworden war[44]. Dem Spiegel zufolge war die Taktik der administrativen Störung der KgU von seiten der Amerikaner empfohlen worden; der Vorgang selbst war im Prinzip einfach: Waren die Briefe, mit denen falsche Anweisungen und ähnliches verbreitet wurden, erst einmal glaubwürdig gefälscht, brauchten sie nur noch in der Nähe des fingierten Absenders in einen Briefkasten geworfen zu werden[45].

In einem derartigen Schreiben wurden beispielsweise sämtliche HO-Filialen in einer sächsischen Kleinstadt vorgeblich von der Berliner Zentrale angewiesen, die Preise radikal zu senken; bevor die Fälschung entdeckt wurde, waren alle Läden ausverkauft. Die KgU habe – laut Spiegel – so etwa auch falsche Reisemarken in der DDR in Umlauf gebracht[46]. Verschiedentlich sollen auch Transporte mit Kindern, die in Ferienlager nach Rügen gehen sollten, nach Thüringen umgeleitet worden sein. Mit Hilfe nachgeahmter Geschäftsbriefe sollen Betriebe zu Produktionsänderungen veranlaßt worden sein, und ausländische Handelspartner von DDR-Betrieben sollen Schreiben erhalten haben, aus denen hervorging, daß Liefertermine oder sonstige Vereinbarungen nicht eingehalten werden könnten[47].

Derartig administrative Störungen zielten in erster Linie auf eine Behinderung des Wirtschaftsablaufs und führten zwangsläufig zu Störungen in der Versorgung der Bevölkerung. Nach Darstellung der DDR betrieb die Kampfgruppe derartige Störungen bis etwa 1954/55[48]. Angaben der DDR von 1957 zufolge hatten die „Staatssicherheitsorgane der Deutschen Demokratischen Republik" ermittelt, daß seit Frühjahr 1955 monatlich bis zu 400 Fälschungen der beschriebenen Art von der KgU in Umlauf gebracht worden sein sollen[49]. Eine Verifizierung dieser Zahlen – wie auch der Zeitangaben – ist naturgemäß nicht möglich. Der Sache nach richtig ist demgegenüber folgende Feststellung: „Spionage ist die Voraussetzung für solche administrativen Störungen".

So habe auch ein spektakuläres Unternehmen zur Störung des Finanzsystems der DDR, das der Kampfgruppe zur Last gelegt wurde, damit begonnen, daß der „KgU-Agent Rudolf *Mühlberg*" ihr Anschriften und Kontonummern einer Reihe von Betrieben in Leipzig übermittelt habe[50]. Er habe diese Daten ergänzt durch die Schlüsselnummern von Banken aus West-Berlin zurückbekommen, und sollte am 25. April 1953 Telegramme wie dieses absenden: „An Notenbank Halle/Sa. 863 fünfundzwanzigsten gutschreibt dreißigtausend bauunion konto 42293 auftrags ministerium finanzen. Notenbank Stralsund".

Die angeblich breit angelegte Aktion scheiterte, weil am 15. April 1953 die Schlüsselzahlen für die telegraphischen Überweisungen geändert worden seien; die

---

[44] Unmenschlichkeit als System, S. 205.
[45] Der Spiegel vom 2.7.1958, S. 35.
[46] Ebenda. – Weiteres aus der Sicht der DDR: Unmenschlichkeit als System, S. 214ff.
[47] Der Spiegel, ebenda. – Auch Unmenschlichkeit als System, S. 208.
[48] Vgl. insgesamt die betreffenden Darlegungen in „Unmenschlichkeit als System" unter der Überschrift „Administrative Störungen" (ebenda, S. 205ff.). Dort (S. 205) das Faksimile eines angeblich von der KgU gefälschten Geschäftsbriefes, der auf den 1.11.1954 datiert ist; Ähnliches Der Spiegel vom 2.7.1958, S. 33.
[49] Unmenschlichkeit als System, ebenda, S. 206.
[50] Ebenda, S. 209ff.

Staatssicherheit habe nach der Aufdeckung ein Gutachten über sechs derartige Anweisungen – Transfersumme insgesamt 365 000 Mark – vom stellvertretenden Leiter der „Deutschen Notenbank" angefordert[51]. Der Gutachter bescheinigte den Fälschern fachmännische „Kenntnisse von den Gepflogenheiten im telegraphischen Geldverkehr" und wandte sich dann den Auswirkungen zu, die bei einem Erfolg eingetreten wären: Die der Disposition der Notenbank entzogenen Gelder hätten kurzfristig an anderen Stellen des Staatshaushalts gefehlt, ferner wäre der Bargeldplan erheblich gestört worden, und zusammenfassend hieß es zu dem Vorgang, es zeige sich, „daß im Dienste einer ausländischen Macht Sabotagemaßnahmen durchgeführt werden sollten mit dem Ziel, dem Staatshaushalt der Deutschen Demokratischen Republik unübersehbaren Schaden zuzufügen und in der Arbeiterschaft künstlich Unzufriedenheit zu schaffen"[52]. Auch wenn in diesem Text der Zusammenhang mit der kommunistischen Interpretation des 17. Juni 1953 deutlich herausgestellt wird – „Das ist eine der verwerflichsten Maßnahmen, mit der der Tag X vorbereitet werden sollte ..." – erscheint ein Unternehmen wie dieses wenigstens der Zielsetzung nach nicht gänzlich unglaubwürdig. Auch hier ist eine Überprüfung jedoch nicht möglich. –

Zum Begriff ‚Diversion' hieß es in „Unmenschlichkeit als System": „Diversionsakte sind verbrecherische Handlungen zu dem Zweck, die Volkswirtschaft und die Verteidigungskraft der Deutschen Demokratischen Republik zu untergraben. Objekte der Diversion sind hauptsächlich Maschinen, technische Anlagen, Bauten, Brücken, Transport- und Verkehrsmittel und andere wichtige öffentliche Einrichtungen. Sie sollen durch Feuer, Sprengstoff, Säuren und andere Mittel beschädigt, unbrauchbar gemacht oder zerstört werden"[53]. Zolling/Höhne berichten – unter Berufung auf ein Schreiben von zur Mühlens an das gesamtdeutsche Ministerium vom September 1951 – KgU-Gruppen hätten mit Phosphor SED-Transparente zerstört, eine Brücke bei Zerpenschleuse beschädigt und Bahnschienen gesprengt; ferner habe die Kampfgruppe in einem Lager in der Charlottenburger Clausewitzstraße Sprengstoff gelagert und außerdem seien Kommandos ausgeschickt worden, um in der DDR Hochleitungsmaste zu sprengen[54]. Nach kommunistischer Darstellung sei von der Kampfgruppe unterschieden worden zwischen „Diversionshandlungen" einer „‚niederen'" Stufe, bei denen lediglich „primitive" Mittel wie Sand oder Säuren verwendet und nur „Teilzerstörungen" verursacht worden seien, sowie Anschlägen der „‚höheren' Diversionsstufe" mit Brandsätzen oder Sprengstoffladungen, „die in der Regel zu Totalschäden" geführt hätten[55].

So problematisch es ist, sich ein Bild von der tatsächlichen Sabotagetätigkeit zu machen, so schwierig ist es auch, sich ein Urteil darüber zu bilden, inwieweit in einzelnen Fällen wirklich Beziehungen zwischen den Tätern und der Kampfgruppe bestanden haben. Interessant wäre auch eine Antwort auf die Frage nach dem quan-

---

[51] Ebenda, S. 210ff.
[52] Ebenda, S. 214.
[53] Ebenda, S. 216.
[54] Zolling/Höhne, Pullach intern, S. 255; ferner Höhne, Krieg, S. 516.
[55] Unmenschlichkeit als System, S. 217. Dort (S. 216ff.) zu weiteren ‚Diversionshandlungen' der KgU.

titativen Ausmaß der Sabotageakte, die innerhalb der DDR verübt wurden. Wichtig wäre auch zu wissen, wer diese Menschen eigentlich waren, die in der DDR Widerstand leisteten bzw. als ‚KgU-Männer' oder ‚KgU-Angehörige' bezeichnet wurden. Im gegebenen Zusammenhang ist es lediglich möglich – wie im Falle Flade oder bei den Werdauer Schülern – einen gewissen Eindruck von Motiven und Handlungen zu geben, zumal die Informationen oft genug von östlicher Seite stammen; dies gilt auch für den Fall des Johann Burianek. Grundsätzlich aber scheint es angemessen, davon auszugehen, daß – wie es die Kampfgruppe stets wiederholte – der Widerstandswille und die Aktivität in der Bevölkerung der DDR selbst höher war, als es auf den ersten Blick scheint.

Johann Burianek, geboren 1913, war der Sohn eines Schuhmachermeisters, der, nachdem er nach Darstellung der DDR zwei Jahre „eine höhere Privatschule" besucht hatte, schon als Junge einen Ausreißversuch unternommen hatte, bei dem er Geld aus der Geschäftskasse mitgenommen hatte[56]. Er lernte dann Maschinenschlosser, ging danach in die Tschechoslowakei, wurde dort Staatsbürger, war anderhalb Jahre bei der dortigen Luftwaffe, kehrte 1933 nach Deutschland zurück, arbeitete bis 1939 erst als Landhelfer, dann im erlernten Beruf und wurde 1940 zur Wehrmacht eingezogen[57]. Nach einer Verwundung sei er in den letzten Kriegsmonaten Kraftfahrer bei der Berliner Kommandatur gewesen, wo er in den letzten Kriegstagen einen Fahnenflüchtigen gestellt habe, der allerdings nicht mehr hingerichtet wurde. Wegen dieser Angelegenheit wurde er im November 1949 zu einem Jahr Gefängnis verurteilt, aus dem er im April 1950 aber bereits entlassen wurde. Infolge der Verurteilung verlor er seine Position bei der Volkspolizei – er war zwischenzeitlich Hauptwachmeister geworden – und ebenso ging er seiner SED-Mitgliedschaft verlustig, in die er 1947 aus der LDP übergetreten war. Von August 1950 bis zum Dezember 1951 war Burianek beim „VEB-Secura-Mechanik" erst als Fahrer, dann als Cheffahrer beschäftigt; danach war er arbeitslos.

Aus der Vernehmung Burianeks, auf die sich auch die Darstellung des Falles 1958 im Spiegel stützte, geht nun hervor, daß dem nach seiner Haftentlassung beschäftigungslosen Burianek, als er im Lesesaal des Telegraf in Halensee Stellenangebote las, von einem Redakteur der Vorschlag gemacht worden sei, für 5 DM Briefumschläge, die angeblich Zeitungen enthielten, im Ostsektor in Briefkästen zu werfen; Burianek ging darauf ein, und später, so sagte er aus, habe er auch Briefumschläge mit Absendern von Behörden, Organisationen und Betrieben in der DDR befördert[58]. Als Burianek dann im August 1950 beim VEB Secura angestellt worden war, sei er auch mit dem Dienstwagen nach West-Berlin gefahren, um die Sendungen abzuholen; Burianek sagte ferner aus, daß jener Herr Lehmann, der ihn seinerzeit im

---

[56] Lebenslauf Burianeks, in: Prozesse vor dem Obersten Gericht der Deutschen Demokratischen Republik, H. 1: Strafsache gegen Burianek u.a., Berlin (Ost) o.J. (August 1953), S. 19ff. – Der Spiegel (2.7.1958, S. 33f.) bietet eine relativ ausführliche Darstellung des Falles, die jedoch bis auf wenige Fakten zur Gänze mit der Darstellung in der zitierten Broschüre bzw. in der Presse der DDR übereinstimmt.
[57] Lebenslauf in: Ebenda, S. 19ff. – Der Spiegel, ebenda.
[58] Auszüge aus dem Protokoll der Hauptverhandlung vor dem Obersten Gericht der Deutschen Demokratischen Republik, in: Ebenda, S. 43ff. – Der Spiegel (ebenda) zitiert vorbehaltlos die Aussage Burianeks in der Hauptverhandlung.

3. Der Fall Burianek 163

Lesesaal des Telegraf angesprochen hatte und ihn zu jenem Redakteur geführt hatte, ihm wohl im März 1951 eröffnet habe, er arbeite für die KgU, und ihn gefragt habe, ob Burianek, obwohl es weniger Geld gäbe, dennoch für ihn und die KgU arbeiten wolle[59]. Wörtlich sagte Burianek weiter: „Ich sagte ja und war einen Monat bei ihm. Während dieser Zeit erhielt ich Klebezettel und Flugblätter". Damit meinte Burianek, daß er einen Monat lang über diesen Mann mit der Kampfgruppe in Kontakt war; danach habe er über den KgU-Sachbearbeiter für das Gebiet Berlin-Brandenburg Tietze (alias Seeberg) seine Aufträge bekommen.

Aus den Aussagen Burianeks ergibt sich, daß er aufgrund von Tietzes Aufträgen die geschäftlichen Verbindungen des VEB Secura nach West-Berlin und in die Bundesrepublik ausgekundschaftet habe, bei den Weltjugendfestspielen die Verteilung der VOPO-Einheiten ermittelt habe, den Ablauf der Veranstaltung mit von der KgU gestellten Stinkbomben, Phosphorbomben, Brandsätzen und Reifentötern zu stören versucht habe und schließlich seit Herbst 1951 in der Weise auch Spionage betrieben habe, daß er Skizzen von Straßen und Brücken sowie von VOPO-Sperren angefertigt habe[60]. Ferner sagte er aus, er habe für die Gruppe, die er unterdessen gebildet habe, eine organisatorische Ausweitung auch in die DDR hinein beabsichtigt; wörtlich sagte er zur Aufgabenstellung, sie habe „Spionage, Diversion und Sabotage" betreiben sollen. Auffällig ist, daß Burianek hier von ‚Diversion' sprach, denn dieser Begriff entstammte eindeutig dem kommunistischen Sprachgebrauch.

Burianek und seine Leute – und dies ist der spektakulärste Vorwurf, der gegen ihn erhoben wurde – hätten dann auch einen Anschlag auf den „Blauen Express", den von sowjetischem Personal benutzten D-Zug von Berlin nach Moskau, geplant[61]. Dieser Zug scheint wiederholt als Objekt für Anschläge in Frage gestanden zu haben, denn auch Frank Howley hatte von einem derartigen Plan offenbar schon einmal gehört, Neujahr 1952 soll ein Anschlag gescheitert sein und im Juli 1952 sollen bei einem geglückten Unternehmen der nationalpolnischen Widerstandsbewegung insgesamt 52 Passagiere ums Leben gekommen sein[62].

Es ist müßig, prüfen zu wollen, wie es mit dem Wahrheitsgehalt auch dieser Angaben bestellt ist; anhand des Vergleichs der Berichterstattung des Spiegel mit der kommunistischen Darstellung wird jedoch deutlich, daß diese Darstellung auf westlicher Seite geglaubt wurde; die Spiegel-Berichterstattung bietet keinerlei Fakten, die nicht auch in Quellen kommunistischer Herkunft zu finden sind, sondern übernahm vergleichsweise unkritisch die aus der DDR stammenden Fakten[63]. Zur Person Burianeks bleibt im übrigen darauf hinzuweisen, daß man selbst nach der kommunistischen Version seines Lebenslaufs zu dem Schluß kommen kann, daß auch er genügend Grund hatte, aus eigenem Antrieb gegen das kommunistische System vorzugehen und es des Anstoßes durch die KgU gar nicht bedurft hatte; ein

---

[59] Protokoll, in: Ebenda, S. 44. – Zitat der Aussage im Spiegel (ebenda).
[60] Ebenda, S. 44f; zum Großteil auch Spiegel (ebenda).
[61] Ebenda, S. 55f; Der Spiegel vom 2.7.1958, S. 34.
[62] Howley, Berlin Command, S. 250; Der Spiegel vom 17.6.1953, S. 15.
[63] Es ergibt sich der Eindruck, daß dieser Befund typisch für die westliche Berichterstattung insgesamt war: Die Informationen über diese Aktionen bzw. Prozesse stammen zum allergrößten Teil aus den ihrerseits zweifelhaften Verfahren gegen angebliche „KgU-Agenten" in der DDR. Die KgU selbst dementierte in der Regel – wie nachfolgend deutlich wird.

Indiz hierfür ist, daß sogar der Spiegel feststellte, es habe Abweichungen in den Vorstellungen Burianeks und Baitz' gegeben, auch wenn die KgU – laut Spiegel – ihm für den Anschlag auf den Blauen Expreß zwar nicht den gewünschten Wagen, aber den Sprengstoff geliefert habe[64].

Im weiteren aber, behauptete das Nachrichtenmagazin, habe die KgU-Widerstandsabteilung Anfang 1952 erfahren, Burianek werde überwacht; er sei daraufhin von ihr ‚abgeschaltet' und schließlich am 4. März 1952 vom SSD verhaftet worden – einige Tage später seien die anderen Mitglieder seiner Gruppe festgenommen worden[65].

4. Schauprozesse in der DDR

Die Verhaftung der Gruppe Burianek war ebensowenig ein Einzelfall wie der nachfolgende Schauprozeß. Man kann im Gegenteil davon sprechen, daß von seiten der DDR etwa seit dem Frühjahr 1952 mit besonderer Intensität gerade gegen die Kampfgruppe gegen Unmenschlichkeit vorgegangen wurde. Doch schon im März 1951 hatte die Staatssicherheit in der DDR „den KgU-Leiter in Brandenburg" und seine gesamte Gruppe festgenommen; wenig später war der Pförtner des Hauses in der Ernst-Ring-Straße verschwunden und kurz darauf zerschlug der SSD die KgU-Gruppen in Sachsen – der Pförtner war ein Agent der Staatssicherheit gewesen[66]. Einige Zeit später ging der SSD auch gegen den Untergrundapparat des Untersuchungsausschusses freiheitlicher Juristen vor. Tillich räumte 1957 ein, in den Jahren 1951 und 1955 seien ehemalige Mitarbeiter der KgU in die DDR gegangen und hätten dort aus dem Gedächtnis Namen einiger anderer KgU-Angehöriger – offenbar auch solcher in der DDR – preisgegeben[67]. Beide Personen seien jedoch jeweils „fünf Monate vorher wegen Unzuverlässigkeit ausgeschieden worden".

Anfang April 1952 scheiterte offenbar ein Entführungsversuch an einem KgU-Mitarbeiter in der Weddinger Turmstraße. Als der Mann von der Straße in einen BMW östlicher Bauart gezerrt werden sollte, retteten ihn durch seine Hilferufe aufmerksam gewordene Passanten; nachdem sich ein Schuß gelöst hatte, fuhr der Wagen mit den vier Tätern in Richtung Ostsektor davon – dem KgU-Angehörigen war lediglich eine Aktentasche geraubt worden[68]. Wirkungsvoller als derartige Aktionen war im Sinne der DDR jedoch die Reihe der Schauprozesse gegen angebliche KgU-Mitarbeiter, die im Mai 1952 einsetzte.

Am 8. Mai 1952, dem ‚Tag der Befreiung', berichtete Neues Deutschland unter Berufung auf das „Amt für Information", das „Oberste Gericht der DDR" habe unter Vorsitz seiner Vizepräsidentin Hilde Benjamin gegen insgesamt fünfzehn Angeklagte ein Urteil gefällt: Günther Herrmann und Ernst Wagner wurden zu lebenslanger Haft, die übrigen zu Strafen zwischen vier und fünfzehn Jahren verur-

---

[64] Der Spiegel vom 2.7.1958, S. 34.
[65] Ebenda; Daten der Verhaftung auch Neues Deutschland vom 24.5.1952.
[66] Zolling/Höhne, Pullach intern, S. 255; Höhne, Krieg, S. 517f.
[67] Frankfurter Allgemeine Zeitung vom 18.12.1957.
[68] Berliner Anzeiger vom 3.4.1952.

teilt[69]. Die Anklage hatte Ernst Melsheimer vertreten, und Neues Deutschland schrieb zum Schuldspruch: „Die Angeklagten Herrmann, Wagner und Komplicen wurden für schuldig befunden, Diversionsakte verübt, Zugentgleisungen organisiert, Sabotage- und andere verbrecherische Handlungen mit dem Ziel der Untergrabung der Deutschen Demokratischen Republik begangen zu haben". Die Gruppe, die sich angeblich als die „‚Bluthunde'" bezeichnete, habe „in unmittelbarer Verbindung zu der berüchtigten Hildebrandt-Gruppe" gestanden, und ferner habe das Verfahren „eindeutig" den amerikanischen und französischen Geheimdienst als Urheber erwiesen. „Eigene Geständnisse", „gegenständliche Beweismittel" sowie „andere Materialien" hätten die Schuld der Angeklagten bewiesen. Der Gruppe wurden insbesondere eine Zugentgleisung sowie Vorbereitungen von Sprengungen – eines Hochofens und einer Walzstraße – zur Last gelegt[70].

Exakt eine Woche später, also am 15. Mai 1952, berichtete Neues Deutschland über ein weiteres Urteil dieser Art: „In diesem Prozeß standen nicht nur vier faschistische Rowdies vor Gericht, sondern auch ihre Hintermänner, der amerikanische und französische Geheimdienst und deren Handlanger in den verbrecherischen Terrororganisationen, wie der Hildebrandtschen Terrororganisation Kampfgruppe und dem ‚Freiheitsbund' der SPD, mit dem die aufrechten SPD-Mitglieder nichts gemein haben"[71]. Damit machte das SED-Zentralorgan deutlich, daß die Justiz hier als Instrument des Kalten Krieges eingesetzt werden sollte, um gegen Organisationen vorzugehen, die dem westlichen Apparat des Kalten Krieges zuzurechnen waren. Die Angeklagten Herbert Hoese und Helmut Metz bekamen lebenslängliche Strafen, Alfred Gudelius und Harry Wenzel wurden zu zehn Jahren verurteilt. Ihnen war vorgeworfen worden, „Mitglieder jener faschistischen Terrorbanden" gewesen zu sein, „die in den vergangenen Jahren im Bezirk Wedding (franz. Sektor) und an der Sektorengrenze zahllose Verbrechen gegen die friedliebende Berliner Bevölkerung verübt hatten". Das Neue Deutschland verschwieg dabei die Tatsache, daß der Verurteilte Helmut Metz, früherer FDJ-Bezirkssekretär in Berlin-Wedding, der dann zum SPD-orientierten Freiheitsbund übergewechselt war, am Abend des 24. Oktober 1951 am U-Bahnhof Bernauer Straße entführt worden war – ein Zeuge des Vorfalls war niedergeschossen worden[72].

In bezug auf dieses Urteil sprachen die West-Berliner Zeitungen am 15. Mai von „Terrorurteilen" und „Terrorjustiz"[73]. Ähnlich wie das Neue Deutschland oder die Berliner Zeitung unterstrichen aber auch die Neue Zeitung, der Tagesspiegel und der Telegraf die Tatsache, daß das Oberste Gericht der DDR unter Hilde Ben-

---

[69] Neues Deutschland vom 8.5.1952; gleichlautend Berliner Zeitung vom 8.5.1952.
[70] Ebenda; laut Telegraf (8.5.1949) war die Verhandlung nicht öffentlich. In bezug auf die am 7.5.1952 von der DDR veröffentlichte Behauptung, die Bundesregierung verletze systematisch die Zonengrenze, sprach der Telegraf vom Beginn einer Propagandakampagne der DDR.
[71] Neues Deutschland vom 15.5.1952.
[72] Fricke, Politik und Justiz, S. 220.
[73] Neue Zeitung, Der Tagesspiegel, Der Telegraf vom 15.5.1952.
[74] Berliner Zeitung, Neues Deutschland, Neue Zeitung, Der Tagesspiegel, Telegraf vom 15.5.1952. – Die West-Berliner Zeitungen erwähnten die gegen die KgU gerichteten Vorwürfe nicht.

jamin hier erstmals das „Gesetz zum Schutz des Friedens" angewendet hatte[74]. Dieses von der DDR-Volkskammer bereits am 15. Dezember 1950 verabschiedete Gesetz bezeichnet Fricke als „ein besonders drastisches Beispiel für gezielte politische Strafgesetzgebung"[75]. In den ersten fünf Paragraphen wurden Tatbestände wie ‚Boykotthetze', ‚Friedensgefährdung', ‚Kriegshetze', aber auch ‚Verherrlichung' oder ‚Propagierung' der Anwendung von Nuklearwaffen als strafwürdig festgestellt; in § 6 ging es um „besonders schwere Fälle", die – gemäß Absatz 2 – dann vorlägen, „wenn die Tat in direktem Auftrag von Staaten, deren Dienststellen oder Agenturen begangen wird, welche Kriegshetze oder eine aggressive Politik gegen friedliche Völker betreiben. In solchen Fällen kann auch auf Todesstrafe erkannt werden"[76].

Die Prozeßwelle richtete sich, wie bereits im letzten Fall erkennbar, keineswegs nur gegen die Kampfgruppe; am 19. Mai 1952 wurden beispielsweise in Erfurt zwei ehemalige Mitglieder der Ost-CDU zum Tode verurteilt[77]. In Gera waren zwei Jugendliche zu drei und acht Jahren Zuchthaus verurteilt worden. Doch wenige Tage zuvor war in Dresden ein weiteres Urteil gegen fünf angeblich im Auftrag der KgU handelnde Saboteure gefällt worden[78]. Daß es sich bei diesen Verfahren um koordinierte Verfahren handelte, bestätigte eine Bekanntmachung des Staatssekretärs im DDR-Justizministerium Toeplitz, der am 19. Mai davon sprach, ein in der vergangenen Woche begonnener Prozeß stelle lediglich den Beginn einer ganzen Serie von Prozessen gegen Jugendliche dar[79].

In der Sonntagsausgabe vom 24. Mai 1952 berichtete Neues Deutschland so auch in großer Aufmachung über den Prozeß gegen Johann Burianek sowie sechs weitere Personen; auch hier schrieb das Parteiorgan: „Die Angeschuldigten sind Agenten und Terroristen des amerikanischen Geheimdienstes und der von ihnen geleiteten Spionage- und Verbrecherorganisation Hildebrandt-Tillichs in Westberlin, der sogenannten ‚Kampfgruppe gegen Unmenschlichkeit'"[80]. Und so sagte Melsheimer auch in seinem Plädoyer: „Wenn ich gestern in meiner Anklagerede erklärt habe, daß auf dieser Anklagebank außer den sieben Angeklagten auch die Menschen sitzen, die hinter ihnen stehen, die ‚Kampfgruppe gegen Unmenschlichkeit', die Hintermänner in Bonn, die Hintermänner in Amerika, dann hat dieser Prozeß bewiesen, wie wahr das ist"[81]. In der Urteilsbegründung hieß es: „Wir können heute feststellen, daß mit diesem Prozeß die Hildebrandt-Tillich-Gruppe ihre volle Entlarvung gefunden hat. Mit der Verurteilung des Angeklagten Burianek spricht das Oberste Gericht zum ersten Mal ein Todesurteil aus"[82]. Die anderen Angeklagten waren zu langjährigen bzw. lebenslangen Zuchthausstrafen verurteilt worden[83].

---

[75] Fricke, Politik und Justiz, S. 197.
[76] Gesetz zum Schutz des Friedens vom 15. Dezember 1950, in : Fricke, ebenda, S. 198f.
[77] Neue Zeitung vom 20.5.1952.
[78] Neue Zeitung vom 18.5.1952.
[79] Neue Zeitung vom 20.5.1952.
[80] Neues Deutschland vom 24.5.1952.
[81] Aus dem Plädoyer des Generalstaatsanwalts, in: Prozesse vor dem Obersten Gericht der Deutschen Demokratischen Republik, S. 66.
[82] Aus der Urteilsbegründung des Vorsitzenden, in: Ebenda, S. 79.
[83] Der Tagesspiegel, Telegraf vom 25.5.1952.

Zur Begründung des Todesurteils wurde zusammenfassend auf die Bedrohung verwiesen, der die DDR gegenüberstehe: „Wir wären froh, wenn wir auf Todesurteile verzichten könnten, aber unsere heutige Situation, die sich ständig steigernden Angriffe gegen unsere Ordnung, gegen das deutsche Volk, zwingt uns dazu, diese schwere und höchste Strafe, die Todesstrafe, heute noch anzuwenden".

Ende Mai reagierte die Kampfgruppe gegen Unmenschlichkeit mit einer Stellungnahme, in der betont wurde, ihr seien von den insgesamt 42 im Mai verurteilten Personen lediglich drei persönlich und acht dem Namen nach bekannt gewesen, und ferner hieß es: „Dennoch halten wir es gerade in diesem Augenblick für unsere heilige Pflicht, uns auch mit allen uns unbekannten Männern und Frauen zu identifizieren, die als aufrechte Gegner des Regimes zu seinen Opfern geworden sind"[84]. Dieser Satz fand sich auch auf einem Flugblatt der Kampfgruppe – „In eigener Sache" – vom 27. Mai 1952, in dem die KgU unterstrich, sie habe als „Hauptträger des Widerstandes" bisher nicht Stellung genommen zu den gegen sie erhobenen Anschuldigungen, und „nachdrücklich" stellte sie fest, „daß die in den Prozessen als angebliche Beweismittel gestellten Sprengstoff-Koffer, Sabotagesäuren, Giftnadeln oder ähnliche Räuberpistolen nicht von der Kampfgruppe ausgegeben worden sind"[85]. Auch sie sprach von einer „terroristischen Justiz", die mit „grausamem Druck", „bestochenen Zeugen" und „erpreßten Geständnissen" vorgehe, und zu Burianek wies die KgU hin auf „das bewußt inszenierte Zusammentreffen des Prozesses gegen Burianek mit der Unterzeichnung des Deutschland-Vertrages". Im Juni 1954 räumte die Kampfgruppe im übrigen ein, Burianek habe „nur vorübergehend Kontakt zur KgU" gehabt und sie habe bereits vor dessen Verhaftung wegen der von ihm geplanten Attentate und Sabotageaktionen die Verbindung abgebrochen, denn er sei ein „agent provocateur der Sowjets" gewesen[86].

Bereits am 23. März hatte die KgU eine Großkundgebung unter dem Leitwort „Die Ostzone ruft die UN" in den Messehallen am Funkturm veranstaltet[87]. Ausweislich des Flugblattes, das zu dieser Veranstaltung einlud, sprachen dort der Oberbürgermeister Ernst Reuter, der Berliner DGB-Vorsitzende Ernst Scharnowski, als CDU-Vertreter Ernst Lemmer sowie Ernst Tillich für die KgU; thematisch ging es in der Hauptsache um die Forderung, den SSD zur verbrecherischen Organisation zu erklären, und detailliert führte die KgU Klage gegen den SSD – unter anderem legte sie dar, daß die Staatssicherheit sogar gegen die DDR-Verfassung vom 7. Oktober 1949 verstoße[88]. Die diesbezügliche Erklärung der Kampfgruppe –

---

[84] Der Tagesspiegel vom 30.5.1952.
[85] KgU-Flugblatt „In eigener Sache", 27.5.1952 (BA-K ZSg. 1-64/4 [13]).
[86] KgU-Archiv, Nr. 31 (14.6.1954), S. 6 (BA-K ZSg. 1-64/20 [1954]. – Die KgU bestritt mithin nicht „jede Verbindung mit Burianek" (Nolte, Deutschland, Anm. 102 zu S. 356, S. 679). – Vielleicht meinte der Spiegel (2.7.1958, S.34) diesen Vorgang, als er vom ‚Abschalten' Burianeks sprach.
[87] Aus der politischen Seelsorge (zugleich Arbeitsbericht der KgU für die Monate November 1951-März 1952), in: Hefte bei Kampfgruppe, H.2. der Arbeitsberichte (= Nr. 2; Juni 1952), S. 20ff., hier S. 23.
[88] KgU-Kundgebungsaufruf zum 23. März 1952 (BA-K ZSg. 1-64/4 [11]).

„Der Feind heißt SSD" – wurde auf Flugblättern hunderttausendfach in der DDR und auf Plakatanschlägen in West-Berlin verbreitet.[89]

Die auf die Kampfgruppe zielende Prozeßserie wurde erst im August wieder intensiviert. Die Angeklagten Tocha, Blume und Schulz wurden Anfang des Monats zu insgesamt 22 Jahren Haft verurteilt[90]. Den Jugendlichen waren sowohl Verbindungen zur Gruppe um Hoese als auch zur KgU und zum amerikanischen Geheimdienst vorgeworfen worden; ihnen wurde insbesondere zur Last gelegt, im September 1951 unmittelbar nach den Weltjugendfestspielen an der Sektorengrenze Zwischenfälle provoziert zu haben, „indem sie Volkspolizisten mit Steinen bewarfen und HO- und Konsum-Kioske umwarfen oder demolierten"[91]. Am 6. August – einen Tag später – meldete der Tagesspiegel die Verurteilung von fünf angeblichen Agenten des UfJ durch die Erste große Strafkammer des Landgerichts Potsdam[92]. In der Tat ging die Justiz der DDR – und auch der SSD – während des Jahres 1952 nicht allein gegen die KgU vor. Ein großes Aufsehen erregender Fall von Menschenraub war so auch am Morgen des 8. Juli 1952 an dem UfJ-Mitarbeiter Walter Linse verübt worden; Linse soll später von einem sowjetischen Militärtribunal zu 25 Jahren Zwangsarbeit verurteilt und in die UdSSR deportiert worden sein[93].

Bereits im Februar 1952 war in ähnlicher Weise auch der Leiter des Labors der Kampfgruppe Wolfgang Kaiser von einem ehemaligen Kriegskameraden an die Sektorengrenze gelockt und nach Ost-Berlin entführt worden[94]. Ihm wurde – ohne daß von kommunistischer Seite ein Wort über die Entführung verlautete – gemeinsam mit drei anderen Personen vor dem Obersten Gericht der DDR – unter Vorsitz von Hilde Benjamin – der Prozeß gemacht; auch hier wurde im Grunde gegen die KgU verhandelt, obwohl natürlich konkrete Anklagepunkte genannt wurden: Planung der Sprengung der Paretzer Schleuse zur Herbeiführung einer Überschwemmungskatastrophe, geplante Sprengung einer Autobahnbrücke bei Finowfurth, Urkundenfälschung zum Zwecke der Desorganisation der Finanzwirtschaft der DDR und Vorbereitung von Giftmord- und Terroranschlägen[95]. Zu Wolfgang Kaiser wurde besonders hervorgehoben, er habe als Leiter des KgU-Labors in der Kaiser-Wilhelm-Straße 9 unter anderem auch „den berüchtigten Sprengkoffer für Burianek hergestellt"; die Berliner Zeitung sprach im übrigen bezüglich Kaisers lapidar vom „Tage seiner Verhaftung"[96].

Wolfgang Kaiser wurde zum Tode verurteilt; die übrigen Angeklagten bekamen langjährige und lebenslange Haftstrafen[97]. In einer Stellungnahme der Kampfgrup-

---

[89] Text der Erklärung beim Kundgebungsaufruf, ebenda; Arbeitsbericht der KgU für die Monate November 1951 – März 1952, in: Hefte, Nr. 2 vom Juni 1952, S. 23.
[90] Neue Zeitung, Telegraf vom 5.8.1952.
[91] Berliner Zeitung vom 5.8.1952.
[92] Der Tagesspiegel vom 6.8.1952.
[93] Fricke, Politik und Justiz, S. 220; John Barron: KGB. Arbeit und Organisation des sowjetischen Geheimdienstes in Ost und West, Bern-München 1974, S. 391f.
[94] Der Spiegel vom 2.7.1958, S. 32.
[95] Berliner Zeitung vom 9. und 10.8.1952; Neue Zeitung vom 9.8.1952.
[96] Berliner Zeitung vom 9.8.1952.
[97] Berliner Zeitung, Neue Zeitung, Telegraf, Der Tagesspiegel vom 10.8.1952.

pe wurde unter anderem festgestellt: „Die Grundlage für diesen Schauprozeß war ein Verbrechen – ein Menschenraub. Das Oberste Gericht der Sowjetzone hat dieses Verbrechen nicht nur angestiftet, sondern auch sanktioniert. Durch monatelange Torturen sind Kaiser und seine Mitangeklagten zu den fürchterlichsten Geständnissen erpreßt worden. Das Gericht weiß, daß die Angaben frei erfunden sind"[98]. Ausdrücklich stellte die KgU klar, Kaiser habe lediglich Lunten für die Flugblattballons hergestellt[99].

Der Tagesspiegel kommentierte unter der Überschrift „Opfer im Kalten Kriege", in dem von der „kommunistischen Spezialistin für Terrorurteile" geleiteten Prozeß gegen Kaiser seien „groteske Lügen" präsentiert worden, die lediglich zur „äußeren Motivierung" der Todesstrafe gedient hätten[100]. Dennoch schlug der Kommentator vor, ein „Gremium der erfahrensten Kriminalisten aus aller Welt" solle die gegen die Kampfgruppe erhobenen Vorwürfe prüfen, denn: „Man muß ihre Staatsanwälte und Richter mit allen Mitteln demokratischer Rechtsfindung in allen Fällen, in denen das möglich ist, förmlich des Justizmordes überführen". Unter Berufung auf die KgU-Erklärung stellte der Tagesspiegel fest, daß Kaiser sich aktiv an der Propagandaarbeit der Gruppe beteiligt habe, unsichtbare Tinte für die Kommunikation mit den Widerstandsgruppen in der DDR und auch Stinkbomben für die Störung von Veranstaltungen hergestellt habe, aber: „Mit diesem nicht zu leugnenden Sachverhalt vermischt das kommunistische Gericht seine Lügen". Der Tagesspiegel stellte jedoch fest, daß die kommunistischen Behauptungen wegen dieses – wenn auch geringen – Wahrheitsgehaltes geglaubt werden würden, und die Zeitung prophezeite, daß selbst die ansonsten unbegründeten Vorhaltungen von seiten der DDR gegen die KgU wohl auch im Westen ihre Wirkung haben könnten.

Diese vom Tagesspiegel geäußerte Erwartung fand knapp eine Woche später eine erste Bestätigung. Unter dem Titel „Vorwürfe gegen Tillich" meldete nämlich die Welt vom 18. August, die von Tillich gebrauchte Wendung von einem „Volk von Widerstandskämpfern" sei in West-Berlin auf gewisses Befremden gestoßen, denn – so die Welt – man habe sich an die Todesurteile und die hohen Zuchthausstrafen für KgU-Mitarbeiter erinnert und ferner an die Ermunterung Jugendlicher zur Widerstandsarbeit in der DDR[101].

5. Kommunistische Propagandaoffensive

Wie sich am Beispiel der Kampfgruppe zeigt, kann wohl durchaus behauptet werden, daß von seiten der DDR während des Jahres 1952 eine breit angelegte Offensive im Kalten Krieg vorgetragen wurde. Deutlich erkennbar ist, daß die DDR dabei auf verschiedenen Ebenen vorging; das Ministerium für Staatssicherheit in-

---

[98] Der Tagesspiegel vom 10.8.1952.
[99] Neue Zeitung vom 10.8.1952.
[100] Der Tagesspiegel vom 10.8.1952.
[101] Die Welt vom 18.8.1952. – Laut Spiegel (2.7.1958, S. 35) hatte Tillich gesagt: „Wir müssen ein Volk der tapferen Widerstandskämpfer werden, nachdem wir ein Volk der tapferen Soldaten waren."

szenierte in West-Berlin eine Vielzahl von Entführungen, und die Justizorgane, allen voran das Oberste Gericht unter seiner Vorsitzenden Benjamin – sowie dem Generalstaatsanwalt Melsheimer – führten Schauprozesse durch, bei denen es zu äußerst harten Urteilen kam. Die Prozesse wurden gleichsam orchestriert durch eine intensive propagandistische Auswertung in der Presse der DDR.

Die Offensive des Kalten Krieges der DDR kann hier naturgemäß nur verengt auf die Kampfgruppe dargestellt werden. Zum Hintergrund dieses Vorgehens gehören aber auch von der DDR-Führung durchgeführte Maßnahmen wie die am 27. Mai 1952 erfolgte Unterbrechung der Telephonverbindungen zwischen West-Berlin und dem Ostteil der Stadt bzw. der DDR oder die etwa zur selben Zeit begonnenen Abriegelungsmaßnahmen auf den nach West-Berlin führenden Straßen sowie das Inkrafttreten von Ausweis- und Passierscheinbestimmungen, die die Einreise von West-Berlinern und Westdeutschen erheblich erschweren sollten. Vor diesem Hintergrund wird leicht erkennbar, daß insbesondere die Prozesse im Mai desselben Jahres in gewisser Weise als Rechtfertigung für diese Abschließungsmaßnahmen dienen sollten, indem eine äußere Bedrohung der DDR durch Organisationen wie die Kampfgruppe gegen Unmenschlichkeit glaubhaft gemacht werden sollte.

Letzten Endes aber ist all dies nur verständlich aus dem weiteren Zusammenhang mit dem auf der „II. SED-Parteikonferenz" beschlossenen ‚Aufbau des Sozialismus'. Im Juli 1952 waren im Zuge dieser neuen Kursbestimmung bereits die ersten Landwirtschaftlichen Produktionsgenossenschaften gegründet worden, Verwaltungsbehörden waren umstrukturiert worden und aus den ehemals fünf Ländern sollten die 14 neuen Bezirke der DDR werden. Nicht zuletzt auch infolge der 1952 intensivierten Remilitarisierung – Kasernierte Volkspolizei, Kampfgruppen der SED, Gesellschaft für Sport und Technik – verschlechterte sich die ökonomische Situation der DDR erheblich. Deshalb ist es auch erklärlich, daß die KgU im Juni 1952 auf die harten Strafen in Prozessen wegen ‚Wirtschaftsvergehen' hinweisen konnte[102].

Diese Entwicklungen führten im Jahre 1952 – und bis hinein ins nächste Jahr – zu einer stetigen Steigerung der Flüchtlingszahlen. Die Kampfgruppe stellte hierzu fest, daß die mangelnde Einmütigkeit vor allem in der Debatte um den Schumann- und Pleven-Plan „bei der Bevölkerung der SBZ zu einer Vertrauenskrise geführt" habe[103]. Angesichts der wachsenden Zahl von Flüchtlingen wurde die KgU im übrigen gemeinsam mit den Ost-Büros der Parteien und dem UfJ im Rahmen des im Februar in Kraft getretenen Bundesnotaufnahmegesetzes aktiv, und sie verlegte ihre Flüchtlingsberatungsstelle in die Nähe der entsprechenden Stellen an den Messedamm 8 in Charlottenburg; Ernst Tillich schrieb zur Aufgabenstellung: „Wir hoffen, dort nicht nur denen zur Seite stehen zu können, deren Aufnahmeverfahren bereits laufen oder die von den Kommissionen abgelehnt sind, sondern auch denen, die vielleicht bewogen werden können, noch rechtzeitig in ihre Heimat zurückzukehren". Die Kampfgruppe setzte darüber hinaus auch ihre karitative Arbeit fort:

---

[102] H.(asso) G.(raf), Eine aufschlußreiche Statistik, in: Hefte, Nr. 2 vom Juni 1952, S. 23f.
[103] E. Tillich, Aus der politischen Seelsorge (zugleich Arbeitsbericht der KgU für die Monate November 1951 – März 1952), in: Hefte, ebenda, S. 20ff.

5. Kommunistische Propagandaoffensive

Zwischen November 1951 und März 1952 unterstützte sie 4651 Familien politischer Häftlinge in der DDR mit Spenden und wandte insgesamt 10000 DM für die Bekämpfung des Medikamentenmangels auf.

Derlei Gesichtspunkte waren für die Darstellung der Kampfgruppe in der Publizistik der DDR naturgemäß vollkommen irrelevant. Welchen Eindruck die von der SED gelenkten Presseorgane von der Kampfgruppe wecken wollten, zeigt eine Zusammenstellung von Bezeichnungen, mit denen die Kampfgruppe in der kommunistischen Presse belegt wurde: „‚Ausschuß zur Kontrolle unamerikanischen Verhaltens' von Stumm-Polizisten"[104], „die berüchtigte Hildebrandt-Gruppe"[105], „Hildebrandtsche Kampfgruppe"[106], „Hildebrandtsche Terrororganisation"[107], „Hildebrandt-Gangster"[108], „die amerikanische ‚Kampfgruppe gegen Unmenschlichkeit'"[109], „Westberliner Terror- und Mordorganisation Hildebrandt-Tillich"[110], „amerikanische Spionage- und Sabotageorganisation Hildebrandt-Tillich"[111], „Tillich-Bande"[112], „Verbrecherorganisation Kampfgruppe"[113] und schließlich auch „Faschistische Mörder"[114]. So war natürlich auch Rainer Hildebrandt „Obergangster"[115] oder „Gangsterchef"[116].

Die erstgenannte Umschreibung – „‚Ausschuß zur Kontrolle des unamerikanischen Verhaltens' von Stumm-Polizisten" – stammt aus einem Artikel des Neuen Deutschland von Mitte Dezember 1951, in dem suggeriert werden sollte, daß die KgU auf den Unwillen der West-Berliner Polizeiführung gestoßen sei und in zunehmendem Maße isoliert werde – um den Anschein von Authentizität zu erwecken, zitierte Neues Deutschland eine Anordnung des Polizeipräsidenten Stumm, es sei fortan nicht mehr gestattet, der KgU von seiten der Polizei irgendwelche Auskünfte zu erteilen[117]. Die Absicht, die Kampfgruppe zu isolieren, wird an anderer Stelle konterkariert durch die Anwendung der ‚Verschwörungstheorie': Die Berliner Zeitung zitierte so zum Beispiel Hilde Benjamin mit der Feststellung, zwischen KgU und „Stummpolizei" bestünden Absprachen zur „Deckung der Terroraktionen und der Verhinderung einer strafrechtlichen Verfolgung"[118].

Die Berichterstattung über die Prozesse – insbesondere die Verfahren gegen Burianek und Kaiser – war durchwegs groß aufgemacht; ausführlich wurden Verneh-

---

[104] Neues Deutschland vom 13.12.1951.
[105] Neues Deutschland vom 8.5.1952.
[106] Neues Deutschland vom 15.5.1952.
[107] Ebenda.
[108] Berliner Zeitung vom 15.5.1952.
[109] Ebenda.
[110] Berliner Zeitung vom 9.8.1952.
[111] Ebenda.
[112] Tägliche Rundschau vom 20.8.1952.
[113] Berliner Zeitung vom 7.11.1952.
[114] Neues Deutschland vom 8.11.1952.
[115] Neues Deutschland vom 13.12.1951.
[116] Berliner Zeitung vom 15.5.1952.
[117] Neues Deutschland vom 13.12.1951. – Auch der Spiegel (19.11.1952, S. 13) bezog sich auf eine derartige Anordnung Stumms.
[118] Berliner Zeitung vom 15.5.1952.

mungsprotokolle in der Presse zitiert[119], Anklageschriften abgedruckt[120] oder auch Melsheimers Plädoyers[121]. Diese Feststellungen wie auch der Umstand, daß seit Ende Mai 1952 auf Anordnung des DDR-Innenministeriums, „zur Abschreckung der Bevölkerung und feindlicher Elemente'" – wie der Telegraf zitierte – sämtliche vor dem Obersten Gericht stattfindenden Verfahren über die kommunistischen Sender ausgestrahlt werden sollten[122], zeigt, wie sehr die Justiz auch im Rahmen der propagandistischen Führung des Kalten Krieges in Anspruch genommen wurde. Zweck der Schauprozesse genauso wie der Berichterstattung war mithin ‚Aufdeckkung' und ‚Entlarvung' – dazu die Berliner Zeitung über den Prozeß gegen Kaiser: „Dieser Prozeß zeigt überzeugend das niederträchtige Treiben der Hildebrandt-Tillich-Gruppe auf, da die Aussagen der Angeklagten die von langer Hand vorbereiteten Verbrechen aufdecken und den amerikanischen Geheimdienst als Organisator dieser Verbrechen entlarven"[123].

Das Ergebnis dieser Entlarvungen formulierte der SED-Funktionär Albert Norden im Mai 1952 im Neuen Deutschland unter dem Titel „Das Vipernnest in Westberlin" so: „Wo immer in Deutschland Verbrechen gegen die Menschlichkeit begangen werden, stößt man auf die amerikanischen Imperialisten. Von ihnen kommen die Gangster, die das Leben der Deutschen zur Hölle machen sollen"[124]. Es ging im Zuge dieser Kampagne darum, jegliche Regung des Widerstandes oder gar der Opposition gegen die Politik der SED zu kriminalisieren, zu ‚faschisieren' und überhaupt moralisch zu diffamieren; unterschwellig sollte auch ein nationales Ressentiment geweckt werden: „Zahlreiche Beispiele brachte der Prozeß dafür, wie die Geheimdienste der ausländischen Interventen die Hetze gegen die Deutsche Demokratische Republik und die Terrorakte faschistischer Elemente gegen deutsche Patrioten organisieren"[125].

In derselben Ausgabe des Neuen Deutschland vom 22. Mai war auch ein langer Artikel abgedruckt, der auf einer Mitteilung des Amtes für Informationen beruhte, der mit dem Titel „Die Spionage- und Terrorzentralen in Westberlin" überschrieben war und sich in aller Ausführlichkeit mit einzelnen Organisationen wie dem UfJ und auch der Kampfgruppe beschäftigte[126]. Im Hinblick auf die Darstellung des 17. Juni 1953 wird sichtbar, daß die ‚Sündenbocktheorie', mit der später argumentiert wurde, schon über ein Jahr zuvor angewendet wurde, wohl in erster Linie um die wirtschaftlichen Schwierigkeiten zu überdecken. Dieser Zusammenhang insbesondere im Hinblick auf die Juni-Ereignisse des Jahres 1953 wird anschaulich anhand einer Broschüre dokumentarischen Charakters, die zwar erst *nach* dem 17. Juni erschien, aber gleichwohl der „Strafsache Burianek u.a." gewidmet war; Hilde Benjamin, unterdessen Minister der Justiz, betonte, dieser Prozeß sei der erste ge-

---

[119] Z.B. im Fall Hoese in: Neues Deutschland vom 15.5.1952.
[120] Z.B. im Fall Burianek in: Neues Deutschland vom 24.5.1952.
[121] Z.B. im Fall Kaiser in: Berliner Zeitung vom 10.8.1952.
[122] Telegraf vom 25.5.1952.
[123] Berliner Zeitung vom 9.8.1952.
[124] Albert Norden in: Neues Deutschland vom 22.5.1952.
[125] Aus dem Urteil des Obersten Gerichts im Hoese-Prozeß, in: Neues Deutschland vom 15.5.1952.
[126] Neues Deutschland vom 22.5.1952; gleichlautend Berliner Zeitung vom 22.5.1952.

5. Kommunistische Propagandaoffensive

wesen, bei dem der „Terrorismus als Mittel der Kriegsvorbereitung" enthüllt worden sei, und wörtlich schrieb sie im Vorwort vom August 1953: „Das ist besonders augenfällig geworden bei der Aufdeckung der Hintergründe des faschistischen Putsches vom 17. Juni d.J. Hier haben die gleichen Agentenzentralen ihre Hände im Spiel gehabt, wie bei dem Verbrechen des Burianek; und sie haben Helfershelfer wie die Burianeks, Möbis usw. benutzt, um den Tag X nach ihren Zielen und Absichten zu inszenieren"[127].

Es wurden in der Publizistik der DDR zweifellos auch unwahre Behauptungen aufgestellt. In jenem Artikel vom 22. Mai hieß es – durchaus mit gewisser Berechtigung – die Kampfgruppe unterhalte Verbindungen zum amerikanischen Geheimdienst und werde von ihm finanziert, dann jedoch wurde folgende – offensichtlich erfundene – Behauptung aufgestellt: „Von Organen des Staatssicherheitsdienstes der Deutschen Demokratischen Republik festgenommene Agenten dieser Organisation gaben an, ihnen sei bekannt, daß sie bei Verweigerung der Durchführung von Aufträgen oder bei Ausscheiden aus dieser Organisation den Tod zu erwarten hätten" – [128].

In der Tat hatte der Tagesspiegel am 10. August ganz richtig festgestellt, die kommunistische Seite vermische wahre Sachverhalte mit Lügen[129]. Es stellt sich dabei allerdings die Frage, was in der kommunistischen Presse falsch und was richtig war. Tatsächlich war es ja das erklärte Ziel einer Organisation wie der KgU, den ‚Aufbau des Sozialismus' zu stören, das Regime der SED zu unterminieren und letztendlich zu stürzen. In ihren Flugblättern rief sie auch zu Verhaltensweisen auf, die die DDR wirtschaftlich schwächen sollten: „*Arbeite* langsam. Mit Langsamkeit machst Du das Sowjetsystem schwach. Außerdem: Wer langsam macht, macht keine Fehler!"[130]

Mindestens den Intentionen der Kampfgruppe nach enthalten die an die Adresse der sogenannten Agentenzentralen gerichteten Vorwürfe durchaus einen wahren Kern. Dennoch hieße es, die Möglichkeiten des Apparates des Kalten Krieges/West insgesamt bei weitem zu überschätzen, wenn man dessen Aktivitäten allein für die Probleme der SED verantwortlich machen wollte; die Ursachen dafür lagen in der Tat vor allem in der Politik der SED selbst.

---

[127] Hilde Benjamin, Vorwort (August 1953) zu: Prozesse vor dem Obersten Gericht der Deutschen Demokratischen Republik.
[128] Spionage- und Terrorzentralen in Westberlin, in: Berliner Zeitung vom 22.5.1952.
[129] Der Tagesspiegel vom 10.8.1952.
[130] KgU-Flugblatt „F Sinnvoller Widerstand" vom Oktober 1953 (BA-K ZSg. 1-64/4 [10]). – Derartige Aufrufe sind anhand der vorliegenden Flugblätter tatsächlich erst für die Zeit *nach* dem 17. Juni 1953 zu belegen. Da aber solche Appelle ganz auf der Linie der KgU lagen – schon vor dem 17. Juni – darf wohl davon ausgegangen werden, daß sie wenigstens in ähnlicher Weise auch lange *vor* dem 17. Juni solche Aufrufe auf Flugblättern verbreitet hat. – Im übrigen ist darauf aufmerksam zu machen, daß im Archivbestand des Bundesarchivs Koblenz ohnehin – bis auf wenige Ausnahmen – nur Flugblätter vorhanden sind, die *nach* dem 17. Juni 1953 von der KgU herausgegeben worden sind (Flugblätter der KgU unter den Signaturen ZSg. 1-64/4 bis 64/8; einzelne Blätter auch in anderen Teilen des Bestandes). Vor dem 17. Juni erschienen die Flugblätter: „Kundgebung: Die Ostzone ruft die UN (...)" und „In eigener Sache", d.i. ZSg. 1-64/4 (11) und (13); beide Blätter sind hier zitiert: Vgl. S. 167f.

Die Methode der gezielten Vermengung von einigem Wahrem mit vielem Übertriebenem und Unwahrem hatte auch psychologische Auswirkungen auf die westliche Öffentlichkeit, denn der damalige Beobachter wurde immer wieder verunsichert, wenn er sich fragte, was nun richtig und was falsch war. Eine solche Verunsicherung konnte auf die Dauer zu einem gewissen Mißtrauen gegenüber der Kampfgruppe führen und so die angestrebte Isolierung der Gruppe fördern. Ein derartiges Kalkül darf der psychologischen Kriegsführung der kommunistischen Seite wohl unterstellt werden.

6. „Aufklärung im Westen"

Wo die Kampfgruppe gegen Unmenschlichkeit das kommunistische System bewertete oder angriff, war auch die von ihr geführte Sprache überaus scharf. Innerhalb der westdeutschen Öffentlichkeit aber konnte sie schwerlich ununterbrochen die polemische ‚Sprache des Kalten Krieges' benutzen, denn sie wollte erklärtermaßen überzeugen und ihre politische Position durchsetzen. Auf die Dauer konnte sie hierbei nur durch sachliche und nüchterne Informationsarbeit erfolgreich sein. Die Öffentlichkeits- und Publikationsarbeit der KgU wurde deshalb während des Jahres 1952 erheblich intensiviert.

Unter der Überschrift „Aufklärung im Westen" teilte Hasso Graf im KgU-Arbeitsbericht für 1952 mit, gemeinsam mit der Arbeitsgemeinschaft demokratischer Kreise, dem Europäischen Bildungswerk und der Europa Union seien im Laufe des Jahres mehr als 147 Vortragsveranstaltungen durchgeführt worden, wobei sich diese vorrangig auf das Zonenrandgebiet konzentriert hätten[131]. Bezüglich der Beziehungen zwischen den Gruppierungen innerhalb des Apparats des Kalten Krieges in der Bundesrepublik stellte Graf hier im übrigen fest, die KgU bedauere die Uneinigkeit, „die im letzten Jahr die Arbeit der Organisation und Ostbüros beeinträchtigt hat", und betonte die Bereitschaft der Kampfgruppe, „jede Möglichkeit einer *Gemeinsamkeit* aufrechtzuerhalten, die mit den maßgebenden politischen Stellen ebenso wie mit unsern großen und kleinen Brüdern unter den Organisationen Einigkeit schaffen muß". Graf verwies hier auch auf die Vielzahl der Hefte und Broschüren, die 1952 von der Kampfgruppe herausgegeben worden waren, die an verschiedenen Orten erschienenen Aufsätze, auf Pressekonferenzen und die regelmäßigen RIAS-Sendungen; insgesamt stellte er fest: „Das Leitmotiv dieser Arbeit waren nicht die publicity um jeden Preis, dafür aber Seriosität und Zuverlässigkeit".

Im Jahre 1952 veröffentlichte ein KgU-Mitarbeiter unter dem Namen Hermann Just so zum Beispiel eine Broschüre unter dem Titel „Die sowjetischen Konzentrationslager auf deutschem Boden 1945-1950"[132]. Im ersten Teil wurde detailliert auf Organisation, Struktur, Tagesablauf und die Arbeitsaufgaben eingegangen; im zweiten Teil wurde anhand von Häftlingsberichten der Alltag der Lagerinsassen

---

[131] Hasso Graf: Der Weg der Kampfgruppe, in: Der Weg der Kampfgruppe gegen Unmenschlichkeit, Hg. von der KgU. (Berlin) 1953, S. 7ff., hier S. 15.
[132] Hermann Just: Die sowjetischen Konzentrationslager auf deutschem Boden 1945-1950, Hg. von der KgU. (Berlin) 1952 (Hefte der Kampfgruppe).

anschaulich gemacht. Der Bericht beruhte auch insgesamt auf den bei der Kampfgruppe gesammelten Aussagen ehemaliger politischer Häftlinge; Intention dieser Publikation war aber nicht allein Kenntnissicherung, sondern sie stand in aktuellem Bezug, denn im Vorwort wurde dem Leser empfohlen: „Er sollte ferner bedenken, wie wehrlos er selbst dieser konzentrierten Maschinerie gegenüberstehen würde, falls es nicht gelingen sollte, das Weiterschreiten der Weltrevolution zu verhindern"[133].

Im Zuge der KgU-Kampagne gegen den Staatssicherheitsdienst erschien ebenfalls 1952 ein zusammenfassender Bericht über „Die rote Gestapo. Der Staatssicherheitsdienst in der Sowjetzone"; im Vorwort hieß es hier: „SED und SSD sind der gleiche Gedanke in zwei verschiedenen Erscheinungsformen. Die Partei ordnet durch das Politbüro an und der SSD führt aus, was diese befohlen hat. Nur die vollständige Solidarität des Staatssicherheitsdienstes mit der hohen Parteiführerschaft ermöglicht der sogenannten DDR ihr Weiterbestehen"[134]. Ausführlich analysiert der Verfasser hier Entwicklung, Aufbau und Verbindungen zu entsprechenden Organen anderer Staaten des Ostblocks sowie die Methoden der insgesamt 16 Abteilungen des SSD; in einem eigenen Abschnitt wurden „Persönlichkeiten, die den SSD formen", skizziert: Lawrentij Berija, Wilhelm Zaisser und Erich Mielke –[135].

Im September 1955 schrieb die Kampfgruppe, militärische Informationen „gehören nicht zu dem Interessengebiet der Kampfgruppe gegen Unmenschlichkeit, und wir bemühen uns auch nicht, etwas davon zu wissen"; nachdrücklich wies die Kampfgruppe darauf hin, lediglich 47 der zwischen Januar 1954 und August 1955 insgesamt 93 278 Besucher hätten etwas über diesen Bereich mitgeteilt[136]. Etwas anders lagen die Dinge offenbar noch 1952, denn in dem im Mai dieses Jahres abgefaßten Vorwort zu W. Grieneisens Broschüre „Die sowjetdeutsche Nationalarmee. Aufbau und Entwicklung von 1948 bis 1952" wurde zum Zustandekommen dieses Berichts gesagt, er basiere auf den Aussagen von etwa 3 000 Deserteuren, „die in den Jahren seit Aufbau der Nationalarmee dem bolschewistischen Militarismus den Rücken kehrten und den Weg in die Freiheit fanden"[137]. Natürlich war diese Schrift – wie auch die zuvor charakterisierten Hefte – letztendlich auch im Hinblick auf die aktuelle politische Diskussion innerhalb der Bundesrepublik publiziert worden. Gerade diese Broschüre über die im Aufbau befindlichen Streitkräfte der DDR sollte der „Enthüllung des wahren Charakters der ‚Volkspolizei' und ihrer machtpolitischen Ziele" dienen, und so hieß es auch in der Einleitung: „Der ‚Stellvertretende Ministerpräsident' und Generalsekretär der SED, Walter Ulbricht, de-

---

[133] Vorwort zu Just, ebenda, S. 9.
[134] Bernhard Sagolla (wohl ebenfalls ein Deckname): Die rote Gestapo. Der Staatssicherheitsdienst in der Sowjetzone, Hg. v. der KgU (Berlin) 1952 (Hefte der Kampfgruppe), S. 7.
[135] Ebenda, S. 17.
[136] Die KgU im Schußfeld des Kalten Krieges, Sondernummer des KgU-Archivs vom September 1955, S. 18 (BA-K ZSg. 1-64/22 [1955-1958]; auch Ullstein-Textarchiv: Allgemeines Archiv, K/Kommunismus, Opfer des Kommunismus, Kampfgruppe gegen Unmenschlichkeit, [S O_1-2]).
[137] Vorwort zu: W. Grieneisen (wohl auch kein Klarname): Die sowjetdeutsche Nationalarmee. Aufbau und Entwicklung von 1948 bis 1952, Hg. v. der KgU. Berlin 1952 (Hefte der Kampfgruppe), S. 3.

mentierte noch am 12. Mai 1952 in einer Pressekonferenz die Existenz militärischer Verbände in der sowjetischen Besatzungszone mit den Worten: ‚*bei uns gibt es gegenwärtig keinerlei bewaffnete Verteidigung*' – obwohl Anfang Mai von seiten der DDR-Regierung die ‚Organisierung einer bewaffneten Verteidigung' angekündigt worden ist"[138]. Auch diese Schrift bemüht sich ansonsten anhand von vielfältigem Zahlenmaterial, Schaubildern und Photographien um eine sachliche Darstellung des Themas.

Seit Ende 1952 gab die Kampfgruppe regelmäßig insgesamt drei Informationsdienste heraus, die offenbar an verschiedene Interessentenkreise gerichtet waren. Sehr begrenzt und ausgewählt waren gewiß die Abnehmer des „KgU-Dienstes", der ausdrücklich als „vertraulicher Informationsdienst" deklariert war: „Veröffentlichung und Weitergabe untersagt"[139]. Der KgU-Dienst bot sehr nüchtern im Tonfall reine Faktenangaben über Vorgänge in der DDR wie zum Beispiel eine bis ins einzelne gehende Strukturanalyse des „Kulturbundes zur demokratischen Erneuerung Deutschlands" mit Adressenangaben, Finanzierungsquellen und vor allem Namen; so ist zum Beispiel zu erfahren, daß der Präsident des Kulturbundes Becher 2000 Mark Gehalt und 700 Mark Aufwandsentschädigung bekam[140]. Es waren aber auch Meldungen über illegalen Ost-West-Handel, über den Druck von Generalstabskarten der Bundesrepublik oder die Ausbildung westdeutscher FDJ-Mitglieder in der DDR zu finden[141]. Der KgU-Dienst enthielt im übrigen auch Meldungen von militärischem Belang; in der Ausgabe vom 2. März wurden eingehende Angaben über das Leitungspersonal der „Handwaffenfabrik Simson" in Suhl verbreitet und ferner fand hier auch folgende Meldung Berücksichtigung:

„*Aufbau der Flugzeugmotorenwerke Wernigerode*
(*Wernigerode – KgU –*) Die ehemaligen Flugzeugmotorenwerke in Wernigerode/Harz werden jetzt in Tag- und Nachtschichten wieder aufgebaut. Der Flugplatz Wernigerode, der in Richtung Halberstadt liegt, wird ebenfalls neu hergerichtet"[142].

„KgU-Presse" hieß der Nachfolger des Presse- und Informationsdienstes der KgU, und hier verlangte die Gruppe nur ihre Nennung als Nachrichtenquelle, ansonsten trug die KgU-Presse den Vermerk „Frei zur Veröffentlichung"[143]. Anders als der regelmäßig erscheinende KgU-Dienst kam die KgU-Presse wohl je nach Bedarf mit einer neuen Nummer heraus. Die hier zusammengestellten Nachrichten waren aber – offenbar unter Sicherheitsaspekten – anders als im KgU-Dienst gezielt für eine Veröffentlichung im Westen ausgewählt. Im lediglich teilweise vorliegenden Jahrgang 1953 fällt eine gewisse Schwerpunktsetzung im Bereich der wirtschaftlichen Situation der DDR auf. Unter dem Datum 30. April 1953 meldete die KgU-Presse so zum Beispiel:

---

[138] Grieneisen, ebenda, S. 7.
[139] KgU-Dienst, ab Jahrgang 1953 (lückenhaft) BA-K ZSg. 1-64/25. Erschien bis Februar 1959.
[140] KgU-Dienst, 16.1.1953 (ebenda), S. 2.
[141] Ebenda, S. 3ff.
[142] Ebenda, Nr. 5 (2.3.1953), S. 2ff. und S. 5.
[143] Die KgU-Presse liegt in lückenhaftem Bestand lediglich für den Jahrgang 1953 vor (BA-K ZSg. 1-64/19).

6. „Aufklärung im Westen"

„Kanonen statt Kochtöpfe
Weimar – Mehreren Konsumgeschäften in der Zone wurde von entsprechenden Konsum-Hauptgeschäften mitgeteilt, daß verschiedene Industriewaren wie z.B. Tauchsieder, elektrische Backformen, Kochtöpfe und ähnliche Gebrauchsgüter im nächsten Quartal nur beschränkt zur Verfügung stehen, da fast alles Rohmaterial für die Produktion von Ausrüstung und Kriegsgerät für die ,Verteidigungsstreitkräfte' benötigt würde"[144].

Eine Meldung wie diese zeigt, daß die Auswahl der Nachrichten natürlich in gewissem Maß auch durch die politische Lagebeurteilung der Kampfgruppe bestimmt war.

An die breitere interessierte Öffentlichkeit war demgegenüber das „KgU-Archiv. Material der Kampfgruppe gegen Unmenschlichkeit" gerichtet, in dem die Gruppe zusammenfassende, aus einer Reihe einzelner Informationen erstellte Berichte zu ausgewählten Themen – wie etwa über die Wirtschaftslage – publizierte[145]. Auch das KgU-Archiv erschien in regelmäßiger Folge sowie je nach Bedarf in „Sondernummern". –

Allein mit der Herausgabe dieser vielen Schriften war ein beträchtlicher Arbeitsaufwand verbunden. Sich ein Bild vom organisatorischen Aufbau der Kampfgruppe zu machen, ist jedoch außerordentlich schwierig. Aus denselben Sicherheitserwägungen heraus, die auch die Verwendung von Deck- statt Klarnamen begründete, hat die Kampfgruppe über ihre innere Struktur niemals eingehende Auskunft gegeben. Der Spiegel berichtete 1958, daß die Gruppe im November 1952 zwischen sechzig und siebzig Angestellte gehabt habe[146].

Genaue Information über den Aufbau der Kampfgruppe gibt die kommunistische Seite, wobei sich von neuem die Frage nach der Richtigkeit dieser Angaben stellt[147]. Einer Graphik in „Unmenschlichkeit als System" zufolge bestand die Kampfgruppe aus ingesamt drei Abteilungen: Der „Leitung", der „Vernehmerabteilung" und der „Operativen Abteilung". Der Leitung – bestehend aus Ernst Tillich und Gerd Baitz – stand ein „Beirat" zur Seite, in dem neben den beiden Abteilungsleitern Werner Geerdts – sowie Gerd Baitz – auch der für die „Innere Verwaltung" und die „Kasse" zuständige Mitarbeiter vertreten war. Zur Leitung gehörte die KgU-Pressestelle mit einem Pressearchiv.

Der Operativen Abteilung – der ehemaligen Widerstandsabteilung – unterstanden das „Chemisch-technische Labor" sowie die Ballonstartbasen in Berlin-Nikolassee, Rodach, Dannenberg und Hof, die „Administrative Störstelle" mit einem

---

[144] KgU-Presse, Nr. 28 (30.4.1953; ebenda), S. 1.
[145] KgU-Archiv: Jahrgänge 1953 bis 1955 (lückenhaft) in BA-K ZSg. 1-64/20 sowie von 1955 bis 1958 in ZSg. 1-64/22 (auch lückenhaft).
[146] Der Spiegel vom 2.7.1958, S. 32.
[147] Teil II von „Unmenschlichkeit als System" (S. 64ff.) trägt den Titel „Struktur und Hauptagenten der KgU". Auf S. 68 findet sich ein „Schema des organisatorischen Aufbaus der ,KgU'", das allem Anschein nach einen wenigstens im allgemeinen zutreffenden Überblick bietet; vermutlich gibt dieser Gliederungsplan die innere Struktur der KgU etwa in den Jahren 1954/55 wieder. Die DDR könnte durch den ,Überläufer' Rupprecht Wagner in den Besitz dieses Plans gelangt sein; eine handschriftliche Version ist abgedruckt in der in Zusammenhang mit dem Fall Wagner herausgegebenen Broschüre „Kalte Krieger gehen unter" (Dokumentarisches Material über die verbrecherische Tätigkeit der Kampfgruppe gegen Unmenschlichkeit. Berlin [Ost; 1955]), S. 28.

Archiv und ferner eine sogenannte „Anlauf-Stelle", die vermutlich allein damit befaßt war, die Kontakte zu den Informanten und Mitarbeitern in der DDR und Ost-Berlin aufrechtzuerhalten. Der eigentliche Apparat dieser Abteilung war in regionale Unterabteilungen – Brandenburg-Berlin, Mecklenburg, Sachsen-Anhalt und Thüringen – gegliedert. Die Graphik in „Unmenschlichkeit als System" ordnet jedem dieser „Sachgebiete" – wie auch dem Labor und der Abteilung als solcher – schraffierte Kreise zu, die offenbar den V-Mann-Apparat im Gebiet der DDR bzw. in Ost-Berlin symbolisieren sollten.

Der Operativen Abteilung stand die sogenannte „Vernehmerabteilung" gegenüber, zu der neben den Meldestellen in den Flüchtlingslagern Gießen und Uelzen insgesamt elf Unterabteilungen mit folgenden Bezeichnungen gehörten: „Volkspolizei-Beratungsstelle", „Parteien-Massenorganisationen-Industrie", „Suchdienst mit Betreuungsstelle", „Zentralkartei", die „Meldestelle im Notaufnahmelager" – offenbar in Berlin-Marienfelde – sowie die Ressorts „Land- und Forstwirtschaft", „Kirchenfragen und Intelligenz", „Justizwesen", „Jugendfragen-Lehrerberatung", „Ostfragen" und „Ministerium für Staatssicherheit". Die Vernehmerabteilung scheint lediglich über die VOPO-Beratungsstelle direkte Kontakte in die DDR gehabt zu haben, und darunter sind wohl die auch vom Verfasser der Studie über die Armee der DDR erwähnten „Widerstandsgruppen innerhalb der Nationalarmee" zu verstehen[148].

Im Zusammenhang mit dem inneren Aufbau der Kampfgruppe ist an dieser Stelle nochmals die „Vereinigung für kulturelle Hilfe" zu erwähnen, über die es im Juni 1952 hieß, die KgU stehe mit ihr „in besonders engem Kontakt"; neben der „Bücherei Ost", dem „Lesesaal am Potsdamer Platz" und der „Päckchenhilfe Ost" verfügte die Vereinigung unterdessen auch über eine „Beratungsstelle für freiheitliche Erzieher" und einen „Ärztlichen Beratungsdienst"[149]. Für die direkte Einbeziehung der Vereinigung in den Apparat der Kampfgruppe spricht im übrigen die Behauptung des Spiegel, die Baltin Anita Walter – Ernst Tillichs damalige Ehefrau – sei Geschäftsführerin der Vereinigung gewesen; sie – so der Spiegel – sei in den Zeiten der inneren Auseinandersetzungen um die Leitung der Kampfgruppe Tillichs „Vertraute" im westdeutschen Kampfbund gewesen[150].

---

[148] Grieneisen, Nationalarmee, S. 3.
[149] E. Tillich, Aus der politischen Seelsorge, S. 20. – Zu erwähnen ist auch noch eine Broschüre von Prof. Dr. Hans Köhler, einem Theologen der FU, mit dem Titel „Die religiöse Situation der Gegenwart" (Hg.v. der KgU und der Vereinigung für kulturelle Hilfe. Berlin 1952), in der der Verfasser intensiv auf die Fragen eingeht, die sich für die Kirchen bzw. den christlichen Glauben aus der Konfrontation mit der kommunistischen Ideologie ergaben. Diese Schrift nahm Bezug auf den 1952 stattfindenden Kirchentag; im Vorwort (S. 3) schrieb Tillich zur Fragestellung: „‚Wie verhält sich ein Mensch unter dem Geistes- und Charakterzwang eines totalitären Regimes?' Das ist die Frage, die vom deutschen Volk während der nationalsozialistischen Zeit nicht gelöst wurde, die ihm jetzt ein zweites Mal aufgegeben worden ist. Was sagt die Kirche einem Menschen, der lügen soll und – schrecklich zu sagen! – lügen *muß?*"
[150] Der Spiegel vom 2.7.1958, S. 32, 37.

7. „Zur Strategie der Befreiung"

Auch noch während des Jahres 1952 bemühte sich die Kampfgruppe, ihre altgewohnte Tätigkeit weiter auszuüben. Dennoch ergibt sich unzweideutig der Eindruck, daß sie im Laufe des Jahres 1952 mehr und mehr damit beschäftigt war, sich der erst aus der DDR, dann aber auch massiv aus dem Westen vorgetragenen Angriffe zu erwehren. Sie büßte mehr und mehr an politischer Wirksamkeit ein und bezogen auf den Kalten Krieg, den sie eigentlich von jeher hatte führen wollen, kann gesagt werden, daß sie 1952 die Initiative verlor und in der Tat von nun an nur noch aus der Defensive agierte.

Nachdem im Juli 1952 insgesamt 13000 Flüchtlinge aus der DDR und aus Ost-Berlin nach West-Berlin gekommen waren, veröffentlichte die Kampfgruppe Anfang August einen neuerlichen Spendenaufruf; zur Verbreitung dieses Hilfsappells innerhalb der Stadt verwendete sie hier erstmals auch drei Lautsprecherwagen[151]. Im Herbst 1952, während die Kampfgruppe in Berlin nach einer Atempause einer neuen Offensive der Kommunisten ausgesetzt war, befand sich Rainer Hildebrandt auf seiner letzten Vortragsreise als KgU-Leiter in der Bundesrepublik. Am 9. Oktober hatte er in Hildesheim „im dichtbesetzten Saal des Volksschulheims", wie die Hildesheimer Presse am nächsten Tag meldete, „in seinen mit regem Interesse aufgenommenen Ausführungen" über „die verstärkte Bolschewisierung der Sowjetzone" gesprochen[152]. Am 12. Oktober – die KgU in Berlin hatte gerade für die durch eine Teilamnestie in der DDR freigekommenen Menschen um Spenden gebeten[153] – sprach Hildebrandt auf einem „Jugendforum" in Nürnberg; 5500 Mitarbeiter seien hauptamtlich beim SSD tätig, berichtete er, aber insgesamt verfüge die Staatssicherheit über 40000 Spitzel und Agenten, die jedoch nur etwa zur Hälfte zuverlässig seien, denn täglich kämen etwa 20 Personen aus diesem Kreise nach West-Berlin[154]. Ferner wies Hildebrandt hin auf den steigenden Anteil von Großbauern, Volkspolizisten und Geschäftsleuten unter den Flüchtenden, er betonte die wachsende Stärke des seit zwei Jahren in der Bundesrepublik aufgebauten SSD-Apparats, und abschließend forderte er zu Paket-Aktionen sowie zur Unterstützung insbesondere jugendlicher Flüchtlinge auf.

Am 19. Oktober 1952 griff die Berliner Nachtausgabe in großer Aufmachung – „FDJ zum Judas-Dienst gezwungen" – eine Mitteilung der Kampfgruppe auf, aus der hervorging, der SSD habe für entführte hauptamtliche KgU-Mitarbeiter ein Kopfgeld von 50000 Mark ausgesetzt; die Gruppe, so hieß es, habe dies nach einer Konferenz von Funktionsträgern der SED in Espenhain/Sachsen erfahren[155]. Darüber hinaus hätten FDJ-Dienststellen nunmehr zuverlässige Mitarbeiter an die Staatssicherheit zu vermitteln.

---

[151] Neue Zeitung vom 6.8.1952.
[152] Hildesheimer Presse vom 10.10.1952.
[153] Morgenpost vom 12.10.1952.
[154] 8-Uhr-Blatt (Nürnberg) vom 13.10.1952; Neue Zeitung (Frankfurt) vom 15.10.1952; Fränkisches Volksblatt (Würzburg) vom 23.10.1952.
[155] Berliner Nachtausgabe (Montags-Echo) vom 19.10.1952.

„Zur Strategie der Befreiung" war ein längerer Artikel Rainer Hildebrandts überschrieben, der am 23. Oktober 1952 im Tagesspiegel abgedruckt worden war[156]. Für Margret Boveri war dieser Aufsatz Beweis dafür, „wie stark sich das Gewicht auf diese politische Seite verlagert hatte"; sie meinte damit den „Übergang vom Dienst an der Menschlichkeit zur rechnenden Politik", den die Kampfgruppe gegen Unmenschlichkeit in ihrer Entwicklung vollzogen habe[157]. So richtig Margret Boveris Folgerungen im Hinblick auf die Gesamtentwicklung der Organisation auch sein mögen, gerade dieser Artikel erscheint nicht als geeigneter Beleg, zumal der angesprochene Übergang von der Karitas zur Politik viel eher vollzogen worden war. Die Tatsache nämlich, daß Hildebrandt zwei Wochen nach Erscheinen dieses Artikels die von ihm gegründete Organisation endgültig verließ, sollte hinlänglich deutlich machen, daß diesem Aufsatz eine gänzlich andere Bedeutung zukommt. Margret Boveri aber datiert Hildebrandts Austritt auch nicht auf den November 1952, sondern schreibt: „1955 erklärte er, er sei wegen der Aufgabenverlagerung ausgetreten, die gegen seinen Willen erfolgt sei"[158].

„Aber die Bevölkerung der Sowjetzone darf sich von der Brutalität des Gegners weder das Tempo noch den Charakter ihrer Befreiungsbemühungen aufzwingen lassen, geschweige denn sich durch fahrlässige Widerstandshandlungen entblößen"[159]. Hildebrandt machte diese Bemerkung zwar noch als Leiter der Kampfgruppe, aber dennoch als – seit geraumer Zeit – nahezu vollkommen einflußlose Figur; führt man sich ferner vor Augen, daß die Kampfgruppe tatsächlich etwas wie ‚fahrlässige Widerstandshandlungen' durchgeführt hatte, dann wird die eigentliche Bedeutung dieses Satzes augenfällig: Hildebrandt kritisierte hier die von der KgU unter Ernst Tillich eingeschlagene Richtung. Auch indem er betonte, die westliche Welt könne nur unter der Bedingung „zu einer offensiveren Haltung" gewonnen werden, daß „dem Widerstand hinter dem Eisernen Vorhang eine einheitliche Konzeption zugrunde liegt", übte er offen Kritik an der Kampfgruppe.

Hildebrandt faßte in seinem Artikel noch einmal seine Widerstandskonzeption zusammen, indem er von der seitens der Bevölkerung der DDR und Ost-Berlins wiederholt gestellten Frage nach der Methode eines wirkungsvolleren Vorgehens gegen das kommunistische System einerseits, andererseits aber auch von der in den letzten Jahren erheblich intensivierten Überwachung durch das MGB und das Ministerium für Staatssicherheit ausging. Aufgrund seiner Lagebeurteilung kam er dabei zu folgender Schlußfolgerung: „Wir müssen heute den Mut aufbringen, uns einzugestehen, daß sich in dem gegenwärtigen Stadium kommunistischer Machtkonsolidierung die Sowjetzone nicht aus eigener Kraft befreien kann. Ein aktiver Befreiungskampf in der Sowjetzone kann nur dann zum Erfolg führen, wenn

---

[156] Der Tagesspiegel vom 23.10.1952. – Ausführliches Zitat bei Boveri, Verrat, S. 275f.
[157] Boveri, ebenda, S. 275.
[158] Ebenda, S. 276. – Auch Margret Boveri sieht den Zusammenhang mit der zum Zeitpunkt des Erscheinens schon ausgebrochenen „Führungskrise in der ‚Kampfgruppe'", doch sie ist sich offenbar nicht darüber im klaren, daß diese Führungskrise, sofern sie ein Konflikt zwischen Hildebrandt und Tillich war, zu diesem Termin ihrem endgültigen Abschluß ungleich näher war, als Frau Boveri meinte. – Die zitierte Äußerung Hildebrandts stammt aus dem Dezember 1952 (Neue Zeitung vom 17.12.1952; hier zitiert S. 189).
[159] R. Hildebrandt in Der Tagesspiegel vom 23.10.1952.

gleichzeitig die Befreiungskräfte in den anderen unterdrückten Staaten, in der Sowjetunion und der Sowjetarmee mobilisiert werden". Unzweifelhaft wäre diese Äußerung überinterpretiert, wollte man in ihr ein Abrücken von einer Politik des Kalten Krieges erblicken, unübersehbar aber ist, daß Hildebrandts Optimismus hinsichtlich der Erreichbarkeit des Maximalziels des Kalten Krieges/West geschwunden war – ein ‚Sieg' im Kalten Krieg war für ihn in weite Ferne gerückt.

Eine grundsätzliche Absage an die Politik des Kalten Krieges liegt auch allein schon deshalb nicht vor, weil Hildebrandt, obwohl er die Proportionen geringfügig verschob, dennoch an der Strategie einer Zerstörung des Systems von innen her festhielt. Für den Fall eines Angriffs im Kalten Krieg von seiten der Kommunisten – Hildebrandt sprach vom Aktivwerden des östlichen Sabotagenetzes im Westen – forderte er, daß dann an den Schalthebeln des kommunistischen Staatsapparats „Freunde sitzen, die mit einem Male den ganzen Apparat zum Stillstand bringen können". Deutlicher noch als früher betonte er somit das defensive Element des Kalten Krieges des Westens.

Faktisch stand Hildebrandt schon geraume Zeit außerhalb der Kampfgruppe, und es ist auffällig, daß er die KgU in seinem Artikel vom 23. Oktober mit keinem Wort erwähnte. Sein bald darauf erfolgender Austritt markiert in der Entwicklung der Gruppe den Übergang in die Niedergangsphase.

8. Notenkrieg auf alliierter Ebene

„Ich halte diese Kampfgruppe gegen Unmenschlichkeit für eine Verbrechergruppe. Ich halte die Leute für Verbrecher, die andere Leute anstiften und für sich arbeiten lassen, obgleich sie wissen, daß diese Leute geschnappt und eingesperrt werden"[160]. Diese Äußerung Pastor Niemöllers zitierte am 1. Oktober 1952 das Neue Deutschland. Bei aller Schärfe erscheint sie keineswegs als gänzlich unberechtigt: Schätzungen, die seinerzeit kursierten, gingen davon aus, daß die Aktivitäten der Kampfgruppe während des Jahres 1952 rund 200 Opfer gekostet hatten[161].

An demselben 1. Oktober übermittelte General Tschuikow den westlichen Hohen Kommissaren einen Brief, in dem er kategorisch Maßnahmen gegen die „Westberliner Spionage- und Diversionszentralen" verlangte, „die sich durch heuchlerische Bezeichnungen wie ‚Kampfgruppe gegen Unmenschlichkeit', ‚Untersuchungsausschuß freiheitlicher Juristen', ‚Vereinigung politischer Ostflüchtlinge', ‚Ostbüro der CDU', Redaktion des ‚Telegraf' usw. tarnen"; nachdrücklich verwies der General der Roten Armee die Westalliierten auf die Prozesse der letzten Zeit[162]. Der West-Berliner Kurier ging am 2. Oktober auf diese Intervention ein, wies hin auf die zweifelhafte moralische Berechtigung der Forderung Tschuikows nach Auflösung der genannten Organisationen angesichts der Realitäten in der DDR

---

[160] Neues Deutschland vom 1.10.1952.
[161] Boveri, Verrat, S. 277.
[162] Tägliche Rundschau vom 2.10.1952. – Text auch in: Unmenschlichkeit als System, S. 261f.

IV. Die Kampfgruppe zwischen Sabotage und Schauprozessen

und unterstrich zugleich die Verdienste der KgU und des UfJ[163]. Dann aber erinnerte der Kurier an seine bereits vor einiger Zeit getroffene Feststellung hinsichtlich der „‚begrenzten Aufgaben' einer der genannten Organisationen", und der Kommentator bekräftigte seine Ansicht, daß KgU wie UfJ es bislang unterlassen hätten, „schlüssige Gegenbeweise zu den Anwürfen ostzonaler Instanzen zu liefern". Immerhin befänden sich genügend Mitarbeiter und Freunde des UfJ und der KgU in Haft, und zudem, so der Kurier, seien zwei Todesurteile gefällt worden; ferner bemerkte der Verfasser, es sei auffällig, daß es in diesen Fällen nicht mehr – wie im Fall Flade – zu einem moralischen Aufschrei gekommen sei. Die Neue Zeitung vom selben Tag berichtete sachlich und ohne jegliche Stellungnahme; sie hob lediglich hervor, am Ende seines acht Seiten langen Schreibens habe Tschuikow von den Hochkommissaren Rechenschaft über die ihrerseits getroffenen Maßnahmen gefordert[164].

Auch CDU, SPD und FDP nahmen im Laufe des 2. Oktober gegen die sowjetischen Forderungen Stellung, und der Berliner FDP-Vorsitzende Carl-Hubert Schwennicke erklärte die Intervention zu einem der „üblichen taktischen sowjetischen Manöver"[165]. Für den UfJ sagte Theo Friedenau, Tschuikow bekenne sich mit seinen Forderungen zu den auf Weisung des NKWD erfolgten Justizverbrechen. Die Kampfgruppe sah in dem sowjetischen Vorstoß einen Beweis für das Wachsen des Widerstandes der Sowjetzonenbevölkerung. „Beide Organisationen", schloß der Bericht der Neuen Zeitung vom 3. Oktober, „erklären Tschuikows Beschuldigungen als völlig unbegründet und aus der Luft gegriffen". Am nächsten Tag reagierte dann das State Department in Washington. Dessen Pressereferent Michael McDermott stellte fest, es gehe den Kommunisten lediglich darum, mit Hilfe eines „‚smoke screen'" die Maßnahmen zur äußeren Abschottung ihrer Zone zu verdecken und vor allem die verstärkte „communization of Eastern Germany" – so die New York Times – zu bemänteln[166]. In der Täglichen Rundschau vom 4. Oktober verlangten daraufhin zwei – wie es scheinen sollte – beliebige Ost-Berliner Bürger im Sinne Tschuikows die Auflösung der betreffenden Organisationen, und ein gewisser Alpha forderte: „Säubert den Sumpf!"[167]. Für ihn waren diese Organisationen lediglich „Waffen im kalten Krieg der amerikanischen Imperialisten gegen die DDR".

Die offizielle Antwort der drei westlichen Hohen Kommissare erfolgte in gleichlautenden Schreiben erst Anfang November, und in der gemeinsamen Note hieß es: „The organizations (except RIAS) have been voluntarily formed by Germans who have the interest of the German people at heart"[168]. Ferner bekräftigten die Westalliierten die Notwendigkeit solcher Organisationen angesichts der Mißachtung der fundamentalen Menschenrechte in der DDR. Sie verwiesen auf die Entführungsfälle Linse und Weiland, führten die Art und Weise der Hervorbringung sogenannter

---

[163] Kurier vom 2.10.1952.
[164] Neue Zeitung vom 2.10.1952.
[165] Neue Zeitung vom 3.10.1952.
[166] Neue Zeitung, New York Times vom 4.10.1952.
[167] Tägliche Rundschau vom 4.10.1952.
[168] New York Times vom 4.11.1952; deutsch in: Neue Zeitung vom 4.11.1952.

Geständnisse in den Prozessen an und gaben zum Abschluß ihrer Anschauung Ausdruck, Tschuikow habe lediglich im Nachhinein eine Rechtfertigung für die Sperrmaßnahmen an Zonen- und Sektorengrenze gesucht.

An diesen Vorgängen ist hervorzuheben, daß sowohl von offizieller westalliierter wie auch von westdeutscher Seite der eigene Apparat des Kalten Krieges in Schutz genommen wurde, mithin auch die Kampfgruppe den Sowjets gegenüber Deckung erhielt. Unüberhörbar waren aber inzwischen Stimmen wie die des Kurier geworden, wo man von der vollkommenen Haltlosigkeit der kommunistischen Anschuldigungen offenbar keineswegs mehr restlos überzeugt war. Dennoch traf die Überschrift, unter der die Tägliche Rundschau am 5. November über die zwei Tage zuvor eingetroffenen Antwortschreiben berichtete, im Kern zu: „Hohe Kommissare decken Spionage- und Diversionszentralen"[169].

Die westalliierte Antwort befriedigte Tschuikow naturgemäß nicht, und deshalb wandte er sich zum Jahresende nochmals an die Hohen Kommissare Kirckpatrick, François-Poncet und Reber, der zu dieser Zeit als geschäftsführender Hochkommissar der USA amtierte[170]. Die Tägliche Rundschau vom Silvestertag 1952 schrieb von Rechtfertigungsversuchen und Verleumdungen, die in den alliierten Antwortschreiben vom November enthalten gewesen seien, und zitierte dann Tschuikows ausführliche Hinweise auf von den „West-Berliner Verbrecherzentralen" geplante Anschläge; von der Sprengung der Eisenbahnbrücke bei Erkner sowie der Schleuse des Paretz-Niederneuendorfer Kanals, von Sabotage und Brandstiftung in Volkseigenen Betrieben und schließlich von „Mordanschlägen gegen Aktivisten, Angehörige der Volkspolizei und Mitglieder der Freien Deutschen Jugend" war da die Rede[171]. General Tschuikow erwähnte aber auch Verhaftungen von KgU-Angehörigen in Dresden und Mitarbeitern des Ost-Büros der CDU in Erfurt. Er ging ebenfalls auf den am 23. Oktober im Tagesspiegel erschienenen Artikel „des Spions und Diversanten Hildebrandt" ein und beschuldigte pauschal britische und amerikanische Stellen, derartige Aktivitäten zu unterstützen. Eine in gewisser Weise nachvollziehbare Analogie stellte Tschuikow her, indem er auf das Vorgehen Georg August Zinns gegen den BDJ hinwies; unklar bleibt demgegenüber seine Bezugnahme auf eine unter der Bezeichnung „'Bluthunde'" agierende BDJ-Gruppe, die im Februar abgeurteilt worden sei, denn als ‚Bluthunde' war bislang die Gruppe um Günther Herrmann und Ernst Wagner bezeichnet worden – ihnen waren Verbindungen „zu der berüchtigten Hildebrandt-Gruppe", nicht aber zum BDJ vorgeworfen worden[172].

Die Ost-Berliner Zeitungen beschäftigten sich bis weit in den Januar 1953 hinein mit diesem Schreiben Tschuikows[173]. Am 13. Januar brachte Neues Deutschland dann einen Bericht über „Neue Enthüllungen über Sabotagetätigkeit der ‚Kampf-

---

[169] Tägliche Rundschau vom 5.11.1952.
[170] Tägliche Rundschau vom 31.12.1952. – Morgenpost, Neue Zeitung, New York Times vom 31.12.1952.
[171] Tägliche Rundschau vom 31.12.1952.
[172] Ebenda. – Zu Wagner/Herrmann vgl. Berliner Zeitung vom 8.5.1952; hier S. 164f.
[173] Z.B. Tägliche Rundschau vom 3.1.1953; Nacht-Expreß, 9.1.1953; Tägliche Rundschau 11.1.1953.

gruppe'"[174]. Erstmals präsentierte das SED-Zentralorgan hier Aussagen eines – unter nicht ersichtlichen Umständen in die DDR gelangten – Mitarbeiters der KgU-Zentrale. Bei Hanfried Hiecke handelte es sich – laut Neues Deutschland – um den ehemaligen Gebietsreferenten für Sachsen in der Widerstandsabteilung.

Ende Januar 1953 veröffentlichten die westlichen Hochkommissare ihre Antworten auf Tschuikows zweite Intervention[175]. Samuel Reber sprach von „falschen Beschuldigungen" und Rechtfertigungsversuchen für die 1952 getroffenen Abriegelungsmaßnahmen; ferner erklärte er, er halte nichts von der sowjetischen Darstellung, diese Maßnahmen dienten dem „‚Schutz der Menschenrechte in der Sowjetzone'" vor der „‚Wühlarbeit' der Westberliner Spionage- und Diversionsorganisationen", weil diese Behauptungen schon allein durch die Tatsache, daß mehr als 100 000 Einwohner der Sowjetzone im vergangenen Jahr geflohen seien, widerlegt werde. Wörtlich hieß es in Rebers Brief: „Weit davon entfernt, die Menschenrechte zu schützen, haben die Behörden der Sowjetzone eine Massenabwanderung verursacht, indem sie die dort lebende deutsche Bevölkerung systematisch der Grundrechte und Grundfreiheiten beraubten. Gleichzeitig haben Personen, die der Kontrolle der sowjetischen Behörden unterstehen müssen, in den letzten Monaten zahlreiche Versuche unternommen, friedliche Bürger der Westsektoren Berlins zu entführen".

Im Vorgriff ist bezüglich dieser diplomatischen Auseinandersetzungen zur Jahreswende 1952/53 zu erwähnen, daß dieser Notenkrieg in direktem Zusammenhang mit entsprechenden Vorgängen nach dem 17. Juni steht. Ende Juni 1953 machte der sowjetische Stadtkommandant Dibrowa die Normalisierung des Verkehrs zwischen Ost- und West-Berlin abhängig von der Auflösung derselben Organisationen, gegen die sich bereits Tschuikow am 1. Oktober und 30. Dezember 1952 gewandt hatte[176]. Auch der damals neuernannte sowjetische Hochkommissar Wladimir Semjonow bezog sich auf eben diese Demarchen, als er Mitte Juli 1953 ein Schreiben seiner westlichen Kollegen vom 27. Juni beantwortete, in dem die Wiederherstellung normaler Zustände in Berlin verlangt worden war[177]. In gleicher Weise wies auch Generalmajor Dibrowa von neuem darauf hin, die angeblichen Gewaltakte und Ausschreitungen im Juni seien „durch aus Westberlin entsandte bewaffnete und instruierte Gruppen von Provokateuren und faschistischen Agenten verübt" worden, wobei er insbesondere die KgU und den – unterdessen schon lange aufgelösten – BDJ anführte[178].

Auch auf alliierter Ebene bzw. auf sowjetischer Seite bestand also dieselbe argumentative Kontinuität hinsichtlich der sogenannten Agentenzentralen wie auf deutscher Ebene. Auch die Sowjets griffen bereits lange Zeit vor dem 17. Juni die Organisationen des Apparats des Kalten Krieges in der Bundesrepublik und vor allem in West-Berlin heftig an, wobei auch die Vertreter der sowjetischen Besatzungsmacht immer wieder Bezug auf die Schauprozesse des Jahres 1952 nahmen.

---

[174] Neues Deutschland vom 13.1.1953.
[175] Neue Zeitung vom 1.2.1953.
[176] Kurier vom 1.7.1953.
[177] Neue Zeitung vom 15.7.1953.
[178] Tägliche Rundschau vom 16.7.1953.

Von neuem wird hier ersichtlich, daß auf kommunistischer Seite der Apparat des Kalten Krieges des Westens systematisch als ‚Sündenbock' für die Mißerfolge der eigenen Politik aufgebaut worden war. Das Material für die kommunistischen Behauptungen von einer Verursachung des Aufstandes vom 17. Juni 1953 durch westliche Provokateure lag somit schon geraume Zeit vor, als der Aufstand dann tatsächlich begann.

9. SPD gegen KgU und Ausscheiden Rainer Hildebrandts

„Tillich nicht mehr Mitglied der SPD", meldete der Tagesspiegel am 6. November 1952[179]. In der Tat hatte der Landesverband Berlin der SPD am 5. November erklärt, Tillich sei „seit Juli 1952 seinen Verpflichtungen nicht nachgekommen" und deshalb als Parteimitglied gestrichen worden[180]. Die eigentlichen Gründe dieses Parteiausschlusses aber machte der Telegraf am 6. November in einem langen Artikel mit dem Titel „Der Weg der Kampfgruppe" deutlich[181]. Dieser Artikel zeigt darüber hinaus, daß das Verhältnis zwischen der Berliner SPD und der Kampfgruppe gegen Unmenschlichkeit schon seit 1950 erheblich gestört war: „Der ‚Telegraf' hat sich darauf beschränkt, sie einfach nicht mehr zu erwähnen, weil er an die Ernsthaftigkeit der Arbeit und die Zuverlässigkeit der Führung nicht mehr glauben konnte. Seit mehr als zwei Jahren wird eine Reorganisation dieser Kampfgruppe gefordert, und im Interesse dieser hat der ‚Telegraf' bislang auch geschwiegen".

Als Grund für die Beendigung dieser *damnatio memoriae* gab der Telegraf den Inhalt einer UP-Meldung an, derzufolge die KgU auf Veranlassung des gesamtdeutschen Ministeriums sowie amerikanischer Stellen einer strukturellen Reorganisation unterzogen werden sollte. Nach Darstellung des Telegraf habe Tillich daraufhin eine Mitgliederversammlung der Kampfgruppe – gemeint ist der e.V. – einberufen, um sich einem solchen Ansinnen zu entziehen, indem er sich erneut das Vertrauen der Mitglieder habe aussprechen lassen. Im folgenden machte die SPD-nahe Zeitung der Kampfgruppe eine ganze Reihe herber Vorwürfe: Sie habe sich in den vergangenen Jahren ihr nicht zukommende Aufgaben angemaßt, die Widerspruch bei allen „maßgebenden politischen Organisationen" ausgelöst hätten; die Tage des Schweigens seien ohne Absprache durchgeführt worden und darüber hinaus eine „unsinnig angesetzte Aktion" gewesen; während der letzten Monate hätten sich die Anzeichen gemehrt, die Gruppe habe ihren eigentlichen Aufgabenbereich „als politische Kampforganisation gegen den Totalitarismus" unzulässig erweitert. Was der Telegraf damit meinte, wird aus der Bemerkung deutlich, daß man keineswegs alles glaube, was bei den Prozessen in der SBZ herauskomme, und ausdrücklich erwähnte die Zeitung die „drakonische Vorbehandlung", der die meisten

---
[179] Der Tagesspiegel vom 6.11.1952.
[180] Telegraf vom 6.11.1952. – New York Times vom 6.11.1952; New York Times, Frankfurter Allgemeine Zeitung, Süddeutsche Zeitung, Die Welt vom 7.11.1952; Neues Deutschland vom 8.11.1952; Spiegel vom 19.11.1952, S. 12.
[181] Telegraf vom 6.11.1952.

der angeblich geständigen Angeklagten unterzogen worden seien, aber trotzdem kam das Blatt zu folgendem Schluß: „Es bleibt aber zu sagen, daß die Leitung der Kampfgruppe gegen Unmenschlichkeit – ob leichtsinnig oder aus Geltungsbedürfnis – Dinge unternommen und gefördert hat, die der Durchführung solcher Schauprozesse mindestens sehr entgegengekommen sind".

Die eigentlichen Gründe für Tillichs Parteiausschuß faßte die New York Times am nächsten Tag zutreffend zusammen, als sie unter Bezugnahme auf den Telegraf schrieb, „Herr Tillich had been ousted because of the disapproval of his tactics in seeking to undermine the East German Government"[182]. Am Tag zuvor hatte im übrigen auch die New York Times einen Zusammenhang zwischen Berichten über eine Reorganisation der KgU und Tillichs Parteiausschuß hergestellt; zu den Motiven dafür hatte diese Zeitung weniger präzise als der Telegraf vermutet, sie könne erfolgt sein, „possibly to conform more closely to the spirit of the notes sent to Soviet authorities yesterday by the three Western High Commissioners"[183]. Es scheint mithin nicht gänzlich auszuschließen zu sein, daß infolge der Enthüllungen der Schauprozesse und nicht zuletzt auch aufgrund der Intervention Tschuikows vom 1. Oktober 1952 auch von offiziellen westlichen Stellen Druck auf die Kampfgruppe ausgeübt worden war – allerdings lediglich hinter den Kulissen.

Ein Parteiausschluß ist eine überaus harte und keineswegs alltägliche Maßnahme. Daß die SPD selbst die wirklichen Gründe nicht benannte, dürfte wohl in erster Linie darauf zurückzuführen sein, daß sie der kommunistischen Seite nicht mehr propagandistische Munition liefern wollte als unbedingt erforderlich. Gerade weil der SPD bewußt sein mußte, daß dieser Vorgang Wasser auf die Mühlen der SED sein mußte, hatte man in der Parteiführung aber wahrscheinlich auch sehr genau überlegt, ob es gerechtfertigt war, dieses Risiko auf sich zu nehmen. Die Quittung aus Ost-Berlin folgte bereits am 7. November 1952, als die Berliner Zeitung schrieb, der Telegraf-Artikel vom Vortag sei von Männern wie Ernst Reuter, Franz Neumann, Arno Scholz und Herbert Wehner inspiriert und stelle als solcher eine „Selbstentlarvung der rechten SPD-Führung" als ‚Komplicen' und ‚Mitwisser' der Kampfgruppe dar[184]. Am nächsten Tag folgte Neues Deutschland mit der Behauptung, die SPD-Basis sei gegen die KgU, weswegen „Ollenhauer, Reuter und Komplicen" nun ihr „‚demokratisches Gesicht'" zu wahren suchten, indem sie sich von der Kampfgruppe distanzierten, um dann doch weiter „mit den Monopolkapitalisten" zusammenarbeiten zu können[185].

Tillich erklärte zu seinem Ausschluß laut Frankfurter Allgemeine Zeitung, er habe bislang von der SPD noch keine Mitteilung erhalten, und ferner wies er den Vorwurf zurück, gegen seine ‚statuarischen Pflichten' verstoßen zu haben[186]. Im übrigen zeigte er sich über den Schritt seiner Partei überrascht[187]. An demselben 7. November – zwei Tage nach Tillichs Ausschluß – wurde bekannt, daß Rainer Hilde-

---

[182] New York Times vom 7.11.1952.
[183] New York Times vom 6.11.1952.
[184] Berliner Zeitung vom 7.11.1952.
[185] Neues Deutschland vom 8.11.1952.
[186] Frankfurter Allgemeine Zeitung vom 6.11.1952.
[187] Süddeutsche Zeitung vom 7.11.1952.

brandt und der KgU-Geschäftsführer Martini anläßlich der schon vom Telegraf erwähnten Mitgliederversammlung des KgU-e.V. aus der Organisation ausgeschieden seien[188]. Ebenfalls an diesem Tag äußerte sich auch das Bundesministerium für gesamtdeutsche Fragen zur Kampfgruppe[189]. Ein Sprecher des Bundeshauses Berlin nämlich erklärte, das Ministerium leiste bereits seit einem Jahr keinerlei Zahlungen mehr an die KgU und außerdem sei man in Verhandlungen mit den zuständigen US-Stellen bemüht, stärkeren Einfluß auf die Gruppe zu gewinnen. Ausdrücklich dementiert wurde die Behauptung Tillichs, er habe bereits seit zwei Jahren eine engere Bindung an das gesamtdeutsche Ministerium angestrebt. Der Sprecher betonte zu diesem Punkt vielmehr, die Bundesbehörden seien bei ihm auf Ablehnung gestoßen. Darüber hinaus machte der Sprecher deutlich, daß auch in Bonn die Schauprozesse – insbesondere gegen Jugendliche – der Anstoß für die angesprochenen Initiativen gewesen seien. Theo Friedenau erklärte, er bedaure wegen des Vorteils, den der Osten daraus ziehen könne, die gegenwärtige Diskussion über die KgU. Sofern die Arbeit des UfJ politische Folgen habe, begrüßte er jedoch seinerseits entsprechende Richtlinien aus Bonn.

Einige Tage später widmete sich auch der Spiegel dem Thema Kampfgruppe[190]. Die Tätigkeit des UfJ wurde lobend als verdienstvoll und erfolgreich bezeichnet, aber der Kampfgruppe gegenüber war die Stellungnahme des Spiegels mehr als reserviert. Aus dem die Gesamtentwicklung der KgU und inbesondere die Ereignisse der letzten Wochen resümierenden Artikel wurden auch die Divergenzen zwischen der Haltung der deutschen Stellen – unterdessen hatte sich auch der Berliner Innensenator Müller gegen die KgU geäußert – und der westalliierten Seite deutlich. Zur näheren Zukunft der Gruppe hieß es abschließend: „Gegenwärtig versucht Tillich, die ‚Kampfgruppe' abermals zu reorganisieren, um seinen verlustreichen Kampf gegen die Unmenschlichkeit aufrechtzuerhalten".

Unter der Titelzeile „Gefährlicher Sprengstoff im Ost-West-Konflikt" setzte sich am 24. November in einem gleichfalls längere Zeit zurückblickenden Artikel auch die Süddeutsche Zeitung mit der Kampfgruppe auseinander[191]. Sie berichtete zunächst, aus dem gesamtdeutschen Ministerium sei zu hören, man erwäge die Bestellung eines Kuratoriums, das Sorge tragen solle, daß die KgU „auf ihre eigentlichen Aufgaben beschränkt bleibe". Dann kritisierte die Zeitung das Schweigen, mit dem Tillich sowie die wenigen Journalisten und Politiker, die Kenntnis von den Dingen gehabt hätten, „andere, weniger menschenfreundliche Unternehmungen" als die von der Gruppe betriebene „politische Seelsorge" umgeben hätten. Mit Recht stellte die Süddeutsche Zeitung fest, erst Tillichs Ausschluß aus der SPD habe die Welle der – offenbar geraume Zeit unterdrückten – Unmutsbekundungen ausgelöst: „Der Stein geriet ins Rollen".

In der Tat befand sich die Kampfgruppe Ende November 1952 in einer mißlichen Situation, denn die Angriffe von westlicher Seite – in der Presse wie auch von amtli-

---

[188] Frankfurter Allgemeine Zeitung, Süddeutsche Zeitung, Die Welt vom 7.11.1952. – Die überregionalen Zeitungen übernehmen weitgehend den Telegraf-Bericht vom 6.11.1952.
[189] Frankfurter Allgemeine Zeitung vom 8.11.1952.
[190] Der Spiegel vom 19.11.1952, S. 12ff.
[191] Süddeutsche Zeitung vom 24.11.1952.

chen Stellen – hatten sie seit dem 5. November erstmals massiert getroffen; nur von alliierter Seite erfuhr sie – mindestens offiziell – eine gewisse Deckung. Die Gruppe hielt sich der Öffentlichkeit gegenüber mit Stellungnahmen zurück. Der KgU-Pressechef Graf erklärte dazu einem Journalisten auf eine Anfrage: „Die Kampfgruppe hat den zuständigen politischen Stellen über die Frage genaue Auskunft gegeben und lehnt es ab, sich darüber vor der Öffentlichkeit zu äußern".

Ernst Tillich allerdings ging direkt auf die gegen die KgU gerichteten Angriffe ein, als ihm der Tagesspiegel am 14. Dezember anläßlich des vierjährigen Bestehens der Organisation die Möglichkeit zu einem umfassenden Artikel einräumte[192]. Er schrieb, er halte es nicht für nötig, auf die nunmehr auch im Westen übernommenen Verleumdungen aus ostzonalen Quellen einzugehen, und ferner meinte er, „mit denen nicht rechten" zu können, „die ihr eigenes Ansehen in der Sowjetzone verspielt und nun aus Eifersucht vom ‚Dilettantismus' und ‚Geltungsbedürfnis' der Kampfgruppe reden". Zugleich verwies er auf die Bedeutung jenes „Vertrauenspotentials", wie es UfJ oder KgU bei der Bevölkerung der DDR hätten, und er unterstrich die Notwendigkeit einer einheitlichen westlichen Konzeption. Im Sinne einer solchen Zusammenarbeit hatte sich die Kampfgruppe am 22. November 1952 in Uelzen mit der Europa-Union, dem Europäischen Bildungswerk und der Arbeitsgemeinschaft demokratischer Kreise zu einer „Arbeitsgemeinschaft Eiserner Vorhang" zusammengeschlossen[193]. Insgesamt betonte Tillich die nach wie vor gegebene Notwendigkeit der KgU-Arbeit, und er verlangte „eine staatspolitisch verantwortliche Führung des Kalten Krieges", denn die Notlage und die Gefährdung der Deutschen unter kommunistischer Herrschaft sei viel zu bedrängend, als daß man die Dinge „Romantikern oder Neutralisten" überlassen dürfe[194].

Auf der aus Anlaß des vierjährigen Jubiläums im „Haus der Wirtschaft" in Berlin-Steglitz stattfindenden Arbeitstagung der Kampfgruppe bezeichnete Tillich dann auch Sabotageaktionen in der DDR – laut Morgenpost – „als unverantwortlich im gegenwärtigen Zeitpunkt"[195]. ‚Aktiver Widerstand' komme gegenwärtig nicht in Frage, stellte er ferner fest, aber ähnlich wie der belgische Professor Peeters sprach sich Tillich für eine intensivere Nutzung der Techniken der ‚psychologischen Kriegführung' aus. Auf der KgU-Tagung sprachen im übrigen auch Dr. von Brockhuizen vom Europäischen Bildungswerk, Gerhard Haas vom DGB, Professor Hans Köhler von der FU und Dr. Stomps, der Verteidiger van der Lubbes im Reichsgerichtsprozeß um den Reichstagsbrand –[196].

Den vorläufigen Schlußpunkt in dieser ersten Affäre um die Kampfgruppe setzte jedoch ein anderer, der sich anläßlich des vierjährigen Bestehens der KgU noch ein-

---

[192] E. Tillich in: Der Tagesspiegel vom 14.12.1952.
[193] Neue Zeitung vom 14.11.1952.
[194] E. Tillich in: Der Tagesspiegel vom 14.12.1952.
[195] Morgenpost, Der Tagesspiegel vom 16.12.1952.
[196] Der Tagesspiegel vom 16.12.1952. – B. W. Stomps arbeitete auch in der im November 1949 von David Rousset, der vor 1945 unter anderem im KZ Buchenwald inhaftiert war, ins Leben gerufenen „Commission Internationale contre le Régime Concentrationnaire" (C.I.C.R.C.) mit; vgl. The Regime of the Concentration Camp in the Post-War World 1945-1953. Four Investigations Conducted by the International Commission against Concentration Camp Practices, Paris (1953).

mal öffentlich zu Wort meldete. Rainer Hildebrandt nämlich erklärte, er habe sich zunächst aus der Arbeit der Gruppe zurückgezogen, da es „mein ganzes Bestreben war, der Kampfgruppe ihre ursprüngliche Zielsetzung zu erhalten"[197]. Zu seinem bereits im November erfolgten Austritt hieß es in der Erklärung: „Heute bin ich für viele Mitarbeiter der Kampfgruppe verpflichtet, zu erklären, daß die Aufgabenverlagerungen gegen die Satzung und gegen die von allen anerkannte Gründungsidee geschahen. Für meine Person muß ich feststellen, daß die Aufgabenüberschreitungen gegen mein Wissen durchgeführt wurden". Was Hildebrandt mit jenen „Aufgabenverlagerungen" gemeint hatte, mußte vor dem Hintergrund der Debatte der letzten Wochen jedem Beobachter klar sein. Der Passus der Satzung, auf den sich der ehemalige Leiter bezog, war der vierte Punkt des § 2 der Satzung der KgU, der die Aufgaben des Vereins beschrieb: „Bekämpfung solcher Kräfte, die gegen die Menschlichkeit verstoßen oder solchen Verstößen Vorschub leisten, mit friedlichen Mitteln"[198].

Unzweideutig hatte Hildebrandt damit zum Ausdruck gebracht, daß die Kampfgruppe entgegen den von ihr kommenden Äußerungen offenbar doch mit ‚unfriedlichen' Mitteln gearbeitet hatte. In gleicher Weise hatte er auch angedeutet, daß seiner Ansicht nach Ernst Tillich diese Entwicklung zu verantworten hatte. In einem am Heiligen Abend 1952 im Spiegel abgedruckten Leserbrief gab Alfred Götze von der „Deutschen Liga für Menschenrechte" etwas wie eine Ehrenerklärung für Hildebrandt ab: „Wenn die Kampfgruppe ihre ursprünglichen Aufgaben und Ziele nicht beibehalten, sondern sich anderen ‚Bereichen' zugewandt hat, so darf das nicht als Verschulden ihres ehemaligen Begründers angesehen werden"[199].

10. Kampfgruppe und 17. Juni

In bewußter Anlehnung an den Titel jenes Telegraf-Artikels, der am Beginn der Kontroverse um die KgU im Herbst 1952 gestanden hatte, war der Titel eines 1953 erschienenen Heftes der Kampfgruppe gewählt: „Der Weg der Kampfgruppe gegen Unmenschlichkeit"[200]. Dieses Heft faßte einen Teil der Vorträge zusammen, die auf der KgU-Tagung von Mitte Dezember 1952 gehalten worden waren. Insbesondere die Redner aus Belgien und den Niederlanden hatten dort von den Widerstandserfahrungen der Résistance während der deutschen Besetzung dieser Länder berichtet. Besondere Bedeutung für die weitere Arbeit der Kampfgruppe hatten die Ausführungen Ernst Tillichs zum Thema „Psychologische Kriegsführung"[201].

Tillich hatte in seinem Referat die Erfahrungen der letzten Jahre bilanziert: Er sprach von der allseitigen Erwartung, die während der ersten Nachkriegsjahre geherrscht habe, daß das „System des Unrechts" nicht lange bestehen könnte, er er-

---

[197] Neue Zeitung vom 17.12.1952.
[198] Satzung der Kampfgruppe gegen Unmenschlichkeit vom 2. April 1951 (ARH).
[199] Alfred Götze in: Der Spiegel vom 24.12.1952, S. 34.
[200] Der Weg der Kampfgruppe gegen Unmenschlichkeit, S. 15; Telegraf vom 6.11.1952; „Der Weg der KgU" ist auch die Überschrift des ersten Teils von „Unmenschlichkeit als System", S. 11.
[201] E. Tillich, Psychologische Kriegsführung, in: Ebenda, S. 50ff.

wähnte die damalige Überzeugung der „Menschen hinter dem Eisernen Vorhang", „daß die amerikanische Besatzungsmacht ihre Kräfte zusammenfassen und die Sowjets baldigst aus der Sowjetzone vertreiben würde", und mit Nachdruck hob er hervor, der Widerstand in der sowjetischen Zone sei überhaupt nur zu begreifen aus eben dieser „Hoffnung auf eine *baldige* Befreiung". Die Enttäuschung aber, „die die Menschen in der SBZ bisher am Westen erlebt haben", bezeichnete Tillich als „eines der tragischsten Kapitel der deutschen Geschichte".

Diese Hoffnungen aber waren in den früheren Jahren auch von der Kampfgruppe geteilt worden, sie waren ein wesentlicher Antrieb ihrer Widerstandsarbeit gewesen, und die ‚nationale Befreiung' war Ziel ihrer Bestrebungen gewesen. Hatte die damalige Strategie der Gruppe als ein Konzept des ‚Widerstandes bis hin zur Befreiung' bezeichnet werden können, so sprach Tillich nun nur noch von „*demonstrativem Widerstand*" und behauptete: „Alles, was die Kampfgruppe gegen Unmenschlichkeit ihren Freunden in der Sowjetzone als Arbeitsunterstützung zur Verfügung gestellt hatte, hatte keine andere Absicht als den demonstrativen Beweis, daß die Kräfte des Widerstandes am Orte tätig sind und daß die kommunistische Propaganda nicht ungestört geduldet würde"[202]. Es sei dahingestellt, ob Tillich die bisherige Arbeit der Kampfgruppe damit zutreffend beschrieben hatte; wesentlicher nämlich als diese Frage erscheint folgende – eher beiläufige – Bemerkung: „Man kann die Bolschewisierung in der Sowjetzone nicht verhindern, aber man kann sie verzögern"[203]. Allem Anschein nach drückte Tillich hier doch wohl eigentlich aus, daß die KgU nunmehr ihre ‚Aufgabenüberschreitungen' nicht mehr fortsetzen wollte – oder durfte. Zumindest in konzeptioneller Hinsicht vollzog er hier also die geforderte ‚Reorganisation'. In diesem Sinne ist wohl auch folgende Feststellung zu deuten: „Wenn es nur um die nationale Befreiung des Volkes von einer fremden Besatzungsmacht ginge, dann könnte und sollte man getrost diese Arbeit den politischen Parteien überlassen"[204].

Den verbleibenden Arbeitsbereich der Kampfgruppe bezeichnete Tillich mit dem Begriff der ‚Politischen Seelsorge', die er zum „zentralen Anliegen der Kampfgruppe gegen Unmenschlichkeit" erklärte; schon im ersten Satz seines Vortrags hatte er gesagt: „Politische Führung heißt heute Seelenführung im Kalten Krieg"[205]. Dies aber bedeutete, wie Tillich ausführte, wesentlich Hilfe für den einzelnen, unter kommunistischer Herrschaft lebenden Menschen, die auf Erhaltung der Selbstachtung, Vermittlung von Selbstbestätigung und vor allem von Informationen zielen sollte; im Grunde bedeutete dies – auch wenn Tillich hier wiederholt von Widerstand sprach – nichts anderes mehr als den Versuch, dem betroffenen Menschen Mut zum Leben unter einem Regime zu geben, dessen Existenz allem Anschein nach auch für die Kampfgruppe für längere Zeit als gegeben hinzunehmen war: „Die Seelsorge an diesem einzelnen Menschen muß deshalb die erste Aufgabe jeder psychologischen Kriegsführung sein"[206].

---

[202] Ebenda, S. 57.
[203] Ebenda, S. 61.
[204] Ebenda, S. 52.
[205] Ebenda, S. 50f.
[206] Ebenda, S. 52f., 55f.

Diese Aussagen Tillichs vom 15. Dezember 1952[207] beinhalten – notwendigerweise – auch ein Abrücken der Kampfgruppe von einer aktiven Führung des Kalten Krieges. Dies gilt mindestens insoweit, als sich gezeigt hatte, daß die ihrerseits betriebene Verschärfung des Kalten Krieges zum ‚Kältesten Kalten Krieg' keineswegs die Billigung der westlichen Öffentlichkeit und insbesondere auch der offiziellen Stellen gefunden hatte. Als Konsequenz hatte Tillich – ohne im übrigen irgendwie auf die Kritik an der Kampfgruppe einzugehen – die künftige Tätigkeit der KgU mit dem Terminus der ‚Politischen Seelsorge' umschrieben, die er als Bestandteil einer ‚Psychologischen Kriegsführung' im Kalten Krieg des Westens verstanden wissen wollte. Dieser Weg, den Tillich im Dezember 1952 als den zukünftigen Weg der Kampfgruppe beschrieben hatte, war ein Weg der Zurückhaltung und der Selbstbeschränkung, wobei zu dieser Umorientierung möglicherweise westdeutscher oder amerikanischer Druck stärker beigetragen haben mochte als eigene Einsicht.

Der Begriff der ‚Psychologischen Kriegsführung' stand zu dieser Zeit im übrigen hoch im Kurs, und die seit Anfang 1953 amtierende Eisenhower/Dulles-Administration wollte anscheinend im Zuge ihrer ‚Politik der Befreiung' in diesem Bereich aktiv werden; Präsident Eisenhower hatte – wie die New York Times schrieb – als „‚cold-war' strategist" C. D. Jackson in seinen Beraterstab berufen, um durch ihn zu gewährleisten, daß das schon seit April 1952 bestehende „Psychological Strategy Board" endlich zu einer effektiven Institution ausgebaut werde[208]. Ferner hieß es in diesem Artikel, von einer hohen Regierungsstelle sei verlautbart worden, daß für diese Aufgaben Mittel in Höhe von 800 000 000 Dollar zur Verfügung gestellt werden könnten – „for what is essentially a war between the mind of the free world and the mind of the Kremlin, bent on world conquest". – Diese Ausgabe der New York Times erschien an jenem 6. März 1953 mit folgender Schlagzeile auf der Titelseite: *„Stalin dies after 29-year rule; his successor not announced; U.S. watchful, Eisenhower says".* –

Die Kampfgruppe gegen Unmenschlichkeit analysierte in ihrem KgU-Archiv vom 14. April die „Allgemeinpolitische Lage in der SBZ", wobei sie feststellte, Stalins Tod sei „auch für die SBZ von größter Bedeutung"[209]. Die Tatsache, daß die Bevölkerung zu Ruhe und Ordnung aufgerufen worden war, wertete die KgU genauso als „Zeichen der Unsicherheit des Apparates" wie die Beobachtung, daß zur Bewachung insbesondere von Stalin-Denkmälern und anderen „wichtigen Objekten" Posten der VOPO und der FDJ aufgezogen waren, „da man offensichtlich Sabotageakte befürchtete". Ferner seien verschiedentlich Flaggen, Fahnenmaste, Stalinbilder und -büsten beschädigt oder zerstört worden. Außerdem sei auch „von alkoholischen Freudenfesten in den Kasernen" der Roten Armee berichtet worden. Moskau, so die KgU, sei momentan „an gutem außenpolitischen Wetter gelegen", aber dennoch seien keinerlei Anzeichen zu bemerken, „daß in der SBZ die Verfolgungen und Bolschewisierungsmaßnahmen aufgeschoben oder aufgegeben werden".

---

[207] Morgenpost, Der Tagesspiegel vom 16.12.1952.
[208] New York Times vom 6.3.1953.
[209] KgU-Archiv, Nr. 2 vom 14.4.1953, S. 1ff. (BA-K ZSg. 1-64/20).

Wie sich anhand des KgU-Archivs zeigt, registrierte die Gruppe aufmerksam die Entwicklung in der DDR. Ansonsten aber hielt sie sich anscheinend mit ihren Aktivitäten zurück. Am 22. Mai meldete die Morgenpost, die Kampfgruppe werde bis zum Monatsende eine Sammlung durchführen, bei der sie um Sach- und Geldspenden für politische Gefangene und deren Angehörige bat[210]. Anläßlich der Verurteilung eines West-Berliner Journalisten zu fünfzehn Jahren Zuchthaus wegen ‚Boykotthetze' verlangte die KgU in einer Stellungnahme, den Berichterstattern der kommunistischen Presse im Westen so lange keine Arbeitsmöglichkeiten zuzugestehen, bis der Verurteilte „‚wieder in Freiheit'" sei[211]. Ende Mai veranstaltete die KgU eine Versammlung zur Lage der politischen Häftlinge in der DDR[212]. Hier teilte Tillich mit, bei der KgU seien gegenwärtig 109 066 politische Häftlinge erfaßt.

„F – Offener Brief an die Deutschen in der SED" ist der Titel eines der wenigen überlieferten KgU-Flugblätter aus der Zeit vor dem 17. Juni[213]. Im Text wird die politische Lagebeurteilung der Kampfgruppe nach Stalins Tod erkennbar: „Stalin ist tot. Die SED befindet sich in der Krise", wurde hier zu Beginn festgestellt, und eingehend wurden die Schwächezeichen der kommunistischen Herrschaft herausgestellt, so daß der Eindruckt erzeugt wurde, die SED-Regierung könne sich nicht mehr lange halten; 90% der SED-Mitglieder, behauptete die KgU ferner, „glauben nicht mehr an die Zukunft und an die Richtigkeit der sowjetischen ‚Friedenspolitik'".

In gewisser Weise im Kontrast zu Tillichs Klagen über die mangelnde Unterstützung des Westens für die Deutschen in der DDR steht die durchaus optimistische Bewertung der neuen amerikanischen Administration: „Die Zeit der Schwäche des Kreml fällt nämlich genau zusammen mit der Erstarkung des Westens. Endlich ist in Washington eine Regierung, die genau weiß, was sie will, und die alle Kräfte daransetzt, im Kalten Krieg selbst offensiv zu werden und sich von den Sowjets nicht an der Nase herumführen zu lassen". Diese Darlegungen, die unzweideutig auf verunsicherte Mitglieder der SED zielten, mündeten in die Feststellung, es handele sich gegenwärtig um eine Entscheidungssituation, denn – so die Kampfgruppe – es sei ja doch keineswegs sicher, daß Malenkow dem Druck der USA standhalten könne und die DDR nicht preisgeben werde. Offen richtete die KgU eine Warnung an die zweifelnden Parteimitglieder: „Tausende von Augen beobachten Euch gerade in dieser Stunde, in der das SED-Regime ins Wanken gerät. Wie werdet Ihr Euch in den nächsten Monaten halten: Als Karrieremacher und Bonzen oder *als anständige Menschen*?" –

Auf die Ereignisse des 17. Juni kann im vorliegenden Zusammenhang nicht ausführlich eingegangen werden. Von Interesse ist hier lediglich der Gesichtspunkt der westlichen Reaktion auf die Geschehnisse. – Arnulf Baring ist der Auffassung, der Westen sei von den Ereignissen „völlig überrascht" gewesen, und er zitiert nur die

---

[210] Morgenpost vom 22.5.1953.
[211] Neue Zeitung vom 22.5.1953.
[212] Neue Zeitung vom 28.5.1953.
[213] KgU-Flugblatt „F – Offener Brief an die Deutschen in der SED" (BA-K ZSg. 1-64/4 [5]; auch Ullstein-Textarchiv: Allgemeines Archiv, K/Kommunismus, Opfer des Kommunismus, Kampfgruppe gegen Unmenschlichkeit [S O$_1$-1]). Das Blatt ist gezeichnet von Tillich.

10. Kampfgruppe und 17. Juni 193

FDP-Politikerin Marie Elisabeth Lüders, die Anfang Juni als eine der wenigen gemeint habe, „es sei nicht ausgeschlossen, daß es im Gefolge der Normerhöhungen zu größeren Streiks in der Zone kommen werde"[214]. Die Erklärung für die zurückhaltende westliche Reaktion im Juni 1953 mußte allerdings nicht unbedingt in einer Überraschung begründet liegen; wenigstens wenn man den am 13. Juni erschienenen Lagebericht der Kampfgruppe – zu der mindestens 1950/51 auch Frau Lüders Kontakte gehabt hatte – betrachtet, dann ergeben sich doch Zweifel, ob man westlicherseits wirklich überrascht sein konnte, zumal ja die Schwierigkeiten der SED seit geraumer Zeit ohnehin unübersehbar waren[215].

Natürlich hat auch die Kampfgruppe den Aufstand nicht präzise vorausgesagt, aber immerhin wies sie auf innere Unruhen hin, als sie feststellte, mit Semjonows Berufung zum Hohen Kommissar sowie mit Tschuikows Weggang sei eine *„neue Phase in der Innenpolitik der Sowjetzone"* angebrochen, deren Ursache die KgU unter anderem in „der maßlosen Empörung und wachsenden Unzufriedenheit der gesamten Bevölkerung über die SED und ihre Auswirkungen" erblickte; überdies sprach die KgU auch von der kommunistischen „Einsicht, daß mit den bisherigen Methoden der völlige Zusammenbruch der materiellen Basis der SBZ spätestens im Herbst d. Js. eintreten wird"[216]. *„Nach wie vor droht eine Hungersnot,* wenn nicht Hilfe von außen kommt", hieß es an anderer Stelle; ferner wies die Gruppe darauf hin, es sei auch in der Tschechoslowakei aufgrund der überraschend durchgeführten Währungsreform zu „schweren Ausschreitungen und Protestaktionen der Werktätigen" gekommen, und sie fuhr fort: „Die gleiche schwelende Unzufriedenheit wurde in der SBZ durch die von der SED im Mai d. Js. *befohlene 10%ige Normerhöhung* ausgelöst, die sich in Streiks und Protestkundgebungen Luft machte".

Die Kampfgruppe registrierte mithin sehr deutliche Anzeichen einer Gärung in der DDR, und man kann wohl auch im allgemeinen nicht von einer völligen Ahnungslosigkeit des Westens sprechen – überrascht hat man allenfalls über den Termin sein können. Bennett Kovrig weist so auch auf eine andere Ursache für die Art des westlichen Reagierens hin; er zitiert zunächst den amerikanischen Hohen Kommissar James B. Conant mit der Bemerkung, man habe sich unter den Amerikanern in Deutschland bereits im Februar 1953 gefragt, was man tun solle, falls die UdSSR das von ihr besetzte Territorium gänzlich abriegele, und Kovrig zieht bezüglich des 17. Juni folgende Schlußfolgerung: „There was apparently no contingency plan to deal with such an eventuality, let alone with a mass uprising"[217]. Diese Sichtweise läuft wenigstens tendenziell hinaus auf die These einer mangelnden *„Zentralführung des Kalten Krieges"* auf westlicher Seite (Tillich)[218]. Darüber hinaus aber gelangt Kovrig aufgrund seiner Analyse der wenigen realistischen Optio-

---

[214] Arnulf Baring, Der 17. Juni 1953, Stuttgart 1983, S. 98.
[215] Monatsbericht über die Lage in der SBZ, in: KgU-Archiv, Nr. 8 (13.6.1953), S. 1-6 (BA-K ZSg. 1-64/20).
[216] KgU-Archiv, ebenda, S. 1f.
[217] Bennett Kovrig, The Myth of Liberation. East-Central Europe in U.S. Diplomacy and Politics since 1941, Baltimore-London 1973, S. 133.
[218] E. Tillich, Psychologische Kampfführung, S. 65.

nen der amerikanischen Politik zu dem Schluß, daß ein militärisches Einschreiten – im Sinne eines ‚roll back' – im Juni 1953 in keiner Weise zu verantworten gewesen sei, weil: „Conceivably, a combination of military intervention and mass uprisings might have shifted the balance against the Russians, but this would have amounted to total war, a price that no American policy maker was willing to pay for the liberation of the satellites"[219]. Vermutlich waren es durchaus vergleichbare Überlegungen, die westliche Stellen auch davor zurückschrecken ließen, erheblich weniger einschneidende Maßnahmen zu ergreifen – Ausnahmen wie etwa RIAS-Berlin bestätigten lediglich die Regel. Und so beklagte auch Rainer Hildebrandt gewiß mit einigem Recht, „daß seitens des Westens versäumt wurde, eine Solidarität zur wirksamen Unterstützung der Unterdrückten herzustellen"[220]. Weiter stellte er fest: „Der 17. Juni ist die erste wirkliche Prüfung der Konzeption und Entschlossenheit westlicher Politik gewesen. Der Westen hat diese Prüfung nicht bestanden. Vor allem aber zeigten die letzten Monate, daß der Westen sich seiner Fehler und ihrer Bedeutung kaum bewußt ist. Die Bevölkerung der Sowjetzone hat in den letzten Monaten ein sehr deutliches Gefühl für diese Schwäche des Westens bekommen, und ihre Widerstandskraft und ihr Widerstandswille haben dadurch deutlich nachgelassen".

Hildebrandt beschrieb hier nichts anderes als das Scheitern der westlichen ‚Politik des Kalten Krieges'. Der ‚Konsens des Kalten Krieges' hatte sich nicht als tiefgehend genug erwiesen, der ‚Partei des Westens in der DDR' nennenswerte Unterstützung zu geben. Das Scheitern des 17. Juni aber bedeutete zugleich das endgültige politische Scheitern der Kampfgruppe gegen Unmenschlichkeit. Dabei darf jedoch keinesfalls übersehen werden, daß das Scheitern der Streikbewegung, so sehr sie auch den Erwartungen und Vorstellungen der Kampfgruppe zu entsprechen schien, doch nur etwas wie eine nachträgliche Probe aufs Exempel gewesen war. Der eigentliche Grund des Scheiterns der Kampfgruppe nämlich lag anderswo: Es war die Entscheidung zur Anwendung von Gewaltmitteln gewesen. Dadurch wurde das auch von ihr selbst immer wieder als essentiell bezeichnete moralische Ansehen der Kampfgruppe beschädigt und der kommunistischen Seite wurde ein dauernder Angriffspunkt geboten, wie er im Sinne der SED geeigneter nicht sein konnte.

---

[219] Kovrig, Myth of Liberation, S. 137.
[220] R. Hildebrandt, Was lehrt der 17. Juni? Eine Denkschrift, Berlin (Privatdruck) 1954, S. 12.

V. Der Konsens zerbricht:
Das langwierige Ende der Kampfgruppe

1. Adenauer sendet Glückwünsche

In einer mit dem Vermerk „Vertraulich!" versehenen Sondernummer des KgU-Archivs nahm die Kampfgruppe ausführlich Stellung zu den nach dem 17. Juni an ihre Adresse gerichteten Angriffen[1]. Entschieden wurde etwa der gerüchteweise aufgetauchte Vorwurf zurückgewiesen, Tillich habe am 17. Juni Jugendliche mit Benzin und Lappen zum Anzünden von Gebäuden ausgerüstet; Tillich, so hieß es weiter, habe sich bereits am 26. Juni an die Behörden gewandt und gebeten, derartige Behauptungen sollten an die Staatsanwaltschaft zwecks Verfolgung weitergegeben werden. Bereits am 11. Juli hatte die Gruppe pauschal darauf hingewiesen, sie sei es gewohnt, zu großer Aktivität beschuldigt zu werden. Davon könne aber wohl schwerlich die Rede sein, da am 17. Juni vom Westen her eben gerade keinerlei Aktivität ausgegangen sei[2]. Insgesamt ergibt sich der Eindruck, daß die Kampfgruppe nach dem 17. Juni große Mühe darauf verwenden mußte, die in der Tat weitgehend unbegründeten Vorwürfe zu entkräften, die gegen sie als eine der vielzitierten ‚Agentenzentralen' insbesondere von kommunistischer Seite erhoben wurden.

Als Anlage zu der genannten Sondernummer des KgU-Archivs veröffentlichte die Gruppe im übrigen auch die Abschrift einer Besprechungsniederschrift, die der nach West-Berlin geflüchtete ehemalige Offizialverteidiger Wolfgang Kaisers bereits am 8. Juni 1953 bei der KgU unterzeichnet hatte[3]. Der lediglich als „Dr. B." bezeichnete Anwalt, der auch im Burianek-Prozeß aufgetreten war, erklärte hier, er sei überzeugt, daß eine Behandlung der Angeklagten durch Drogen „äußerst wahrscheinlich" sei, und abschließend hatte der Verteidiger festgestellt: „Ich persönlich – rein gefühlsmäßig – glaube nicht, daß die von Kaiser eingestandenen Verfehlungen tatsächlich begangen worden sind" – [4].

In einem auf den 20. Juli 1953 datierten Flugzettel wies die Kampfgruppe darauf hin, Hilde Benjamins – „der roten Guillotine" – Einsetzung als Justizminister der DDR sei „eine offene Provokation der Arbeiterschaft!"[5] Die Methode der SED bleibe trotz der „Selbstbezichtigungen und Zugeständnisse von Fehlern" auch nach dem 17. Juni „*Kriechen und Treten!*"[6] Die Kampfgruppe zielte in diesem wie in anderen Flugblättern aus dieser Zeit in erster Linie darauf, den Widerstandswillen der Bevölkerung aufrechtzuerhalten:

---

[1] KgU-Archiv, Sondernummer: „West-östliche Störsendungen zum 17. Juni" (14.7.1953), S. 4 (BA-K ZSg. 1-64/20, sowie Ullstein-Textarchiv: Allgemeines Archiv, K/Kommunismus, Opfer des Kommunismus, Kampfgruppe gegen Unmenschlichkeit, S. 62).
[2] KgU-Presse (11.7.1953), S. 6 (Ullstein-Textarchiv: Ebenda, S. 63).
[3] Anlage zum KgU-Archiv, Sondernummer.
[4] Ebenda, S. 2f.
[5] KgU-Flugblatt „F – Die Kampfgruppe. Was steht bevor?" (BA-K ZSg. 1-64/4 [2]).
[6] Ebenda.

„(...) Man weiß jetzt, wie man die Handlanger von Ulbricht, die einen auch heute noch zu ‚freiwilligen Selbstverpflichtungen' überreden möchten, zur Schnecke machen kann. Denn auch sonst gilt die Parole: Arbeite langsam! Darum fordert mit unerschütterlicher Entschlossenheit:
1. Senkung der Lebenshaltungskosten!
2. Freilassung der politischen Gefangenen, insbesondere der Gefangenen des 17. Juni!
3. Fort mit Ulbricht und Grotewohl!" –
Vom 15. August an verbreitete die KgU ein Flugblatt über „Die Lehren des Moskauer Aufstandes", in dem sie sich „An die revolutionäre Bevölkerung in der SBZ!" wandte[7]. Auch hier ermutigte die Kampfgruppe zu weiterer Zuversicht trotz der Niederlage am 17. Juni; sie tat dies, indem sie – unter Angabe der genauen Fundstelle in seinen „Ausgewählten Werken" – auszugsweise Lenins Aufsatz „Die Lehren des Moskauer Aufstandes" abdruckte, der die Vorkommnisse im Dezember 1905 analysierte. Im Druck hervorgehoben waren Sätze wie diese: „Die Organisation blieb hinter dem Anwachsen und dem Schwung der Bewegung zurück" und „Die Arbeitermassen suchten vergeblich Anweisungen für energische Massenaktionen". Der Auszug schloß mit dieser Feststellung Lenins: „Sturz der Zarenregierung und Einberufung der konstituierenden Versammlung durch die revolutionäre Regierung, das ist die Losung, um die wir einen immer größeren Teil des Proletariats, der Bauernschaft und der Truppen sammeln und sammeln werden".
Ausweislich ihres Arbeitsberichts für 1953 schickte die Kampfgruppe in diesem Jahr rund 10 Millionen derartiger Flugblätter mit ihren Ballons in die DDR und nach Ost-Berlin; zur technischen Abwicklung betonte die Gruppe: „Dabei wurde im Laufe der Zeit eine gewisse Sicherheit hinsichtlich der Bestimmungsorte erreicht; bei den meisten Flugblattsendungen ist es möglich, sie in einem vorher bestimmten Raum niedergehen zu lassen. Im Durchschnitt trägt ein Ballon 10000 Flugblätter"[8]. Dies gelang der Gruppe auch deshalb, weil sie die Ballons nicht nur von Berlin aus, sondern auch von Punkten an der innerdeutschen Grenze aus startete.
Die Kampfgruppe befaßte sich in den Monaten nach dem Aufstand vom Juni auch in ihren Informationsdiensten vorrangig mit der Streikbewegung; bereits am 19. Juni war eine Sondernummer des KgU-Archivs herausgekommen, in der sachlich der Ablauf der Ereignisse geschildert wurde[9]. Darüber hinaus war die Organisation naturgemäß mit der Betreuung geflohener Streikteilnehmer beschäftigt; außerdem sammelte und analysierte sie die Angaben von mehr als 1 200 Beteiligten[10].

---

[7] KgU-Flugblatt „F – Die Kampfgruppe. Die Lehren des Moskauer Aufstandes" (BA-K ZSg. 1-64/4 [7]).
[8] Fünf Jahre Kampfgruppe gegen Unmenschlichkeit. Ein Arbeitsbericht, in: KgU-Archiv (unnummeriert, undatiert; wohl 15.12.1953), S. 8f. (BA-K ZSg. 1-64/10 [13]).
[9] Der Juni-Aufstand in Ostberlin, in: KgU-Archiv, Sondernummer vom 19.6.1953 (BA-K ZSg. 1-64/20).
[10] Die Menschen vom 17. Juni (Soziologische Untersuchung einer aktivistischen Minderheit), in: KgU-Archiv, Sondernummer vom 15.11.1953 (BA-K ZSg. 1-64/20). – Diese Untersuchung zitiert auch Baring (Der 17. Juni 1953. Stuttgart 1983, Anm. 21 zu S. 68 und Anm. 30 zu S. 96, S. 144f.). Auf S. 145 (Anm. 33 zu S. 104) weist Baring auch hin auf R. Hil-

Diese Untersuchungen mündeten in eine Analyse der Ereignisse, die die Kampfgruppe Mitte November in ihrem Archiv unter dem Titel „Die Menschen vom 17. Juni" publizierte. Nach der Mahnung, das Gedenken insbesondere der „Blutzeugen der Volkserhebung" zu bewahren, hieß es im Vorwort weiter: „Die Kampfgruppe will ferner mit dieser Arbeit einmal mehr den Beweis bringen für die Verlogenheit der sowjetdeutschen Machthaber, die behaupten, daß nur westliche Agenten, Militaristen, Faschisten und verbrecherische Elemente die Juni-Unruhen provozierten"[11].

Im Oktober 1953 versandte die Kampfgruppe ein Flugblatt in die DDR, in dem sie davor warnte, daß der SSD nunmehr bestrebt sei, seinen Spitzelapparat zu verdoppeln, und daß eine verstärkte Anwerbungstätigkeit des SSD zu beobachten sei, seit Ernst Wollweber die Leitung des „Ministeriums für Staatssicherheit" übernommen habe; in fünfzehn Punkten gab die KgU Verhaltensregeln für Betroffene und forderte auf, sich „in allen Spitzelangelegenheiten" an sie zu wenden[12]. Aus demselben Monat stammt ein Flugzettel zum Thema „Sinnvoller Widerstand", auf dem die Kampfgruppe unterstrich: „Es gibt Widerstand ohne Vergeltung von Terror durch Gewalt und ohne persönliche Gefährdung durch gewaltsame Auflehnung gegen die Besatzungsmacht. Alle Arten des passiven Widerstandes erschüttern das System"[13].

Die Zusammenfassung der Ergebnisse ihrer Tagung zum Thema „Freiheit und Staatssicherheit", die am 14./15. Dezember 1953 in Berlin stattfand, leitete die KgU wie folgt ein: „Die KgU beging den Jahrestag ihres fünfjährigen Bestehens mit bewußtem Verzicht auf Festivitäten, die sich mit dem Charakter ihrer Arbeit nicht vertragen, als Veranstalterin einer Arbeitstagung, deren Thema in Berlin neu und für unsere Demokratie aktuell war. Teilnehmer insgesamt 520"[14]. Anläßlich des fünfjährigen Jubiläums waren zahlreiche Glückwunschtelegramme eingegangen; unter den Absendern befanden sich auch der gesamtdeutsche Minister Jakob Kaiser, sein Staatssekretär Thedieck, vor allem aber auch Bundeskanzler Konrad Adenauer[15]. Die Themenstellung der Tagung wurde von der Kampfgruppe so umrissen: „Die Einzelreferate hatten die Aufgabe, von der staatsphilosophischen Analyse der bürgerlichen Freiheit und des Rechtsauftrages des Staates ausgehend eine grundsätzliche Stellungnahme zu dem Thema ‚Staatssicherheit' zu erarbeiten und diese durch die Aufzeigung der Gefahren am Beispiel der Schwächen der Weimarer Demokratie und am Beispiel der jetzigen kommunistischen Aggression zu erläutern"[16]. Auf der Tagung referierten Professor Florent Peeters, Professor Hans-Joa-

---

debrandt, Was lehrt der 17. Juni? Eine Denkschrift, Berlin (Privatdruck) 1954; Baring erwähnt dabei nicht, wer die jeweiligen Verfasser eigentlich waren und inwieweit sie in engerer Beziehung zu den Geschehnissen standen.

[11] Ebenda, S. 2.
[12] KgU-Flugblatt „F- Die Kampfgruppe warnt: Deutscher in der SBZ! Der Staatssicherheitsdienst will Dich zu Spitzeldiensten verpflichten" (BA-K ZSg. 1-64/4 [9]).
[13] KgU-Flugblatt „F – Die Kampfgruppe. Sinnvoller Widerstand" (BA-K ZSg. 1-64/4 [10]).
[14] Kurzgefaßter Überblick über die Jahrestagung der KgU „FREIHEIT UND STAATSSICHERHEIT" am 14. und 15.12.1953 in Berlin, S. 1 (BA-K ZSg. 1-64/3 [7]).
[15] Neue Zeitung vom 15.12.1953.
[16] Überblick, S. 1. – Vgl. ferner Der Tagesspiegel vom 15.12.1953; Deutsche Zeitung und Wirtschaftszeitung vom 27.1.1954.

chim Schoeps, Professor von der Heydte sowie auch Ferdinand Friedensburg, Hans Köhler und Roman Redlich; abgeschlossen wurde die Tagung am 15. Dezember mit einer Kundgebung im Großen Hörsaal der TU, die vorwiegend von Flüchtlingen besucht wurde und auf der neben Köhler, Tillich und Peeters auch der Vertreter der russischen Exilorganisation NTS Alexander Truschnowitsch zum Thema „Die Verteidigung des Menschen" sprach[17]. Truschnowitsch – ein Doktor der Medizin – hatte ehemals der antibolschewistischen weißen Bewegung angehört, war jedoch 1922 in die Hände der Sowjets gefallen und hatte erst 1934 die Sowjetunion verlassen können; seit 1950 leitete Truschnowitsch das „Berliner Hilfskomitee für russische Flüchtlinge", das als Anlaufstelle für desertierte Rotarmisten und „,alle Rußländer, die dem totalitären Regime den Rücken kehren'" wollten, in West-Berlin arbeitete[18].

Für die Tägliche Rundschau stellten insbesondere Adenauers Glückwünsche an die Kampfgruppe nichts anderes als eine „unverschämte Provokation" dar[19]. Bundeskanzler Adenauer aber war, obwohl er die Bundestagswahl am 6. September 1953 überragend gewonnen hatte, unterdessen in „eine arge juristische Zwickmühle" geraten, wie der Spiegel im Januar 1954 fand[20]. Der DGB-Funktionär Hugo Scharley und der Solinger SPD-Vorsitzende Heinrich Schroth hatten nämlich Klage gegen den Kanzler erhoben, weil dieser im Wahlkampf behauptet hatte, sie hätten aus einem Fonds der SED je 10 000 DM Wahlkampfunterstützung entgegengenommen. Adenauer mußte zugeben, daß seine Anschuldigungen unberechtigt gewesen waren[21]. Eine undurchsichtige Rolle in dieser Affäre spielte ein dubioser Nachrichtenhändler namens Heinz-Werner Stephan.

2. Anfang vom Ende

Die im September 1953 formal neu gegründete „Neunte Abteilung der Ersten Hauptverwaltung" der sowjetischen Geheimpolizei, die nach Gründung des KGB mit den organisatorischen Überbleibseln einer entsprechenden älteren Einrichtung vereinigt wurde, ist ein augenfälliges Beispiel für die ‚Zentralführung' des Kalten Krieges auf östlicher Seite[22]. Es war ein Agent dieser Neunten Abteilung, der am 18. Februar 1954 – angeblich auf Befehl Chruschtschows und Malenkows – in Frankfurt den NTS-Führer Georgij Sergejewitsch Okolowitsch ‚liquidieren' sollte, tatsächlich aber zu den Amerikanern überlief. Dieser Abteilung des KGB rechnet John Barron auch die Entführung des NTS-Funktionärs Truschnowitsch – wie

---

[17] Überblick, S. 2ff.; Der Tagesspiegel vom 16.12.1953.
[18] Hans von Rimscha, Die Entwicklung der rußländischen Emigration nach dem Zweiten Weltkrieg, 2. Teil, in: Europa-Archiv, 7. Jg. (20. November- 5. Dezember 1952), S. 5319-5332; hier S. 5331.
[19] Tägliche Rundschau vom 31.12.1953.
[20] Der Spiegel vom 27.1.1954, S. 6ff.
[21] Ebenda. – Vgl. auch Der Spiegel vom 17.3.1954, S. 6f.
[22] Barron, KGB, S. 392ff.

auch die Entführung des UfJ-Mitarbeiters Karl Wilhelm Fricke im Jahre 1955 – zu[23].

In einem ihrer „KgU-Briefe", so bezeichnete die Gruppe neuerdings ihre Rundschreiben an ihr nahestehende Persönlichkeiten[24], nahm die Kampfgruppe zu Truschnowitsch' Entführung Stellung: „Der Menschenraub an dem bekannten und bewährten Freiheitskämpfer, Dr. Alexander Truschnowitsch, der sich stets als guter Freund der KgU erwiesen hat und noch am 15. Dezember bei der Abschlußkundgebung unserer Arbeitstagung sprach und seine Verbundenheit mit uns bekundete, gehört mit zu den schwersten und gemeinsten Verbrechen, die auf das Konto der roten Gestapo kommen"[25]. Deshalb beteiligte sich die KgU auch an der Großkundgebung „Für die Freilassung von Dr. Truschnowitsch", die von der NTS-Organisation durchgeführt wurde[26].

Die Kampfgruppe ihrerseits hatte bereits im Januar 1954 im KgU-Archiv eine systematische Darstellung zum Thema „Der Menschenraub. (Methodik, Tat und Täter)" vorgelegt, in der sie auch auf den Fall Linse eingegangen war[27]. Zum Jahresanfang 1954 stand dann jedoch die am 25. Januar beginnende Konferenz der Außenminister der vier Siegermächte im Berliner Kontrollratsgebäude im Zentrum der KgU-Arbeit. Die Kampfgruppe nutzte den Aufenthalt von mehr als tausend internationalen Journalisten, um insbesondere die ausländischen Korrespondenten eingehend über die Situation in der DDR zu unterrichten – im ‚Stammhaus' in der Ernst-Ring-Straße richtete sie zu diesem Zweck eine Ausstellung ein[28]. Der Spiegel berichtete später, die Kampfgruppe habe auch dazu aufgerufen, Briefe und Postkarten an US-Außenminister Dulles zu schicken, in denen er im Namen der Bevölkerung der DDR aufgefordert werden sollte, hart zu verhandeln; etwa zehntausend Briefe und Karten seien auf diese Weise bei Dulles eingegangen[29].

Aufgrund von Truschnowitsch' Entführung rückte dann aber in der Öffentlichkeit das Problem des Menschenraubs in den Mittelpunkt des Interesses, und am 22. April 1954 debattierte hierzu das Berliner Abgeordnetenhaus[30]. Der Regierende Bürgermeister Schreiber teilte in einer Erklärung unter anderem mit, der Senat von Berlin habe zur Aufklärung des Falles Truschnowitsch eine Belohnung in Höhe von 100 000 DM ausgesetzt, und er sicherte zu, daß derartige Verschleppungsfälle „auch nach einer Wiedervereinigung Berlins verfolgt werden"; ferner kündigte Schreiber an, man werden prüfen, ob eine Erweiterung der einschlägigen Straftatbestände sowie eine Verschärfung der Strafen für solche Delikte erforderlich seien.

---

[23] Ebenda, S. 394. – War Dr. Truschnowitsch ein Verräter? In: KgU-Archiv vom 13.4.1955, S. 1 (BA-K ZSg. 1-64/10 [23]).
[24] Diese Aufgabenstellung der KgU-Briefe wird deutlich anhand der Einleitung des KgU-Briefs vom 31.7.1954, S. 1 (BA-K ZSg. 1-64/10 [18]).
[25] Arbeitsbericht für die Zeit vom 1.1. bis 30.4.1954, in: KgU-Brief (undatiert), S. 2f. (BA-K ZSg. 1-64/10 [16]).
[26] Ebenda, S. 5.
[27] Der Menschenraub (Methodik, Tat und Täter), in: KgU-Archiv, Nr. 20 vom Januar 1954 (BA-K ZSg. 1-64/20).
[28] Arbeitsbericht, S. 1.
[29] Der Spiegel vom 2.7.1958, S. 35.
[30] Protokoll der 99. Sitzung vom 22. April 1954, in: Stenographische Berichte des Abgeordnetenhauses von Berlin, I. Wahlperiode, Bd. IV, Berlin 1954, S. 274ff.

Der Regierende Bürgermeister betonte ferner, „auch die Mitglieder und die Vorstände von Vereinigungen", die er näher nicht bezeichnete, müßten sorgfältiger prüfen, welchen Personen sie Einblicke in ihre Interna geben dürften.

In der Begründung einer auf die Menschenraubfälle der letzten Zeit bezogenen Dringlichkeitsanfrage ging der SPD-Abgeordnete Joachim Lipschitz um so deutlicher auf die von Schreiber angesprochenen Organisationen ein: „Herr Regierender Bürgermeister! Es operieren in Berlin – das wissen Sie auch, und wir wiederholen das nur noch einmal, damit die Öffentlichkeit von diesen Dingen etwas anders Kenntnis nimmt, als es allgemein der Fall ist – in Berlin zu viele Gruppen, die unter der Firma ‚Freiheitskampf' alles andere als Freiheitskampf tun, sondern Agententätigkeit – meistens mit Wasser auf beiden Schultern – ausüben". Vor allem aufgrund der Gefährdung von Menschenleben hatten diese Organisationen für Lipschitz „Hautgout", und der sozialdemokratische Politiker verlangte, daß man „auch einmal an solche Organisationen herangeht und ihnen die Meinung geigt, selbst wenn sie in ihrer Firma zu erkennen zu geben scheinen, als ob es um nichts anderes ginge als um den Freiheitskampf gegen den Osten". Nachdem Lipschitz seine Rede unter dem Beifall der SPD-Fraktion beendet hatte, versuchte ein Tribünenbesucher mehrfach zu sprechen – Parlamentspräsident Amrehn forderte die Saaldiener auf, den Mann aus dem Saal zu entfernen.

Über den von Lipschitz zuletzt angesprochenen Punkt aber herrschte im Berliner Parlament weitgehende Einigkeit; Schreiber sagte in seiner Antwort: „Das Kapitel, das Herr Lipschitz dann am Schluß angeschnitten hat, von den vielen Agentenzentralen – nennen Sie es, wie Sie es wollen – ist zweifellos ein sehr ernstes Kapitel, und ich persönlich wünschte sehr, daß es gelänge, eine wirkliche Übersicht und eine wirkliche Ordnung in diese Dinge hineinzubringen"[31]. Auch Ernst Lemmer, gleichfalls von der CDU, stimmte Lipschitz zu: „Wir befinden uns leider nicht nur an einem Brennpunkt des kalten, sondern zugleich des ‚dunklen' Krieges. Was in dieser Stadt auf diesem Gebiet in den Auseinandersetzungen zwischen West und Ost vor sich geht, dürften wir wohl nur ahnen, es aber nicht wissen".

Namen waren in der Debatte nicht genannt worden – anscheinend war klar, um wen es ging. Auch der Spiegel, der in einem Bericht vom Juli ausführlich Lipschitz' Äußerungen zitierte, spezifizierte diese Aussagen nicht[32]. Dafür berichtete das Nachrichtenmagazin jedoch von einer Offerte des Kulturministers der DDR. Johannes R. Becher hatte nämlich angeboten, daß die Bevölkerung der DDR ohne Unannehmlichkeiten westliche Rundfunksendungen hören, westliche Presseorgane beziehen und Westbesucher empfangen könnte, falls RIAS und ähnliche Sender auf bestimmte Sendungen verzichteten, die Bundesrepublik ihrerseits die Einfuhr kommunistischer Zeitungen und Zeitschriften gestattete – und vor allem bestimmte West-Berliner Organisationen fallenließe.

Bekämpfte der Osten also einerseits mit Entführungen – wobei man sich Anfang 1954 insbesondere auf NTS konzentrierte – den westlichen Apparat des Kalten Krieges, so forderte die kommunistische Seite andererseits dazu auf, diesen Apparat zur Disposition zu stellen, indem sie verlockende Gegenleistungen in Aussicht

---

[31] Ebenda, S. 277.
[32] Der Spiegel vom 21.7.1954, S. 10ff.

stellte. Derartige Angebote werden vermutlich dazu beigetragen haben, daß man sich in West-Berlin in der Tat immer stärker von Einrichtungen wie der KgU distanzierte. Der Sozialdemokrat Lipschitz hatte ja bereits grundsätzlich Zweifel an ihrer Existenzberechtigung angemeldet, ihnen darüber hinaus aber auch Spionagetätigkeit vorgeworfen, während der Regierende Bürgermeister sogar den Terminus von den ‚Agentenzentralen' in den Mund genommen hatte, der doch eigentlich dem Sprachrepertoire des Neuen Deutschland entstammte. –

Das Jahr 1954 brachte der Kampfgruppe gegen Unmenschlichkeit auch eine – freilich nicht sehr wohlwollende – literarische Erwähnung. In dem Roman des ehemaligen FU-Studenten Dieter Meichsner „Die Studenten von Berlin" nämlich sagt ein gewisser Schick, eine charakterlich keineswegs sehr positiv gezeichnete Figur, die selbst später in dem im Roman so bezeichneten „Stoßtrupp Humanität" mitarbeitet, es handle sich bei dieser Organisation um eine von ehemaligen Opfern des Faschismus gegründete Vereinigung, die „in der Zone" Material vertreibe, „in Berlin und Westdeutschland Aufklärungsarbeit zur *Erhellung* der sowjetischen Methoden" leiste, ehemalige KZ-Insassen betreue und deren Angehörige benachrichtige[33]. In der Tat wandte sich der Autor unverkennbar gegen einen ‚Befreiungsdilettantismus', wie er nach seiner Ansicht nicht nur von der KgU, sondern auch vom „Amt für gesamtdeutsche Studentenfragen" des Verbandes Deutscher Studentenschaften betrieben wurde[34]. Aber selbst der Spiegel fand seine Kritik überzogen: „In seinem Bemühen, es sich nicht allzu bequem zu machen, wird Meichsner – wie andere, vorwiegend linke Intellektuelle im überhitzten politischen Klima Westberlins – stellenweise ungerecht gegenüber den streitbaren Exponenten des Westens und schon fast peinlich nachsichtig gegenüber dem Osten". Vor allem aber wegen Meichsners Kritik an der nach seiner Meinung zu schnell innerlich erstarrten Freien Universität verzichtete dann auch der Herausgeber der Berliner Studentenzeitung Colloquium Otto H. Heß auf den geplanten Vorabdruck des Romans.

Dennoch bleibt Meichsners Roman ein Indiz für den sich immer stärker wandelnden Zeitgeist; unverkennbar wurden Organisationen wie die Kampfgruppe gegen Unmenschlichkeit identifiziert mit einem Kalten Krieg, den man mehr und mehr als etwas Überlebtes verstand – als etwas, das es zu überwinden galt.

3. „Widerstandsorganisation oder Nachrichtendienst?"

Im Mai 1954 fand vor dem Moabiter Schwurgericht der Prozeß gegen den 44jährigen Johannes Hederich statt, dem als ehemaligem NKWD-Agenten eine Reihe von Entführungen zur Last gelegt wurde – etwa die beiden gescheiterten Kidnapping-Versuche an Rainer Hildebrandt im Jahre 1949[35]. „Verbrecherquartier Karlshorst. Moabiter Menschenraubprozeß enthüllt die Hintergründe", lautete die Schlagzeile eines Berichts im ‚Abend', der ähnlich der kommunistischen Presse bei

---

[33] Dieter Meichsner, Die Studenten von Berlin. Roman, Hamburg (1954), S. 343f. – Ferner S. 363, 498.
[34] Der Spiegel vom 28.4.1954, S. 27.
[35] Der Abend vom 21.5.1954.

entsprechenden Fällen dem Angeklagten vorwarf, allein „des Geldes wegen" gehandelt zu haben. Trotz solcher Analogien aber liegen Entsprechungen zwischen Ost und West hier nur ansatzweise vor; weder die Justiz noch die Presse im Westen fungierten jemals in dem Maße wie ihre kommunistischen Pendants im Sinne eines nahezu totalen Vernichtungswillens als Instrumente des Kalten Krieges.

Daß die Qualität der Führung des Kalten Krieges von seiten der SED durch einen derartigen Vernichtungswillen mindestens mitbestimmt war, wurde neuerlich deutlich, als am 3. Juni 1954 ein Sprecher des Staatssicherheitsdienstes mitteilte, das Todesurteil gegen Wolfgang Kaiser sei vollstreckt[36]. Das Gnadengesuch der Eltern Kaisers war unberücksichtigt geblieben, obwohl ihnen unterdessen ein Bescheid Wilhelm Piecks zugegangen war, der durchaus zu gewissen Hoffnungen berechtigt hatte. Die Kampfgruppe reagierte noch am gleichen Tag mit einer Presseerklärung. Mit der Urteilsvollstreckung, so die KgU, hätten „die sowjetzonalen Machthaber eine erneute furchtbare Blutschuld auf ihr Haupt geladen", sie forderte dazu auf, den SSD „nun endlich offiziell zur verbrecherischen Organisation zu erklären und jede Beteiligung an Menschenraub im Westen mit dem Tode zu bestrafen"[37]. Weiter hieß es in der Stellungnahme: „Die Kampfgruppe gegen Unmenschlichkeit, die in den letzten zwei Jahren über diesen Fall geschwiegen hat, um ihren ehemaligen Mitarbeiter nicht möglicherweise noch stärker zu gefährden, nimmt sein Schicksal mit Erschütterung zur Kenntnis, und faßt es als Verpflichtung auf, ihren Kampf gegen das bolschewistische Regime in Mitteldeutschland zu verstärken".

Die Hinrichtung Kaisers und ihre Mitteilung gerade zwei Wochen vor dem ersten Jahrestag des 17. Juni war seitens der DDR gewiß absichtsvoll terminiert worden, um deutlich zu machen, daß die SED in der Tat mit aller Härte gegen ihre Gegner vorzugehen gedachte. Die Kampfgruppe ihrerseits schickte während des Jahres 1954 nach eigenen Angaben 21 705 000 Flugblätter mit ihren Ballons in die DDR; fast die Hälfte davon aus Anlaß des Jahrestages des Volksaufstandes[38].

Großes Aufsehen erregte im Sommer 1954 der Fall Otto John. Der Präsident des Bundesamtes für Verfassungsschutz war im Juli aus West-Berlin verschwunden und tauchte alsbald wieder in der DDR auf, wo er im August auf einer Pressekonferenz auftrat. Am 31. Juli äußerte sich Ernst Tillich in einem KgU-Brief dazu: „Ein Zweifel daran, daß *John von sich aus* in die DDR hinübergegangen ist, läßt sich jedoch kaum noch aufrechterhalten und wahrscheinlich liegt die Ursache nicht in einem Grund allein, sondern in einem Komplex von Gründen psychologischer, moralischer und politischer Art. Gemäß seinen Rundfunkansprachen wünscht *John* selbst seine Desertion politisch zu interpretieren"[39]. Für Tillich erwies sich John als „ein Musterbeispiel der *moralisch-psychologischen Krise* einer hochbürgerlichen Intelligenzschicht", und er zog den Vergleich zu Fällen wie denen des Alger Hiss oder des Klaus Fuchs. Als bedeutsam betrachtete Tillich auch die Wirkungen jener „*Cameraderien*" sowie der zeitweiligen Zusammenarbeit mit sowjetischen Ge-

---

[36] Der Tagesspiegel vom 4.6.1954.
[37] Wolfgang Kaiser – Opfer eines befohlenen Justizmordes? In: KgU-Archiv, Nr. 31 (14.6.1954), S. 6 (BA-K ZSg. 1-64/20).
[38] KgU-Archiv, Nr. 32 (20.7.1954), S. 8 (ebenda).
[39] E. Tillich, Zum Fall John, in: KgU-Brief (31.7.1954), S. 10 (BA-K ZSg. 1-64/10 [18]).

heimdiensten in der Zeit des Nationalsozialismus, und er diagnostizierte eine aus dem damaligen „Antifaschismus" resultierende „psychologische Fixierung an die Vergangenheit", die oft genug Ursache einer „Neigung zur ‚Verständigungspolitik' mit den Sowjets" sei. In diesem Zusammenhang erinnerte er „an den Fall des Propstes Grüber, der ebenfalls aus einem Gemisch von Antifaschismus und Geltungsbedürfnis auf der sowjetzonalen Seite steht", sowie an den während des Dritten Reiches „außerordentlich verdienstvollen, jetzt neutralistischen Pfarrer Pölchau"[40]. Im Falle Johns stellte Tillich außerdem die „spezifischen *Verführungen des Berufs*" in Rechnung; alle Faktoren gemeinsam hätten jedoch – für Tillich nicht nur bei John – einen Prozeß des Persönlichkeitsverfalls in Gang gebracht: „Sexuelle Ausschweifungen und Perversionen besiegeln meist den Prozeß". Insgesamt bewertete der KgU-Leiter den Fall John als „Menetekel für die innere Verteidigungsbereitschaft der Demokratie und die Krise des Staatsbewußtseins", und angesichts dieses Falles in seinen Augen erfolgreicher sowjetischer Infiltration forderte er: „Verstärkung der Abwehrbereitschaft, Ausschaltung der zweifelhaften Figuren in unseren Behörden, Organisationen und Presseorganen, Auswechslung der Persönlichkeiten in leitenden Stellen, die ähnliche Neigungen zur ‚Verständigung' mit den Sowjets zeigen wie *John* und sein Kreis!"

Ernst Tillichs Stellungnahme ist eine für die damalige Kampfgruppe typische Äußerung. Mit Vehemenz richtete er sich gegen jegliche Art von Kontaktaufnahme mit der DDR-Regierung; sich nicht zuletzt infolge des ‚Tauwetters' regende Entspannungstendenzen im Westen wurden von ihm als Durchbrechung des Konsenses des Kalten Krieges betrachtet und verurteilt. Es sei dahingestellt, inwieweit seine Bewertung des Falles John zutreffend war; seine Beurteilung der Person Grübers allerdings erscheint doch alles andere als gerecht, war doch Grüber – wie im übrigen auch Otto Nuschke als Vorsitzender der Ost-CDU – durchaus in einer Reihe von Fällen erfolgreich darum bemüht, im Wege eines Gnadengesuchs und der Fürsprache – zum Beispiel bei Pieck – in der DDR verurteilte Menschen freizubekommen[41]. Doch Heinrich Grüber war – wie der Spiegel formulierte – ohnehin ein Mann, „dessen politische Haltung bei messerscharfen Theoretikern des Kalten Krieges manche Mißdeutung erlebte".

Die Äußerungen Tillichs zum Fall John entsprangen zum Gutteil auch einem immer deutlicher hervortretenden Bedürfnis, die eigene Position und die eigene Organisation zu verteidigen. Ganz offenkundig ist diese Absicht in seinen Darlegungen vom 10. August 1954, als er im KgU-Brief zur Frage „Widerstandsorganisation oder Nachrichtendienst?" Stellung nahm und damit auf einen Kritikpunkt einging, den auch Lipschitz im April im Abgeordnetenhaus angesprochen hatte[42]. Tillich trennte die Funktionen beider Institutionen scharf, wobei er aber ihre jeweilige Be-

---

[40] Ebenda; Margret Boveri (Die Deutschen und der Status quo. München 1974, S. 29) behauptete später, Harald Pölchau habe „seinen Posten als Gefängnispfarrer infolge einer Denunziation von Ernst Tillich, dem Leiter der Kampfgruppe gegen Unmenschlichkeit' verloren."
[41] Der Spiegel vom 8.9.1954, S. 8.
[42] E. Tillich, Widerstandsorganisation oder Nachrichtendienst? In: KgU-Brief (10.8.1954), S. 1ff. (BA-K ZSg. 1-64/10 [19]).

rechtigung gleichermaßen als gegeben ansah, die unterschiedlichen Zielsetzungen jedoch klar voneinander absetzte; Widerstandsarbeit sei „um ihrer selbst willen erforderlich", sie ziele allerdings „natürlich ebenso" darauf, „dem Feinde zu schaden". Flugblattverteilung und offene Agitation seien in der DDR aus Sicherheitsgründen zwar nicht mehr möglich, doch andere Methoden des Widerstands hielt Tillich noch immer für anwendbar: „Nötig und sinnvoll aber sind nach wie vor die brieflichen Warnungen an Wankelmütige und Karrieremacher, die Bekanntmachung des geschehenen Unrechts, die Bekanntmachung der Namen von Spitzeln (zum Schutz der Bespitzelten und zur gesellschaftlichen Ächtung des Spitzels), und vor allem alle Formen der Hilfeleistung für die Gefährdeten: Warnung vor Verhaftungen, Fluchtbeihilfe für Verfolgte, Unterstützung von Angehörigen der Gefangenen".

Insgesamt betrachtete Tillich die Aufgaben von Nachrichtendiensten und Widerstandsorganisationen als „wesensmäßig verschieden". Dabei betonte er einen Gesichtspunkt ganz besonders: „Das A und O des ‚Widerstandes' ist die Moral, der politische Charakter, der Geist eines Volkes". Auf die „Frage der Sittlichkeit des Widerstandes" bezog sich auch folgende Feststellung: „Die Ausbreitung der Trunksucht und bi- und homosexueller Freundeskreise innerhalb der ‚abenteuerlichen' Existenzweise der Nachrichten- und ‚Widerstands'-Kreise ist nach unseren Beobachtungen erschreckend. Ebenso unangenehm ist ihre Feindschaft, wenn man sie ausgeschaltet hat. Dieser Ausscheidungsprozeß aber ist unumgänglich, wenn man Sauberkeit und Sicherheit gewährleisten will"[43].

4. Die Kampfgruppe im Zwielicht

Als Bekenntnis zu den *„Gefangenen des kalten Krieges"* forderte die Kampfgruppe Ende November 1954 dazu auf, *„bei Euren Weihnachtsfeiern einen leeren Stuhl an die weihnachtliche Tafel"* zu stellen, auf den die für die politischen Gefangenen in der DDR und für deren Angehörige bestimmten Geschenke gelegt werden sollten, die dann an die KgU weitergeleitet werden sollten[44]. Kurz vor Weihnachten dankte Ernst Tillich in einem KgU-Brief allen, die an der Arbeit der Kampfgruppe Anteil genommen und sie unterstützt hatten; von Interesse hinsichtlich der Lagebeurteilung ist folgende Feststellung: „Die Wiedervereinigung Deutschlands ist das Nahziel, über dem die Befreiung Osteuropas als Fernziel nicht vergessen werden darf. Durch Illusionismus und Mangel an Volksnähe hat die europäische Bewegung im Jahre 1954 einen schweren Rückschlag erlitten"[45].

Gegen Ende 1954 wandte sich die KgU vor allem mit zwei Flugblättern an die Bevölkerung der DDR und Ost-Berlins – eines forderte die SSD-Mitarbeiter auf, „Keimzelle eines innerlichen Widerstands" zu sein und die Kampfgruppe über alle

---

[43] Ebenda, S. 5.
[44] Der leere Stuhl, in: KgU-Brief vom 30.11.1954 (BA-K ZSg. 1-64/10 [21]); es liegt nur das erste Blatt vor. Wenigstens dieser Brief war auch an die Presse gerichtet, da er als „Hinweis für die Redaktionen" einen Sperrfristvermerk trug.
[45] E. Tillich in: KgU-Brief (Dezember 1954), S. 1 (BA-K ZSg. 1-64/10 [22]).

4. Die Kampfgruppe im Zwielicht

Vorkommnisse in den jeweiligen Dienststellen zu unterrichten[46]. Es fällt auf, daß die Kampfgruppe auf ihren Handzetteln nun nicht mehr das „F" für Freiheit verwendete, sondern ein „W" für Widerstand; dieses „W" war auch dem Text eines KgU-Flugblattes vom Herbst 1954 unterlegt:

„Kehrt dem Regime den Rücken! Keine Hand für die sowjetische Rüstungswirtschaft! Keine Hand für die Kolchosen und Sowchosen! Keine Hand für die Verdummung unserer Kinder! Keine Hand für SED und SSD! Sondern: *Kampfgruppe gegen Unmenschlichkeit*"[47].

Am 25. März 1955 eröffnete Ernst Tillich im „Gedenken an die in sowjetzonalen Haftanstalten und Arbeitslagern festgehaltenen jugendlichen politischen Häftlinge" eine weitere Arbeitstagung der Kampfgruppe, an der etwa 400 Personen teilnahmen – Thema war diesmal die Situation der Jugend in der DDR[48]. Es sprachen die KgU-Referatsleiter Käte Fiedler und Friedrich Fischer, der zweite Vorsitzende der „Europäischen Bildungsgemeinschaft Eiserner Vorhang" Jacques von Brockhuizen, Alfred Mozer von der niederländischen Partei der Arbeit, sowie Professor Köhler von der FU und Ernst Tillich. Die Ergebnisse der Tagung wurden angereichert mit detailliertem Zahlenmaterial und graphischen Darstellungen in einem Heft der Kampfgruppe mit dem Titel „Die Jugend der Sowjetzone Deutschlands" veröffentlicht[49]. Wesentlich schmaler war ein Heft mit dem Titel „Fürchtet Euch nicht", das ebenfalls 1955 erschien; hier hatte Hans Köhler einige „Andachten für unterdrückte Menschen" zusammengestellt[50].

Obwohl man in der ersten Hälfte des Jahres 1955 durchaus den Eindruck haben konnte, die Kampfgruppe setze ihre Arbeit wieder in etwas ruhigerem Fahrwasser fort, wurde dieses Jahr doch zum entscheidenden Jahr. Gewiß hatte sich die KgU auch bisher schon schwerwiegenden Angriffen ausgesetzt gesehen, aber infolge der im Sommer 1955 erfolgenden Enthüllungen nunmehr von seiten der westlichen Presse begann ihre Position allmählich unhaltbar zu werden.

Zunächst hatte das Oberste Gericht der DDR im Juni einen weiteren Schauprozeß gegen fünf angebliche KgU-Agenten durchgeführt und zwei der Angeklagten – Gerhard Benkowitz und Hans Dietrich Kogel – zum Tode verurteilt[51]. Auf diesen Prozeß nahm auch Ost-Berlins Bürgermeister Friedrich Ebert Bezug, als er sich am 25. Juni 1955 in einem Brief an den Regierenden Bürgermeister West-Berlins wandte[52]. Hier führte Ebert Beschwerde darüber, daß West-Berlin von „amtlichen Per-

---

[46] KgU-Flugblatt „W – Die Kampfgruppe. An alle Angehörigen des SSD" = Anlage zum KgU-Brief, ebenda.
[47] KgU-Flugblatt „Kehrt dem Regime den Rücken! Das Glaubensbekenntnis des Deutschen" = Anlage zum KgU-Brief, ebenda.
[48] Der Tagesspiegel vom 26.3.1955.
[49] Die Jugend in der Sowjetzone in Deutschland. Vorträge und Arbeitsunterlagen einer Arbeitstagung der KgU in Berlin am 25. März 1955, hg. von der KgU, Berlin (1955); (= 4. Heft der Arbeitsberichte).
[50] Hans Köhler, Fürchtet Euch nicht. Andachten für unterdrückte Menschen, hg. von der KgU, Berlin (um 1955); (Hefte der Kampfgruppe).
[51] Kurier vom 24.6.1955; auch Kurier-Spätausgabe, 23.6.1955.
[52] „Brief Friedrich Eberts an den Westberliner Bürgermeister vom 25. Juli 1955 zur Normalisierung des Lebens in Berlin", in: Die Westberlinfrage und die Vorschläge der Deutschen Demokratischen Republik zu ihrer Lösung. Mit Dokumenten. Hg. vom Ministerium für

sönlichkeiten Westberlins und der amerikanischen Okkupationsmacht" nach wie vor „als ‚die billigste Atombombe', als die ‚Lanzenspitze' bezeichnet" werde, „die in das Herz der Deutschen Demokratischen Republik zielt". Deshalb nämlich sei „dieser Teil der Hauptstadt zu einem Tummelplatz faschistisch-militaristischer Terrororganisationen" geworden. Als eine dieser „Spionage- und Sabotagezentralen" nannte er auch „die berüchtigte ‚Kampfgruppe gegen Unmenschlichkeit'".

Bereits am 22. Juni aber war in seiner Wohnung in der Komturstraße in Berlin-Tempelhof der Nachrichtenhändler Heinz-Werner Stephan von der Politischen Polizei festgenommen worden; ihm wurden landesverräterische Umtriebe, falsche Anschuldigung und Betrug vorgeworfen[53]. Der Kurier verwies darauf, daß Stephan in Verdacht stünde, Urheber jener Informationen zu sein, die Adenauer im Wahlkampf 1953 zu jenen gegen die SPD gerichteten Äußerungen veranlaßt hatten, die er später hatte zurücknehmen müssen[54]. Ferner hieß es im Kurier: „In der Wohnung Stephans wurden Listen mit 140 Namen zum Teil prominenter Westberliner gefunden, die angeblich SSD-Spitzel sein sollen. Auch diese Listen sind gefälscht". Die Welt vom gleichen Tag behauptete demgegenüber, es handele sich um eine Liste von lediglich 60 Personen, auf der unter anderem bekannte Senatsangestellte und Bezirksstadträte auftauchten; die Zeitung teilte außerdem mit, daß ihr diese Aufstellung photographiert vorläge[55]. Die Welt enthüllte aber auch, daß Ernst Tillich eben diese Liste mit „handschriftlichen Notizen über ihm ‚unangenehme' Personen versehen" habe.

Tagesspiegel und Kurier erwähnten diese Behauptung der Welt am nächsten Tag nicht; beide Blätter berichteten vielmehr übereinstimmend, die Polizei vermute, Stephan habe sein falsches Material teilweise von östlichen Nachrichtendiensten erhalten, und es könne sich bei ihm möglicherweise um einen ‚Verwirrungsagenten' handeln[56]. Entgegen der Angabe der Welt vom Vortag, gab auch der Tagesspiegel am 24. Juni die Zahl der auf Stephans Liste aufgeführten Namen mit 140 an.

Die Welt ihrerseits hielt an ihrer Darstellung fest; am 28. Juni behauptete sie, Stephan habe von Tillich für eine dreimonatige Zusammenarbeit 2400 DM erhalten und ihr lägen Unterlagen vor, unter denen sich auch eine Abmachung befände, die Tillichs und Stephans Unterschriften trüge[57]. Im übrigen war der Artikel überaus ironisch gehalten; das Haus der KgU wurde als „Gehirnzentrale" bezeichnet, und der Verfasser meinte, die Ernst-Ring-Straße müsse doch mittlerweile in „Ernst-Tillich-Gasse" umbenannt werden; bissig war die Art, in der der Journalist die Meinungen der Fahrgäste der Buslinie 3 zusammenfaßte, die unmittelbar am KgU-Haus vorbeiführte: „Die vorherrschende Meinung ist, daß sich in dieser abgeschirmten Villa eine neue Irrenanstalt befinde, mit besonders schwerkranken Pa-

---

Auswärtige Angelegenheiten der Deutschen Demokratischen Republik. Berlin (3. erweiterte Aufl.) 1961 (August), S. 65ff. – Ähnlich auch der „Brief des Oberbürgermeisters von Groß-Berlin, Friedrich Ebert, an den Präsidenten des Westberliner Abgeordnetenhauses vom 24. Dezember 1953", in: Ebenda, S. 63ff.

[53] Kurier, Die Welt vom 23.6.1955; Der Tagesspiegel vom 24.6.1955.
[54] Kurier vom 23.6.1955.
[55] Die Welt vom 23.6.1955.
[56] Kurier, Der Tagesspiegel vom 24.6.1955.
[57] Die Welt vom 28.6.1955.

4. Die Kampfgruppe im Zwielicht

tienten, vor denen die Öffentlichkeit geschützt werden müsse". Eine Woche später druckte die Welt insgesamt vier Leserzuschriften ab, die sämtlich für eine Klärung des Falles Tillich eintraten[58].

Die Kampfgruppe gegen Unmenschlichkeit reagierte auf die Anschuldigungen am 2. Juli mit einer vom Pressereferenten der KgU Hasso Graf unterzeichneten Stellungnahme[59]. Zunächst bestätigte Graf eine von der KgU im Juli 1954 abgebrochene kurzzeitige Verbindung mit Stephan. Dann jedoch stellte er unter Bezugnahme auf eine Erklärung der KgU vom 23. Juni 1955 fest, die Gruppe habe aus den von Stephan stammenden Informationen keinerlei Folgerungen gezogen und diese Angaben in keiner Weise verwendet. Die der Welt vorliegende Liste sei ebenso wie „die von der Ostpresse behauptete Liste über 140 Spitzel" der KgU nicht bekannt, hieß es ferner. Vielmehr lägen der Gruppe drei derartige Listen Stephans mit jeweils 178, 28 und 70 Namen vor, die, bevor die KgU mit Stephan in Kontakt getreten sei, von diesem kolportiert worden seien. Graf unterstrich: „Jede Annahme, daß St. etwa diese oder andere ‚Spitzellisten' *auf Anweisung der KgU* fabrizierte oder in Umlauf gesetzt hat, ist irrig". Die von der Welt erhobenen Beschuldigungen, so diese Stellungnahme, stammten von Stephan und seien eine „gemeine Verleumdung".

Die Erklärung der Kampfgruppe war nicht geeignet, den weiteren Ablauf der Geschehnisse zu beeinflussen. Am 6. Juli distanzierte sich mit der Bemerkung, er könne über die KgU kein Urteil abgeben, da er sich jahrelang nicht mit ihr beschäftigt habe, der Regierende Bürgermeister Suhr von der Kampfgruppe[60]. Justizsenator Valentin Kielinger sprach sich für eine amtliche Überprüfung aus. Joachim Lipschitz – jetzt Senator für Inneres – erklärte, seine Bedenken gegen derart unkontrolliert arbeitende Einrichtungen wie die KgU bestünden fort. Der FDP-Abgeordnete Volker Hucklenbroich meinte, die Alliierten sollten die Verantwortung übernehmen, wenn sie schon nicht auf derartige Institutionen verzichten könnten. Außerdem verlautbarte von Senatsseite, die KgU werde bislang wie der UfJ und die Ost-Büros der Parteien routinemäßig befragt, wenn Personen aus der DDR im öffentlichen Dienst eingestellt werden sollten; die Auskünfte der Kampfgruppe hätten dabei allerdings keineswegs entscheidendes Gewicht[61].

Am 7. Juli wurde bekannt, die SPD-Fraktion im Abgeordnetenhaus plane eine Große Anfrage nicht nur „über die Tätigkeit der ‚Kampfgruppe gegen Unmenschlichkeit'", sondern in bezug auf alle Vereinigungen, „die sich des Deckmantels des Kampfes gegen den Kommunismus zu anderen Zwecken bedienten"[62]. Parlamentspräsident Willy Brandt verlangte aufgrund gegebenen öffentlichen Interesses eine zügige Prüfung der Vorwürfe gegen die KgU[63]. Auch Vorstand und Fraktion der Berliner CDU kündigten eine Befassung mit der KgU an[64].

---

[58] Die Welt vom 6.7.1955.
[59] Hasso Graf, Stellungnahme der KgU zum Fall Stephan vom 2. Juli 1955 (BA-K ZSg. 1-64/ 10[26]).
[60] Der Tag vom 7.7.1955; Süddeutsche Zeitung vom 9.7.1955.
[61] Der Tag vom 7.7.1955.
[62] Der Tagesspiegel vom 8.7.1955; Morgenpost vom 9.7.1955; Kurier vom 9./10.7.1955.
[63] Der Tagesspiegel vom 8.7.1955; Morgenpost vom 9.7.1955.
[64] Kurier vom 9./10.7.1955.

Am 8. Juli polemisierten Tag und Kurier gegen den Inhalt einer von dpa verbreiteten Erklärung Tillichs, in der es offenbar geheißen hatte, die Kritik gegen die KgU diene der Zerstörung des Widerstandswillens gegen den Kommunismus[65]. Die Nacht-Depesche stellte empört fest: „So weit mußte es also in Berlin kommen, daß Herr Tillich vielleicht bestimmt, wer Kommunist geschimpft werden muß"[66]. Der Tagesspiegel teilte mit, in Berliner politischen Kreisen erscheine die Vermischung ideeller und materieller Hilfe mit Widerstands- und Propagandatätigkeit, wie sie von der KgU betrieben werde, als „unzweckmäßig"; weiterhin werde ihr vorgeworfen, „,in Verbindung mit nichtdeutschen Geheimdiensten'" zu stehen[67].

Außerdem kam es an diesem 8. Juli zu einer kurzen Unterredung zwischen Tillich und zwei weiteren KgU-Vertretern mit Justizsenator Kielinger, in deren Verlauf Tillich anbot, den deutschen Behörden jede gewünschte Information über die Tätigkeit der Gruppe zukommen zu lassen; von seiten des Senators verlautete daraufhin lediglich, er habe dies zur Kenntnis genommen und werde den Senat unterrichten[68]. Innensenator Lipschitz erklärte, die Verwaltung werde ab sofort auf Anfragen bei der KgU verzichten; begründend verwies er – laut Kurier – auf „Kostengründe"[69]. Für ihre Dienstleistungen hatte die Gruppe bisher etwa 500 DM monatlich erhalten.

Der Tag veröffentlichte am 9. Juli eine Stellungnahme Ernst Tillichs zu der am Vortag von dieser Zeitung kritisierten dpa-Meldung, in der er klarstellte, er begreife es in der Tat als einen „Schlag gegen den Westen und den Widerstandswillen des Volkes", wenn nicht mehr wirkliche Sorge, sondern der Wille zur „Auflösung der antikommunistischen Organisationen" hinter der Kritik an der KgU stünde[70]. Der Telegraf hielt am gleichen Tag „eine unverzügliche und grundlegende Bereinigung des Problems der KgU" für erforderlich[71].

Gemäßigter war die Haltung des FDP-Politikers Schwennicke, der sich am 11. Juli im Berliner Montags-Echo zu Wort meldete, indem er darauf verwies, der „Feldzug gegen eine dieser Organisationen" nütze nur dem Osten; aber auch er fand, „Unlauterkeiten" dürften nicht gedeckt werden[72]. Die Nacht-Depesche forderte demgegenüber Tillichs Ablösung als Leiter der KgU[73].

Am 12. Juli zog die SPD-Fraktion dann jedoch ihre angekündigte Anfrage zurück; zur Begründung führte Franz Neumann die zu diesem Zeitpunkt in der DDR stattfindenden Prozesse an, denen man keinesfalls einen Anschein von Rechtmäßigkeit geben wolle[74]. Dennoch ließ der Sozialdemokrat keinen Zweifel an der Haltung seiner Partei gegenüber Organisationen, die wie die KgU keiner insbesondere finanziellen Kontrolle durch deutsche Stellen unterlägen.

---

[65] Kurier, Der Tag vom 8.7.1955.
[66] Nacht-Depesche vom 8.7.1955.
[67] Der Tagesspiegel vom 8.7.1955.
[68] Kurier vom 9./10.7.1955; Morgenpost, Der Tag, Der Tagesspiegel vom 9.7.1955.
[69] Kurier, ebenda.
[70] Der Tag vom 9.7.1955.
[71] Telegraf vom 9.7.1955.
[72] Carl-Hubert Schwennicke, Spionage? In: Berliner Montags-Echo vom 11.7.1955.
[73] Nacht-Depesche vom 11.7.1955.
[74] Kurier, Der Tagesspiegel vom 13.7.1955.

Als am 21. Juli 1955 die Zeit unter der Überschrift „Umstrittener Tillich", und erst recht als am 11. September der Stern – „Damit wollen wir *nichts* zu tun haben!" – auf das Thema Kampfgruppe eingingen, war die Situation im Grunde bereits klar[75]. Unter dem Titel „,Kampfgruppe' im Zwielicht" hatte die Süddeutsche Zeitung die Lage der KgU bereits am 9. Juli richtig so beschrieben: „Jetzt sind Senat und Abgeordnetenhaus von Berlin offenbar entschlossen, die Angelegenheit zu bereinigen"[76].

5. Der Fall Wagner

Am 27. Juli 1955 meldete die Morgenpost, es habe bei der Kampfgruppe gegen Unmenschlichkeit in Nikolassee eine Ballonexplosion gegeben; ein gelöstes Metallteil habe Funken geschlagen, und es habe einen Verletzten gegeben[77]. Das Neue Deutschland berichtete am nächsten Tag über eine „Schwere Sprengstoffexplosion in Nikolassee"[78]. Dieser Fall war typisch für die Berichterstattung der Ost-Berliner Zeitungen über die Vorgänge um die Kampfgruppe während der vergangenen Wochen[79]. Im Grunde nämlich übernahmen die kommunistischen Presseorgane, zum Teil unter wörtlicher Bezugnahme auf die Welt, das, was in den westlichen Zeitungen zu lesen war, versahen es mit einigen Übertreibungen sowie der unverzichtbaren eigenen Interpretation und stellten die Entwicklung als Bestätigung der hinlänglich bekannten Sichtweise der SED dar, um die im Westen verantwortlichen Instanzen zu noch entschiedenerem Vorgehen aufzufordern. Direkten Einfluß konnte die DDR erst wieder im Laufe des September 1955 nehmen.

„Die Kampfgruppe gegen Unmenschlichkeit liegt seit Monaten unter einem systematischen Trommelfeuer. Offizielle Protestschreiben, Schauprozesse, Entführungen, Brandstiftungen, Diebstähle und Einbruchsversuche sind dabei die gebräuchlichsten Mittel des Ostens ebenso wie seine untergründigen Infiltrations- und Diffamierungsversuche. Seine Absicht ist klar: Die Vernichtung der KgU"[80]. In dieser Weise nahm die Kampfgruppe im September, als die Dinge sich vorübergehend beruhigt hatten, Stellung zu den Intentionen der kommunistischen Seite. Zu den jüngsten Angriffen aus westlicher Richtung erklärte sie: „Gleichzeitig aber sind im Westen ernsthafte Fragen über die Aufgabe und Arbeitsweise der KgU aufgeworfen worden. Bei ihrer Diskussion trafen wir oftmals auf eine bedauerliche, aber begreifliche Unwissenheit über die tatsächliche KgU-Arbeit, auf Mißver-

---

[75] Sabina Lietzmann, Umstrittener Tillich, in: Die Zeit vom 21.7.1955; Der Stern vom 11.9.1955 (im Handel seit dem 7.9.1955).
[76] Süddeutsche Zeitung vom 9.7.1955.
[77] Morgenpost vom 27.7.1955.
[78] Neues Deutschland vom 28.7.1955.
[79] Berliner Zeitung vom 24.6.1955; Neues Deutschland vom 8.7.1955; Berliner Zeitung vom 21.7.1955; Neues Deutschland vom 28.7.1955; Berliner Zeitung vom 10.8.1955.
[80] Vorwort zu: Die KgU im Schußfeld des Kalten Krieges, Sondernummer des KgU-Archivs vom September 1955, S. 3 (BA-K ZSg. 1-64/22 [1955-1958]; sowie Ullstein-Textarchiv: Allgemeines Archiv, K/Kommunismus, Opfer des Kommunismus, Kampfgruppe gegen Unmenschlichkeit, S O_1-2).

ständnisse, persönliche Feindschaften und manchmal einfach die Übernahme der östlichen Propagandaparolen". Diese Äußerungen sind dem Vorwort einer im September 1955 erschienenen Sondernummer des KgU-Archivs mit dem Titel „Die KgU im Schußfeld des Kalten Krieges" entnommen.

Diese Veröffentlichung der Kampfgruppe diente in erster Linie der Selbstverteidigung. Die KgU verwies auf die zahlreichen kriminellen Anschläge des SSD gegen sie selbst und andere – beispielsweise erwähnte sie das Sprengstoffpaket, das am 17. März 1955 an den Berliner FDP-Vorsitzenden Schwennicke geschickt worden war[81]. Sie berichtete ferner, daß Ernst Tillich am 16. Mai vom SSD erneut ein Angebot erhalten habe, demzufolge sich die DDR „großzügig" zeigen würde, wenn er mit der Staatssicherheit kooperiere. Systematisch setzte sich die Kampfgruppe mit den einzelnen Vorwürfen seitens der Presse der DDR auseinander; als Beispiel einer typischen Verleumdung erwähnte sie die Behauptung, „daß der in Westberlin wegen Mordes an seinem Vater und dessen Braut verurteilte Dietrich *Derz* ein ‚Agent der KgU' gewesen sei – die KgU hat ihn nie gekannt!"

Wahrscheinlich war ein Großteil der Vorwürfe, die die KgU gegen den SSD erhob, nur zu berechtigt und gewiß war auch vieles an den Behauptungen, die in der westlichen Presse auftauchten, Ergebnis einer subtilen Desinformationskampagne der kommunistischen KgU-Gegner. Andererseits aber waren dies nicht die entscheidenden Gründe für die nun auch von amtlicher Seite erfolgende Distanzierung von der KgU; hier waren gewiß politische Gründe von Bedeutung, bestimmt aber auch weitere Informationen aus anderen Quellen. Wahrscheinlich wäre es wohl doch nicht vorstellbar, daß Mitglieder einer Landesregierung Erklärungen abgeben wie im Juli gegen die KgU, ohne sich zuvor hinreichend abgesichert zu haben.

In ihrem KgU-Archiv hatte die Kampfgruppe im September ebenfalls mitgeteilt, es sei in West-Berlin und der Bundesrepublik im August 1955 eine Broschüre mit dem Titel „Unmenschlichkeit – Tatsachen über Verbrecher der Kampfgruppe gegen Unmenschlichkeit" versandt worden[82]. Dabei seien offenbar vom SSD gefälschte Kopfbögen zweier West-Berliner Verlage verwendet worden. Significant für den Stil dieser Broschüre ist die Charakterisierung des KgU-Mitarbeiters Rupprecht Wagner unter der Überschrift „Der Einarmige"; es heißt, Wagner habe bereits bevor er 1951 zur Kampfgruppe nach West-Berlin kam, verschiedene KgU-Aufträge in der DDR übernommen, um dann „bis vor kurzem" als zuständiger Gebietsleiter für Thüringen bei der KgU tätig zu sein: „Sein Sadismus wurde grenzenlos. Das begann innerhalb der Familie. Brutal schlug er seine Frau, wenn sie ihm Vorwürfe wegen seiner vielen Liebschaften machte. In den Kaschemmen von Westberlin fühlte er sich am wohlsten. Hier sind ihm anscheinend zwischen Prostituierten und Strichjungen, zwischen Schiebern und Zuhältern seine teuflischen Einfälle gekommen, von denen wir hier eben einen schilderten"[83].

Über eben diesen Rupprecht Wagner meldet am 20. September 1955 die Morgenpost, er sei von der Staatssicherheit entführt worden[84]. Die Morgenpost über-

---

[81] Ebenda, S. 6ff.
[82] Ebenda, S. 11.
[83] Unmenschlichkeit, S. 24ff.
[84] Morgenpost vom 20.9.1955.

5. Der Fall Wagner

nahm damit die Version einer Erklärung der KgU-Pressestelle vom 19. September, aus der hervorging, Wagner sei bereits im April 1955 ausgeschieden, um in der Bundesrepublik „in der freien Wirtschaft eine gute Position zu übernehmen"; ferner hatte Hasso Graf einen weiteren Menschenraubversuch des SSD an einer Mitarbeiterin der KgU erwähnt[85]. Zu Wagner hatte er weiter geschrieben: „Einzelheiten, wie es dem Staatssicherheitsdienst gelungen ist, sich der Person Wagners zu bemächtigen, sind noch nicht bekannt". Die Kampfgruppe äußerte bereits hier die Erwartung, der SSD werde Wagner vermutlich mit der Behauptung, er habe „‚sich freiwillig' den Organen der Staatssicherheit" gestellt, auf einer Pressekonferenz der Öffentlichkeit präsentieren; ein solcher Versuch mit einem anderen, bereits im April 1954 ausgeschiedenen KgU-Mitarbeiter sei nämlich vor einiger Zeit mißlungen[86].

Infolge des Falles Wagner blieben nun aber alle Versuche der Kampfgruppe, ihre Position zu retten, wirkungslos. Am 27. September erschien die BZ mit folgender Schlagzeile auf der ersten Seite: „Merkt Euch das Gesicht! *Er ist ein Verräter – und saß bei der ‚Kampfgruppe gegen Unmenschlichkeit'*"[87]. Am nächsten Tag hieß es an gleicher Stelle: „Hier sind die Beweise: Wagner *ist* ein Verräter"[88]. Abermals einen Tag später schrieb die BZ: „Inspektor sagt: Wo bleibt der Staatsanwalt?"[89] Der Kern der Vorwürfe der Boulevard-Zeitung betraf Materialien, die Wagner angeblich während seiner Tätigkeit bei der KgU an den SSD weitergegeben habe; die Zeitung behauptete, ihr lägen diesbezügliche Beweisstücke vor, und insgesamt betrachtete die BZ die Kampfgruppe aufgrund fahrlässigen Verhaltens als mitverantwortlich: „Die ‚Kampfgruppe' ist reif für den Staatsanwalt"[90].

Der Kurier berichtete am 29. September, das Presseamt des Ministerpräsidenten der DDR habe am vorangehenden Tag einen Vertreter der Zeitung zu einer Unterredung mit Wagner in den Ostsektor gebeten; das Gespräch zwischen „Dr. H.", dem Repräsentanten des Kurier, und Wagner habe drei Stunden gedauert und habe unter vier Augen stattgefunden[91]. Wagner bestritt, Materialien in die DDR mitgenommen zu haben oder „Spitzeldienste für die Sowjetzone" geleistet zu haben. Zu seinen Motiven – insbesondere bezüglich der von ihm geführten KgU-Mitarbeiter in der DDR – hieß es im Kurier: „Sein Entschluß, in die Sowjetzone überzutreten, sei nicht zuletzt deshalb erfolgt, um diesen Freunden und Familienangehörigen zur Freiheit zu verhelfen. Sein Gesuch um Asyl habe er mit einem Gnadengesuch für alle Personen verbunden, die seinetwegen ins Zuchthaus gekommen wären". Ob Wagners Darlegungen der Wahrheit entsprachen, ist letztendlich nicht zu entscheiden; hervorzuheben bleibt allerdings, daß er den Eindruck erwecken wollte – oder sollte –, aus Gewissensnot in die DDR gegangen zu sein, um der von ihm seit gerau-

---

[85] Hasso Graf, WIEDER MENSCHENRAUB! Entführung von KgU-Mitarbeitern (Berlin, 19. September 1955), S. 1 (BA-K ZSg. 1-64/10 [28]). – Diese Version auch in: KgU-Archiv, a.a.O. (Anm. 80), S. 12.
[86] Graf, ebenda, S. 1ff.; KgU-Archiv, ebenda.
[87] BZ vom 27.9.1955.
[88] BZ vom 28.9.1955.
[89] BZ vom 29.9.1955.
[90] BZ vom 27., 28., (Zitat:) 29.9.1955.
[91] Kurier vom 29.9.1955. – Wagner in indirekter Rede wiedergegeben.

mer Zeit als unverantwortlich erachteten Tätigkeit der KgU, die so viele Menschen in Gefahr gebracht habe, ein Ende zu bereiten.

Am 30. September ging die Welt ebenfalls auf dieses Interview ein und ergänzte, entgegen den Verlautbarungen der Kampfgruppe habe inzwischen auch die Berliner Polizei erklärt, ihr sei von einer Entführung nichts bekannt[92]. Auch die Frankfurter Allgemeine Zeitung ging auf den Fall Wagner ein und zitierte „unterrichtete Beobachter", die von „einem psychologischen Parallelfall zu der Affäre John" sprächen, und meinten, es sei möglich, daß auch bei Wagner „ein ernster innerer Gewissenskonflikt entscheidend gewesen sei"[93]. In einem Kommentar vom 1. Oktober forderte auch die Frankfurter Allgemeine eingehende Untersuchungen bei der Kampfgruppe und stellte abschließend fest: „Wenn es zutrifft, was zur Zeit der Berliner Kampfgruppe nachgesagt wird, ist das nicht geeignet, in Deutschland eine menschliche Annäherung zu schaffen"[94].

Die BZ berichtete am gleichen Tag unter folgender Überschrift über die Reaktionen der Kampfgruppe: *„Kampfgruppenleiter Tillich nahm Stellung. ,BZ arbeitet für den SSD!'"*[95] Am 10. Oktober hieß es wiederum in der BZ: „KgU-Chef sucht ,Verräter'"[96]. Bereits vom 3. Oktober datierte ein Handschreiben Tillichs an Peter Ullstein – Tillich hatte dem Verleger der BZ einiges Material der KgU übersandt und geschrieben: „Die Kampagne hatte ja leider auch in der BZ einen Niederschlag gefunden und Sie haben vielleicht das Eine oder Andere davon zu Gesicht bekommen. Wenn es auch sinnlos ist, darauf noch weiter einzugehen, so liegt mir doch daran, wenigstens einige der entscheidenden Persönlichkeiten in Berlin auf die Hintergründe aufmerksam zu machen"[97].

Am 13. Oktober enthüllte die Welt einen neuen Skandal: Angeblich hatten die KgU-Mitarbeiter Baitz und Wiemann am 5. Oktober gemeinsam mit zwei Kriminalpolizisten zwei ehemalige KgU-Angehörige unter dem Verdacht festgenommen, KgU-Materialien an die westliche Presse weitergegeben zu haben; aus der Art und Weise der Verhaftung wie der folgenden Verhöre leitete die Zeitung die Vermutung ab, möglicherweise sei hier der Tatbestand der Aussageerpressung erfüllt[98]. Dieser Artikel hatte zur Folge, daß gegen die vier von der Welt beschuldigten Personen noch am 13. Oktober Strafanzeige gestellt wurde[99]. „Für die Öffentlichkeit", teilte die Welt am 14. Oktober mit, „ist es deshalb von Interesse zu erfahren, daß maßgebliche Kreise des Senats gestern erklärten, es sei nunmehr an der Zeit, die Exekutive mit der KgU zu befassen"[100]. Bürgermeister Amrehn nämlich

---

[92] Welt vom 30.9.1955.
[93] Frankfurter Allgemeine Zeitung vom 30.9.1955.
[94] O.(tto) D.(iepholz), Nicht das erste Mal, in: Frankfurter Allgemeine Zeitung vom 1.10.1955.
[95] BZ vom 1.10.1955.
[96] BZ vom 10.10.1955.
[97] E. Tillich (handschriftlich) an Peter Ullstein vom 3.10.1955 (Ullstein-Textarchiv: Allgemeines Archiv, K/Kommunismus Opfer des Kommunismus, Kampfgruppe gegen Unmenschlichkeit, S O_1-2).
[98] Die Welt vom 13.10.1955.
[99] Die Welt vom 14.10.1955; BZ, Telegraf vom 14.10.1955. – Nacht-Depesche vom 17.10.1955.
[100] Die Welt vom 14.10.1955.

hatte den geschilderten Vorfall zum Anlaß genommen, von der Kriminalpolizei einen Bericht über die Kampfgruppe anzufordern[101]. Einige Tage später befaßte sich auch der Berliner Senat mit der KgU[102].

6. „Kalte Krieger gehen unter"

Die Dinge waren in West-Berlin bereits ziemlich weit gediehen, als am 20. Oktober auf einer Pressekonferenz in Ost-Berlin Rupprecht Wagner der internationalen Presse gegenübergestellt wurde[103]. In den folgenden Tagen beschäftigten sich die Ost-Berliner Zeitungen eingehend mit Wagners Enthüllungen[104]. Einige Zeit später erschien eine Zusammenfassung dieser Enthüllungen, die unter anderem auch einige Antworten enthielt, die Wagner auf Befragen der Journalisten auf der Pressekonferenz gegeben hatte – der Titel der Broschüre lautete: „Kalte Krieger gehen unter"[105].
Der Fall Wagner blieb augenscheinlich kein Einzelfall; am 27. November 1955 meldete Neues Deutschland, in den letzten Wochen hätten sich elf weitere KgU-Mitarbeiter „freiwillig den Sicherheitsorganen der Deutschen Demokratischen Republik gestellt"[106]. Die BZ mutmaßte am folgenden Tag, es könne durchaus ein Zusammenhang mit dem ‚Verrat' Wagners bestehen[107]. Am 18. Dezember schließlich meldete das Zentralorgan der SED, Anfang des Monats seien fünf Personen, unter ihnen drei ehemalige Angehörige der KgU, aus West-Berlin bzw. der Bundesrepublik in die DDR zurückgekehrt, um sich ebenfalls „freiwillig den Sicherheitsorganen" zu stellen[108]. Natürlich sind derartige Meldungen überaus fragwürdig; es scheint aber doch zulässig zu schließen, daß von seiten der DDR nun der letzte Schlag gegen den Untergrundapparat der Kampfgruppe geführt werden sollte. Schon die Berichterstattung im Sommer 1955 mußte ja das Sicherheitsgefühl der im Verborgenen arbeitenden Zuträger der Kampfgruppe untergraben; das Vertrauen dieser Menschen mußte nun erst recht erschüttert werden, wenn sie zur Kenntnis nehmen mußten, daß sich der Apparat, dem sie selber angehörten, allmählich auflöste.
Am 17. Dezember 1955 hatte im Burghotel in Nörten-Hardenberg bei Göttingen eine Besprechung zwischen Vertretern des Kampfbundes gegen Unmenschlichkeit und einigen Vertretern des Kuratoriums der westdeutschen KgU-Organisation stattgefunden; es handelt sich dabei um einen der wenigen internen Vorgän-

---

[101] Morgenpost, Die Welt vom 14.10.1955.
[102] BZ, Morgenpost vom 18.10.1955.
[103] BZ, BZ am Abend, Nacht-Depesche, Neues Deutschland vom 21.10.1955.
[104] Vgl. z.B. Neues Deutschland vom 22.10.1955; Berliner Zeitung vom 25.10.1955; Morgen vom 28.10.1955. – Weiteres auch in Neues Deutschland vom 13.11.1955; BZ am Abend vom 15.11.1955.
[105] Kalte Krieger gehen unter. Dokumentarisches Material über die verbrecherische Tätigkeit der Kampfgruppe gegen Unmenschlichkeit. Ost-Berlin (1955).
[106] Neues Deutschland vom 27.11.1955.
[107] BZ vom 28.11.1955.
[108] Neues Deutschland vom 18.12.1955.

ge, auf die anhand des vorliegenden Materials eingegangen werden kann[109]. Dem Protokoll dieser Sitzung ist zu entnehmen, daß infolge des Drucks, dem nicht nur die KgU ausgesetzt zu sein schien, offenbar auch andere Organisationen des Apparates des Kalten Krieges mit dem Bestreben reagierten, sich enger zusammenzuschließen. Aufschlußreich ist hier besonders folgende Passage: „Das bereits auf der Arbeitssitzung [gemeint ist eine Zusammenkunft der Mitarbeiter des KgU-Rednerdienstes; Anm. des Verf.] gebrauchte Bild von dem Zusammenwirken der großen Heeresverbände (sc. der großen Organisationen wie Heimkehrer-, Flüchtlings-, Häftlingsverbände, ADK, VFF usw.) mit Spezial- oder Stoßtrupps (KgU) wird wiederholt. Ehen sollen vermieden, brüderliche Zusammenarbeit soll angestrebt werden. Drei Prinzipien sind für uns maßgebend: 1. Bereitschaft zur Zusammenarbeit und Beteiligung; 2. Bereitschaft zur taktischen Rücksichtnahme auf die jeweilige politische Situation des anderen Verbandes; 3. Keine Zusammenarbeit auf dem Boden einer Diskriminierung der KgU"[110].

Hauptthema der Besprechung war indessen die Frage einer festeren Verbindung des Kuratoriums des Kampfbundes mit der KgU selbst. Tillich hatte bereits 1952 den Versuch unternommen, aus einer Reihe von Persönlichkeiten ein Kuratorium zusammenzubringen, was aber, wie er in einer Anlage zu dem zitierten Besprechungsbericht schrieb, daran scheiterte, „daß sich einige der Betreffenden nicht als nunmehr von der KgU, sondern als von anderswoher beauftragte Kontrolleure und Vorgesetzte einführen wollten"; die Bemühungen der Jahre 1953 und 1954, zumindest für den Kampfbund ein solches Gremium zu schaffen, seien ohne das gewünschte Ergebnis geblieben, weil sich „kein namhafter deutscher Politiker" habe zur Verfügung stellen wollen[111]. Auf der Sitzung wurde davon gesprochen, Bonn wolle durch der Bundesregierung vertrauenswürdig erscheinende Personen Einfluß nehmen, und demgegenüber gelangte man einvernehmlich zu der Feststellung: „Das Kuratorium soll kein von fremder Seite eingesetzes Aufsichtsorgan über die KgU, sondern ein aus der gemeinsamen Arbeit der KgU heraus gewachsener Freundeskreis zur politischen Beratung sein"[112]. Insgesamt ergibt sich der Eindruck, daß angesichts der Entwicklung der letzten Zeit, „in welcher Leiter und Beirat um die nackte Existenz der KgU kämpfen mußten", das Kuratorium etwas wie eine Pufferfunktion im Hinblick auf die gegen die KgU gerichteten Angriffe übernehmen sollte, ohne daß die Befugnisse des Vorstandes – schon gar nicht durch das gesamtdeutsche Ministerium – beschränkt werden sollten.

Das Kuratorium der Kampfgruppe hat, obwohl seine Einsetzung auch satzungsmäßig vorgesehen war[113], wohl niemals irgendwelche nennenswerte Bedeutung erlangt. Es wurde als Kuratorium des Kampfbundes gegen Unmenschlichkeit in einem Faltblatt aus dem Jahre 1955 lediglich erwähnt – der 1957 aufgelegte Prospekt

---

[109] Bericht über eine Besprechung mit den Mitgliedern des Kampfbund-Vorstandes und einigen Mitgliedern des Kuratoriums anläßlich der KgU-Arbeitssitzung am 17.12.1955 (BA-K ZSg. 1-64/10[27]). Es handelt sich um ein masch. Protokoll mit einem Stempelvermerk „Vertraulich".
[110] Ebenda, S. 1ff.
[111] E. Tillich, Zusatz zu dem Besprechungsbericht vom 17.12.1955 (= Anlage zu: Ebenda).
[112] Besprechungsbericht, ebenda, S. 1ff.
[113] § 7 der Satzung der Kampfgruppe gegen Unmenschlichkeit vom 2. April 1951 (ARH).

enthielt diesen Hinweis nicht mehr[114]. Dem Kuratorium gehörten 1955 unter anderen Jacques von Brockhuizen, Hans Köhler und Alfred Mozer an[115]. Der Kampfbund fungierte 1955 nur noch als Vereinigung von „Freunden" der KgU, während er in dem erwähnten Faltblatt von 1957 gar nicht mehr auftaucht – die KgU war allerdings auch noch 1957 als gemeinnützig anerkannt und von daher von der Körperschaftssteuer befreit[116]. Offenbar setzte also zu dieser Zeit auch schon ein organisatorischer Zerfallsprozeß ein, bei dem dann im Ergebnis nur noch das Herzstück – die Zentrale in der Ernst-Ring-Straße – übrigblieb.

Trotz aller Anfeindungen setzte die Kampfgruppe ihre Arbeit für die Bevölkerung in der DDR und in Ost-Berlin fort. Bereits im März 1955 hatte sie damit begonnen, eine Zeitung herauszugeben, die die Menschen über die Ballonverschickung erreichen und allmonatlich über wichtige Ereignisse unterrichten sollte[117]. Der Name der Flugzeitung war „Die Wahrheit", und Ernst Tillich schrieb in der ersten Ausgabe zu ihrer Aufgabenstellung: „Sie will keine Propaganda und keine Agitation im Stile der Kommunisten, sondern echte Aufklärung über die nationale und internationale Situation"[118]. Jede Ausgabe umfaßte acht Seiten, die mit Photos und Karikaturen – auch mit Sportteil – wie eine übliche Tageszeitung aufgemacht waren; regelmäßig wurden auch Auszüge aus der Weltpresse zu einem bestimmten Thema abgedruckt.

Anscheinend setzte die Kampfgruppe auch noch 1955 mit nahezu unverminderter Kraft die Verschickung von Flugblättern fort[119]. Auf einem dieser Blätter wandte sich der auf einem Photo erscheinende ehemalige Leutnant und Politoffizier der KVP Hans Kettner „an seine ehemaligen Kameraden und an die Jugend in der Sowjetzone", die KgU bot ihre Beratungsdienste an und stellte fest: „Unsere Parole lautet: Niemals freiwillig in die KVP!"[120] Bisweilen bat die Gruppe aber auch: „Gebt uns die Namen der Häscher!"[121] Vielleicht kann aus solchen Appellen, die von seiten der Gruppe in früherer Zeit in dem Maße nicht an die Bevölkerung der DDR gerichtet worden waren, geschlossen werden, daß das Vertrauen zu ihr auch unter den Menschen in der DDR im Schwinden war und daß sie geringeren Zulauf hatte als in früheren Jahren.

---

[114] Faltblatt: Kampfgruppe gegen Unmenschlichkeit, 1955 (BA-K ZSg. 1-64/10 [2]); Faltblatt: Kampfgruppe gegen Unmenschlichkeit, 1957 (Ebenda [1]).
[115] Die Jugend in der Sowjetzone Deutschlands, S. 5.
[116] Faltblätter, 1955 und 1957.
[117] Die Wahrheit. Zeitung der Kampfgruppe gegen Unmenschlichkeit (BA-K ZSg. 1-64/9; der Bestand ist nahezu vollständig. Wenige Exemplare befinden sich auch in der Universitätsbibliothek der FU). Die Zeitung, in Heftformat, erschien regelmäßig bis Januar 1959.
[118] E. Tillich, An unsere Leser in der SBZ, in: Wahrheit, 1. Jg., Nr. 1, S. 2.
[119] Insgesamt elf Blätter aus dem Jahre 1955 unter ZSg. 1-64/5 befinden sich im Bundesarchiv Koblenz.
[120] KgU-Flugblatt „Die Einberufung liegt für Euch bereit!" (BA-K ZSg. 1-64/5 [11]).
[121] KgU-Flugblatt „Gebt uns die Namen der Häscher!" (BA-K ZSg. 1-64/5 [7]).

7. Ernst Tillich in Washington

Im Laufe des Jahres 1956 wurde es vergleichsweise still um die Kampfgruppe. In der westdeutschen Öffentlichkeit war sie infolge der Enthüllungen des vergangenen Jahres isoliert, und man kann wohl sagen, daß die Zeit ihrer Agonie angebrochen war. Ein Thema war sie nur noch für die Ost-Berliner Zeitungen.

Am 7. Januar 1956 berichtete Neues Deutschland von einem soeben verhafteten Mann namens Horst Lange, der angeblich mit dem CIC und der KgU in Verbindung gestanden habe; Neues Deutschland erkannte zwar ausdrücklich die Qualität der gefälschten Ausweise an, die Lange bei sich gehabt habe, bezweckte aber ansonsten die moralische Diskreditierung des Festgenommenen und damit auch derjenigen, die angeblich seine Auftraggeber gewesen waren: „Lange unterhielt eine sehr gute Verbindung zur größten Zuhälterbande am Bahnhof Zoo, die Frauen folterte und erpreßte und auf ihre Kosten gut lebte. Gastwirte am Stuttgarter Platz und rund um den Zoo wurden von den Zuhältern regelmäßig terrorisiert"[122]. Am 20. Januar teilte die Berliner Zeitung dann mit, neuerlich habe das Ost-Berliner Stadtgericht drei KgU-Angehörige verurteilt[123]. Zwei Tage später kritisierte Neues Deutschland, daß in West-Berlin nicht konsequent gegen die Kampfgruppe vorgegangen werde. Außerdem ließ das Blatt deutlich werden, daß man in Ost-Berlin der Ansicht war, die West-Berliner Justiz decke die KgU, und ferner hieß es, der Generalstaatsanwalt der DDR habe den West-Berliner Behörden bereits am 24. Oktober 1955 seine Unterstützung angeboten[124]. Unglaubwürdig erscheinen die Enthüllungen angeblicher Querverbindungen zwischen Telegraf-Redaktion einerseits und KgU – „die größte Agentenzentrale im NATO-Brückenkopf Westberlin" – andererseits, die dem Neuen Deutschland vom 25. Januar zu entnehmen waren[125].

Vorrangig für den inneren Kreis, und nicht wie das nach wie vor erscheinende KgU-Archiv für eine breitere Öffentlichkeit bestimmt, waren die beiden neuen Informationsdienste, die die KgU augenscheinlich im Jahre 1956 herauszugeben begann. Die „KgU-Schulung" war allem Anschein nach zur regelmäßigen Unterrichtung der Redner des KgU-Rednerdienstes bestimmt[126]. In der Schulung wurden beispielsweise im Sinne der Kampfgruppe aussagekräftige Passagen aus Reden von Ostblockführern, Vorträge über die Lage im kommunistischen Teil Europas und auch Zeitungsartikel zu interessierenden Themen zusammengestellt; die KgU-Schulung verfolgte in erster Linie das Ziel, die eigenen Mitarbeiter über die neuesten Entwicklungen zu unterrichten und sie mit aktuellen Hintergrundinformationen zu versorgen.

---

[122] Neues Deutschland vom 7.1.1956.
[123] Berliner Zeitung vom 20.1.1956.
[124] Neues Deutschland vom 22.1.1956.
[125] Neues Deutschland vom 25.1.1956. – Weiteres auch Neues Deutschland vom 7.3.1956; Morgen vom 9.3.1956.
[126] KgU-Schulung (BA-K ZSg. 1-64/24). – Der Bestand des Bundesarchivs enthält einige wenige Exemplare aus den Jahren 1956 und 1958; vermutlich erschien die Schulung durchgängig zwischen 1956 und 1958. Die letzte vorliegende Ausgabe stammt vom 18.4.1958.

Die „KgU-Mitteilungen" ersetzten offenbar die Reihe der KgU-Briefe, wobei auffällt, daß in ihnen ebenfalls zahlreiches Material aus fremden Quellen – vor allem Zeitungsartikel – enthalten ist[127]. Diese Mitteilungen waren in der Tat nur noch für einen engeren Kreis von Personen bestimmt, die einander offensichtlich gut kannten und vertrauten – das wird im Tonfall spürbar, in dem sich Ernst Tillich regelmäßig an die Adressaten wandte. Als etwa im Oktober 1956 ein dem Westen gegenüber sehr kritischer Brief von „Potsdamer Freiheitskämpfern" in den KgU-Mitteilungen erschien, begründete Tillich dies einleitend so: „Andere Briefe aus der Zone werden an uns anläßlich einer Durchfahrt durch Westberlin abgesandt. Heute ist darunter ein längeres Schreiben, das uns Spaß gemacht hat und das wir deshalb unserem Freundeskreis weiterreichen wollen"[128].

Die unbekannten Absender des Schreibens aus Potsdam äußerten sich unter anderem auch über die Organisationen, die sie – wie etwa die KgU – als ihre Partner im Westen betrachteten. Trotz „seiner erforderlich einseitigen Tätigkeit", so stellten die Verfasser fest, finde das Ost-Büro der SPD „unseren Beifall". Am positivsten äußerten sich die Potsdamer über den UfJ – „der beste, wertvollste Freund für das ganze Mitteldeutschland" –, aber auch zur KgU meinten sie: „Die Kampfgruppe gegen Unmenschlichkeit hat jahrelang erstklassige Arbeit geleistet, die nur der beurteilen darf, der sie verspürt und gesehen hat. Deren Erfolge sind groß. Wenn Herr Tillich kein Engel sein sollte (wenn Sie es sind, fahren Sie gen Himmel!), besteht noch lange kein Grund für sein öffentliches Hinrichten, wofür die Kommunisten immer dankbar sind". Mit Nachdruck bekannten sich die Verfasser zu KgU und UfJ und verlangten deren Unterstützung durch „diejenigen, die es gut mit uns meinen". Sie sparten aber auch nicht mit Kritik an anderen Institutionen im Westen: „Der ‚Sender freies Berlin' genießt nicht unseren Beifall". Drastisch, aber unmißverständlich faßten die Briefschreiber zusammen, was sie vom Westen insgesamt hielten: „Jetzt ist es so, wie Prof. Carlo Schmid sagt: ‚Wir agieren nicht mehr, wir reagieren nur noch', und das so jämmerlich uneinheitlich, satt und feige, daß man das große Kotzen kriegen kann".

Vermutlich waren es letztlich auch Stimmen wie diese, die die Kampfgruppe gegen Unmenschlichkeit trotz aller Anfeindungen ermutigten, ihre Arbeit fortzusetzen. Auch die Einstellung der Kampfgruppe zum Westen war mehr als skeptisch geworden; Tillich schrieb im Mai 1956 bezüglich der Aufwendungen, die für den Kalten Krieg des Westens gemacht wurden, folgendes, nachdem er die USA in dieser Hinsicht lobend hervorgehoben hatte: „In Westeuropa allerdings ist das Bewußtsein der politischen Aktivbürger schwach und die gesellschaftlich-finanzielle Aktivität freier Kräfte dementsprechend gering (wobei man speziell in Westdeutschland als Notausgang für schwächliche Helden immer noch ‚die Regierung' verantwortlich macht, statt sich selbst an die Binde zu fassen)"[129]. Diese Skepsis er-

---

[127] KgU-Mitteilungen (BA-K ZSg. 1-64/23). – Der Bestand ist offenbar sehr lückenhaft; die letzte dort erhaltene Ausgabe stammt vom 13.5.1958. Ähnlich der Schulung handelt es sich bei den Mitteilungen um maschinenschriftliche und hektographierte Texte; Kopfbögen wurden nicht mehr verwendet.
[128] KgU-Mitteilung vom 8.10.1956, S. 1ff (ebenda). – Tillich zeichnete hier- wie auch sonst – mit „ET".
[129] E. Tillich in: KgU-Mitteilung vom 14.5.1956, S. 1ff. (ebenda).

streckte sich jedoch durchaus auch auf die USA, wie aus den folgenden Ausführungen, die wohl auch aus Tillichs Feder stammen, ersichtlich wird; hier bezog er sich auf eine Frage, die man vor einiger Zeit den Mitgliedern des Verbandes der Zeitungsherausgeber in der amerikanischen Hauptstadt gestellt habe und die mit 54 gegen 27 Stimmen mit Ja beantwortet worden sei – die Frage lautete: „Hat Amerika den kalten Krieg verloren?" Tillich selbst kam zu dem Schluß, man könne wohl von der UdSSR noch viele Überraschungen erwarten, und so sei es auch keineswegs undenkbar, daß sich die Sowjets sogar vollkommen aus der DDR zurückziehen könnten, aber: „Sollte dies geschehen, würde die freie westliche Welt vermutlich ihre schwerste Belastungsprobe erleben". Dennoch stellte er fest: „Wer wird den kalten Krieg gewinnen? Die Fragestellung besagt schon, daß ihn eigentlich noch niemand endgültig verloren hat".

In ihrer Ausgabe vom 6. September 1956 kündigte die New York Times an, daß am nächsten Tag Ernst Tillich in Washington eintreffen werde; Tillich, „the director of the largest resistance organization behind the Soviet Iron Curtain", wie ihn das Committee on Un-American Activities bezeichnet hatte, sollte als erster in einer ganzen Reihe von ausländischen Fachleuten zwei Tage lang – am 10. und 11. September – Aussagen zum Thema „international Communist strategy and tactics" machen[130].

Am Tage seines Abflugs hatte es in Berlin allerdings noch Irritationen gegeben. Der West-Berliner Polizeipräsident Johannes Stumm erklärte nämlich am 7. September, er werde der aus Anlaß der Verurteilung der „‚Rosenberg-Atomspione'" auch an ihn ergangenen Einladung, an dem vom Ausschuß für unamerikanische Aktivitäten anberaumten Hearing teilzunehmen, nicht folgen, und mit Nachdruck unterstrich er, es werde dort auch niemand an seiner Stelle aussagen[131]. Anlaß dieser Mitteilung war eine offenbar mißverständliche AP-Meldung vom 6. September gewesen, die man dahingehend interpretiert hatte, daß Tillich für Stumm sprechen werde – was im übrigen vom Senatspresseamt umgehend dementiert worden war. Obgleich die Unklarheit bald dadurch ausgeräumt worden war, daß ein Sprecher des Kongreß-Ausschusses gegenüber AP erklärte, man habe gemeint, Tillich solle lediglich zu denselben Dingen befragt werden, zu denen man auch Stumm hätte befragen wollen, zeigen die offiziellen Reaktionen doch, wie gereizt die Stimmung beim Berliner Senat war, wenn von der KgU die Rede war.

Die Wertschätzung, mit der der Ausschußvorsitzende Francis Eugene Walter, ein demokratischer Repräsentant aus Pennsylvania, Tillich vorstellte, stach in erstaunlicher Weise ab von der Art, wie man Tillich und seiner Organisation in West-Berlin und der Bundesrepublik mittlerweile entgegentrat; Walter bezeichnete die KgU als „undoubtedly the most effective resistance organization behind the Soviet Iron Curtain" und äußerte ferner: „(...) Mr. Tillich and the Fighting Group conduct a ceaseless war against the Soviet police state"[132].

---

[130] New York Times vom 6.9.1956. – Ferner Frankfurter Allgemeine Zeitung vom 14.9.1956; New York Times vom 20.9.1956.
[131] Tag vom 8.9.1956.
[132] Testimony of Ernst Tillich (International Communism), in: United States. Hearings before the Committee on Un-American Activities. House of Representatives. 84th Congress,

Nachdem sowohl der Dolmetscher als auch Tillich selbst vereidigt worden waren, dankte Tillich zunächst „for being able to appear here in Washington, the capital of one of the great countries of the free world", und stellte sich dann kurz vor, wobei er es nicht versäumte, auch „my uncle, Paul Tillich", zu erwähnen, der sich unterdessen auch in den USA einen Namen als Theologe gemacht hatte. Anschließend wurde er nach der Kampfgruppe gefragt, und hierzu sagte Tillich unter anderem, die Organisation verfüge nach wie vor über achtzig Mitarbeiter „in our Berlin headquarters", und er teilte ferner mit, seit 1948 habe die KgU insgesamt etwa 300000 Menschen aus dem sowjetisch besetzten Teil Deutschlands befragt. Auf die Frage, wie sich denn die Kommunisten gegenüber der KgU verhielten, antwortete er, vor einigen Jahren seien für seine Ergreifung 10000 Mark ausgesetzt gewesen, diese Summe schwanke jedoch den politischen Umständen entsprechend.

Tillich war auf die eingehende, zwei Tage dauernde Befragung über die Verhältnisse in der DDR und auch die kommunistischen Aktivitäten in der Bundesrepublik offenbar gut vorbereitet, und er hatte einiges an Materialien sowie zwei Filme mit nach Washington gebracht[133]. An dieser Stelle soll jedoch nur noch seine allgemeine Beurteilung der damaligen Weltlage betrachtet werden, nach der er gleich zu Beginn des Hearings gefragt wurde: „Would you tell this committee, on the basis of your background and experience, what your appraisal is today of the posture of the International Communist conspiracy, particularly in Central Europe?"

Tillich begann seine Darlegungen zu dieser Frage, indem er die Entwicklung seit 1945 kurz rekapitulierte. Unmittelbar nach Kriegsende habe die UdSSR einen direkten, frontalen Angriff geführt, der ihren Machtbereich bis zum Atlantik habe ausdehnen sollen, dieser Vorstoß aber habe durch den Marshallplan, die Atlantische Union sowie durch die Stärkung der Bundesrepublik Deutschland aufgehalten werden können, was auf seiten der Sowjets zu folgender Einsicht geführt habe: „A hot war would be too dangerous for the Soviets to consider. Therefore, they are continuing with their cold war". Indem er sich der Situation des Jahres 1956 zuwandte, stellte Tillich fest, man spreche nicht mehr viel über den Kalten Krieg, „although we are daily engaged in fighting one". Nach wie vor gehe es in diesem Kalten Krieg um „the conquest of Western Europe", sagte Tillich und hob dann hervor, daß sich während der letzten Monate die Taktik der Kommunisten geändert habe, wofür die wesentliche Ursache darin zu sehen sei, daß der Kreml die Notwendigkeit erkannt habe, die wirtschaftlichen und politischen Strukturen in den von den Sowjets beherrschten Gebieten zu stärken – hierbei sei es das Ziel der Sowjets, mit den Vereinigten Staaten ökonomisch gleichzuziehen, wenn nicht sogar eine Überlegenheit zu erreichen. Der direkte Angriff der UdSSR, so faßte Tillich seine Ausführungen zusammen, sei zu einem indirekten Angriff geworden, der eine Schwächung der Gegner des Kreml bezwecke; eine besondere Rolle spielten dabei der Neutralismus und der Nationalismus in einer Reihe wichtiger Länder des nicht-kommunistischen Lagers.

Second Session (10./11. September 1956). Washington 1956, S. 5537-5582, hier S. 5537ff. (= CIS: US Congressional Committee Hearings Index [84] H 1582-7).
[133] Ebenda, S. 5540f.

Auf die Frage, für wie ernst er die Bedrohung halte, antwortete Tillich: „It is now 5 minutes before midnight. Our only hope today lies in developing our economic, our political, our military strength sufficiently so that not only we can stop Communism, not only can we contain it, but so that we can throw it back to the point where it no longer represents a threat". Zur Strategie der Sowjetunion sagte Tillich, die UdSSR setze an bei den „soft spots in the colonies and in the undeveloped areas of the world", wodurch der Westen geistig und moralisch geschwächt werden solle; ferner hoffe die Sowjetunion, in dieser Weise die Vereinigten Staaten von ihren westlichen Alliierten zu isolieren. Wesentlicher Bestandteil dieser Strategie sei auch die kommunistische Infiltration, und hier versichere sich die UdSSR der Unterstützung „of all the fellow travellers, neutralists, nationalists, and pacifists in the United States and other Allied countries". Aus diesem Befund folgerte Tillich, der Westen müsse sich unbedingt die Freundschaft der Länder der Dritten Welt erhalten, während es im weiteren darauf ankomme, sich entschlossen gegen die „softening-up tactics of the Soviets in our own free countries" zu verteidigen. Abschließend wies Tillich hin auf die Wichtigkeit der ‚Partei des Westens' im Ostblock: „The best allies that the free world has are those people, who are oppressed behind the Iron Curtain".

Tillichs Aussagen vor dem Committee on Un-American Activities zeigen, daß auf seiten der Kampfgruppe die Beurteilung des Sowjetkommunismus trotz aller Entspannungstendenzen und trotz aller Wandlungen in der nachstalinschen Sowjetunion unverändert geblieben war. Die Kampfgruppe, die sowohl Chruschtschows Rede vor dem 20. Parteitag der KPdSU als auch Gomulkas Darlegungen vor dem 8. Plenum der PVAP „in mehreren hunderttausend Exemplaren in der SBZ verbreitet" hatte, sprach in ihrem Bericht über „Die politische Lage in der Sowjetzone" so auch davon, daß sich „dem Beobachter der sowjetimperialen Politik" zum Jahresende „unverzerrt das Bild einer *stalinistischen Restauration*" biete[134].

8. Die Kampfgruppe vor dem Bundestag

„Ernst Tillich sind in Washington schmeichelhafte Worte gesagt worden", hatte die Frankfurter Allgemeine Zeitung bereits am 14.September 1956 über Tillichs Auftritt vor dem Ausschuß für unamerikanische Aktivitäten geschrieben[135]. Es verdient in der Tat festgehalten zu werden, wie positiv die Würdigung der Kampfgruppe in den USA ausgefallen war. Der Kontrast in der Beurteilung der KgU in den Vereinigten Staaten und in Westdeutschland zeigt, daß es auf den verschiedenen Ebenen, auf denen der Kalte Krieg westlicherseits geführt wurde, in der Tat zu erheblichen Divergenzen kommen konnte, wie sie auf kommunistischer Seite – etwa zwischen Ost-Berlin und Moskau – allenfalls ansatzweise vorhanden waren. Aber dort war es doch gänzlich unvorstellbar, Meinungsverschiedenheiten in der

---

[134] Die politische Lage in der Sowjetzone. November-Dezember 1956, in: KgU-Archiv, Nr. 18 des Jg. 1956, S. 2 sowie die Fußnote zu S. 3 (BA-K ZSg. 1-64/22).
[135] O.(tto) D.(iepholz), Tillich, in: Frankfurter Allgemeine Zeitung vom 14.9.1956.

Weise in die Öffentlichkeit zu tragen, wie es letztendlich mit der lobenden Erwähnung Tillichs durch Walter geschehen war und in der nächsten Zeit auch in der Debatte in West-Berlin geschehen sollte, als man sich nicht scheute, alliierte Verantwortlichkeiten im Zusammenhang mit der KgU zu erörtern. Hatte die Einladung des KgU-Leiters schon augenfällig gemacht, daß die Kampfgruppe ihr Überleben wohl vor allem amerikanischer Protektion verdankte, so wurden nämlich in der Diskussion um die KgU immer häufiger die Amerikaner für das Weiterbestehen dieser Organisation, die auf deutscher Seite kaum mehr jemand haben wollte, verantwortlich gemacht.

Zunächst kritisierte die Frankfurter Allgemeine Tillich wegen seiner Äußerung, er glaube, die Menschen im Osten hielten Konferenzen mit kommunistischen Führern für ‚Verrat', und der Kommentator wies darauf hin, es gäbe doch sehr wohl gewisse Erwartungen, daß in Gesprächen zwischen Ost und West „ein Weg aus der Enge gefunden werden kann." Vollends treffend war diese Kritik, wie auch Tillich in einem Leserbrief klarstellte[136], allerdings nicht. Auf diesbezügliche Fragen hatte er nämlich vor dem Kongreßausschuß darauf verwiesen, es komme immer auf die Absichten an, die man im Westen mit der Aufnahme diplomatischer Beziehungen zum Osten verbinde. Zur Haltung der dort lebenden Menschen hatte er gesagt, man stünde solchen Kontakten mit einer Mischung von Hoffnung und Resignation gegenüber; die von der Frankfurter Allgemeinen kritisierte Passage lautete: „The people behind the Iron Curtain almost invariably regard the international visits in which we fraternize with the Russians – and thereby stabilize the current division of the world – as a very direct betrayal of their desire for freedom and the very idea of freedom"[137]. Demzufolge hatte sich Tillich nicht vollkommen gegen jedes Gespräch gewandt, nur hatte er davor warnen wollen, dabei nicht die Hoffnungen der im Ostblock lebenden Menschen gänzlich unberücksichtigt zu lassen, obgleich dabei natürlich nicht zu übersehen ist, daß Tillich keinesfalls einer Entspannung und der damit notwendig verbundenen Anerkennung des Status quo das Wort redete.

Ende Oktober 1956 enthüllte die BZ am Abend, Tillich habe in den USA zwar schwere Vorwürfe zu hören bekommen, aber dennoch seien ihm für die weitere Arbeit der KgU „neue Direktiven" erteilt worden, und schließlich habe die Kampfgruppe eine geheime Konferenz mit Vertretern des „Kaiser-Ministeriums" und des Presse- und Informationsamtes der Bundesregierung in Rhöndorf abgehalten[138]. Verwunderlich ist die Tatsache, daß am 16. Oktober 1956 im Rhöndorf wirklich eine Sitzung des „Politischen Komitees" der KgU stattgefunden hatte; das Sitzungsprotokoll dieser Zusammenkunft trägt den Vermerk „Vertraulich"[139]. Bei dem Politischen Komitee, über das ansonsten keinerlei Informationen vorliegen, handelt es sich offenbar um ein Gremium, das die Funktionen des Kuratoriums übernommen hatte.

---

[136] In: Frankfurter Allgemeine Zeitung vom 3.10.1956.
[137] E. Tillich, in: United States, S. 5541.
[138] BZ am Abend vom 30.10.1956. – Weitere Stellungnahmen der kommunistischen Presse zur KgU vom Herbst 1956: Weltbühne vom 12.9.1956; Neues Deutschland vom 14.9.1956.
[139] Vermerk über die Sitzung des Politischen Komitees am 16.10.1956 in Rhöndorf – Berlin, 23.10.1956 (BA-K ZSg. 1-64/23).

Tillich berichtete über seine Amerika-Reise und ging dabei auch auf die Beziehungen zum International Rescue Committee ein, wo er offenkundig ebenfalls Gespräche geführt hatte. In seinen einleitenden Worten hatte er unter anderem festgestellt, das öffentliche Ansehen der KgU habe sich im Laufe des Jahres wieder verbessert, und ferner vermerkte er positiv, daß in der „Zusammenarbeit mit Bonner Stellen" eine „Entwicklung" festzustellen sei. Als Negativa beklagte er die in seinen Augen unzureichende Mitarbeit der Komiteemitglieder etwa „durch eigene Beteiligung an Schulungsmaterial oder Übersendung von Adressen für Archivbezug", wies darauf hin, daß nach wie vor „keine Verbindung zu Industrie und Gewerkschaften" bestünde, und sprach ferner die „Unklarheit der internationalen Arbeit" an. Zum letzten Punkt berichtete das Komiteemitglied Brockhuizen über eine Tagung von russischen Emigrantengruppen, die federführend von NTS durchgeführt worden war, und schlug vor, „sich an der dort geplanten Koordinierung der antikommunistischen Organisationen zu beteiligen"[140].

Obwohl sich bezüglich der Lage der Kampfgruppe ein vorsichtiger Optimismus zeigte, war man sich doch darüber im klaren, daß die Dinge weiterhin schwierig blieben – das Protokoll vermerkt zum Tagesordnungspunkt „Situation in Deutschland": „Es wird vorausgesehen eine für die KgU schwierige Situation während des in den nächsten 12 Monaten alles überschattenden Wahlkampfs." –

Vermutlich im Herbst 1956 – vielleicht auch schon im Spätsommer – erschien im KgU-Archiv ein „Nachtrag zu der Sondernummer ‚Die KgU im Schußfeld des Kalten Krieges' vom September 1955"[141]. Die Kampfgruppe druckte hier unter anderem die Aussagen ab, die Heinz Strege und Dieter Dost, die im Januar 1954 in einem Schauprozeß in Frankfurt/Oder verurteilt worden waren, bei der KgU zu Protokoll gegeben hatten[142]. Die Kampfgruppe wollte so die Methoden der Justizbehörden der DDR offenlegen und aufzeigen, daß die beispielsweise in dem erwähnten Prozeß gegen sie erhobene Behauptung, die Angeklagten hätten im Auftrag der KgU gehandelt, unrichtig war; Dieter Dost erklärte am 4. August 1956: „Auf ausdrückliches Befragen hin erkläre ich, Dieter *Dost*, geb. 12.9.1936 in Berlin (Personalien aktenkundlich), daß ich bis zu meiner Flucht nach Westberlin im Juli 1956 niemals mit der *KAMPFGRUPPE GEGEN UNMENSCHLICHKEIT* oder

---

[140] Ebenda. – Kritisch angesprochen wurde auf dieser Sitzung auch das gerade erschienene Buch Margret Boveris (Der Verrat im 20. Jahrhundert, 4 Bände. Hamburg 1956ff.), und man beschloß, mit der Autorin in Kontakt zu treten, „um sie zur Rücknahme der unrichtigen Behauptungen zu bewegen." In der KgU-Mitteilung vom 5.11.1956 (ebenda) nahm auch Tillich Bezug auf dieses Buch und die dortigen Darlegungen zur KgU (S. 1): „Bei ruhiger Überlegung wird jeder verstehen, daß ich mich gegen solche Ausführungen nicht selbst verteidigen kann und werde. Auch jede Darstellung der tatsächlichen Arbeit der KgU aus meiner Feder würde – leider – immer wie eine indirekte Selbstverteidigung aussehen und sie auch sein." Statt dessen gab Tillich eine Rezension Gerhard Ritters zur Kenntnis (Wie leicht wird Zeitgeschichte zum Ärgernis – Anmerkungen zu Margret Boveris Darstellung „Der Verrat im XX. Jahrhundert", in: Die Welt vom 3.11.1956).

[141] Nachtrag zu der Sondernummer ‚Die KgU im Schußfeld des Kalten Krieges' vom September 1955, in: KgU-Archiv (Datierung im Text nur möglich aufgrund der Datenangaben der Aussage-Protokolle); (BA-K ZSg. 1-64/22).

[142] Ebenda, S. 6ff.

einem ihrer Mitarbeiter im Verbindung stand. Die Beschuldigungen des SSD sind rein aus der Luft gegriffen"[143]. –

Für einige Zeit konnte die KgU ihre Arbeit nun vergleichsweise unbehelligt fortsetzen – die Öffentlichkeit schenkte ihr allerdings keinerlei Beachtung mehr. Im April 1957 erschien das letzte der Hefte der Kampfgruppe, das sich unter dem Titel „Ministerium für Staatssicherheit. Aufbau und Arbeitsweise" von neuem mit der Geheimpolizei der DDR auseinandersetzte[144]. Zu diesen Ausführungen „über die neueste Struktur und Arbeitsweise der roten Gestapo" verfaßte Tillich ein Vorwort, in dem er über diesen Bericht schrieb: „Er ist absichtlich so nüchtern gehalten wie möglich, um durch seine leidenschaftliche Sachlichkeit die Kraft der sachlichen Leidenschaft zur Bekämpfung des unmenschlichen Apparats zu wecken. Ahnungslosigkeit über den Charakter der totalitären Staaten ist nicht mehr verzeihlich."

Unter der Überschrift „Spitzelauftrag von der KgU" berichtete am 11. Mai 1957 der Telegraf über Franz Neumanns Etatrede im Deutschen Bundestag vom 9. Mai[145]. Anläßlich der Debatte des Einzelplans 04, der die dem Bundeskanzleramt zur Verfügung stehenden Haushaltsmittel betraf, hatte sich Neumann eingehend mit den Hintergründen der im Wahlkampf 1953 von Adenauer erhobenen Vorwürfe gegen Sozialdemokraten beschäftigt und war in diesem Zusammenhang auch auf die Verbindungen des Kanzleramtes *mit Organisationen,* die ursprünglich einmal die Aufgabe hatten, *gegen die kommunistische Unmenschlichkeit* anzukämpfen", zu sprechen gekommen und hatte behauptet, solche Organisationen hätten „ja bis in die jüngste Zeit hinein Gelder aus dem Fonds, der zur Zeit zur Debatte steht, erhalten"[146].

Neumann zitierte in seiner Rede „aus einem Protokoll", und stellte zuvor fest, die von ihm nachfolgend vorgetragenen Äußerungen schlössen seiner Ansicht nach an die „Aktion gegen leitende Sozialdemokraten" an, über die er zuvor gesprochen hatte[147]. Neumann trug – ohne direkte Quellenangabe – folgendes vor: „Vom Februar 1954 bis Juli 1954 arbeitete ich als freier Mitarbeiter der KgU, und zwar persönlich für deren Leiter Ernst Tillich. Tillich übergab mir eines Tages im Februar 1954 eine Liste, enthaltend die Namen von angeblichen Kommunisten, Edelkommunisten, Ostagenten usw. usw. Die Liste enthielt von der SPD folgende Namen: Herbert Wehner, ..."[148]. Hier unterbrach der Berliner SPD-Abgeordnete die Verlesung und verwies zur Begründung dafür, daß er keine weiteren Namen nenne, auf eine vorangegangene Äußerung, in der er gesagt hatte, er wolle verhindern, daß die

---

[143] Ebenda, S. 11.
[144] Ministerium für Staatssicherheit. Aufbau und Arbeitsweise. Hg. von der KgU. (Berlin, April 1957 [Vorwort von E. Tillich]; Hefte der Kampfgruppe); (BA-K 1-64/2 [5]).
[145] Telegraf vom 11.5.1957.
[146] Franz Neumanns Rede vom 9.5.1957 in: Verhandlungen des Deutschen Bundestages, 2. Wahlperiode 1953, Stenographische Berichte Bd. 36, Bonn 1957, S. 11978 (C)-11983 (B), Zitate S. 11981 (B).
[147] Ebenda, S. 11981 (B).
[148] Ebenda, S. 11981 (C).

Genannten „von der CDU-Presse und der sogenannten neutralen Presse so durch die Gosse gezogen werden wie mein Freund Herbert Wehner"[149].

Neumann fuhr fort: „Zu jeder Person übergab mir Tillich außerdem Einzelmaterial der KgU. Meine Aufgabe sollte es sein, für die einzelnen Personen belastendes Material in politischer Hinsicht zusammenzutragen und Tillich persönlich zu übergeben. Tillich selbst sagte mir, daß er das Material dringend für das Bundeskanzleramt benötige"[150]. Wie sich auch schon aus den vorangegangenen Ausführungen Neumanns ergeben hatte, stammte dieses Protokoll von Heinz-Werner Stephan[151].

Nachdem er diesen Text verlesen hatte, fragte Neumann den Bundeskanzler hinsichtlich der *„Methoden zur Bekämpfung der Sozialdemokratie"*, weshalb der Prozeß gegen Stephan vor dem Bundesgerichtshof „bisher noch nicht über die Bühne gelaufen" sei, um den „Angaben über Schroth-Scharley und andere" endlich auf den Grund zu gehen: „Sollte es nicht möglich sein – das liegt im Interesse des Angeklagten und der deutschen Öffentlichkeit –, daß dieser Prozeß zum mindesten noch vor dem Wahlkampf im September durchgeführt wird, damit diese Fragen ausgeräumt werden?"[152]

Anschließend präsentierte Neumann eine „handschriftliche Notiz" aus „den Akten Stephan", die „von einem Manne ist, der mit dem Bundeskanzleramt engste Zusammenarbeit gepflegt hat", in der der Verfasser mitteilte, ein gewisser Germer werde beobachtet – „das ist der einzige leitende Sozialdemokrat im Bundeshaus Berlin gewesen", erläuterte Neumann –, und man sei bemüht, „ihm Fallen zu stellen" – diese von Neumann vorgetragene Mitteilung war gezeichnet mit dem Monogramm „E.T."[153]. Hierzu stellte Neumann fest: „E.T. ist die Abkürzung des Namens des Leiters der KgU".

Und ferner zog Neumann den Schluß, Karl J. Germer[154] sei als der einzige Sozialdemokrat im Berliner Bundeshaus von dem „Mann einer privaten Organisation in Zusammenarbeit mit Bundesdienststellen" aus seiner Position entfernt wor-

---

[149] Ebenda, S. 11981 (B), Zitat S. 11980 (C).
[150] Ebenda, S. 11981 (C).
[151] Roth/Neumann/Leib, Kampfführung (S. 143ff.) drucken ein Faksimile eines Schreibens Stephans an Neumann vom 2.4. 1957 sowie eine „Erklärung" vom 30.3.1957 ab. Offenkundig zitierte Neumann am 9. Mai aus dieser Erklärung Stephans; Neumanns Zitat stimmt mit dem bei Roth/Neumann/Leib abgedruckten Text überein. Dieses Dokument ermöglicht die Vervollständigung der entscheidenden Passage des von Neumann vorgetragenen Textes: „(...) Tillich übergab mir eines Tages im Febr. 1954 eine Liste, enthaltend die Namen von angeblichen Kommunisten, Edelkommunisten, Ostagenten, Homosexuellen, Bisexuellen und sonstigen ‚Feinden unserer Demokratie', wie er sagte. Sämtliche Personen waren SPD-Politiker, Beamte, Journalisten und andere Politiker. Diese Liste enthielt von der SPD folgende Namen: Herbert *Wehner*, Willy *Brandt*, Fritz *Heine*, Arno *Scholz*, Dr. *Stumm*, Werner *Nieke*, Karl J. *Germer*, Adolf *Vollbracht* usw. Zu jeder Person übergab mir Tillich außerdem Einzelmaterial der KgU. (...)"
[152] Franz Neumanns Rede vom 9.5.1957, S. 11981 (C), (D).
[153] Ebenda, S. 11982 (A).
[154] Hierzu auch von Interesse Germers „Erste Besprechung mit dem Regierenden Bürgermeister Willy Brandt am 7. Oktober 1957 – 12.55 bis 13.14", in: Karl J. Germer, Von Grotewohl bis Brandt. Ein dokumentarischer Bericht über die SPD in den ersten Nachkriegsjahren, Landshut 1974, S. 259ff.

den¹⁵⁵. Franz Neumann wies Adenauer auf Germers Verdienste „um die Erhaltung der demokratischen Verhältnisse im Berlin 1945/46" hin und stellte den Kanzler vor die Frage, was geschehen werde, um Germer zu rehabilitieren.

Die Anschuldigungen, die Neumann hier gegen Tillich und die Kampfgruppe gerichtet hatte, waren außerordentlich schwerwiegend. Das Schicksal Tillichs und der KgU war nun aber unlöslich verbunden mit dem Ausgang des Verfahrens gegen Heinz-Werner Stephan.

9. Stephan-Prozeß und Tillichs Rücktritt

Bereits zu Anfang des Jahres 1957 war in Ost-Berlin eine nahezu 300seitige Schrift mit dem Titel „Unmenschlichkeit als System" erschienen, die – so der Untertitel – ein „Dokumentarbericht über die ‚Kampfgruppe gegen Unmenschlichkeit e.V.' Berlin-Nikolassee, Ernst-Ring-Straße 2–4" sein sollte¹⁵⁶. Über diesen ‚Bericht' hieß es im Vorwort der Redaktion: „Er ist die erste ausführliche Veröffentlichung über den organisatorischen Aufbau und die Verbrechen der sogenannten KgU, die sie wider jedes Recht und Gesetz gegen das deutsche Volk, gegen die Völker Europas, gegen den Frieden und gegen die Menschlichkeit beging und begeht."

Zweifellos handelte es sich um die ‚erste ausführliche Veröffentlichung' monographischen Charakters, die sich der Kampfgruppe widmete, doch die Zweckbestimmung zeigt auch die dieser Bemühung zugrundeliegende Absicht – unter Bezugnahme auf die schon 1952 von Tschuikow erhobenen Forderungen hieß es am Ende der Darlegungen: „Nur so kann den verbrecherischen Umtrieben der KgU Einhalt geboten werden: Verbot der KgU und aller anderen ähnlichen Organisationen, Bestrafung aller Verantwortlichen, harte Strafen für alle derartigen Verbrechen!"¹⁵⁷ Im Sinne dieser Forderungen wurde an der Kampfgruppe und ihren Repräsentanten buchstäblich kein gutes Haar gelassen, und das moralische Niveau, von dem aus geurteilt wurde, war außerordentlich hoch: „Im Namen der Menschlichkeit, im Namen des Friedens und im Interesse aller friedliebenden Völker erhebt des deutsche Volk diese Anklage!"

Als im Herbst 1957 der Prozeß gegen Stephan begann, war bald auch des Ende der Kampfgruppe abzusehen¹⁵⁸. Ende Oktober meldete die Morgenpost, der als Zeuge vernommene Tillich habe eingeräumt, er habe Stephan insgesamt 7500 DM bezahlt; ferner sagte er aus, er habe Stephan getraut, da ihm dieser von dem damaligen Innensenator Fischer mit Hinweis auf Stephans Tätigkeit für verschiedene Bundesbehörden empfohlen worden sei¹⁵⁹. Diese Darstellung, so stellte die Morgenpost fest, stünde in Widerspruch zur Aussage des ebenfalls als Zeugen befragten ehemaligen Senators Fischer, der seinerzeit behauptet habe, Stephan „lediglich mit

---

[155] Franz Neumanns Rede vom 9.5.1957, S. 11982 (A), (B).
[156] Unmenschlichkeit als System; das Vorwort der Redaktion (S. 6) ist datiert auf „Anfang Januar 1957".
[157] Ebenda, S. 274.
[158] Zu diesem Prozeß: BZ vom 18.10.1957; Der Tagesspiegel vom 24.10.1957.
[159] Morgenpost vom 31.10.1957.

einem harmlosen Auskunftersuchen an Tillich weitergereicht zu haben." Auch unter Eid blieben Tillich und Fischer bei ihren widersprüchlichen Aussagen. „Wer schwor falschen Eid?", fragte die Morgenpost am 2. November[160].
„Hat die Kampfgruppe mit Gift gearbeitet?", fragte am 6. November die Frankfurter Allgemeine Zeitung[161]. Spätestens zu diesem Zeitpunkt war der Prozeß gegen Stephan zu einem Verfahren gegen die Kampfgruppe geworden. Der Vorwurf, mit Kantharidin, einem schell wirkenden und in kleinster Dosierung tödlichen Gift gearbeitet zu haben, war bereits im Jahre 1952 im Prozeß gegen Wolfgang Kaiser vor dem Obersten Gericht der DDR erhoben worden[162]. Tillich und Baitz erklärten, sie kennten das Präparat gar nicht, ein ehemaliger KgU-Angehöriger gab zu, ihm sei des Gift bekannt, andere – unter ihnen Rainer Hildebrandt – verweigerten die Aussage[163] – „im Interesse alliierter Stellen"[164].

„Wie lange noch KgU?", fragte schließlich am 15. November der Telegraf, als er über die im SPD-Pressedienst an die deutschen Behörden gerichtete Aufforderung berichtete, nun gegen die Kampfgruppe einzuschreiten – Anlaß der SPD-Erklärung war Stephans Verurteilung zu vier Jahren Haft gewesen[165]. Die Morgenpost kommentierte die Forderung der SPD dahingehend, daß die „Leute im Glashaus" bei ihrer „Attacke gegen die Konkurrenz" doch die Pannen nicht vergessen sollten, die es auch beim Ost-Büro der SPD gelegentlich gegeben habe[166].

René Bayer sprach am gleichen Tag in der Süddeutschen Zeitung von einem „Dschungel zwischen West und Ost", und für ihn stand „im Mittelpunkt des Zwielichts" Ernst Tillich[167]. Bayer hob hervor, es sei unklar, ob auf den gefälschten Listen, die von Stephan stammten, auch Namen gestanden hätten, die Tillich ihm gegeben habe. Es stelle sich nun jedoch die Frage, was mit Tillich geschehen werde, „der vor Gericht zugab, Stephan ‚Material' gegen sechs bis acht West-Berliner Persönlichkeiten übergeben zu haben, darunter auch die schmutzige Verdächtigung seines Vorgängers Rainer Hildebrandt." Als die KgU-Mitarbeiter die Aussage verweigerten, meinte der Beobachter der Süddeutschen Zeitung, „roch es im Saal nach Verbrechen." Abschließend wies der Journalist unmißverständlich auf die Verantwortlichkeit der Alliierten in dieser Angelegenheit hin.

Am 19. November 1957 erklärte der Berliner Bundesbevollmächtigte Vockel, die Frage einer Auflösung der KgU sei von der Bundesregierung bislang nicht erörtert worden, und er könne auch nicht sagen, ob es überhaupt zu einem solchen Beschluß kommen werde[168]. Mit dem Regierenden Bürgermeister Willy Brandt bestünde jedoch Einigkeit in der Hinsicht, daß es im Kompetenzbereich des Senats liege, gegen Organisationen vorzugehen, die das Ansehen Berlins schädigten.

---

[160] Morgenpost vom 2.11.1957.
[161] Frankfurter Allgemeine Zeitung vom 6.11.1957.
[162] Berliner Zeitung vom 10.8.1952.
[163] Frankfurter Allgemeine Zeitung vom 6.11.1957.
[164] Frankfurter Allgemeine Zeitung vom 14.12.1957.
[165] Telegraf, Der Tagesspiegel vom 15.11.1957.
[166] Morgenpost vom 15.11.1957.
[167] René Bayer in: Süddeutsche Zeitung vom 15.11.1957.
[168] Der Tagesspiegel vom 20.11.1957.

Brandt seinerseits forderte ein paar Tage später von seinem Innensenator Lipschitz einen Bericht über die Kampfgruppe an[169]. Am 1. Dezember erklärte der Regierende Bürgermeister in seiner wöchentlichen Rundfunkansprache, Berlin werde sich von jedem „politischen Indianerspiel" fernhalten – wörtlich sagte Brandt: „Damit wir uns klar verstehen, der Osten sollte vor seiner eigenen Tür kehren; er wird uns nicht davon abbringen, unseren Beitrag in der großen geistigen Auseinandersetzung zu leisten"[170]. Der Senat wolle, so der Tagesspiegel am 3. Dezember, lediglich gemeinsam mit der Bundesregierung zur Tat schreiten; im übrigen, vermutete die Zeitung, sei wohl von neuem an amerikanische Stellen appelliert worden, der KgU keine Finanzmittel mehr zur Verfügung zu stellen.

Die Befassung des Senats mit Lipschitz' Bericht wurde zunächst noch einmal aufgeschoben[171]. Am 10. Dezember teilte ein Senatssprecher dann mit, man halte von seiten des Senats die Einschaltung der Bundesregierung für erforderlich; weitere Auskünfte wurden mit dem Hinweis verweigert, der Lipschitz-Bericht sei geheim[172]. Bild schrieb: „Die Wolken über der Kampfgruppe gegen Unmenschlichkeit ziehen sich zusammen"[173]. Wenig später sah auch die Frankfurter Allgemeine Zeitung „Tillich und seine Kampfgruppe im Zwielicht"; Otto Diepholz erwähnte hier auch, die KgU sei bereits 1955 aus dem Flüchtlingsnotaufnahmeverfahren ausgeschlossen worden[174].

Tillich verteidigte sich in einem Leserbrief, der vier Tage später von der Frankfurter Allgemeinen abgedruckt wurde: „Man ist fast schutzlos einem Zwielicht und wilden Gerüchten preisgegeben, wenn man – wie die Kampfgruppe gegen Unmenschlichkeit (KgU) – aus politischen Gründen in vielen Punkten zur Schweigsamkeit verpflichtet sein muß"[175].

Auf der für den 30. Januar 1958 anberaumten Sitzung des Bundestagsausschusses füt gesamtdeutsche Fragen wurde nun auch auf Bundesebene Lipschitz' Bericht über die Kampfgruppe erörtert – er war bereits vor einiger Zeit vom Senat an die Bundesregierung weitergeleitet worden[176]. Im Laufe des Frühjahrs fielen harte Worte – Willy Brandt nannte die KgU einen „Mistverein"[177], während der neuberufene gesamtdeutsche Minister Lemmer von einem „Sauladen" sprach[178].

Mitte März nämlich war es bei der Kampfgruppe zu einer neuerlichen Panne gekommen. Eine SSD-Agentin – „eine rote Mata Hari aus dem Ostsektor" – hatte den KgU-Mitarbeiter Kurt Baitz in dessen Wohnung in der Steglitzer Schloßstraße betrunken gemacht und war mit dessen Personalpapieren sowie einigen Geheimdo-

---

[169] Der Tagesspiegel vom 24.11.1957.
[170] Der Tagesspiegel vom 3.12.1957.
[171] Die Welt vom 7.12.1957.
[172] Bild, Morgenpost vom 11.12.1957; Frankfurter Allgemeine Zeitung vom 14.12.1957.
[173] Bild vom 11.12.1957.
[174] Otto Diepholz, Die nicht sehr geheimnisvolle Villa in Nikolassee. Tillich und seine Kampfgruppe im Zwielicht, in: Frankfurter Allgemeine Zeitung vom 14.12.1957.
[175] E. Tillich in: Frankfurter Allgemeine Zeitung 18.12.1957.
[176] Der Tagesspiegel vom 29.1.1958.
[177] Kurier vom 20.3.1958.
[178] Spandauer Volksblatt vom 28.3.1958; Bild vom 26.4.1958.

kumenten verschwunden[179]. „Kampf gegen Unfug", lautete die Überschrift eines Kommentars im Kurier[180].

Das Spandauer Volksblatt brachte am 30. März ein Interview mit Minister Lemmer, in dem der Amtsnachfolger Jakob Kaisers die Tätigkeit der Kampfgruppe als unerwünscht und darüber hinaus auch als überflüssig bezeichnete [181]. Die BZ meldete am 2. April die Verhaftung eines KgU-Mitarbeiters[182]. Der Abgeordnete Fischer richtete Anfang April eine die KgU betreffende Kleine Anfrage an Justizsenator Kielinger – Fischers Immunität war vermutlich wegen eines Ermittlungsverfahrens in Zusammenhang mit seinen Aussagen im Stephan-Prozeß bereits im Februar aufgehoben worden, und im Herbst lief gegen ihn wie gegen Tillich ein Meineidsverfahren[183].

Das Spandauer Volksblatt spekulierte am 19. April über eine mögliche Übersiedlung der KgU nach Hannover oder Köln; ferner teilte das Blatt mit, Tillich sei angeblich geraten worden, die Kontakte der Kampfgruppe in die DDR abzubrechen, da der SSD mittlerweile alle Kontaktpersonen kenne[184]. Sechs Tage später mutmaßte dieselbe Zeitung über eine Auflösung der Kampfgruppe, aber, so hieß es, weil Tillich mit verschiedenen Bonner Stellen zusammengearbeitet habe, könne er nicht fallengelassen werden und deshalb habe man sich auf den Kompromiß einer Verlegung der KgU nach Göttingen geeinigt[185].

Am 26. April stand dann jedoch in der Bild-Zeitung: „Vor dem Ende der ‚Kampfgruppe gegen Unmenschlichkeit'. *KgU-BOSS TILLICH TRAT ZURÜCK*"[186]. In der Tat hatte Ernst Tillich bereits am 24. April auf einer Mitgliederversammlung der Kampfgruppe seinen Rücktritt erklärt; Gründe hierfür wurden von der KgU nicht angegeben, sie dementierte jedoch die Gerüchte über eine Verlegung oder Umwandlung in eine „Zentrale Suchkartei für Sowjetzonen-Häftlinge", wie sie insbesondere von der FDP-Zeitung Das FreieWort verbreitet worden waren[187]. Zugleich gab sie bekannt, neuer KgU-Leiter sei Adolf Hellwig geworden, während Herrmann von Hirschheydt zu seinem Stellvertreter gewählt worden sei.

---

[179] BZ, Morgenpost vom 19.3.1958; Bild, Kurier vom 20.3.1958. – 20.3.1958 auch die Andere Zeitung zur KgU.
[180] Kurier vom 20.3.1958.
[181] Spandauer Volksblatt vom 30.3.1958. – Ernst Lemmer kümmerte sich als gesamtdeutscher Minister ansonsten nicht um Organisationen wie die KgU, sondern überließ diese Dinge seinem Staatssekretär: „Ich habe also mit diesen Organisationen nicht das Geringste zu tun gehabt, ohne daß ich sie damit als verbrecherisch disqualifizieren möchte." (Interview mit Ernst Lemmer vom Februar 1970; zitiert nach Rüss, Anatomie, Anm. 41 zu S. 39). Deshalb führten seine Interviews mit dem Spandauer Volksblatt in seinem Ministerium zu Spannungen (Rüss, ebenda, S. 39f.).
[182] BZ vom 2.4.1958.
[183] Stenographische Berichte des Abgeordnetenhauses von Berlin, II. Wahlperiode, Bd. IV, Berlin 1958, S. 102 f., 512.
[184] Spandauer Volksblatt vom 19.4.1958.
[185] Spandauer Volksblatt vom 25.4.1958. – Ähnlich Telegraf vom 25.4.1958.
[186] Bild vom 26.4.1958.
[187] Kurier, Der Tag, Der Tagesspiegel vom 26.4.1958.

10. Politische Propaganda – Auflösung

„Die Potsdamer ‚Tillichs' schweigen", war ein Bericht des Spandauer Volksblattes über die Reaktionen Ost-Berlins zu der neuesten Entwicklung bei der KgU überschrieben – ins Auge fällt, daß die Zeitung Tillichs Namen als Synonym für ‚Kalter Krieger' verwendete[188]. Die „SED-Zeitungen" hätten in ungewohnter Weise geschwiegen, als man „plötzlich mit geballter Ladung gegen diese Gangsterzentrale" – die KgU – vorgegangen sei: „Weil ihnen der Schrecken in die Knochen gefahren ist. Der Schreck, daß sie ihren Tillich und die ‚KgU' – die ihnen jahrelang die Argumente für die immer weiter verschärfte Spaltung geliefert hatte – verlieren könnten. Denn nichts könnte dem SSD unangenehmer sein als die Auflösung der ‚KgU'".

Diese Beurteilung des Verhaltens der kommunistischen Seite weist hin auf eine politische Ursache der Mißbilligung Tillichs und der Kampfgruppe auf seiten des Westens und insbesondere des sozialdemokratisch geführten West-Berliner Senats. Die Kampfgruppe stand als ‚Institution des Kalten Krieges' jeglichen Bemühungen um irgendeine Verständigung mit Ost-Berlin entgegen, da gerade sie von der DDR stets und ständig als Vorwand angeführt werden konnte, sich solchen Entwicklungen gegenüber zu verweigern – es erscheint unter diesem Gesichtspunkt auch nicht als zufällig, daß es ein Senat unter dem neuen Regierenden Bürgermeister Brandt war, der entschlossen gegen die Kampfgruppe vorging und wohl zu einem Gutteil verantwortlich war für die Herbeiführung der Situation, die zu Tillichs Rücktritt geführt hatte.

Ernst Tillich hatte mit seinem Entschluß dem unterdessen übermächtigen Druck nachgeben müssen. Auf die Dauer wäre es der KgU wohl nicht mehr möglich gewesen zu überleben, wenn er die Organisation länger repräsentiert hätte, denn sein Name und sein öffentliches Ansehen waren nicht zuletzt infolge des Stephan-Prozesses in einem Maße diskreditiert worden, daß er für die Gruppe eine Belastung geworden war – es bleibt dabei offen, inwieweit die Vorwürfe im einzelnen berechtigt gewesen waren. Gemeinsam mit ihm hätte die KgU gegen den erklärten Willen von Senat und Bundesregierung nicht weiterbestehen können, doch wie sich zeigte, reichte es auch ohne ihn nur noch für etwas mehr als ein Jahr. Offenbar war Tillich als Leiter und Inspirator zu wichtig gewesen, als daß man auf seine Mitarbeit hätte verzichten können. Immerhin aber war durch seinen Rücktritt etwas wie ein halbwegs geordneter Rückzug möglich geworden – so scheint es zumindest aus der Retrospektive. Eine gewichtige Rolle dürften dabei die Amerikaner gespielt haben, die offenbar aufgrund der teilweise sogar öffentlich an sie gerichteten Appelle insbesondere von verantwortlichen deutschen Politikern ihre schützende Hand von Tillich nahmen und schließlich auch von der Kampfgruppe – die Frage der Finanzierung der KgU ist hier der entscheidende Hebel gewesen.

Die Reaktion der kommunistischen Presse hatte das Spandauer Volksblatt im übrigen ganz richtig beurteilt[189]. Für die Berliner Zeitung stellte sich Tillichs Rück-

---

[188] Spandauer Volksblatt vom 29.4.1958.
[189] An dieser Stelle scheint es geboten, einen kurzen Überblick über einige Pressestimmen aus Ost-Berlin zu geben, die während des Jahres 1957 bis zu Tillichs Rücktritt im April 1958

tritt als ein „Tarnungsmanöver" dar, und ferner hieß es in der Ausgabe vom 4. Mai 1958, Tillich solle einen „maßgeblichen Agentenposten in Bonn" erhalten, wofür er bereits Zusagen aus dem Stab von Minister Strauß erhalten habe; abschließend wurde bekräftigt, die KgU werde weiter tätig sein[190]. BND und UfJ würden die Arbeit der Kampfgruppe fortsetzten, lautete die Prognose, die die BZ am Abend am 12. Mai unter der Überschrift „‚Schoßkind' in Liquidation" stellte; im übrigen, hieß es, verließen die KgU-Angehörigen das „sinkende Schiff wie Ratten"[191].

Ein bilanzierender Rückblick und eine Beschreibung der Möglichkeiten einer ‚Führung des Kalten Krieges' des Westens ist in einem Aufsatz zu erblicken, den Tillich noch im März 1958 in den Politischen Studien veröffentlicht hatte[192]. Tillich stellte hier ein „Manko an psychologischer Führung und politischer Seelsorge" auf westlicher Seite fest, und er sprach auch die Aversionen an, die gegen den Begriff der ‚Psychologischen Kriegsführung' gleichermaßen bestünden wie gegen den Terminus ‚Kalter Krieg', um dem entgegenzuhalten, daß „die Kommunisten wohltrainiert und unbeirrt den Kalten Krieg mit psychologischen und anderen ihnen zu Gebote stehenden Mitteln betreiben"[193]. Der Kalte Krieg konnte für Tillich schon deshalb nicht zuende sein, da es sich bei diesem Konflikt nicht allein um eine machtpolitische, sondern vor allem „um eine gesellschaftspolitische Auseinandersetzung" handelte. Der totalen Durchdringung des gesamten Lebens durch die kommunistische Ideologie habe der Westen in folgender Weise Rechnung zu tragen: „Gesellschaftspolitische Auseinandersetzung bedeutet, daß sie auf *allen* Gebieten des Lebens, der Gesellschaft, der geistigen, kulturellen, nationalen und internationalen, ökonomischen und sozialen, caritativen und mitmenschlichen vor sich geht und daß wir die ganze Klaviatur des gesellschaftlichen Verhaltens beherrschen müssen, um die Auseinandersetzung zu bestehen und zu führen."

Der Westen, so Tillich, habe auch jene „neue Entschlossenheit" zu berücksichtigen, die sich im gewandelten Selbstbewußtsein der Menschen in der DDR zeige, nachdem sich bislang „Perioden unablässiger und (tragischerweise) irrealer Hoff-

---

auf die KgU Bezug nahmen: Daß der KgU kein Gas mehr geliefert werde, meldete am 2.1.1957 die BZ am Abend. Am 25.5.1957 überschrieb dieselbe Zeitung einen Bericht über eine Ausstellung des MfS über die „Spionage- und Sabotagetätigkeit westlicher Geheimdienste in der DDR" mit dem Zitat: „Probst Grüber: Das hat mich erschüttert." Zum Ende des Stephan-Prozesses: Neue Zeit, 16.11.1957. Unter anderem Enthüllungen über einen angeblich von Tillich begangenen Giftmord: Neues Deutschland vom 17.11.1957; ähnlich ‚Cobra' in: Berliner Zeitung vom 20.11.1957. Insbesondere zur „Verfilzung" der KgU „mit Westberlins Behördenapparat": BZ am Abend, 30.11.1957. Enthüllungen über Zusammenarbeit des FU-Professors Walter Grottian mit der KgU – „Prof. Dr. rer. sab. ag." – in: BZ am Abend, 4.12.1957. Zu KgU und West-Berliner Polizei: BZ am Abend, 7.1.1958. „KgU half NATO zimmern", in: Neues Deutschland vom 22.2.1958. Zu „‚KgU'-Baitz": Berliner Zeitung vom 2.3.1958. Enthüllungsserie unter dem Titel „Ganoven – Gimpel – Gewaltverbrecher" in: BZ am Abend, 31.3., 1.4., 3.4. und 9.4.1958. „Lipschitz für KgU-Verbot voll zuständig", in: Berliner Zeitung vom 1.4.1958. „Die Lügenvilla in Dahlem", in: BZ am Abend, 25.4.1958.

[190] Berliner Zeitung vom 4.5.1958.
[191] BZ am Abend, 12.5.1958.
[192] E. Tillich, Über die Notwendigkeit und psychologische Basis politischer Propaganda, in: Politische Studien, 9. Jg., H. 95 (März 1958), S. 170-178.
[193] Ebenda, S. 174ff.

nungen auf ‚Befreiung durch den Westen'" und „Perioden der Resignation" abgelöst hätten. In der Frage der Methode der propagandistischen Aktivität des Westens kam Tillich zu folgender Schlußfolgerung: „Die Funktion politischer Propaganda des Westens im Osten kann deshalb niemals eine führende sein, aber sie ist eine Unterstützung, Beistandshandlung und Führungshilfe, die nicht unterlassen werden darf"[194].

Tillich schrieb hier über Propaganda, dennoch gab er auch Auskunft über seine Gesamtbeurteilung des Kalten Krieges. Zum Ende des Aufsatzes nämlich unterstrich er, man könne sich nicht nur „auf die (selbstverständlich notwendigen) außenpolitischen Verhandlungen" und „auf den Selbstlauf der Tatsachen" verlassen, sondern man müsse „die innere Evolution des Ostens selbst" unterstützen. „Wenn diese Evolution, für die das Wort ‚stille Revolution' geprägt worden ist, gegenwärtig unsere einzige weltpolitische Hoffnung auf Freiheit hinter dem Eisernen Vorhang darstellt: wer könnte dann verantworten, die Menschen drüben in dieser schweren Auseinandersetzung allein zu lassen?"

Für das Spandauer Volksblatt hatte Tillich mit diesem „Pamphlet über ‚psychologische Kriegführung'" im übrigen nur noch Aufmerksamkeit in Bonn erregen wollen[195]. –

Gemäß Tillichs Vorstellungen betrieb die KgU auch noch in den letzten Jahren ihrer Existenz ihre propagandistische Arbeit für die Bevölkerung der DDR und Ost-Berlins. Einer Aufstellung über „Effektivität der KgU-Propaganda" während des Jahres 1957 zufolge hat die Kampfgruppe in diesem Jahr mit Hilfe von 14 473 Ballons sowie 218 581 Briefen, die sie von der Bundesrepublik aus in die DDR schickte, vierzehn verschiedene Flugblätter in einer Gesamtauflage von 27 192 000 Stück in der DDR verbreitet[196]. Die Flugblätter enthielten zumeist Schlußsätze wie diese: „Gefährdet Euch nicht durch den Besitz dieses Flugblattes. Gebt uns bitte Nachricht über Fundort und Datum, aber bitte niemals mit richtigem Absender." Aufgrund solcher Aufforderungen erhielt die KgU 1957 monatlich rund 150 schriftliche Rückmeldungen, und unter anderem deshalb konnte die Gruppe feststellen: „Die Resonanz bei der Bevölkerung war im letzten Jahr unerwartet groß."

Eine wichtige Rolle spielten innerhalb der Propagandatätigkeit der Kampfgruppe auch die seit 1957 – zum Teil auch erst 1958 – nach dem Muster der Wahrheit von der KgU herausgebenen Flugzeitungen, die 1957 in einer Gesamtauflage von 200 000 Stück hergestellt wurden und sich – wie bereits den Titeln zu entnehmen ist – jeweils an bestimmte Bevölkerungsgruppen richteten: „Geist und Leben", „Elternhaus und Schule", „Der Kämpfer" und „Der Parteiarbeiter" kamen seit 1957 monatlich heraus; seit 1958 erschienen „Der Soldat", „Die junge Stimme" sowie „Das freie Land" – sämtliche Zeitungen stellten ihr Erscheinen mit der Nummer 1

---

[194] Ebenda, S. 177f.
[195] Spandauer Volksblatt vom 19.4.1958. – Tillichs Aufsatz war auch als Sonderdruck erschienen.
[196] Effektivität der KgU-Propaganda – Berlin, den 20.2.1958, S. 1ff. (BA-K ZSg. 1-64/10 [4]). – Der Bestand des Bundesarchivs enthält 12 der 14 Flugblätter der KgU aus dem Jahre 1957 (ZSg. 1-64/7) und noch 10 Blätter aus dem Jahre 1958 (ZSg. 1-64/8).

des Jahrgangs 1959 ein[197]. Hingewiesen werden muß abschließend noch auf das im Sommer 1958 von der KgU herausgegebene Buch ihres Mitarbeiters Gerhard Finn, der – eigentlich schon im Sinne einer DDR-Forschung – eine mit zahlreichen Photos, Dokumenten und Graphiken versehene Gesamtdarstellung über „Die politischen Häftlinge der Sowjetzone 1945-1958" erarbeitet hatte[198].

Die Frankfurter Allgemeine Zeitung hatte einige Tage nach Tillichs Rücktritt zur KgU lapidar festgestellt: „Sie ist mit und ohne Tillich tot"[199]. Tatsächlich nahmen die Dinge unaufhaltsam ihren Lauf in eben dieser Richtung. Ende Mai 1958 erklärte der Vorsitzende der FDP-Bundestagsfraktion Erich Mende, seine Partei wolle im Zusammenhang mit einer Großen Anfrage zu Problemen der Rechtsstaatlichkeit der Bundesrepublik auch die Vorgänge um die KgU ansprechen[200].

„Löst der Richter die ‚Kampfgruppe' auf?", fragte Ende Juni Bild[201]. Unterdessen hatte der Generalstaatsanwalt beim Landgericht Berlin mehrere Ermittlungsverfahren gegen KgU-Angehörige eröffnet, darunter auch das Verfahren gegen Ernst Tillich[202]. Auf eine der zahlreichen Anfragen des Abgeordneten Fischer – die zumeist mit dem Hinweis „Verschlußsache" nicht beantwortet wurden – stellte Justizsenator Kielinger fest, ein Haftbefehl gegen Tillich werde wegen nicht gegebener Fluchtgefahr nicht für nötig erachtet. Aufschlußreich ist im übrigen Kielingers Mitteilung, die Ermittlungsverfahren basierten „„im wesentlichen auf einer kommunistischen Broschüre'" – es ist dies bezeichnend für den Kenntnisstand der West-Berliner Justizbehörden, die offenbar große Schwierigkeiten hatten, in Sachen KgU zu vor Gericht verwertbaren Erkenntnissen zu gelangen[203].

Am 2. Juli 1958 erschien Tillich – bezeichnet als „Irrlicht im Untergrund" – auf der Titelseite des Spiegel[204]. „Später Werwolf" lautete die Überschrift der Titelgeschichte, in der der Spiegel ausgehend von den aktuellen Ereignissen einen umfassenden Überblick über die Entwicklung der KgU seit 1948 gab[205]. Das Nachrichtenmagazin sprach auch den Lipschitz-Bericht über die Kampfgruppe an, zu dem es feststellte: „Veröffentlicht wurde dieser Bericht bis heute nicht"[206]. Dennoch zitierte der Spiegel aus diesem Bericht eine Passage zum „starken personellen Wechsel bei der KgU": „Das Jahr 1955 stellt hierbei mit 34,3 Prozent Abgängen und 40,5 Prozent Zugängen einen Höhepunkt dar. Von den 72 vom 1.Juni 1952 bis zum 30. Juni 1956 Ausgeschiedenen – darunter 23 Disziplinarfälle – waren 18 leitende Mit-

---

[197] Ebenda, S. 1f. – Der Bestand des Bundesarchivs enthält einzelne Exemplare aller dieser Publikationen, die Bestände sind z.T. sehr lückenhaft (ZSg. 1-64/12 bis 18).
[198] Gerhard Finn, Die politischen Häftlinge der Sowjetzone. 1945-1958. Hg. von der KgU. Berlin (1958); spätere Neuausgaben in Zusammenarbeit mit Karl Wilhelm Fricke.
[199] Christian am Ende, Nach Tillichs Ausscheiden in Liquidation, in: Frankfurter Allgemeine Zeitung vom 13.5.1958.
[200] Bild vom 30.5.1958; Der Tagesspiegel vom 31.5.1958.
[201] Bild vom 28.6.1958.
[202] Bild, Morgenpost vom 28.6.1958.
[203] Bild (Zitat), Morgenpost vom 28.6.1958.
[204] Der Spiegel vom 2.7.1958.
[205] Ebenda, S. 28ff.
[206] Ebenda. – Der Bericht befindet sich wohl im Berliner Landesarchiv; eine Einsichtnahme war aufgrund noch nicht abgelaufener Sperrfrist nicht möglich.

arbeiter; von ihnen schieden 11 aus disziplinaren Gründen aus"[207]. Laut Spiegel gehe aus dem Bericht ferner hervor, „etliche leitende Angestellte" seien „ehemals SA- oder SS-Führer" gewesen.

Außerdem zitierte das Magazin Tillichs Nachfolger Adolf Hellwig mit der Bermerkung: „Wir führen den Apparat hier weiter. Es besteht keine Absicht, daran etwas zu ändern." Nach Informationen des Spiegel trug zu dieser Zeit die amerikanische Organisation „Kreuzzug für die Freiheit" den Großteil der Kosten der KgU-Arbeit – der amerikanische Geheimdienst steuere nur noch geringe Summen bei. Doch auch für den Spiegel war eine „KgU-Liquidierung" anscheinend unumgänglich; als Gründe für das Zögern der Bundesregierung sah das Magazin zunächst die Befürchtung Bonns, der „sowjetzonalen Propaganda Vorschub zu leisten", ferner aber auch Bonns „Besorgnis, amerikanische Geldgeber der KgU zu verstimmen"[208].

Im November 1958 antwortete in diesem Sinne auch Senator Lipschitz auf eine Anfrage Fischers, es werde kein Verbot der KgU geben[209]. Am 7. März 1959 berichtete die Berliner Zeitung über den „Schacher" um die Kartei der Kampfgruppe, an dem sich neben den Amerikanern auch „Lemmers Spionageministerium" beteilige[210]. Trotz aller Verzerrungen scheint der Sachverhalt als solcher wohl doch wahrscheinlich. Die Auflösung der Kampfgruppe war keineswegs in kurzer Zeit zu bewerkstelligen, denn abgesehen vom Umfang der Kartei war das Material der KgU vermutlich nach wie vor höchst brisant und bedeutungsvoll.

Am 12. März 1959 konnten die West-Berliner Zeitungen dann die Meldung verbreiten, die Kampfgruppe gegen Unmenschlichkeit habe sich aufgelöst[211]. Der Abend erwähnte als Grund hauptsächlich die „Vorwürfe gegen ihre aktive, vor allem aber stümperhafte und unsinnige Widerstandsarbeit in die Sowjetzone hinein"; von Tillich hieß es, er studiere gegenwärtig in England Soziologie[212]. Die Bild-Zeitung hielt den Beschluß der Mitgliederversammlung für „überraschend", nannte die Kampfgruppe „skandalumwittert" und sah den Anlaß der Selbstauflösung in der Sperrung der Zuschüsse nun auch von amerikanischer Seite[213]. Die Morgenpost sprach von einem „dilettantisch betriebenen Geheimdienst", dem „niemand eine Träne nachweinen" werde[214]. Der Tag kommentierte: „Die Geschichte der ‚KgU' war wechselvoll, zu wechselvoll, leider"[215]. Für den Telegraf war dieses „Ende eines umstrittenen Kapitels" schon „längst fällig" gewesen; die Zeitung wies darauf hin, sie habe sehr früh Konsequenzen aus der „Fehlentwicklung" der Kampfgruppe gezogen[216]. Der Tagesspiegel ließ verlauten, „in politischen Kreisen" sei die Auf-

---

[207] Ebenda, S. 36f.
[208] Ebenda. – Leserbriefe dazu in: Der Spiegel vom 16.7.1958, S. 5ff.
[209] Der Tagesspiegel vom 15.11.1958.
[210] Berliner Zeitung vom 7.3.1958.
[211] Abend, Bild, Morgenpost, Der Tag, Der Tagesspiegel, Telegraf vom 12.3.1959; Süddeutsche Zeitung vom 13.3.1959; Die Zeit vom 20.3.1959. – ADN-Meldung in Neues Deutschland vom 12.3.1959.
[212] Der Abend vom 12.3.1959.
[213] Bild vom 12.3.1959.
[214] Morgenpost vom 12.3.1959.
[215] Der Tag vom 12.3.1959.
[216] Telegraf vom 12.3.1959.

lösung „als ein ‚de iure-Vollzug' eines ‚de facto-Zustandes'" bezeichnet worden[217]. Die Süddeutsche Zeitung begrüßte diesen „Schlußstrich unter dieses Kapitel", den die Zeitung „auf gewisse späte amerikanische Einsichten" zurückführte; ferner äußerte das Blatt die Hoffnung, es würden jetzt vielleicht auch andere Organisationen, „die den Geheimdienst so betreiben, wie ihn sich der kleine Moritz vorstellt, ihr Ende finden", die offiziellen Nachrichtendienste aber würden wohl „weiterhin in Westberlin ihr Wesen treiben, von dem manche glauben, es sei ein Unwesen"[218]. „Sang- und klanglos" schließlich war die KgU für die Hamburger Zeit „entschlafen"[219]. Die Berliner Zeitung aber warnte am 13. März 1959: „Nicht täuschen lassen"[220]. Neues Deutschland meinte: „Durchschauter Trick"[221].

Im KgU-Dienst hieß es in der letzten Nummer vom Februar 1959:

„*An alle ‚KgU-Dienst'-Bezieher*
Auf einer Mitgliederversammlung hat die Kampfgruppe gegen Unmenschlichkeit e.V. ihre Auflösung beschlossen. In der Anlage erhalten Sie aus diesem Grunde unseren letzten ‚KgU-Dienst'.
Wir danken Ihnen für das Interesse, das Sie unserer Arbeit entgegenbracht haben.
Mit vorzüglicher Hochachtung
KAMPFGRUPPE GEGEN UNMENSCHLICHKEIT
Berlin, den 11.3.1959"[222].

Franz Thedieck – langjähriger Staatssekretär im gesamtdeutschen Ministerium – hielt es sich später zugute, „‚die KgU kaputtgemacht zu haben'"; im Juli 1969 sagte er in einem Interview: „Ich habe in harten Auseinandersetzungen mit den Amerikanern erreicht, daß die die Förderung eingestellt haben"[223]. Der Suchdienst der Kampfgruppe ist – Thediecks Erinnerung zufolge – „dann später vom Roten Kreuz übernommen worden."

Ernst Tillich ist in den folgenden Jahren nicht mehr an die Öffentlichkeit getreten. Erst Anfang der siebziger Jahre erklärte er sich bereit, mit Historikern über seine Widerstandsarbeit im Dritten Reich zu sprechen. Über seine Arbeit in der Kampfgruppe hat er sich offenbar niemals mehr geäußert. Tillich kam nach 1958 nach einigen Umwegen zu einer Wirtschaftsberatungsgesellschaft, wo er bis zu seiner Pensionierung leitend im Bereich des Krankenhauswesens tätig war. Ernst Tillich starb am 16. März 1985 in Düsseldorf.

Dr. Rainer Hildebrandt ist Berlin und dem Arbeitsfeld der KgU treu geblieben. Er leitet heute die nach dem Mauerbau gegründete „Arbeitsgemeinschaft 13. August" im „Haus am Checkpoint Charlie" in der Friedrichstraße. Auch diese Organisation ist für die DDR eine „Agentenorganisation"[224]. Anfang 1965 meldete

---
[217] Der Tagesspiegel vom 12.3.1959.
[218] Süddeutsche Zeitung vom 13.3.1959.
[219] Die Zeit vom 13.3.1959.
[220] Berliner Zeitung vom 13.3.1959.
[221] Neues Deutschland vom 13.3.1959. – Weitere Erwähnungen der KgU in der kommunistischen Presse: Berliner Zeitung vom 6.11.1959, 7.3.1961. – Im Spiegel wurde Tillich nochmals am 8.6.1960 (S. 18) erwähnt.
[222] KgU-Dienst vom Februar 1959 (BA-K ZSg. 1-64/25).
[223] Interview Thedieck vom 9.7.1969 bzw. 1.12.1969; zitiert bei Rüss, Anatomie, S. 139.
[224] Albrecht Charisius/Julius Mader, Nicht länger daheim. Entwicklung, System und Arbeitsweise des imperialistischen deutschen Geheimdienstes, Berlin (Ost) 1969, S. 481.

ADN, seit dem 13. April 1963 bestünde gegen Hildebrandt Haftbefehl[225]. Zu den Ehrenmitgliedern der Arbeitsgemeinschaft 13. August gehören Lew Kopelew und Eugène Ionesco. Im Haus am Checkpoint Charlie befindet sich neben der Ausstellung „Die Mauer – vom 13. August bis zur heutigen Grenze" auch eine Ausstellung „Geteilte Interpretation – Maler sehen die Mauer." Darüber hinaus befindet sich dort eine dokumentarische Schau zum Thema „Von Gandhi bis Walesa – Durchsetzung von Menschenrechten mit gewaltfreien Methoden"[226].

---

[225] Morgenpost vom 10.1.1965.
[226] R. Hildebrandt, Das Haus am Checkpoint Charlie, Ein Gespräch, in: Das Mauerbuch, hg. von Manfried Hammer, Edelgard Abenstein u.a. Berlin 1981.

Schlußbetrachtung

1. Die Kampfgruppe zwischen Widerstand und ‚nationaler Befreiung': Ihre Strategie und ihre Zielsetzung

> O Deutschland, wie bist du zerrissen,
> Und nicht mit dir allein!
> In Kält' und Finsternissen
> Läßt eins das andre sein.
> Und hätt'st so schöne Auen
> Und reger Städte viel;
> Tät'st du dir selbst vertrauen
> Wär alles Kinderspiel.
>
> Bertold Brecht
> (Deutschland 1952)

In Margret Boveris Darstellung wird die Geschichte der Kampfgruppe anhand dreier Krisen gegliedert: die Führungskrise vom Beginn des Jahres 1952, in der sich Tillich die Leitung der Gruppe erkämpfte; die Krise im Herbst 1952, in der es nach Tillichs SPD-Ausschluß erstmals zu polemischen Äußerungen in der Presse kam; schließlich eine dritte Krise im Jahre 1955, als aufgrund von Prozessen in der DDR neuerlich heftige Kritik in der Presse laut wurde, die Affäre Stephan begann und Rupprecht Wagner in die DDR verschwand[1]. Hildebrandts Beurlaubung stellt jedoch nur eine Etappe in einer schon längere Zeit andauernden internen Auseinandersetzung dar, die schließlich Ende 1952 mit seiner öffentlichen Distanzierung von der KgU ihren Abschluß fand. ‚Erste' und ‚zweite' Krise fallen so der Sache nach zusammen. Abgesehen davon bleibt diese Betrachtungsweise zu sehr an der Oberfläche. Befriedigender erscheint es, die Geschichte der Gruppe unter dem Aspekt ihrer tatsächlichen Tätigkeit und – damit eng verbunden – dem Gesichtspunkt des Verhältnisses der westlichen Öffentlichkeit zu ihr zu betrachten.

Damit ergibt sich die Möglichkeit, vier einzelne Abschnitte zu unterscheiden. Voll und ganz in die Zeit der Berliner Blockade fiel die Gründungsphase, die mit der Lizenzierung im April 1949 beendet war. Es folgt die eigentliche ‚hohe Zeit' der Kampfgruppe, in der sie mit Billigung der Öffentlichkeit Widerstand mit gewaltfreien Mitteln zu betreiben suchte. Wann genau – in jedem Falle aber erst nach dem Beginn des Korea-Krieges – der Übergang zur Anwendung von Gewaltmitteln erfolgte, konnte nicht eindeutig ermittelt werden. Der Beginn des dritten Abschnittes bleibt deshalb unbestimmt – die Angabe Sommer 1951 dürfte vermutlich am ehesten zutreffen. In dieser Zeit lagen auch die Wurzeln des Niedergangs der KgU. Er ist als solcher zu unterscheiden vom konzeptionellen Scheitern der Gruppe, das – schon nachträglich – durch das Scheitern des 17. Juni nur noch bestätigt wurde.

---

[1] Boveri, Verrat, S. 276ff. – „Der Verrat im 20. Jahrhundert" erschien erstmals zwischen 1956 und 1960 in vier Bänden in Rowohlts deutscher Enzyklopädie.

1. Zwischen Widerstand und ‚nationaler Befreiung'

Tatsächlich erweist sich bereits das Jahr 1952 als das Jahr der Entscheidung für die Kampfgruppe: Die DDR ging vor allem mit Hilfe des SSD und ihrer Justizorgane massiv gegen sie vor, und die SED schuf sich in den ‚Agenten- und Terrorzentralen' einen nützlichen ‚Sündenbock'. Ausgelöst durch Tillichs SPD-Ausschluß brachte die Härte der Urteile eine Welle der Kritik an der Kampfgruppe von seiten des Senats, der Bundesregierung und nicht zuletzt durch Pastor Niemöller hervor. Schließlich verließ Hildebrandt als Repräsentant des gewaltfreien Weges die von ihm gegründete Organisation. Was nun folgte, waren zunehmende politische Isolation und Wirkungslosigkeit. Das „langwierige Ende der Kampfgruppe" war allein deshalb von so langer Dauer, weil sich die westdeutsche Seite lange Zeit nicht gegen die Führungsmacht des Kalten Krieges/West durchzusetzen vermochte. Es gelang Bonn auch nicht, die Gruppe an sich zu binden und dadurch zu disziplinieren.

Die von Margret Boveri herausgestellte ‚dritte' Krise zeigte eher den Dilettantismus und die politische Hilflosigkeit der Kampfgruppe auf. Die Geschehnisse des Jahres 1955 – und ihre Weiterungen in den folgenden Jahren – verstärkten nur noch den Unwillen gegenüber der Gruppe und ließen die Entschiedenheit der westdeutschen Stellen in einem Maß anwachsen, daß es schließlich gelang, auch die Amerikaner von der Notwendigkeit einer Liquidierung der KgU zu überzeugen. Inwieweit hier im übrigen etwaige Verwicklungen des Bundeskanzleramtes in die Affäre Stephan eine Rolle gespielt haben könnten, bleibt eine offene Frage.

Will man die Kampfgruppe mit einem einzigen Begriff charakterisieren, dann dürfte der Terminus ‚Widerstandsorganisation' am ehesten zutreffen. Eine „partisanenartige Befreiungsbewegung" hat die Gruppe niemals sein wollen[2]. Etwas Ähnliches hatte allerdings sehr wohl der BDJ ins Auge gefaßt, jedoch unter der wesentlichen Voraussetzung eines bereits erfolgten Einmarsches der sowjetischen Armee in der Bundesrepublik. Die Frage, ob der BDJ in der DDR Partisanentätigkeit betrieben hat oder betreiben wollte, kann vom gegenwärtigen Kenntnisstand aus nicht entschieden werden. Dennoch sollten – anders als es die kommunistische Propaganda des Kalten Krieges tat – die einzelnen Gruppen und ihre Aktivitäten sorgsam getrennt betrachtet werden.

In der Tat hat die Kampfgruppe ‚Widerstand' in vielfältiger Form propagiert bzw. unterstützt: Resistenz und Verweigerung, passiven, demonstrativen, zivilen und schließlich aktiven Widerstand. Unabtrennbar von diesem ‚Widerstand' war im Fall der KgU auch die tätige Hilfe, deren Hauptmotiv ohne Zweifel echte Karitas war. Sie war im Grunde schon ein Zweck an sich, konnte es aber unter den Bedingungen des Kalten Krieges schwerlich sein. Der Widerstandsarbeit diente auch die intensive Propagandatätigkeit gegen die DDR. Die publizistischen Bemühungen innerhalb der Bundesrepublik und West-Berlins bezweckten die Propagierung der eigenen Anschauungen, verfolgten damit aber mittelbar auch das Ziel, dem Widerstand der Bevölkerung in der DDR und in Ost-Berlin stärkere Unterstützung zu verschaffen. Hin zutrat allerdings bald auch die Absicht, die ‚Partei der DDR in der Bundesrepublik' zu bekämpfen.

---

[2] Vgl. hierzu Ernst Noltes Hypothese eines etwaigen „‚nationalen Befreiungskampfes'" der KgU (Deutschland, S. 364f.).

Der antistalinistische Widerstand der Kampfgruppe weist eine enge Kontinuität zum antifaschistischen Widerstand im Dritten Reich auf. Nicht zuletzt um diese Behauptung zu begründen, war es vonnöten, in „Biographie als Vorgeschichte" auf die Widerstandserfahrungen der beiden Protagonisten der Gruppe näher einzugehen. Wie vor allem aus den frühen Reden Hildebrandts deutlich wurde, sollte die Kampfgruppe für den Widerstand in der sowjetischen Zone ein leitender und helfender Partner sein. Damit sollte sie eben der Partner sein, den seinerzeit der Widerstand gegen den Nationalsozialismus im Ausland nicht in hinreichendem Maß gefunden hatte. Auch vor dem Hintergrund dieser Kontinuität ist die Bereitschaft der KgU zur Zusammenarbeit mit den Amerikanern zu sehen – zu erinnern ist hier im Falle Hildebrandts nur an die „West-Orientierung" Albrecht Haushofers[3]. Eine vergleichbare Kontinuität könnte im übrigen auch im Falle des Ost-Büros der SPD vorgelegen haben, dessen Leiter Stephan Thomas ja während des Zweiten Weltkrieges Sprecher im „Antifaschistencamp" im englischen Ascot gewesen war.

Möglicherweise könnte es als problematisch angesehen werden, auch Sabotageakte unter den Begriff ‚Widerstand' einzuordnen. Einem solchen Einwand wäre jedoch entgegenzuhalten, daß man auch und gerade jene Männer des „20. Juli", die planten, Hitler umzubringen, ganz selbstverständlich dem Widerstand zurechnet. Anzumerken bleibt, daß es in der Kampfgruppe gerade diejenigen waren, die dem „20. Juli" am nächsten gestanden hatten, die den Entschluß zur Gewalt mißbilligten – Rainer Hildebrandt und Heinrich von zur Mühlen. Die Frage der Gewalt war für die Entwicklung der Kampfgruppe tatsächlich höchst belangvoll. Tillich wie Hildebrandt waren während des Dritten Reiches bereit, auch mit Gewalt gegen das Regime vorzugehen – beide haben sehenden Auges die Folgen ihrer Entscheidung in Kauf genommen. Im Zeichen des Kalten Krieges beriefen sich beide hinsichtlich des antistalinistischen Widerstandes auf Gandhi. Sofern man davon ausgeht, daß Gandhi Gewalt als Mittel von Widerstand total und vollkommen abgelehnt habe, könnte die Berufung der Kampfgruppe – und vor allem Ernst Tillichs – auf ihn als abwegig erscheinen[4]. Doch diese Annahme gilt so für Gandhi nicht – übrigens auch nicht für Bonhoeffer.

---

[3] Vgl. hierzu die weitergehende Zusammenhänge in den Blick nehmende Bemerkung Noltes zur Rolle der Mitglieder der Widerstandskreise des Dritten Reiches in der frühen Bundesrepublik (Verräter, Patrioten, Reaktionäre – Vorbilder für heute? Der 20. Juli 1944 – vierzig Jahre danach, in: Frankfurter Allgemeine Zeitung vom 21.7.1984): „Die These, daß diese Hoch- und Landesverräter in Wahrheit Patrioten gewesen seien, ließ sich daher gerade um 1954, im Zeitpunkt heftiger Auseinandersetzungen um die Westintegration und die ‚Wiederbewaffnung' der Bundesrepublik Deutschland, nur schwer mit jener anderen These verbinden, daß die ‚Widerständler' (wie sie mit meist abschätzender Intention häufig genannt wurden) infolge ihrer Westorientierung ein Bündnis mit den USA und England vorweggenommen und eben dadurch die Existenz eines ‚besseren Deutschland' unter Beweis gestellt hätten."

[4] Hinsichtlich der Geschichtlichkeit des eigenen Standpunktes erscheint an dieser Stelle folgende Bemerkung von Interesse: Der Theologe Ernst Tillich hat eine – möglicherweise seltene – Entwicklung vom Pazifisten zum ‚Kalten Krieger' durchlaufen, die keineswegs geradlinig verlaufen ist, ihn im Ergebnis aber schließlich verantwortlich machte für Gewaltaktionen und auch für die Opfer, die diese Aktionen kosteten. Dennoch erinnern manche seiner Äußerungen – vor allem aus dem Jahre 1948 – an einzelne Argumente der heutigen

1. Zwischen Widerstand und ‚nationaler Befreiung'

Von der Kampfgruppe wurde die Teilhabe am Widerstand gegen Hitler in ihren frühen Jahren geradezu als moralische Bedingung für den Widerstand gegen das stalinistische System betrachtet. Gerade aus dem Scheitern des Deutschen Widerstands vor 1945 wurde eine Verpflichtung zum Widerstand nach 1945 abgeleitet. Wenn so antifaschistischer und antistalinistischer Widerstand beinahe vollkommen verschmolzen wurden zu einem antitotalitären Widerstand, dann setzte dies eine mindestens partielle Identität der Systeme voraus, gegen die Widerstand zu leisten war.

Tatsächlich wiesen die sowjetisch besetzten Gebiete Deutschlands nach 1945 bald eine ganze Anzahl von Ähnlichkeiten mit dem Deutschen Reich Adolf Hitlers auf. Für die Kampfgruppe waren hier die willkürlichen Verhaftungen, die Konzentrationslager, das Bestehen einer allgegenwärtigen Geheimpolizei und die Ausbildung einer – nun kommunistischen – Einparteienherrschaft entscheidend. Die sowjetische Besatzungszone bzw. die DDR war für die KgU deshalb ein ‚KZ-Staat' – die ‚Zone der Unmenschlichkeit'. Der Staat der SED war ‚unerlöstes Gebiet' und ihm wurde jegliche Legitimität bestritten. ‚Deutschland' war in der Sicht der Kampfgruppe der ‚Kernstaat' Bundesrepublik, dessen erstes Ziel die Gewinnung der ‚Irredenta' – der DDR und danach der deutschen Ostgebiete – sein sollte. Dieses Ziel der ‚nationalen Befreiung' wurde jedoch von seiten der Kampfgruppe nicht in erster Linie nationalistisch, sondern vielmehr ideologisch begründet. Die KgU bekämpfte die sowjetische Herrschaft nicht als eine – russische – Fremdherrschaft, sondern vor allem weil die Sowjetunion ein kommunistisches Regime installiert hatte, das die Kampfgruppe mit Recht – und natürlich keineswegs sie allein – als ‚unmenschlich' empfand, da es die fundamentalen Menschenrechte mißachtete, die die KgU nur im westlichen System gewährleistet sah. Deshalb stand für sie die Befreiung der DDR immer im Zusammenhang einer Befreiung der übrigen Völker des kommunistischen Machtbereichs. Aus demselben Grunde mußte die Kampfgruppe in den Ländern der westlichen Demokratien – vor allem in den USA – den Partner dieses globalen Befreiungskampfes sehen. Das Angewiesensein auf die Unterstützung des Westens stellte sie so auch immer wieder als Grundvoraussetzung eines Erfolges heraus.

Man kann darum in bezug auf die Kampfgruppe formulieren, daß sie zwar das Ziel einer ‚nationalen Befreiung' verfolgte, daß sie aber deshalb keinen allein ‚*nationalen* Befreiungskampf' führen wollte. Der Kampfgruppe ging es im Rahmen des Weltkonfliktes vielmehr um einen ‚*internationalen* Befreiungskampf'. Eben diesen Kampf hatte Hildebrandt auch gemeint, als er seinerzeit von einer Befreiung des

---

‚Friedensdebatte' (Vgl. hierzu für Tillich insbesondere das Kapitel über Gandhi, S. 107ff.). Franz Alt – auch Historiker – (Frieden ist möglich. Die Politik der Bergpredigt, München 1983, S. 98) schrieb 1983: „Im Atomzeitalter gilt: Entweder wir überwinden den Krieg, oder der Krieg überwindet uns. Wir können uns vom Tod, aber auch vom Leben faszinieren lassen. Wir müssen wählen" (Vgl. E. Tillich, hier S. 107). Auch Alt forderte eine ‚Umkehr' (S. 93): „Die Umkehr beginnt mit dem Innehalten auf dem falschen Weg" (Vgl. E. Tillich, hier S. 109). Schließlich formuliert Alt auch (S. 29): „Nächstenliebe ist nach Jesus noch nicht vollkommen, wahre Liebe umfaßt auch die Feinde. Das ist politischer Sprengstoff, der freilich noch nie benutzt wurde in der Weltgeschichte. Gandhi ist die große Ausnahme" (Vgl. E. Tillich, hier S. 108).

Raumes „von der Elbe bis zur Behringstraße" sprach[5]. Ihr Ziel einer ‚nationalen Befreiung' suchte die KgU durch eine Unterminierung des Staatsapparats der SED zu erreichen. Die Kräfte, die ein ‚internationaler Befreiungskampf' mobilisieren würde, sollten dann ein übriges tun. In diesem Sinne verfocht die Kampfgruppe eine ‚Strategie des Widerstands bis hin zur Befreiung'.

Diese Strategie aber war 1952 gescheitert. Deshalb erklärte Tillich 1957: „Die KgU erkannte jedoch bereits Mitte 1952 mit Schrecken, daß ein solcher Befreiungsversuch vom Westen her nicht unterstützt werden würde, und stellte deshalb ihre bis dahin verfolgte Linie grundlegend um"[6]. Die Alternative skizzierte er 1958, als er von einer „inneren Evolution des Ostens selbst" sprach, die „gegenwärtig unsere einzige weltpolitische Hoffnung auf Freiheit hinter dem Eisernen Vorhang darstellt: wer könnte dann verantworten, die Menschen drüben in dieser schweren Auseinandersetzung allein zu lassen?"[7]

2. ‚Kältester Kalter Krieg' und ‚Konsens des Kalten Krieges': Die bezeichnende Außenseiterrolle der Kampfgruppe

Jene ‚Strategie des Widerstandes bis hin zu Befreiung', die die Kampfgruppe im Rahmen jenes ‚internationalen Befreiungskampfes' propagierte und mindestens teilweise zu praktizieren versuchte, ist die von ihr verfochtene ‚Strategie des Kalten Krieges des Westens'. Ernst Tillich verwendete den Terminus ‚Kalter Krieg' bereits 1948. Als Sprecher der KgU benutzte Hildebrandt den Begriff allem Anschein nach erstmals im Dezember 1949. Zu dieser Zeit beschrieb der Ausdruck ‚Kalter Krieg' für die Kampfgruppe allein die in ihren Augen aggressive Politik der Sowjetunion, gegen die es im Sinne eines ‚Kalten Verteidigungskrieges' Widerstand zu leisten galt. Doch bereits Ende 1948 hatte Tillich auch schon von einem *„potentiellen Vorstoß* über den Eisernen Vorhang hinaus" gesprochen. Mitte 1949 verlangte er dann, „daß die Defensive gegen die Tyrannei hier *in die Offensive umschlagen* muß." Im Sommer 1951 schließlich formulierte Hildebrandt: „Wir müssen die totale Mobilmachung des kalten Krieges ausrufen, weil nur, wenn wir den kalten Krieg gewonnen haben, werden wir den Frieden gewinnen können." Der Wandel im Begriffsgebrauch ist überdeutlich: Auch die Kampfgruppe ihrerseits führte nunmehr einen ‚Kalten Krieg'. Dieser ‚Kalte Krieg' kann bestimmt werden als ein „Kalter Krieg zwischen Widerstand und ‚nationaler Befreiung'".

Ausgangspunkt der Kampfgruppe war die Situation Berlins während der sowjetischen Blockade. In der West-Berliner Bevölkerung gab es zu dieser Zeit einen ‚Konsens des Widerstandes', der in der Konfrontation mit dem – totalitären – sowjetischen Kommunismus auf westlicher Seite ein hohes Maß an Geschlossenheit erzeugte. Während der Blockade verfolgten die Westmächte, Westdeutschland und die West-Berliner ein und dasselbe Ziel. In der Tat gelang es mit vereinten Kräften,

---

[5] Hier S. 142.
[6] Hier S. 159.
[7] Hier S. 231.

2. Die Außenseiterrolle der Kampfgruppe

die sowjetische Bedrohung zurückzuweisen. Der Zweck dieser Anstrengung war allerdings ein defensiver – die Erhaltung der Freiheit der West-Berliner Bevölkerung. Dies war gleichbedeutend mit dem Ziel einer Erhaltung des von seiten der Sowjetunion in Frage gestellten Status quo.

Für die Kampfgruppe wurde die Blockade zum konzeptionellen Modell: In einem ‚Konsens des Kalten Krieges' sollte der Westen nun nicht mehr nur für die Freiheit der West-Berliner kämpfen, sondern für die Freiheit der Deutschen unter sowjetischer Herrschaft. An die Stelle der West-Berliner sollte die ebenfalls im Widerstand stehende ‚Partei des Westens' in der DDR treten. Im Unterschied zur Blockade ging es hierbei jedoch nicht mehr um eine nur defensive, sondern um eine offensive Zielsetzung. Es sollte nicht mehr allein um den Erhalt, sondern um eine Veränderung des Status quo gehen.

Unmittelbar nach der Beendigung der Berliner Blockade begann die Kampfgruppe, diesen Kalten Krieg zu führen. Sie fand dabei die Unterstützung der Amerikaner, des Magistrats, der Öffentlichkeit und späterhin – mindestens teilweise – die Unterstützung der Bundesregierung. Obwohl diese Hilfe sich zu einem nicht geringen Teil auf die von der KgU geleistete humanitäre Arbeit bezog, kann dennoch behauptet werden, daß die Gruppe innerhalb des ‚Konsenses des Kalten Krieges' agierte. Inhalt dieses Konsenses war vor allem die nahezu einhellige Ablehnung des kommunistischen Systems und die Zielsetzung einer Wiedervereinigung in einem freiheitlichen Gesamtdeutschland. Solange die KgU ihren Widerstand mit gewaltfreien Mitteln betrieb, bewegte sie sich innerhalb dieses Konsenses. Nachdem aber auch im Westen Vermutungen auftauchten, daß die Kampfgruppe zu Gewaltmitteln gegriffen haben könnte, zeigte sich, daß dieser ‚Kälteste Kalte Krieg' – verstanden als die möglicherweise schärfste Form der Führung des Kalten Krieges vor dem Umschlagen in einen heißen Krieg – jenseits des ‚Konsenses des Kalten Krieges' angesiedelt war. Die möglichen Risiken – vorrangig vermutlich die drohende Kriegsgefahr – eines solchen ‚Kältesten Kalten Krieges', den ja die Kampfgruppe allenfalls in Ansätzen verwirklicht hatte, wurden augenscheinlich als bei weitem zu groß erachtet. Ernst Noltes Feststellung, die „Ansätze der Kampfgruppe gegen Unmenschlichkeit zu einem Widerstands- und Partisanenkampf in der DDR" seien „von der Presse und von der Regierung einhellig abgelehnt" worden, trifft somit dennoch erst seit dem Herbst 1952 in voller Gänze zu[8]. Ferner kann mit einigem Grund angenommen werden, daß diese Feststellung mindestens in dieser Weise auch nicht uneingeschränkt für die amerikanische Seite Geltung hatte. Bezieht man im übrigen den freilich in mancher Hinsicht anders gelagerten Fall des im Herbst 1952 verbotenen BDJ in die Betrachtung ein, dann kann man zu dem Eindruck kommen, daß zu diesem Zeitpunkt in der Bundesrepublik generell die Tendenz bestand, Institutionen des ‚Kältesten Kalten Krieges' zu disziplinieren bzw. zu liquidieren.

Infolge des allmählichen Zerbrechens des ‚Konsenses des Kalten Krieges' und verbunden mit allerersten Entspannungstendenzen begann offenbar Ende der fünfziger Jahre ein ähnlicher Prozeß, der zu einem allmählichen Abbau des Apparats des Kalten Krieges in der Bundesrepublik führte. Ein Vergleichsfall ist hier der UfJ,

---

[8] Nolte, Deutschland, S. 417.

der 1958 in eine Krise geriet, dann jedoch vom gesamtdeutschen Ministerium übernommen wurde. Die KgU wurde allerdings 1959 als ‚Institution des Kalten Krieges' aufgelöst.

Eines darf jedoch keinesfalls übersehen werden: Bis 1959 konnte sich die KgU auf ihre amerikanischen Partner verlassen. In Anlehnung an Otto Johns Feststellung zur Auflösung des BDJ kann deshalb formuliert werden, daß die zunehmend isolierte Fortexistenz der Kampfgruppe nach ihrer Krisis 1952 etwas darstellt wie eine ständige ‚Rebellion' der amerikanischen Besatzungsmacht gegen die Bundesregierung und den Senat von Berlin. Genauso ähnelt auch die Durchsetzung der Auflösung der KgU von seiten deutscher Stellen dem Vorgehen des Ministerpräsidenten Zinn gegen den BDJ – damals hatte sich die Bundesregierung nicht in der Lage gesehen, diesen Schritt zu billigen. Die Außenseiterrolle der Kampfgruppe wird damit bezeichnend für die „entscheidende Einsicht", „daß die *Möglichkeit* einer solchen Rebellion eines Staatsorgans gegen das andere systemnotwendig war und daß sich auf seiten der UdSSR und der DDR nicht einmal die kleinste Analogie dazu fand"[9]. Diese von Ernst Nolte so bezeichnete „Gebrochenheit des Kalten Krieges in Deutschland"[10] wird im Falle der Kampfgruppe um so krasser deutlich, als ihre Strategie einerseits zwar eine denkbar weitgehende Entsprechung zu jener Strategie der nationalen Befreiung im Dienste der kommunistischen Weltrevolution darstellte, die KgU andererseits aber zugleich im Zentrum der massiven Gegenoffensive des gleichgeschalteten Apparats von kommunistischer Geheimpolizei, Justiz und Propaganda stand. Die Kampfgruppe ist diesem Gegenangriff erlegen. Sie ist damit ein bezeichnender Beispielsfall für die Behauptung, „daß die westlichen Staaten einen Kalten Krieg überhaupt nicht in der gleichen Weise wie der Gegner führen *können*"[11].

3. Die Kampfgruppe in Publizistik und Forschung: ‚Verdrängt und verkannt' oder ‚verzerrt und verfemt'

Die in der Überschrift enthaltene – überspitzend verkürzte – Aussage wird im folgenden zweifellos relativiert werden müssen. Die Charakterisierung der beiden grundsätzlich zu unterscheidenden Betrachtungsweisen – nämlich der westlichen und der östlichen – wird sich dennoch als im Kern zutreffend erweisen.

Die Behauptung, das Thema Kampfgruppe werde in der westlichen Literatur ‚verdrängt', resultiert aus der einfachen Tatsache, daß Äußerungen über sie derart selten sind, daß man eher geneigt ist, von gelegentlichen Erwähnungen zu sprechen. Selbst wenn zu berücksichtigen ist, daß die Bedeutsamkeit – und damit die ‚Relevanz' – des Gegenstandes nicht zu hoch veranschlagt werden darf, scheint dieser Befund doch in gewisser Kontinuität zur Kritik an der KgU noch während der fünfziger Jahre zu stehen. Der gesamtdeutsche Minister etwa, der die Organisation im April 1958 einen „Sauladen" nannte, konnte zu dieser Zeit verständlicherweise

---

[9] Ebenda, S. 418.
[10] Ebenda, S. 414.
[11] Ebenda.

3. Die Kampfgruppe in Publizistik und Forschung 243

nicht mehr davon sprechen, daß er selber im März 1952 auf einer KgU-Kundgebung als Redner aufgetreten war. Und auch der Regierende Bürgermeister, der die Gruppe zur gleichen Zeit als „Mistverein" bezeichnete, hatte sich selbst neun Jahre zuvor vollkommen in ihrem Sinne geäußert. – Im übrigen ist in bezug auf den UfJ, den BDJ oder auch die Ost-Büros der Parteien ein ganz ähnliches Schweigen festzustellen.

„Ich erwarte von dem Buche Frau Boveris, das wohl einen Massenerfolg haben wird, weil es so selbstsicher und so ‚sensationell' geschrieben ist, nur Verwirrung und Unheil", hatte Gerhard Ritter im November 1956 in einer Rezension von Margret Boveris „Der Verrat im 20. Jahrhundert" geschrieben[12]. Hinsichtlich des hier interessierenden siebenseitigen Abschnitts über die KgU, der unter der Überschrift „Die Repräsentanten der Menschheitsideologie im Dienst des Kalten Krieges" steht, kann ein derartiges Urteil nicht abgegeben werden. Obwohl zu dieser Darstellung einige kritische Anmerkungen nötig sind, darf nicht vergessen werden, daß die Historikerin und Publizistin zu einer Zeit schrieb, als das Thema Kampfgruppe noch tagespolitische Aktualität besaß. Sie arbeitete – wie bei der Auswertung spürbar wurde – vor allem auf der Basis von Zeitungsartikeln. Einiges ist einfach falsch; dies gilt etwa für die Datierung der Erklärung Hildebrandts zu den Gründen seines Austritts auf das Jahr 1955[13]. Das Faktum von Hildebrandts und Tillichs Widerstandsaktivität im Dritten Reich wird zwar angesprochen, aber nicht auf die Tätigkeit der Kampfgruppe hin gedeutet. Es fragt sich außerdem, was der Zweck plakativer Charakterisierungen wie „Dynamiker", „Idealist" oder „Romantiker" ist, wenn die eigentlichen Zusammenhänge undeutlich bleiben und nicht in die Bewertung eingehen[14]. Auch dem Aspekt des Kalten Krieges trägt die Autorin nicht hinreichend Rechnung, und insofern ‚verkennt' sie das Wesentliche.

Doch darum – das ist einzuräumen – ging es Margret Boveri auch nicht in erster Linie. Die Verfasserin betrachtete die Gruppe vor allem unter dem Gesichtspunkt des „Verrats". Die Kampfgruppe ist dabei für sie nur *ein* Beispielsfall unter vielen. Ihre Überlegungen zu diesem Aspekt sind dennoch hilfreich. Zunächst weist sie hin auf jene „doppelte Anleitung zum Verrat", die vor allem die Jugendlichen, die mit der KgU zusammenarbeiteten, erhalten hätten, insofern als Staat und Partei sie zur Denunziation von Familienangehörigen und Vorgesetzten aufgefordert hätten, die Kampfgruppe von ihnen aber zur gleichen Zeit verlangte, ‚Verrat' zu üben „gegen alle Instanzen, denen zu gehorchen sie angehalten sind"[15]. Dieser Hinweis ist zweifellos richtig, wenngleich er wohl nicht nur jene Jugendlichen betrifft. Ähnliche Überlegungen dürften auch hinter manchem der Vorwürfe an die Adresse der KgU gestanden haben, in denen von einem ‚Mißbrauch' Jugendlicher die Rede war. Im allgemeinen ist an dieser Stelle die Beobachtung festzuhalten, daß junge Menschen in hohem Maße nicht nur bei der KgU, sondern auch in anderen Organisationen engagiert waren, die dem Apparat des Kalten Krieges zuzurechnen waren. Fer-

---

[12] Gerhard Ritter, Wie leicht wird Zeitgeschichte zum Ärgernis – Anmerkungen zu Margret Boveris Darstellung „Der Verrat im XX. Jahrhundert", in: Welt vom 3.11.1956.
[13] Boveri, Verrat, S. 276.
[14] Ebenda, S. 274, 276, 279.
[15] Ebenda, S. 278.

ner war naturgemäß gerade die Jugend eine der wichtigsten Zielgruppen der Propaganda – sowohl des Westens als auch des Ostens.

Abschließend stellt Margret Boveri fest, "‚Kampf gegen die Unmenschlichkeit'" müsse logischerweise gleichbedeutend sein mit einem "‚Kampf für die Menschlichkeit'"[16]. Dem hält sie entgegen, im Falle der KgU würden "Menschlichkeitsideale gebraucht, verbraucht oder mißbraucht" für Tätigkeiten, "die mit Freiheit nur auf einem großen Umweg eine Beziehung haben." Hier wird auf die Frage der moralischen Berechtigung von Spionage angespielt, und auch damit nimmt die Verfasserin einen Kritikpunkt auf, der in der Debatte um die KgU eine wichtige Rolle spielte. Die Kampfgruppe war eben – so seltsam das heutzutage klingen mag – auch ein privatrechtlich verfaßter Nachrichtendienst. Ohne Zweifel war die Verquickung dieser Aufgabe mit der Widerstandsarbeit im Endergebnis schädlich, dennoch stellt sich die Frage, wie anders als mit Hilfe eines starken Partners im Rücken die Kampfgruppe hätte arbeiten können. Schließlich ist darauf zu verweisen, daß – insbesondere zur Zeit ihrer Gründung – keine andere Instanz vorhanden war, die in dem Maße hilfreich hätte sein können wie der Geheimdienst CIC. Insgesamt scheint es ebenfalls zu einfach, der KgU Mißbrauch von Humanitätsidealen vorzuhalten. Erscheint auch der allfällige Hinweis auf Sachzwänge und Situationsgebundenheit als wenig befriedigend, dann sollte das Urteil doch zumindest auch die innere Widersprüchlichkeit als solche miteinbeziehen und würdigen, aber nicht verurteilen. Die Kampfgruppe hat ihre – moralisch zweifellos berechtigten – Ziele mit Methoden zu erreichen versucht, die ihren eigenen moralischen Maßstäben nicht immer genügt haben. Diese Feststellung berührt die allgemeine Problematik des Verhältnisses von ‚Idealismus' und politischem Pragmatismus. Damit aber zeigt die Kampfgruppe gerade aufgrund ihrer Außenseiterrolle im Rahmen des Kalten Krieges unzweideutig eine Problematik auf, die insbesondere für die bundesdeutsche Politik bis heute von Bedeutung ist. Es handelt sich um die Frage, inwieweit die Anerkennung des Status quo für den Westen auch die Anerkennung der ‚Unmenschlichkeit' des kommunistischen Systems einschließen darf oder kann. So weist Frau Boveri mit gewisser Berechtigung darauf hin, die KgU sei "im gespaltenen Land ein Grenzfall zwischen dem Verrat, der für nationale, und dem Verrat, der für ideologische Zwecke verübt wird"[17].

Verrat an der ‚nationalen Sache' wurde der KgU oft genug von seiten der DDR, späterhin aber auch westlicherseits vorgeworfen. Wenn auch in unterschiedlicher Schärfe, so betraf dieser Vorwurf – aus Ost wie aus West – letztlich immer die Kollaboration mit den Amerikanern, die die Gruppe angeblich im deutschen Interesse betrieb. Dieser Vorwurf läßt sich noch dadurch untermauern, daß die KgU lange Zeit gegen den erklärten politischen Willen vor allem des gesamtdeutschen Ministeriums arbeitete – sie verhielt sich illoyal gegenüber dem Ministerium einer Regierung, die sie für die allein legitime deutsche Regierung hielt. Doch auch hier wird – ausgehend von Margret Boveris Betrachtung – anhand der KgU in markanter Weise eine Fragestellung angesprochen, die in zweifellos milderer Form genauso die Bundesrepublik insgesamt betrifft. Die Verfasserin spricht diese Schwierigkeiten

---
[16] Ebenda, S. 279.
[17] Ebenda.

3. Die Kampfgruppe in Publizistik und Forschung

am Ende ihres Buches an, indem sie nach der Bedeutung der Kategorie ‚Verrat' für sie selbst als Bundesbürgerin fragt: „Wem gebührt unter diesen Umständen meine Treuepflicht? Natürlich der Deutschen Bundesrepublik, die sich selbst als ein Provisorium konstituiert hat und in deren Namen der Paß ausgestellt ist. Aber mit jedem Wunsch nach deutscher Wiedervereinigung verrate ich in gewissem Sinn diese Bundesrepublik, deren Untergang zu Gunsten Gesamtdeutschlands ich erhoffe, (...)"[18].

Im Kontext nachrichtendienstlicher Darstellungen findet die Kampfgruppe in zwei 1971 erschienenen Büchern Erwähnung. In seinem „Krieg auf leisen Sohlen" spricht Bernd Ruland sie nur am Rande an[19]. Hermann Zolling und Heinz Höhne gehen in „Pullach intern" ebenfalls kurz auf die Gruppe ein[20]. Hier wird vor allem abgehoben auf die auch die Arbeit der Organisation Gehlen gefährdenden Sabotageakte, und die Autoren unterstreichen besonders den Dilettantismus der Kampfgruppe. Einleitend stellen sie fest: „Antikommunistische Phantasten in West-Berlin hatten dem SSD unfreiwillig zu seinem ersten großen Erfolg verholfen." Diese Personen hätten sich „in jenem undurchdringlichen Dschungel Berliner Ost-West-Gegensätze" gesammelt und in diesem „Dickicht" wird dann auch „eine Extremisten-Vereinigung, die ‚Kampfgruppe gegen Unmenschlichkeit' (KgU)" lokalisiert. Die Schroffheit der Charakterisierungen dürfte zu einem Gutteil auf die Zeitumstände des Jahres 1971 – vor allem die Auseinandersetzungen um die ‚neue Ostpolitik' – zurückzuführen sein. Angereichert mit einigen zusätzlichen Einzelheiten hat nämlich der Spiegel-Autor Heinz Höhne – hier wird neuerlich die Kontinuität zur Kritik an der KgU in den fünfziger Jahren sichtbar – eben diesen Abschnitt in sein 1985 erschienenes Buch „Der Krieg im Dunkeln" aufgenommen[21]. Diese Version ist bei weitem sachlicher und im Urteil zurückhaltender; wenn Höhne an einer Stelle vom „Treiben der Tillich-Mafia" spricht, ist dies wohl eher ein (Spiegel-)Stilmittel. Doch bei aller Richtigkeit – auch der Kritik an den Methoden der KgU – ist die Gruppe in diesen Darstellungen letztlich doch in dem Sinne ‚verkannt', daß sie allein unter dem Gesichtspunkt des Nachrichtendienstlichen betrachtet wird.

Gewisse Berücksichtigung fand die Kampfgruppe schon im Jahre 1969 in der Presse der Studentenbewegung bzw. der Neuen Linken – zunächst im Berliner Extradienst und dann in der Hamburger Zeitschrift Konkret[22]. Sofern die Studentenbewegung dadurch gekennzeichnet war, daß sie herrschende Tabuisierungen durchbrach, kann ihr Interesse an der KgU als Versuch gedeutet werden, das ‚verdrängte' Thema wieder ins Bewußtsein zu bringen. Sofern jedoch mit der Studentenbewegung „unter der akademischen Jugend der Bundesrepublik eine ganz neuartige ‚Partei der DDR'" entstanden war[23], wird durch die Art der Behandlung des Themas Kampfgruppe eben diese Feststellung bestätigt. Die Darstellung, die die KgU in einem 1971 im Konkret-Verlag erschienenen Buch über „Psychologische

---

[18] Ebenda, S. 777f.
[19] Ruland, Krieg, besonders S. 98, 104f.
[20] Zolling/Höhne, Pullach intern, besonders S. 254ff.
[21] Höhne, Krieg, besonders S. 490f., 516ff.
[22] Berliner Extradienst vom 22.2.1969; Konkret vom 25.8.1969, 18.9.1969.
[23] So Nolte, Deutschland, S. 548.

Kampfführung. Invasionsziel: DDR" durch Karl Heinz Roth findet, ist zwar die bei weitem umfangreichste, die in der Bundesrepublik publiziert wurde, sie übernimmt aber fast uneingeschränkt den Standpunkt der DDR[24]. Darüber hinaus mangelt es dem Band in mancher Hinsicht an Seriosität, z.B. was die Zitierweise betrifft. Die nachfolgende Bemerkung aus der Besprechung dieses Buches im Berliner Extradienst vom März 1971 zeigt zwar einerseits die Zielrichtung der Publikation auf, weist aber andererseits mit Recht auf die tatsächlich sehr isolierende Betrachtungsweise Roths hin: „(...) Freilich: Die wirklich professionelle Konterrevolution von Westberliner Boden aus wird mit dem Beispiel KgU höchstens verharmlost. Hier fehlt dem konkret-Band die umfassende Darstellung jener Kombination von Besatzungs- und Regierungspolitik, Geheimdienste- und Propagandasubversion, und auch ihre jeweilige Rückkopplung auf die Westberliner und westdeutsche Innenpolitik, nicht zuletzt auf die so geprägten Entwicklungsprozesse der Westberliner Sozialdemokratie und Gewerkschaften"[25]. Zu unterstreichen bleibt, daß das Bild der KgU bei Roth derart ‚verzerrt' wird wie sonst nur in den Darstellungen der Publizistik der DDR.

Gisela Rüss bietet in ihrer 1973 veröffentlichten Arbeit über – so der Untertitel – „Das Bundesministerium für gesamtdeutsche Fragen – Innerdeutsche Beziehungen 1949-1970" in sieben Sätzen eine nüchterne Skizze der Kampfgruppe[26]. Für die Autorin ist die Organisation ein Beispiel dafür, daß das Ministerium bisweilen „bei einigen Subventionsmaßnahmen" in „ein sehr zweifelhaftes Licht geriet." Zu vermerken ist, daß auch Gisela Rüss offenbar im Laufe des Jahres 1969 mit ersten Vorarbeiten begonnen hat[27]. Bei ihren Recherchen hat die Verfasserin offenbar Erfahrungen gemacht, die teilweise auf das hinauslaufen, was hier ‚Verdrängung' genannt wird; bezüglich des Ministeriums fiel der Autorin ein „nahezu unwahrscheinlicher Geheimhaltungstrieb" bzw. „ein besonders ausgeprägtes Sicherheitsbedürfnis" auf[28]. Als mögliche Ursache zieht sie in Betracht: „Doch manchmal kann man sich des Eindrucks nicht erwehren, daß viele führende Beamte, die selbst unzureichend über das Ministerium in den fünfziger Jahren unterrichtet zu sein scheinen, sich nur sehr zaghaft und mühsam auf dem Wege der ‚neuen Deutschlandpolitik' vorwärts tasten und jede Publizität scheuen."

Karl Wilhelm Fricke erwähnt die KgU 1984 in einer kurzen Anmerkung[29]. Das Urteil des ehemaligen UfJ-Mitarbeiters ist hart, aber durchaus berechtigt. Zur Auflösung der Kampfgruppe stellt er fest: „Ein schmähliches Ende. Den konspirativen Dilettantismus und die politische Verantwortungslosigkeit ihrer führenden Männer, namentlich Ernst Tillichs, haben vermutlich Hunderte von DDR-Bürgern mit

---

[24] Karl Heinz Roth/Nicolaus Neumann/Hajo Leib, Psychologische Kampfführung. Invasionsziel: DDR. Vom Kalten Krieg zur Neuen Ostpolitik, Hamburg 1971. Darin (mit Dokumenten) S. 85-145: Karl Heinz Roth, Die „Kampfgruppe gegen Unmenschlichkeit". Fünfte Kolonne des Kalten Krieges.
[25] Berliner Extradienst vom 3.3.1971.
[26] Rüss, Anatomie, besonders S. 138f.
[27] Dies läßt sich vermuten anhand der Daten im „Verzeichnis der wichtigsten Interviews" (Ebenda, S. 185).
[28] Rüss, Vorwort (Oktober 1972), ebenda, S. Vf.
[29] Fricke, Staatssicherheit, Anm. 57 zu S. 31, S. 230f. – Hier z.T. zitiert S. 150.

Jahren hinter Gefängnismauern bezahlt. In zwei Fällen ergingen Todesurteile des Obersten DDR-Gerichts gegen KgU-Mitglieder: Johann Burianek und Wolfgang Kaiser starben unter dem Fallbeil."

In einem allenfalls vermittelten Bezug zur Studentenbewegung – dem einer „Parallelerscheinung" – steht auch das 1974 erstmals erschienene – 1985 neu aufgelegte – Buch „Deutschland und der Kalte Krieg", in dem Ernst Nolte die Kampfgruppe als Teil eines „Apparates des Kalten Krieges in der Bundesrepublik" charakterisierte[30]. Im Zusammenhang dieser Darlegung, die Ausgangspunkt der vorliegenden Arbeit ist, stellt der Verfasser in bezug auf die KgU unter anderem fest, es sei „keineswegs ausgemacht, daß alle Vorwürfe begründet waren, die ihr von seiten der DDR gemacht wurden: (...)"[31]. Hierzu schrieb 1979 der DDR-Historiker Hans Teller, „über die Tätigkeit der Organisation" lasse „sich der Autor kaum aus"[32]. Doch auch im allgemeinen – so Teller 1975 – sei die „Subversion gegen die DDR" lediglich angedeutet worden; hinsichtlich der Ausführungen zum „‚Ministerium für gesamtdeutsche Fragen'" aber, die Teller immerhin für „bemerkenswert" hält, äußert er lediglich, daß sie „allerdings nur nachträglich Enthüllungen der DDR" bestätigen[33]. Tatsächlich aber läßt Nolte die Frage nach der Berechtigung der Vorwürfe der DDR offen, hebt sogar ausdrücklich hervor, daß sie teilweise „unzweifelhaft auf Tatsachen" beruhten, „da sie sich aus den eigenen Publikationen der Kampfgruppe entnehmen oder erschließen lassen"[34].

Entscheidend an Noltes Würdigung der Kampfgruppe ist jedoch die unmittelbare Einordnung der Gruppe in den Kontext des Kalten Krieges und außerdem die Behauptung, daß, selbst „wenn *alle* Vorwürfe richtig gewesen wären", lediglich bewiesen sei, „daß in der Bundesrepublik bzw. in West-Berlin eine Gruppe vorhanden gewesen wäre, welche diejenigen Mittel eines ‚nationalen Befreiungskampfes' anwendete, die wenig später in Algerien und in Vietnam selbstverständlich wurden." Obwohl gewisse Einschränkungen gemacht werden mußten, hat sich diese These dennoch als im Kern zutreffend erwiesen.

Durchaus mit einigem Recht stellte Hans Teller 1979 hinsichtlich der Behandlung der Kampfgruppe in der westlichen Publizistik fest: „Heute breiten zahlreiche bürgerliche Autoren vor allem über die Tätigkeit der ‚Kampfgruppe' den Mantel des Schweigens"[35]. Trotz der festgestellten ‚Verdrängung' der in Frage stehenden Thematik im Westen ist Teller entgegenzuhalten, daß auch die kommunistische Seite über bestimmte Aktivitäten des SSD hauptsächlich schweigt. Mithin sprechen auch kommunistische Autoren keineswegs alles aus; vielmehr scheint es im Gegenteil, daß sie die Dinge nicht nur ‚verkennen', sondern sogar ‚verzerren'. Für Teller ist zum Beispiel der KgU-Suchdienst nur eine „Maske"; er scheut sich auch nicht, von den „perversen Hirnen der ‚KGU'-Hauptagenten vom Schlage der Tillich und

---

[30] Nolte, Deutschland; zur Studentenbewegung S. 4, zur KgU S. 363ff, S. 417.
[31] Ebenda, S. 364.
[32] Teller, Der kalte Krieg, Anm. 89 zu S. 131, S. 131.
[33] Hans Teller, Ernst Nolte und der kalte Krieg, in: Zeitschrift für Geschichtswissenschaft, 23. Jg. (1975), H. 11, S. 1287-1292, hier S. 1291.
[34] Nolte Deutschland, S. 364.
[35] Teller, Der kalte Krieg, S. 131.

Baitz" zu sprechen[36]. Unverkennbar klingt hier – noch 1979 – die Sprache des Kalten Krieges/Ost nach.

An dieser Stelle ist an die von Teller wiederholt zitierte Schrift „Unmenschlichkeit als System" aus dem Jahre 1957 zu erinnern, zu deren Merkmalen ja ebenfalls gehört, daß sie die Wirklichkeit nur ‚verzerrt' darstellt[37]. Anhand dieser Publikation, die ihrerseits wesentlich auf den Berichten der kommunistischen Zeitungen fußt, wird deutlich, daß seitens der DDR eine auffällige Kontinuität zwischen der Propagandapolemik der fünfziger Jahre und der historischen Publizistik besteht. Diese Linie setzt sich fort bis in die Bücher Pjotr Abrassimows (1981) und Gerhard Keiderlings (1982)[38].

Die festgestellte Kontinuität erstreckt sich naturgemäß auch auf die Bewertung der KgU. Die fortdauernde ‚Verfemung' der Gruppe wird in folgender Äußerung Tellers erkennbar: "Die Geschichte der ‚KGU' enthält Beispiele der Planung und Ausführung solcher Verbrechen, die sich mit faschistischen Untaten vergleichen lassen"[39]. Diese in manchen Zügen sich einer Art von ‚negativer Verklärung' annähernde Sicht der Kampfgruppe, die über die Jahrzehnte hinweg keinerlei Anzeichen auch nur behutsamer Relativierung aufweist, korrespondiert mit einer gleichfalls unveränderten Betrachtungsweise des 17. Juni 1953 – hierzu Teller: „Am 17. Juni kam es in der Hauptstadt der DDR sowie in anderen Orten der Republik zu konterrevolutionären Ausschreitungen, an deren Spitze sich Agenten der imperialistischen Geheimdienste und ehemalige Faschisten stellten. Die Losungen für die konterrevolutionären Aktionen, wie der Aufruf zum ‚Generalstreik', kamen aus den Redaktionsstuben des Senders ‚RIAS' Berlin und den Agentenzentralen"[40]. Sofern aber der 17. Juni Ausdruck dafür war, daß die Staatlichkeit der DDR als „Staatlichkeit gegen das Volk" anzusehen ist[41], wird die große Bedeutung jener ‚Agentenzentralen' für die DDR am Beispiel der KgU deutlich. Ihre andauernde ‚Verfemung' östlicherseits steht damit in besonderem Zusammenhang mit ihrer weitgehenden ‚Verdrängung' im Westen. Eine nüchterne Darstellung der Geschichte – und gerade auch der Tätigkeit – der KgU könnte nämlich als Bestätigung der Auffassung der SED verstanden werden. Zur Wirklichkeit aber gehörte auch die Realität des Widerstandes jener in diesem Bericht in besonderer Weise unbekannt gebliebenen ‚Partei des Westens in der DDR'.

Karl Wilhelm Fricke unterstrich 1984, es könne als sicher gelten, daß die Bevölkerung in der DDR das dortige Regime nach wie vor mehrheitlich ablehne. Zu-

---

[36] Ebenda, S. 132, 135.
[37] Unmenschlichkeit als System; vgl. als augenfällige Beispiele für ‚Verzerrungen' hier S. 22, 26; zu dieser Schrift auch S. 225.
[38] Pjotr Abrassimow, Westberlin gestern und heute, Berlin (Ost) 1981, S. 22f.; Gerhard Keiderling, Die Berliner Krise 1948/1949: Zur imperialistischen Strategie des Kalten Krieges gegen den Sozialismus und die Spaltung Deutschlands, Berlin 1982 (Zuerst als Bd. 69 der „Schriften des Zentralinstituts für Geschichte der Akademie der Wissenschaften der DDR", 1982).
[39] Teller, Der kalte Krieg, S. 133.
[40] Ebenda, S. 38.
[41] Vgl. hierzu das Kapitel „Die DDR – Staatlichkeit gegen das Volk" bei Nolte, Deutschland, S. 336ff.

gleich stellte er fest: „Fatal wäre der Irrtum, daraus ein uneingeschränktes Bekenntnis zur Bundesrepublik Deutschland ableiten zu wollen"[42]. Fricke schreibt zur Bevölkerung der DDR: „Sie will nicht fortwährend bedauert oder bemitleidet werden, sie will ihren Anteil an der Gestaltung des deutschen Schicksals respektiert und bestätigt wissen."

Die Geschichte der Kampfgruppe ist die Geschichte eines scheiternden Versuchs. Anhand dieser Geschichte wird die Gebrochenheit und damit die innere Schwäche des Kalten Krieges des Westens anschaulich. In der Schlußpassage seines 1954 erschienenen Romans „Berlin" schildert Theodor Plivier eine Szene, die er am Abend des 17. Juni des Jahres 1953 in einer West-Berliner Kneipe stattfinden läßt:

„‚Das kann uns nicht erschüttern', sagte einer der Würfler, er hatte die dritte Lage verspielt. ‚Welcher Hahn kräht danach!' sagte ein anderer, und das sollte ein Kommentar zu den Ereignissen des Tages und zur Stellungnahme des Westens zu den Ereignissen des Tages sein. Aber die Zeit ist durchschritten und in dieser Nacht wird dem Westen die Seele abgefordert."

---

[42] Karl Wilhelm Fricke, Opposition und Widerstand, S. 218.

Anhang

Die Quellen, ihre Auswahl und die Frage der Verwendbarkeit amerikanischer Akten

Grundlegend für die Erarbeitung der vorliegenden Geschichte der Kampfgruppe gegen Unmenschlichkeit waren ein Vielzahl von Presseartikeln verschiedensten Umfangs und vielfältigster Herkunft. Die Mehrzahl der verwendeten Presseartikel ist gesammelt in der Presseausschnittsammlung des Ullstein-Textarchivs in Berlin, so daß in dieser Hinsicht eine gewisse Vollständigkeit gewährleistet ist. Die Auswertung dieser Presseäußerung ermöglichte es, ein Grundgerüst von Daten und Fakten zur Geschichte der Kampfgruppe zu gewinnen. Darüber hinaus bieten Zeitungen immer auch eine Bewertung der von ihnen verbreiteten Nachrichten. Dieser Gesichtspunkt tritt massiv in den Vordergrund bei der Betrachtung von Meldungen in kommunistischen Blättern. Doch auch in der westlichen Presse sind Meldung und Meinung nicht immer ganz klar voneinander geschieden. Insofern konnten die Presseäußerungen, unter denen sich zudem viele Kommentare befinden, auch Auskunft geben über die Beurteilung der Kampfgruppe in der westdeutschen Öffentlichkeit bzw. über ihre Rolle im politischen Kalkül der SED.

Eine Vielzahl von Anregungen und Hinweisen verdankt der Verfasser einer Reihe von Gesprächen mit Dr. Rainer Hildebrandt sowie mit Günther Buch vom Gesamtdeutschen Institut in Berlin. Nicht zuletzt weil es nicht mehr möglich war, auch mit Ernst Tillich zusammenzutreffen, ist der Befragung von Zeitzeugen keine besondere Bedeutung zugemessen worden. Hierbei ist auch zu berücksichtigen, daß aus der Natur der Sache heraus nach wie vor vielerlei Gründe vorliegen, die es den Beteiligten verbieten, sich allzu offen zu äußern.

Dennoch hat Rainer Hildebrandt dem Verfasser gestattet, seine private Korrespondenz bis in die frühen sechziger Jahre hinein durchzusehen. Wie es in dieser Sammlung privater Briefwechsel nicht anders zu erwarten ist, fand die Kampfgruppe nur gelegentliche Erwähnung. Die Kenntnis dieser Korrespondenz ermöglichte es jedoch, ein eingehendes Bild vom biographischen und persönlichen Hintergrund Rainer Hildebrandts zu gewinnen, wodurch die Beurteilung seines Handelns als Leiter der KgU in mancher Hinsicht erleichtert wurde. Als überaus hilfreich erwies sich, daß Rainer Hildebrandt dem Verfasser auch die Manuskripte einiger Reden, die er als Repräsentant der Kampfgruppe gehalten hat, zur Verfügung stellte. Diese Reden waren als Quellen für die Entwicklung der politischen Positionen der frühen Kampfgruppe unverzichtbar, zumal sie anderenorts oft nur gekürzt oder zusammengefaßt aufzufinden waren.

Sehr wichtig waren darüber hinaus aber auch die vielen Publikationen der Kampfgruppe. Der allergrößte Teil dieser Veröffentlichungen befindet sich im Bundesarchiv Koblenz, dessen Bestand sich nur in wenigen Punkten als lückenhaft erwies. Einige wenige Publikationen der KgU sind ferner im Ullstein-Textarchiv vorhanden, während ein Großteil der Broschüren bzw. Hefte der Kampfgruppe auch in der Universitätsbibliothek der Freien Universität Berlin zur Verfügung steht. Diese Publikationen ermöglichen tiefgehende Einblicke in die von der Gruppe vertretenen Auffassungen und deren Entwicklung. Außerdem lassen diese Materialien auch Rückschlüsse auf die tägliche Arbeit der Organisation zu, obwohl unterstrichen werden muß, daß die innere Struktur ebenso wie die internen Probleme der KgU hier nahezu keine Berücksichtigung finden.

Außer diesen bis zu diesem Punkte skizzierten Quellengruppen wurden eine ganze Reihe verstreut aufgefundener Materialien herangezogen. Hierzu gehören die wenigen Archivalien im Bestand des Landesarchivs Berlin, die die Kampfgruppe betreffen, die Broschüren, die der KgU von kommunistischer Seite gewidmet wurden, sowie Erwähnungen und Äußerungen aus der Literatur oder auch aus offiziellen Publikationsreihen.

Auf der Basis dieser – hier nur grob charakterisierten – Quellen konnte ein ziemlich geschlossenes Bild der Kampfgruppe gewonnen werden. Gemäß der Fragestellung, deren Schwerpunkt auf der politischen Konzeption der KgU lag, war es dabei unvermeidlich, bestimmte Materialien intensiver zu nutzen als andere und ebenso auf zahlreiche Einzelheiten, die den Quellen zu entnehmen waren, zu verzichten. Manche Fragen konnten dennoch nur unzureichend beantwortet werden. Diese Feststellung mag insbesondere in bezug auf das Verhältnis zwischen Kampfgruppe und westlichen Alliierten zutreffen. Hierbei kommt es in erster Linie auf ihre Beziehungen zu amerikanischen Stellen an – außer von kommunistischer Seite ergaben sich keinerlei Hinweise auf ein Engagement von Briten oder Franzosen bei der Kampfgruppe. Es wäre in der Tat wünschenswert, weitere Informationen darüber zu erhalten, aus welchen Gründen, auf welche Weise und von welchen Stellen zu welchen Zeiten die Kampfgruppe amerikanische Unterstützung bekommen hat. Außerdem wäre es bedeutsam, weitergehende Auskünfte über die Beurteilung der Arbeit und auch der politischen Konzeption der KgU auf seiten der Amerikaner zu gewinnen.

Solche Aussagen können anhand der dieser Arbeit zugrundeliegenden Quellen lediglich in vergleichsweise allgemeiner Weise getroffen werden. Sofern die Unterstützung der Kampfgruppe durch US-Stellen tatsächlich im Rahmen amerikanischer ‚covert activities' erfolgte, wäre dieser Befund im übrigen auch nicht verwunderlich. Um in diesem Punkt dennoch weitere Aufschlüsse zu erhalten, schien es geboten, auf amerikanisches Aktenmaterial zurückzugreifen. In Frage kamen Akten der amerikanischen Militärregierung (OMGUS) sowie des amerikanischen Hohen Kommissars (HICOG) bzw. des US-Außenministeriums. Der Rückgriff auf diese Materialien ist allerdings ohnehin schon hilfsweise erfolgt. Waren nämlich tatsächlich CIC und CIA die eigentlichen Partner der KgU auf amerikanischer Seite, dann wären Materialien der gewünschten Art in den archivierten Aktenbeständen dieser Institutionen zu erwarten. Allein schon aufgrund der bekannten Sperrfristregelungen für sicherheitsempfindliche Unterlagen ist hier jedoch eine Einsichtnahme schwerlich möglich.

Die herangezogenen Aktenbestände befinden sich sämtlich in den National Archives der Vereinigten Staaten in Washington, D.C. sowie in Suitland/Md. Verschiedene Auswahlbestände von OMGUS- und HICOG-Akten stehen verfilmt u.a. auch im Landesarchiv Berlin, im Bundesarchiv sowie im Institut für Zeitgeschichte in München zur Verfügung. Tatsächlich ist es im Laufe der Nachforschungen gelungen, eine nicht ganz geringe Anzahl von Dokumenten zutage zu fördern, in denen die Kampfgruppe gegen Unmenschlichkeit mindestens erwähnt wird. Im allgemeinen ist jedoch zunächst festzustellen, daß derzeit überhaupt nur Aktenbestände bis einschließlich 1955 zugänglich sind. Es ist also anhand dieser Materialien nicht wie mit Hilfe der übrigen Quellen möglich, die gesamte Entwicklung der Kampfgruppe bis zu ihrer Auflösung 1959 nachzuvollziehen. Im übrigen ist darauf hinzuweisen, daß ein Teil insbesondere der erst in jüngerer Zeit freigegebenen Unterlagen (vor allem HICOG) noch nicht archivarisch erschlossen ist.

Insgesamt ergeben die in den genannten Aktenbeständen aufgefundenen Dokumente, in denen die KgU überhaupt erwähnt wird, keineswegs ein geschlossenes Bild. Ursache hierfür ist die einfache Beobachtung, daß die KgU nur vergleichsweise sporadisch auftaucht. Ein weiterer Grund dürfte darin liegen, daß es sich insbesondere bei den HICOG-Materialien in erster Linie um den Schriftverkehr eines diplomatischen Dienstes handelt, für den die Vorgänge der sogenannten großen Politik im Vordergrund standen. Einen solchen Rang nahm die Kampfgruppe offenbar auch in den Augen amerikanischer Vertreter in Deutschland zu keiner Zeit ein. Wenn dann einmal in größerem Umfange auf die Kampfgruppe eingegangen wird, dann geschieht dies im Stil der diplomatischen Berichterstattung und oft genug unter Berufung auf öffentlich zugängliche Informationsquellen wie z.B. die Tagespresse. So läßt sich diesen amerikanischen Dokumenten zwar manches Detail zum Thema Kampfgruppe entnehmen, das zweifellos von Interesse wäre, wenn man gar nichts über die KgU wüßte, doch lassen diese Dokumente keine Aussagen in bezug auf das Verhältnis zwischen Amerikanern und Kampfgruppe zu, die über das bereits aus den übrigen Quellen Ersichtliche hinausgehen. Die Betrachtung der Materialien ergibt zwar, daß man auf seiten der Amerikaner die Arbeit, die Zielsetzung wie auch die Leiter der KgU kannte und mit ihnen bisweilen auch direkt in Kontakt trat. Die Fragen der Beziehungen zur KgU, ihrer Beurteilung oder gar der konkreten Zusammenarbeit mit ihr werden in den vorliegenden amerikanischen Unterlagen jedoch nicht in hinreichendem Maß zum Thema. Um die getroffenen Feststellungen auch am einzelnen Dokument zu exemplifizieren und um diese Unterlagen nicht völlig unberücksichtigt zu lassen, wird nachfolgend auf einige ausgewählte Aktenstücke im einzelnen eingegangen.

In den Akten der amerikanischen Militärregierung für den US-Sektor Berlins befindet sich ein Schreiben der Kampfgruppe, in dem sich diese kurz nach ihrer Lizenzierung im April 1949 mit der Bitte um „eine einmalige Unterstützung in Höhe von 30 000 DM" an die amerikanischen Behörden wandte (Hoffmann und Gebhardt, KgU, Berlin, an die Wohlfahrtsabteilung der Amerikanischen Militärregierung, Berlin, z.Hd. von Mr. Froistad, 2.5.1949 [NA RG 260 U.S. Occupation Headquarters, World War II, OMGBS-PWB 4253/8]). Zur Begründung dieses Anliegens werden die Ziele, die Arbeit und die gegenwärtige Situation der Gruppe eingehend beschrieben; als Anlagen sind in Zusammenfassungen vier Reden Rainer Hildebrandts sowie ein „Voranschlag für die Ausgaben eines Monats (Mai)" beigefügt. Als Gesamtsumme werden 12 600 DM als Bedarf für den Mai 1949 veranschlagt. Eine amerikanische Reaktion auf diese Bitte war nicht auffindbar.

Daß die US-Vertreter in West-Berlin bzw. in der Bundesrepublik die innere Entwicklung in der DDR beobachteten, versteht sich von selbst. Erkennbar ist, daß für sie auch Informationen von Interesse waren, die aus dem Bereich stammen, in dem die KgU tätig war. Ein Bericht von HICOG-Berlin vom Dezember 1949, der sich mit der politischen Entwicklung in der sowjetischen Zone befaßt, spricht von der Möglichkeit, daß die sowjetischen Behörden der DDR demnächst weitere Kompetenzen übertragen könnten; dann heißt es: „This might include ‚gift' of concentration camps, about one quarter of whose rumored 38 000 inmates are reportedly being trans-shipped to USSR with remainders confined in Soviet Zone prisons" (Babcock, Office of Political Affairs, HICOG, Berlin: Soviet Zone Political Developments December 2-9, 1949 vom 10.12.1949 [NA RG 59 Department of State Decimal File, 862.00/ 12-949]). Im selben Monat wurde von seiten des „United States Political Adviser for Germany" ein Bericht „made available by Intelligence Division European Command, regarding the Soviet concentration camp located at Bautzen in the Soviet Zone of Germany" an das State Department übersandt, in dem eingehende Informationen über Wachpersonal, Insassen und Haftbedingungen enthalten sind (U.S. Political Adviser for Germany, Heidelberg, 20.12.1949 [Ebenda, 862.00/12-2049]). Ein ebenfalls als „Confidential" eingestufter Bericht derselben Herkunft, der über „certain members of the Brandenburg Ministry of Justice in the Soviet Zone of Germany" informiert, wurde Ende Dezember 1949 nach Washington übermittelt (U.S. Political Adviser for Germany, Heidelberg, 30.12.1949 [Ebenda, 862.00/12-3049]). Nähere Hinweise hinsichtlich der Herkunft der in diesen Berichten enthaltenen Fakten werden regelmäßig nicht gegeben.

Der Anteil der Kampfgruppe an der Bewältigung der Flut entlassener Häftlinge, die Anfang 1950 nach West-Berlin strömten, wird in einem zusammenfassenden Bericht zum Flüchtlingsproblem in der Stadt durchaus positiv hervorgehoben, wobei auch auf die Rolle der KgU bei der Sicherheitsüberprüfung der Flüchtlinge eingegangen wird; zu einzelnen Aspekten wird hier als Experte Rainer Hildebrandt zitiert (McAuliffe, U.S. HICOG, Berlin Element: Refugee Problem in Berlin, 6.7.1950 [NA RG 84 HICOG/BE 2543/7]). Dieser als „Secret" klassifizierte Bericht ist im Gegensatz zu einem HICOG-Memorandum vom November 1950, in dem es um ein „Interview with Ernest Tillich Concerning Resistance Potential ..." (Einlegeblatt „Access Restricted", enthalten in: NA RG 84 HICOG/BE 2541/9) geht, freigegeben und somit jederzeit einzusehen. Daß einzelne Aktenstücke aus an sich zugänglichen Beständen aus Sicherheitsgründen herausgenommen worden sind, ist im übrigen eine wiederholt gemachte Beobachtung.

Ein eingehendes Porträt der Kampfgruppe und ihrer Arbeit bot ein Artikel John T. Butterwicks, der unter dem Titel „Fighters Against Inhumanity" im Oktober 1950 im Information Bulletin der amerikanischen Hohen Kommission (S. 23-26) erschien. Erwähnenswert ist, daß sich dieser Artikel unter den Papieren des Hohen Kommissars McCloy befindet (NA RG 466 Records of the U.S. High Commissioner for Germany John McCloy, D [50] 2178). Mehr als dieser Artikel fand sich allerdings nicht.

Von der KgU öffentlich verbreitete Zahlen bzw. Publikationen – die „Berichte aus Mitteldeutschland" – werden in einem nicht klassifizierten Bericht des Office of Intelligence Research des Department of State vom Januar 1951 zitiert, in dem es um „Methods of Repression in Eastern Germany" geht; außer der KgU werden auch die UfJ, die SPD sowie einige Zeitungen zitiert (NA RG 59 OIR Report No. 5362 vom 3.1.1951, 097.2; 1092 – S. 3,7). Hier sind also im wesentlichen öffentlich zugängliche Informationen Grundlage der Berichterstattung gewesen – deshalb auch wurde dieser Text nicht klassifiziert. Hinsichtlich dieses Gesichtspunktes ist ein Blick auf einen als „Confidential" eingestuften HICOG-Bericht über die Stimmung der DDR-Bevölkerung vom November 1954 interessant; ohne daß von einzelnen Organisationen gesprochen wird, ist hier allgemein die Rede von „anti-Communist German organizations", die nach Meinung des Verfassers weiterhin zu fördern seien, und in bezug auf die Einstufung dieses Berichts heißt es dann in einer „Note": „With the exception of the references to West organizations, and of the Conclusions, this despatch could be given a lower classification if wider dissemination were desired" (Barnes, Eastern Affairs Division, HICOG-Berlin: Soviet Zone of Germany: Attitude of the Population, 26.11.1954 [NA RG 466 Foreign Service Post of the Department of State, Office of the U.S. High Commissioner for Germany, General Records 1953-55, Box 178, 350 GDR]). Dem ist zu entnehmen, daß schon im internen Schriftverkehr mit Informationen über Gruppen wie z.B. die KgU sehr restriktiv umgegangen wurde – dies selbst dann, wenn wie hier nur sehr allgemein auf diesen Bereich eingegangen wird.

Direkt zum Thema wird das Verhältnis zwischen Amerikanern und Kampfgruppe in einer telegraphischen Korrespondenz zwischen dem amerikanischen Außenminister Dean Acheson und John McCloy aus dem Januar 1951. Hier ging es um den von David Martin vom International Rescue Committee vorgebrachten Vorschlag „that Drew Pearson (ein Journalist; Anm.d.Verf.) be invited to publicize the work of Dr. Rainer Hildebrandt and his ‚Fighting Group Against Inhumanity' and to conduct a fund-raising campaign"; Acheson fuhr fort: „The Department has some question as to whether Dr. Hildebrandt's organization would be benefited by additional publicity and by being made the publicized recipient of American contributions" (Acheson, Department of State, Airgram vom 12.1.1951 an HICOG, Frankfurt [NA RG 59 862B.57/1-1251]). McCloy antwortete kurz und bündig: „(...) we strongly believe any such publicity would be disadvantageous and therefore recommend that it be avoided" (McCloy, Frankfurt, Telegramm vom 25.1.1951, an Secretary of State [NA RG 59 862B.57/1-2551]). Entsprechend einem handschriftlichen Vermerk, der sich schon auf McCloys Antwort befindet, telegraphierte Acheson dann am 29. Januar: „Hildebrandt project abandonned (...)" (Acheson, Department of State, Telegramm vom 29.1.1951 an HICOG, Frankfurt [ebenda]). Ohne Zweifel ist dieser Vorgang durch die Aktivitäten Rainer Hildebrandts ausgelöst worden, der sich zu dieser Zeit selbst in den USA aufhielt. Hinsichtlich der Beziehungen zwischen offiziellen amerikanischen Stellen und der Kampfgruppe kann jedoch lediglich der Schluß gezogen werden, daß man sowohl im Außenministerium in Washington als auch beim Hohen Kommissar in Frankfurt meinte, es sei vorteilhafter, wenn die KgU öffentlich nicht in zu engen Kontakt zur amerikanischen Seite gebracht werde. Hinweise auf die Motive für diese Entscheidung sind dem Vorgang nicht zu entnehmen.

Hervorzuheben ist auch eine Formulierung aus einem als „Secret" deklarierten Bericht von HICOG, der „The Federal Ministry for All-German Affairs (Das Kaiserministerium)" behandelt (Office of the United States High Commissioner for Germany, Office of Intelligence, Reports and Analysis Branch: The Federal Ministry for All-German Affairs, R&A Report No. 34, 6.2.1951 [NA RG 84 HICOG/BE 2541/9]). Der Verfasser dieses Berichts kommt an einer Stelle zu der Feststellung, das gesamtdeutsche Ministerium werde bestimmte politische Organisationen zukünftig nur noch dann materiell unterstützen, wenn dem Ministerium Einblicke in die sonstige Finanzierung der jeweiligen Gruppen gewährt werde; weiter heißt es: „This was strikingly illustrated when the Ministry discontinued the payment of 18 000 DM monthly to the Fighting Group Against Inhumanity because the latter refused to disclose the sum it received from the Counter-Intelligence Corps of the U.S. Army" (ebenda, S. 5). Weiter wird ausgeführt, das Ministerium – insbesondere Staatssekretär Thedieck – wende sich gegen die Finanzierung „of any counter Sovzone organization" durch die Besatzungsbehörden „without the knowledge of the Ministry". Immerhin kann diese Stelle als Bestätigung dafür gedeutet werden, daß es in der Tat Gelder des CIC waren, die der KgU von amerikanischer Seite zuflossen. Mehr als diese einfache Tatsachenfeststellung ist dem Bericht allerdings nicht zu entnehmen.

Obwohl die Kampfgruppe hier nicht einmal indirekt angesprochen wird, soll abschließend kurz auf ein Schreiben des Hohen Kommissars James B. Conant vom 10. September 1953 an den damaligen Direktor der United States Information Agency Theodor C. Streibert eingegangen werden (NA RG 466 Records of the United States High Commissioner for Germany, General Records 1953-55, Box 169, 350 Berlin). Hinsichtlich der politischen Linie, die die Amerikaner nach dem 17. Juni in bezug auf die DDR verfolgen sollten, stellt Conant hier folgendes fest (ebenda, S.2): „It seems to me that our propaganda, including such operations as the distribution of food and later of clothing, must be guided by the general principles of keeping the pot simmering in the East Zone but not allowing it to come to a boil. I take it that we want to keep alive the spirit of passive resistance to the Soviet authorities and their agents, but we do not want to generate such a spirit of unrest as to bring about a crisis in which people would expect to be met halfway by some political or military measures of liberation." An diesen Äußerungen wird erkennbar, daß die von der Kampfgruppe insbesondere nach dem 17. Juni eingeschlagene politische Linie in ganz ähnlicher Weise auch vom höchsten US-Repräsentanten in Deutschland vertreten wurde. Mehr als das kann bezüglich der KgU auch diesem Schreiben nicht entnommen werden. –

Zur allgemeinen Frage der Verwendbarkeit des momentan greifbaren amerikanischen Aktenmaterials zum Thema KgU bleibt im Ergebnis festzuhalten, daß die Heranziehung dieser Materialien gegenwärtig keine Aussagen vor allem zum Verhältnis der Amerikaner zur Kampfgruppe ermöglicht, die die anhand der oben charakterisierten Quellen gewonnenen Erkenntnisse nennenswert vertiefen könnten.

Quellen- und Literaturverzeichnis

1. Zeitzeugen, Quellen und Materialien

a) Zeitzeugen
Gespräche mit Rainer Hildebrandt und Günther Buch. Je einen Briefwechsel mit Ernst Tillich sowie mit Frau Ulrike Tillich.

b) Materialien aus privatem Besitz
Manuskripte der von Rainer Hildebrandt auf Veranstaltungen der KgU gehaltenen Reden (Archiv Rainer Hildebrandt); Korrespondenz Rainer Hildebrandts zwischen 1945 und der Mitte der sechziger Jahre (Archiv Rainer Hildebrandt).

c) Archive und Bibliotheken
Archiv für Kunst und Geschichte (Berlin), Bundesarchiv Koblenz, Landesarchiv Berlin, National Archives (Washington, D.C.; Suitland/Md.), Ullstein-Archiv (Berlin); Amerika-Gedenkbibliothek (Berlin), Friedrich-Meinecke-Institut der FU (Bibliothek), Institut für Publizistik der FU (Bibliothek, Zeitungssammlung), Otto-Suhr-Institut der FU (Bibliothek, Zeitungssammlung), Senatsbibliothek Berlin (Zeitungssammlung), Universitätsbibliothek der FU.

d) Veröffentlichungen der Kampfgruppe gegen Unmenschlichkeit

Broschüren und Hefte (Erscheinungsort stets Berlin.)
Auch das ist Deutschland. Bericht von drüben (Anfang 1949).
Berichte aus Mitteldeutschland von der Kampfgruppe gegen Unmenschlichkeit (um 1950).
Gerhard Finn: Die politischen Häftlinge der Sowjetzone 1945-1958 (1958).
W. Grieneisen: Die sowjetdeutsche Nationalarmee. Aufbau und Entwicklung von 1948 bis 1952 (1952).
Hefte der Kampfgruppe, Nr. 1 (November 1951).
Hefte der Kampfgruppe, Nr. 2 (Juni 1952).
Die Jugend der Sowjetzone in Deutschland (Berlin 1955).
Hermann Just: Die sowjetdeutschen Konzentrationslager auf deutschem Boden 1945-1950 (1952).
Hans Köhler: Fürchtet Euch nicht. Andachten für unterdrückte Menschen (um 1955).
Hans Köhler: Die religiöse Situation der Gegenwart. Hrsg.v. der Vereinigung für kulturelle Hilfe und der KgU (Berlin 1952).
Ministerium für Staatssicherheit. Aufbau und Arbeitsweise. (Berlin 1957; Hefte der Kampfgruppe).
Pastor oder Politiker. Ein offenes Wort zum Fall Niemöller von Ernst Tillich. Hrsg.v. der KgU. (Berlin 1952; Hefte der Kampfgruppe).
Bernhard Sagolla: Die rote Gestapo. Der Staatssicherheitsdienst in der Sowjetzone. (Berlin) 1952 (Hefte der Kampfgruppe).
Der Weg der Kampfgruppe gegen Unmenschlichkeit. Hrsg.v. der KgU. (Berlin) 1953 (Hefte der Kampfgruppe).

Publikationsreihen
KgU-Archiv, KgU-Brief, KgU-Dienst, KgU-Mitteilungen, KgU-Presse, (KgU:) Presse- und Informationsdienst, KgU-Schulung.

Flugzeitungen
Elternhaus und Schule. Monatsblatt für Fragen der Erziehung.
Das Freie Land. Zeitung für die freiheitsbewußten Bauern Mitteldeutschlands.
Geist und Leben.
Die junge Stimme. Zeitung für die mitteldeutsche Jugend.
Der Kämpfer. Organ für nationale Verteidigung.
Der Parteiarbeiter. Organ für die Funktionäre der SED.
Der Soldat. Organ für nationale Verteidigung.
Die Wahrheit. Zeitung der Kampfgruppe gegen Unmenschlichkeit.

e) Publikationsreihen staatlicher Institutionen

Bulletin des Presse- und Informationsamtes der Bundesregierung.
Congressional Record, Proceedings and Debates.
Hearings before the Committee on Un-American Activities, House of Representatives.
Stenographische Berichte des Abgeordnetenhauses von Berlin.
Verhandlungen des Deutschen Bundestages, Stenographische Berichte.

f) Zeitungen, Zeitschriften und sonstige Periodika

Der Abend, 8-Uhr-Blatt (Nürnberg), Die Andere Zeitung, Berliner Anzeiger, Berliner Nachtausgabe, Berliner Zeitung, BZ, BZ am Abend, Das Beste aus Reader's Digest, Bild, Deutsche Zeitung und Wirtschaftszeitung, Europa-Archiv, Extra-Dienst (Berlin), Frankfurter Allgemeine Zeitung, Fränkisches Volksblatt (Würzburg), Hildesheimer Presse, Die Kirche, Gewaltfreie Aktion, Konkret, Kurier, Der Monat, Montags-Echo, Montagszeitung, Der Morgen, Morgenpost (Berlin), Nacht-Depesche, Nacht-Express, National Geographic Magazine, National-Zeitung (Berlin [Ost]), Neues Deutschland (Berlin), Neue Zeit, Neue Zeitung (Berlin), New York Times, Politische Studien, Rheinischer Merkur, Sozialdemokrat, Das Sozialistische Jahrhundert, Spandauer Volksblatt, Der Spiegel, Stern, Süddeutsche Zeitung, Tägliche Rundschau, Der Tag, Der Tagesspiegel, Telegraf, Vorwärts (Berlin [Ost]), Weser-Kurier, Die Welt, Welt am Sonntag, Weltbühne, Weltkunst, Die Zeit, Zeitschrift für Geschichtswissenschaft.

g) Kommunistische Broschüren

Kalte Krieger gehen unter. Dokumentarisches Material über die verbrecherische Tätigkeit der Kampfgruppe gegen Unmenschlichkeit. Berlin (1955).
Prozesse vor dem Obersten Gericht der Deutschen Demokratischen Republik. Heft 1: Strafsache gegen Burianek u.a. Berlin (1953).
Unmenschlichkeit. Tatsachen über Verbrecher der „Kampfgruppe gegen Unmenschlichkeit". O.O., o.J. (Berlin 1955).
Unmenschlichkeit als System. Dokumentarbericht über die „Kampfgruppe gegen Unmenschlichkeit e.V." Berlin (1957).
Die Westberlinfrage und die Vorschläge der Deutschen Demokratischen Republik zu ihrer Lösung. Mit Dokumenten. Hrsg.v. Ministerium für Auswärtige Angelegenheiten der Deutschen Demokratischen Republik. Berlin (3. erweiterte Aufl.) 1961 (August).

2. Biographien und Memoiren

Lucius D. Clay: Decision in Germany. Garden City-New York 1950.
Erich Kosthorst: Jakob Kaiser. Bundesminister für gesamtdeutsche Fragen 1949-1957. Stuttgart-Berlin-Köln-Mainz 1972.
Louis Fischer: The Life of Mahatma Gandhi. New York 1950.
Hermann Flade: Deutsche gegen Deutsche. Freiburg/i.Br. 1963.
Ferdinand Friedensburg: Es ging um Deutschlands Einheit. Berlin 1971.
Reinhard Gehlen: Der Dienst. Mainz-Wiesbaden 1971.
Karl J. Germer: Von Grotewohl bis Brandt. Ein dokumentarischer Bericht über die SPD in den ersten Nachkriegsjahren. Landshut 1974.
Hans Hildebrandt und sein Kreis. 22. November 1978 bis 31. Januar 1979. Graphisches Kabinett, Kunsthandel Wolfgang Werner. Bremen 1978.
Hans Hildebrandt: Die Frau als Künstlerin. Berlin 1928.
Hans Hildebrandt: Krieg und Kunst. München 1916.
Rainer Hildebrandt: Wir sind die Letzten. Neuwied-Berlin o.J. (1948).
Frank Howley: Berlin Command. New York 1950.
Reginald R. Isaacs: Walter Gropius. Der Mensch und sein Werk. Bd. 1.2. Berlin 1983/84.
Otto John: Zweimal kam ich heim. Vom Verschwörer zum Schützer der Verfassung. Düsseldorf-Wien 1969.
Dieter Meichsner: Die Studenten von Berlin. Roman. Hamburg (1954).
Ursula Laack-Michel: Albrecht Haushofer und den Nationalsozialismus. Stuttgart 1974.
Wolfgang Leonhard: Die Revolution entläßt ihre Kinder. München (7. Aufl.) 1984.

Karin von Maur: Oskar Schlemmer. München 1979.
Wilhelm und Marion Pauck: Paul Tillich. Sein Leben und Denken. Bd. 1: Leben. Stuttgart-Frankfurt/M. 1978.
Ernst Schröder: Das Leben – verspielt. Frankfurt/M. 1978.
Rangmar Staffa: Egon Bahr. Landshut 1974.
Ernst Tillich: Zur Moral der Friedensbewegung in Deutschland (unveröffentl., masch., vervielf. Manuskript). (Düsseldorf) 1983.
Paul Tillich: Die sozialistische Entscheidung. Berlin 1980.
Gerhard Wehr: Paul Tillich in Selbstzeugnissen und Bilddokumenten. Reinbek 1979.
Werk und Wirken Paul Tillichs. Ein Gedenkbuch. Stuttgart 1967.
Selected Writings of Mahatma Gandhi. Selected and introduced by Ronald Duncan. Boston 1951.

3. Literatur

Pjotr Abrassimow: Westberlin gestern und heute. Berlin (Ost) 1981.
Arnulf Baring: Der 17. Juni 1953. Stuttgart 1983.
Arnulf Baring: Im Anfang war Adenauer. Die Entstehung der Kanzlerdemokratie. München (2. Aufl.) 1982.
John Barron: KGB. Bern-München 1974.
Berlin. Behauptung von Freiheit und Selbstverwaltung. 1946-1948. Hrsg. im Auftr. des Senats von Berlin. Gesamt-Ltg.: Albrecht Lampe. Berlin 1959.
Berlin. Chronik der Jahre 1951-1954. Hrsg. im Auftr. des Senats von Berlin. Bearb.v. Hans J. Reichhardt u.a. Landesarchiv Berlin – Abteilung Zeitgeschichte. Berlin 1968.
Berlin. Chronik der Jahre 1955-1956. Hrsg. im Auftr. des Senats von Berlin. Bearb.v. Hans J. Reichhardt u.a. Landesarchiv Berlin – Abteilung Zeitgeschichte. Berlin 1971.
Berlin. Chronik der Jahre 1957-1958. Hrsg. im Auftr. des Senats von Berlin. Bearb.v. Hans J. Reichhardt u.a. Landesarchiv Berlin – Abteilung Zeitgeschichte. Berlin 1974.
Berlin. Chronik der Jahre 1959-1960. Hrsg. im Auftr. des Senats von Berlin. Bearb.v. Hans J. Reichhardt u.a. Landesarchiv Berlin – Abteilung Zeitgeschichte. Berlin 1978.
Berlin. Quellen und Dokumente 1945-1951. In 2 Bänden hrsg. im Auftr. des Senats von Berlin. Bearb. durch Hans J. Reichhardt u.a. Berlin 1964.
Berlin. Ringen um Einheit und Wiederaufbau. 1948-1951. Hrsg. im Auftr. des Senats von Berlin. Gesamt-Ltg.: Albrecht Lampe. Berlin 1962.
Margret Boveri: Die Deutschen und der Status quo. München 1974.
Margret Boveri: Der Verrat im 20. Jahrhundert. Reinbek 1976.
Armin Boyens: Kirchenkampf und Ökumene 1933-1939. Darstellung und Dokumentation. München 1969.
Wilfred G. Burchett: Cold War in Germany. Melbourne (2nd. ed.) 1950.
Albrecht Charisius/ Julius Mader: Nicht länger geheim. Berlin (Ost) 1969.
David J. Dallin: Die Sowjetspionage. Köln 1956.
Murray Dyer: The Weapon on the Wall. Rethinking Psychological Warfare. Baltimore 1959.
Clive Freeman/ Gwynne Roberts: Der kälteste Krieg. Frankfurt/M.-Berlin-Wien 1982.
Karl Wilhelm Fricke: Die DDR-Staatssicherheit. Köln (2. Aufl.) 1984.
Karl Wilhelm Fricke: Opposition und Widerstand in der DDR. Köln 1984.
Karl Wilhelm Fricke: Politik und Justiz der DDR. Köln 1979.
Geschichte der Bekennenden Kirche in Ostpreußen 1933-1945: Allein das Wort hat's getan. Hrsg.v. Manfred Koschorke. Göttingen 1976.
Hans Herzfeld: Berlin in der Weltpolitik 1945-1970. Berlin-New York 1973.
Rainer Hildebrandt: Der 17. Juni. Zehn Erlebnisgeschichten. Berlin 1983.
Heinz Höhne: Kennwort Direktor. Die Geschichte der Roten Kapelle. Frankfurt 1970.
Heinz Höhne: Der Krieg im Dunkeln. Macht und Einfluß des deutschen und russischen Geheimdienstes. München 1985.
Georg Holmsten: Die Berlin-Chronik. Düsseldorf 1984.
Hans Edgar Jahn: Vertrauen. Verantwortung. Mitarbeit. Oberlahnstein 1953.

Gerhard Keiderling: Die Berliner Krise 1948/49: Zur imperialistischen Strategie des Kalten Krieges gegen den Sozialismus und die Spaltung Deutschlands. Berlin 1982 (Zuerst als Bd. 69 der „Schriften des Zentralinstituts für Geschichte der Akademie der Wissenschaften der DDR", 1982).
Eugen Kogon: Der SS-Staat. München (8. Aufl.) 1977.
Bennett Kovrig: The Myth of Liberation. Baltimore-London 1973.
Udo F. Löwke: Die SPD und die Wehrfrage: 1949 bis 1955. Bonn-Bad Godesberg 1976.
Wilfried Loth: Die Teilung der Welt 1941-1955. München (4. Aufl.) 1983.
Paul Lüth: Bürger und Partisan. Über den Widerstand gestern, heute und morgen. Frankfurt/M. 1951.
John Lukacs: A History of the Cold War. New York-Garden City 1961.
Kurt Meier: Der Evangelische Kirchenkampf. Bd. 3: Im Zeichen des zweiten Weltkrieges. Göttingen 1984.
Günther Neuberger/Michael Opperskalski: CIA in Westeuropa. Bornheim 1982.
Ernst Nolte: Deutschland und der Kalte Krieg. Stuttgart (2. Aufl.) 1985.
Ernst Nolte: Der Weltkonflikt in Deutschland. München 1981.
Thomas Powers: CIA. Hamburg 1980.
Karl Heinz Roth/Nicolaus Neumann/Hajo Leib: Psychologische Kampfführung. Invasionsziel: DDR. Hamburg 1971.
Gisela Rüss: Anatomie einer politischen Verwaltung. Das Bundesministerium für gesamtdeutsche Fragen – Innerdeutsche Beziehungen 1949-1970. München 1973.
Bernd Ruland: Krieg auf leisen Sohlen. Stuttgart 1971.
Myron J. Smith Jr.: The Secret Wars: A Guide to Sources in English. Oxford 1981.
Hans Teller: Der kalte Krieg gegen die DDR. Berlin (Ost) 1979.
George S. Wheeler: Die amerikanische Politik in Deutschland. Berlin (Ost) 1958.
Hermann Zolling/Heinz Höhne: Pullach intern. Hamburg 1971.

Abkürzungen

ADK	Arbeitsgemeinschaft demokratischer Kreise
AP	Associated Press
ARH	Archiv Rainer Hildebrandt
BA-K	Bundesarchiv Koblenz
BBC	British Broadcasting Corporation
BDJ	Bund deutscher Jugend
BK/O	für: Order der Berliner Kommandatura
BND	Bundesnachrichtendienst
Bull.Reg.	Bulletin des Presse- und Informationsamtes der Bundesregierung
CDU	Christlich Demokratische Union
CIA	Central Intelligence Agency
CIC	Counter Intelligence Corps
CSU	Christlich Soziale Union
DDR	Deutsche Demokratische Republik
DEFA	Deutsche Film AG
DGB	Deutscher Gewerkschaftsbund
dpa	Deutsche Presse-Agentur
E-A	Europa-Archiv
EKD	Evangelische Kirche in Deutschland
FDJ	Freie Deutsche Jugend
FDP	Freie Demokratische Partei
FHO	Fremde Heere Ost
Gestapo	Geheime Staatspolizei
HICOG (BE)	High Commissioner for Germany (Berlin Element)
HO	Handelsorganisation
IBW	Informationsbüro West
KGB	Komitet gossudarstwennoi besopastnosti (= Komitee für Staatssicherheit)
KgU	Kampfgruppe gegen Unmenschlichkeit
KPdSU	Kommunistische Partei der Sowjetunion
KVP	Kasernierte Volkspolizei
LAZ	Landesarchiv Berlin – Zeitgeschichtliche Sammlung
LDP	Liberal-Demokratische Partei
LG	Landgericht
MfS	Ministerium für Staatssicherheit
MGB	Ministerstwo gossudarstwennoi besopastnosti (= Ministerium für Staatssicherheit)
MWD	Ministerstwo wnutrennich del (= Ministerium für innere Angelegenheiten)
NA	National Archives
NKWD	Narodny kommissariat wnutrennich del (= Volkskommissariat für innere Angelegenheiten)
NSDAP	Nationalsozialistische Deutsche Arbeiterpartei
NTS	Narodny trudowoi soijus (Exilorganisation der russischen Nationalsolidaristen)
NWDR	Nordwestdeutscher Rundfunk
OLG	Oberlandesgericht
OMGBS	Office of Military Government/Berlin Sector
OMGUS	Office of Military Government of the United States
OPC	Office of Policy Coordination
Org.	Organisation Gehlen
OWI	Office for War Information
PVAP	Polnische Vereinigte Arbeiterpartei

PWB	Public Welfare Branch
P.W.D.	Psychological Warfare Division
RG	Record Group
SBZ	Sowjetisch besetzte Zone
SDS	Sozialistischer Deutscher Studentenverband
SED	Sozialistische Einheitspartei Deutschlands
SFB	Sender Freies Berlin
SHAEF	Supreme Headquarters Allied Expeditionary Force
SMA	Sowjetische Militär-Administration
SPD	Sozialdemokratische Partei Deutschlands
SSD	Staatssicherheitsdienst
UdSSR	Union der Sozialistischen Sowjetrepubliken
UfJ	Untersuchungsausschuß freiheitlicher Juristen
UGO	Unabhängige Gewerkschaftsorganisation Groß-Berlin
UN (UNO)	United Nations (Organisation)
UP	United Press
US(A)	United States (of America)
VEB	Volkseigener Betrieb
VFF	Volksbund für Frieden und Freiheit
VOPO	Volkspolizei
VOS	Vereinigung Opfer des Stalinismus
ZK	Zentralkomitee
ZSg.	Zeitgeschichtliche Sammlung (des Bundesarchivs Koblenz)

Personenregister

Rainer Hildebrandt und Ernst Tillich sind wegen der Häufigkeit ihrer Erwähnung nicht in dieses Register aufgenommen. *Kursiv* gesetzte Seitenzahlen verweisen auf die Anmerkungen der genannten Seite.

Abrassimow, Pjotr 248
Acheson, Dean 253
Adenauer, Konrad 81, 125, 128f., 197f., 206, 223ff.
Adorno, Theodor W. 14
Agee, Philip 115
Albertz, Heinrich 85
,Aldo' 78f.
,Alpha' 182
Alt, Franz *239*
Altdorfer, Albrecht 16
Amrehn, Franz *56*, 212
Armstrong, O. K. 121
Aron, Raymond 113

Bach, Otto 28
Bahr, Egon 72, 76
Baitz, Gerd 131f., 134, 164, 177, 212, 226
Baitz, Kurt 227
Baring, Arnulf 192, *196f.*
Barlog, Boleslaw *32*
Barron, John 198
Barth, Karl 14, 19, 29
Baumeister, Heinz 140
Baumeister Willi 17
Bayer, René 226
Becher, Johannes R. 119, 176, 200
Becker, O. E. H. 134, 155
Benda, Ernst 36, 56
Benjamin, Hilde 164ff., 170ff., 195
Benkowitz, Gerhard 159, 205
Berija, Lawrentij 175
Birkenfeld, Günther 35, 42, 56, 104, 111, 113, 118f., 122f., 141
Blanvalet, Lothar 34
Blücher, Franz 98
Bohlmann, Gerhard 140
Bonhoeffer, Dietrich 19ff., 108, 238
Borkenau, Franz 113
Boveri, Margret *21f.*, 31, 38, 40, 44, 125f., 180, 222, 236f., 243ff.
Boyens, Armin 21
Brandt, Willy 29, 110, 143, 207, *224*, 226f., 229
Brill, Hermann L. 28
Brockhuizen, Jacques von 188, 205, 215, 222
Buber-Neumann, Margarete *113*
Buciek, Gustav 159
Büchel, Franz 55

Burianek, Johann 159, 162ff., 166f., 171ff., 247
Burnham, James 113

Chruschtschow, Nikita S. 198, 220
Clay, Lucius D. 58f.
Conant, James B. 193, 253f.
Le Corbusier (d.i. Charles E. Jeanneret) 17
Croce, Benedetto 113
Crossman, Richard 73

Derz, Dietrich 210
Dethloff, Walter (d.i. Martini) 131, 187
Dewald, Herbert 152
Dewey, John 113
Dibelius, Otto 91, 93
Dibrowa, Pawel T. 184
Dos Passos, John R. 113
Dost, Dieter 222
Dostojewski, Fedor M. 99
Dovifat, Emil 23
Dulles, Allen W. 158
Dulles, John F. 191, 199
Dyer, Murray 56

Ebert, Friedrich 205f.
Edel, Peter 67
Egk, Werner 113
Eisenhower, Dwight D. 191
Eisler, Gerhart 95
Esche, Harold 48, 52

Fiedler, Käte 205
Finn, Gerhard 232
Fischer, Friedrich 205
Fischer, Hermann 225f., 228, 232f.
Fischer, Louis 113f.
Fischer, Theodor 17
Flade, Hermann Joseph 134-139, 145, 152, 162, 182
Franco, Francisco 115
Fricke, Karl Wilhelm *135*, 150, 199, 246f., 248f.
Friedenau, Theo 145, 182, 187
Friedensburg, Ferdinand 57f., 92f., 95, 198
Friedrich, Carl J. 113
François-Poncet, André 183
Frucht, Adolf-Henning *9*
Fuchs, Klaus 123, 202

Gandhi, Mahatma (d.i. Mohandas Karamchand) 107-110, 113f., 116f., 133, 226, 238
Geerdts, Werner 177
Gehlen, Reinhard 74f., 150f.
Geisler, Herbert 56
Germer, Karl J. 224f.
Gide, André 113
Goebbels, Josef P. 147
Götze, Alfred 189
Gollancz, Victor 113
Gomulka, Wladyslaw 220
Graf, Hasso 39, 174, 188, 207, 211
Grieneisen, W. 175
Grimme, Adolf 29
Gropius, Walter 17f.
Gross, George 113
Grotewohl, Otto 55, 89, 137, 153, 196
Grottian, Walter 230
Grüber, Heinrich 91-95, 102f., 203
Grzeskowiak, Stephan (d.i. Stephan Thomas) 144, 238
Gudelius, Alfred 165
Gümpel, Udo 154

Haas, Gerhard 188
Haffner, Sebastian 113
Hardenberg, Renate Gräfin 32
Harlan, Veit 60
Harrington, Michael 114f.
Haushofer, Albrecht 22-26, 31-34, 38, *41f.*, 100, 238
Haushofer, Heinz 32
Haushofer, Karl 24
Havemann, Robert *113*
Hederich, Johannes 77f., 201
Heine, Fritz *224*
Hellwig, Adolf 228, 233
Herrmann, Günther 164f., 183
Heß, Otto H. 201
Heß, Rudolf 24
Heuss, Theodor 25, *32*, 81
Heyder, Gerhard 159
Heydte, Friedrich von der 198
Hiecke, Hanfried 184
Hildebrandt, Hans 16ff., 22f.
Hildebrandt, Lily, geb. Uhlmann 16ff., 22f.
Hiller, Helmut 144
Hirschheydt, Herrmann von 228
Hiss, Alger 123, 202
Hitler, Adolf 14, 20f., 23f., 31, 33, 65, 82, 91, 101, 116f., 126, 239
Höch, Hannah 17
Höhne, Heinz 53, 75, 157f., 161, 245
Hölzel, Adolf 16f.
Hoese, Herbert 165, 168
Hofer, Walter 113

Dr. Hoffmann (siehe von zur Mühlen)
Hollitscher, Arthur *113*
Honecker, Erich 142
Hook, Sidney *113*
Horkheimer, Max 14
Howley, Frank 58, 163
Hucklenbroich, Volker 207
Humboldt, Wilhelm von 34

Ionesco, Eugène 235
Iwand, Hans 29

Jackson, C. D. 191
Jahn, Hans Edgar 146
Jannasch, Wilhelm 20
John, Otto 148, 202f., 212, 242
Jünger, Ernst 14
Just, Hermann 174f.

Kaisen, Wilhelm 85
Kaiser, Jakob 30, 96ff., 141, 197, 228
Kaiser, Wolfgang 132, 159, 168f., 171f., 195, 202, 226, 247
Keiderling, Gerhard 248
Kempner, Robert M. W. 121
Kesten, Hermann 113
Kettner, Hans 215
Kielinger, Valentin 207f., 232
Kim Il Sung (d.i. Kim Ir Sen) 112
Kirckpatrick, Ivone 183
Koch, Werner 20f.
Köhler, Hans *105*, *178*, 188, 198, 205, 215
Koestler, Arthur 113
Kogel, Hans Dietrich 159, 205
Kogon, Eugen 73f., 113, 126
Kopelew, Lew 235
Kovrig, Bennett 193f.
Krüger, Heinz 124f.

Lange, Horst 216
Langer, Arthur 139
Lasky, Melvin J. 113, 115, 123
Leger, Fernand 17
Lemmer, Ernst 167, 200, 227f., 233
Lenin, Wladimir I. 62, 196
Leonhard, Wolfgang *52*
Linse, Walter 146, 168, 182, 199
Lippmann, Walter 30
Lipschitz, Joachim 28f., 200f., 203, 207f., 227, 232f.
Löbe, Paul 30
Löwenthal, Richard 113
Lubbe, Marinus van der 188
Lüders, Marie Elisabeth 30, 97f., 193
Lüth, Paul Egon 148
Luft, Friedrich 34, 112

Personenregister

Lukacs, John 10

Madariaga, Salvador de 113
Malenko, Georgij M. 192, 198
Mann, Golo 113
Mann, Thomas 90
Maritain, Jacques 113
Martin, David *121*, 187, 253
Martini (siehe Dethloff)
Marx, Karl 15, 62
Marx, Karl (Allgemeine Wochenzeitung der Juden in Deutschland) 147
Mattick, Kurt 28
May, Walter 28, 30
McCarthy, Joe 123
McCloy, John 252f.
McClure, Robert 73
McDermott, Michael 182
Mehring, Walter 113
Meichsner, Dieter 201
Meinecke, Friedrich 30
Meller, Paul 24
Melsheimer, Ernst 145, 165ff., 170, 172
Mende, Erich 232
Metz, Helmut 165
Meyer, Adolf 16
Mielke, Erich 175
Mitscherlich, Alexander 113
Molden, Fritz 113
Molotow, Wjatscheslaw 66, 111
Mozer, Alfred 205, 215
Mühlberg, Rudolf 160
Mühlen, Heinrich von zur (d.i. Dr. Hoffmann) 38f., 44, 51, *65, 70*, 90, 104, 130f., 157, 161, 238, 252

Nabokow, Nicolaus *113*
Napoleon I. Bonaparte 67
Neumann, Erwin 146
Neumann, Franz 143, 186, 208, 223ff.
Neumann, Franz L. („Behemoth") 28, 113
Niebuhr, Reinhold 113
Nieke, Werner *224*
Niemöller, Martin 20f., 29f., 93f., 119, 155f., 181, 237
Nikolajewski, Boris 113
Noack, Karl 79 f.
Noack, Ulrich 124f.
Nolte, Ernst 34, 58, *95, 237, 238*, 242, 247
Norden, Albert 172
Nuschke, Otto 203

Okolowitsch, Georgij S. 198
Ollenhauer, Erich 186
Ostrowski, Otto 28

Pearson, Drew 253

Pechel, Rudolf 113
Peeters, Florent 188, 197f.
Picasso, Pablo 118
Pieck, Wilhelm 55, 87, 89, 137, 202f.
Plievier, Theodor 113, 249
Pölchau, Harald 203
Poelzig, Hans 25
Popitz, Johannes 25, 32
Preiss, Eva *32*
Pünder, Werner 55

Rasch, Heinz 152
Rathenau, Walther 23
Rathmann, August 14
Reber, Samuel 183f.
Redlich, Roman 99, 198
Redslob, Edwin 18, 31, 34f., 113
Reger, Erik 35
Reif, Hans 30
Reuter, Ernst 28, 30, 56ff., 78, 113, 134, 141, 167, 186
Ribbentrop, Joachim 24
Riess, Curt 44, 51, 57
Ringelnatz, Joachim 17
Ritter, Gerhard *32*, 243
Robertson, Brian 49
Roosevelt, Anna Eleanor 29, 113, 123
Rosenberg, Albert G. 73
Rosenberg, Ethel 123, 218
Rosenberg, Julius 123, 218
Rosenthal, Walther 145
Roth, Karl Heinz 18, 39, 246
Roth, Sigrid 152
Rousset, David *188*
Rüss, Gisela 140, 246
Ruland, Bernd 144, 159, 245
Rupp, Franz 25
Russell, Bertrand 113

Sagolla, Bernhard *134*
Schäffer, Fritz 97
Scharley, Hugo 198, 224
Scharnowski, Ernst 167
Scheffler, Herbert 141, 147
Schlemmer, Helena, geb. Tutein 17
Schlemmer, Oskar 17, *18*
Schmid, Carlo 113, 217
Schmidt, Helmut 29
Schneider, Georg 44
Schoeps, Hans-Joachim 197f.
Scholz, Arno 186, *224*
Scholz, Maria 66
Schreiber, Walter 30, 199ff.
Schröder, Ernst 34
Schroeder, Louise 27f., 30, 35, *36*
Schroth, Heinrich 198, 224

Schultze, Siegmund 14
Schulze-Boysen, Harro 33f., *41*
Schumacher, Kurt 29, 143f.
Schwab, Sepp 29
Schwennicke, Carl-Hubert 208, 210
Schwitters, Kurt 17
Seeberg (siehe Tietze)
Semjonow, Wladimir 184
Silone, Ignazio 113
Sinclair, Upton 113
Sintenis, René 113
Smith, Walter Bedell 158
Söhnker, Hans *34*
Sötebier, August 43
Sokolowski, Wassilij D. 30
Sombart, Werner 23
Spengler, Oswald 23
Spielberg, Udo 78
Spranger, Eduard 23
Stabenow, Karl Heinz 124
Staffa, Rangmar 72
Stalin, Josef W. 32f., 129, 136, 142, 191f.
Stephan, Heinz-Werner 198, 206f., 223-226, 229, 236f.
Stephan, Will 17
Sternberger, Dolf 113
Stolz, Otto 48
Stomps, B. W. 188
Strauß, Franz-Josef 230
Strege, Heinz 222
Streibert, Theodor C. 253
Stumm, Johannes *124f.*, 171, 218, *224*
Suhr, Otto 27f., 30, 113, 207

Taubert, Eberhard 147
Taysen, Adalbert von 89
Teller, Hans 11, 247f.
Thälmann, Ernst 55
Thedieck, Franz 98, 150, 158, 197, 234, 253
Theunissen, Gert H. 35
Thomas, Stephan G. (siehe Grzeskowiak)

Tiburtius, Joachim *32*
Tietze (alias Seeberg) 124, 163
Tillich, Paul 13ff., 19, 219
Truman, Harry S. 29, 123
Truschnowitsch, Alexander 134, 198f.
Tschuikow, Wassilij J. 181-184, 186, 193, 225
Tutein, Helena (siehe Schlemmer, Helena)

Uhlmann, Lily (siehe Hildebrandt, Lily)
Ulbricht, Walter 145, 175, 196
Ullstein, Peter 212

Vercors 119
Vockel, Heinrich 226
Vollbracht, Adolf *224*

Wagner, Ernst 164f., 183
Wagner, Rupprecht *177*, 210-213, 236
Walesa, Lech 235
Wallach, Severin F. 53, 75f.
Walter, Anita 178
Walter, Francis E. 218, 221
Warnke, Herbert 95
Wedel-Parlow, Winfried von 56
Wegscheider, Hildegard 28
Wehner, Herbert 186, 223f.
Weiland, Alfred 182
Weißler, Friedrich 20f.
Wenzel, Harry 165
Westphal, Heinz 29
Wiemann 212
Williams, Tennessee 113
Wisner, Frank 158
Witsch, Josef K. 140
Wittler, August 55
Wollweber, Ernst 197

Zaisser, Wilhelm 145, 175
Zatopek, Emil 141
Zinn, Georg August 148, 242
Zuckmayer, Carl 113